Gabriel Rivero
Zur Bedeutung des Begriffs Ontologie bei Kant

Kantstudien-Ergänzungshefte

Im Auftrag der Kant-Gesellschaft
herausgegeben von
Manfred Baum, Bernd Dörflinger
und Heiner F. Klemme

Band 180

Gabriel Rivero

Zur Bedeutung des Begriffs Ontologie bei Kant

—

Eine entwicklungsgeschichtliche Untersuchung

DE GRUYTER

Die Drucklegung wurde durch einen finanziellen Zuschuss der Kant-Forschungsstelle am Philosophischen Seminar der Johannes Gutenberg-Universität Mainz unterstützt.

ISBN 978-3-11-055481-6
e-ISBN 978-3-11-034477-6
ISSN 0340-6059

Library of Congress Cataloging-in-Publication Data
A CIP catalog record for this book has been applied for at the Library of Congress.

Bibliografische Information der Deutschen Nationalbibliothek
Die Deutsche Nationalbibliothek verzeichnet diese Publikation in der Deutschen Nationalbibliografie; detaillierte bibliografische Daten sind im Internet über http://dnb.dnb.de abrufbar.

© 2017 Walter de Gruyter GmbH, Berlin/Boston
Dieser Band ist text- und seitenidentisch mit der 2014 erschienenen gebundenen Ausgabe.
Druck und Bindung: Hubert & Co. GmbH & Co. KG, Göttingen

♾ Gedruckt auf säurefreiem Papier
Printed in Germany

www.degruyter.com

a Luis, Alberto y Negra

Danksagung

Das vorliegende Buch stellt die leicht überarbeitete Fassung meiner Inauguraldissertation dar, die im September 2012 vom Fachbereich 05 – Philosophie und Philologie der Johannes Gutenberg-Universität Mainz zur Erlangung der Doktorwürde im Fach Philosophie angenommen wurde.

Mein Dank gilt an erster Stelle meinem Doktorvater Univ.-Prof. Dr. Heiner F. Klemme, der die Arbeit mit Engagement und Geduld betreut hat. Ich danke ihm für anregende philosophische Diskussionen, aus denen ich viel gelernt habe.

Für die Begutachtung der Arbeit danke ich apl. Prof. Dr. Mathias Koßler.

Dem DAAD, der meinen Aufenthalt in Deutschland durch ein dreijähriges Stipendium finanziell unterstützt hat, möchte ich ebenfalls danken.

Für die sprachliche Korrektur des Manuskripts danke ich Alessa Wilhelm.

Antonino Falduto, der meine Arbeit nicht nur mit philosophischen Gesprächen, sondern auch durch freundschaftlichen Beistand unterstützt hat, schulde ich besonderen Dank.

Nicht zuletzt möchte ich Mona Riedel, Israel Encina, Simón Poblete, Milagros Rivero, Víctor Rivero, Osvaldo Navarro, Dr. Nico Naeve, Joël Graf, Prof. Dr. Gerhard Seel, Prof. Dr. Jean-François Goubet und Cora Reborn danken, ohne deren wohlwollende Unterstützung meine Arbeit nicht möglich gewesen wäre.

Inhalt

Siglenverzeichnis —— XIII

Einleitung —— 1

1.Teil: Die Ontologie als Disziplin: Zu Architektonik und System. Die kantische Transformation der Disziplinen der Metaphysik

1 **Der Aufbau der neuen Architektonik —— 11**
1.1 Der Kontext der kantischen Architektonik: Die Methodenlehre —— 11
1.2 Zu den allgemeinen Charakteristika der Begriffe Architektonik und System —— 19

2 **Der Aufbau des neuen Systems und die ersten Umrisse der neuen Ontologie —— 40**
2.1 Die Notwendigkeit des Aufbaus des neuen Systems. Historische Bemerkungen —— 40
2.2 Grundlagen für die Pläne des neuen Systems und dessen Disziplinen —— 47
2.2.1 Die empirische Psychologie in der neuen Einordnung des Systems —— 47
2.2.2 Die neue Einordnung der reinen Disziplinen —— 54
2.3 Das System um 1762–1765 —— 60
2.4 Das System um 1769. Metaphysik als subjektive, kritische Wissenschaft —— 66
2.5 Das System um 1770–1772. Von der subjektiven Metaphysik zur Transzendentalphilosophie —— 70

2.Teil: Zur Entwicklung der subjektorientierten Metaphysik und der Frage nach der Objektivität

3 **Der Weg zur subjektiven Wende der Metaphysik. Kants Denkentwicklung zwischen 1766 und 1769 —— 79**
3.1 Vorbemerkungen —— 79

3.2	Die Metaphysik als Wissenschaft der menschlichen Vernunft. *Träume eines Geistersehers* —— **86**
3.3	Hume und die skeptische Behandlung der Metaphysik —— **96**
3.4	Der Ursprung der Transzendentalphilosophie und die Frage nach der Antinomie: eine Diskussion —— **110**
3.5	Kants Auseinandersetzung mit der Ontologieauffassung Baumgartens —— **122**
3.6	Das Etwas X um 1768–1769. Erste Vorform des Begriffs eines Gegenstandes überhaupt —— **133**
4	**Kants Denkentwicklung zwischen 1770 und 1772 —— 139**
4.1	Die *Dissertation* von 1770 und der Ort der Ontologie —— **139**
4.2	Die unmittelbare Rezeption der Inauguraldissertation: Lambert, Mendelssohn, Herz —— **148**
4.3	Kants Briefe an Herz von 1771 und 1772 —— **157**

3.Teil: Die Kritik und das System der reinen Vernunft

5	**Die Entwicklung der Ontologie ab 1772 —— 167**
5.1	Der Gegenstand überhaupt: Seine Entwicklung in drei Etappen von 1772 bis 1781 —— **167**
5.2	Die Bestimmung der Ontologie in den Reflexionen 4851, 4973, 5130, 5131, 5552 und 5644 —— **189**
5.3	Das System der Metaphysik und die Funktion der Ontologie in der Transzendentalphilosophie. Ihre Darstellung in der *Kritik der reinen Vernunft* —— **195**
5.3.1	Kants erste Definition in A 841/B 869 —— **198**
5.3.2	Kants zweite Definition in A 841–842/B 869–870 —— **200**
5.3.3	Kants dritte Definition in A 845/B 873 —— **200**
5.4	Kants Konzeption der Ontologie nach der Veröffentlichung der *Kritik der reinen Vernunft*. Ihre Darstellung in den *Briefen* an Jakob und Beck, den *Fortschritten der Metaphysik* und der *Vorlesungen über Metaphysik* —— **206**

Schlusswort —— **229**

Literaturverzeichnis —— **232**
    Kants Schriften —— **232**
    Andere Quellen —— **232**

Sekundärliteratur —— 234

Personenregister —— 243

Sachregister —— 245

Siglenverzeichnis

Soweit nicht ausdrücklich anders vermerkt, werden Kants Werke, Briefe, Reflexionen sowie die Vorlesungsnachschriften zitiert nach: *Kants gesammelte Schriften* (hrsg. von der Preußischen Akademie der Wissenschaften et al. Berlin 1900 ff.) Römische Ziffern bezeichnen die Bandnummer, arabische die Seitenzahl dieser Ausgabe (zitiert: AA). Die *Kritik der reinen Vernunft* (KrV) wird üblicherweise mit der Seitenzahl von der ersten (1781 [A]) oder zweiten (1787 [B]) Auflage zitiert.

Insbesondere werden folgende Abkürzungen verwendet:

AA	Akademie-Ausgabe
BDG	Der einzig mögliche Beweisgrund zu einer Demonstration des Daseins Gottes (AA II)
Br	Briefe (AA X-XIII)
EEKU	Erste Einleitung in die Kritik der Urteilskraft (AA XX)
FM	Welches sind die wirklichen Fortschritte, die die Metaphysik seit Leibnizens und Wolff's Zeiten in Deutschland gemacht hat? (AA XX)
FM/Lose Blätter	Lose Blätter (AA XX)
GSE	Beobachtungen über das Gefühl des Schönen und Erhabenen (AA II)
GUGR	Von dem ersten Grunde des Unterschiedes der Gegenden im Raume (AA II)
KpV	Kritik der praktischen Vernunft (AA V)
KrV	Kritik der reinen Vernunft
KU	Kritik der Urteilskraft (AA V)
Log	Logik (AA IX)
MAN	Metaphysische Anfangsgründe der Naturwissenschaft (AA IV)
MonPh	Metaphysicae cum geometria iunctae usus in philosophia naturali, cuius specimen I. continet monadologiam physicam (AA I)
MS	Die Metaphysik der Sitten (AA VI)
MSI	De mundi sensibilis atque intelligibilis forma et principiis (AA II)
NEV	Nachricht von der Einrichtung seiner Vorlesungen in dem Winterhalbenjahre von 1765–1766 (AA II)
NG	Versuch, den Begriff der negativen Größen in die Weltweisheit einzuführen (AA II)
OP	Opus Postumum (AA XXI und XXII)
PG	Physische Geographie (AA IX)
PhilEnz	Philosophische Enzyklopädie (AA XXIX)
PND	Principiorum primorum cognitionis metaphysicae nova dilucidatio (AA II)
Prol	Prolegomena zu einer jeden künftigen Metaphysik (AA 04)
Refl	Reflexion (AA XIV-XXIX)
TG	Träume eines Geistersehers, erläutert durch die Träume der Metaphysik (AA II)
UD	Untersuchung über die Deutlichkeit der Grundsätze der natürlichen Theologie und der Moral (AA II)
ÜE	Über eine Entdeckung, nach der alle neue Kritik der reinen Vernunft durch eine ältere entbehrlich gemacht werden soll (AA VIII)
VBO	Versuch einiger Betrachtungen über den Optimismus (AA II)

V-Anth/Collins	Vorlesungen Wintersemester 1772/1773 Collins (AA XXV)
V-Anth/Fried	Vorlesungen Wintersemester 1775/1776 Friedländer (AA XXV)
V-Anth/Parow	Vorlesungen Wintersemester 1772/1773 Parow (AA XXV)
V-Lo/Blomberg	Logik Blomberg (AA XXIV)
V-Lo/Busolt	Logik Busolt (AA XXIV)
V-Lo/Dohna	Logik Dohna-Wundlacken (AA XXIV)
V-Lo/Philippi	Logik Philippi (AA XXIV)
V-Lo/Pölitz	Logik Pölitz (AA XXIV)
V-Lo/Wiener	Wiener Logik (AA XXIV)
V-Met/Dohna	Metaphysik Dohna (AA XXVIII)
V-Met-L_1/Heinze	Metaphysik L_1 (Heinze) (AA XXVIII)
V-Met/Herder	Metaphysik Herder (AA XXVIII)
V-Met-L_1/Pölitz	Metaphysik L_1 (Pölitz) (AA XXVIII)
V-Met-L_2/Pölitz	Metaphysik L_2 (Pölitz, Original) (AA XXVIII)
V-Met/Volckmann	Metaphysik Volckmann (AA XXVIII)
WDO	Was heißt sich im Denken orientieren? (AA VIII)

Einleitung

Einen Zusammenhang zwischen der Transzendentalphilosophie und der Ontologie herzustellen scheint auf den ersten Blick irreführend. Dem Ergebnis der „Analytik der Begriffe" und der „Grundsätze" der *Kritik der reinen Vernunft* entsprechend lässt sich annehmen, dass die Prinzipien der Erkenntnis a priori lediglich eine bloße Exposition der Erscheinungen liefern können. Sofern der Umfang der Kategorien auf die *Form* einer Erfahrung überhaupt und damit auf ihre objektive Gültigkeit für die in der Erfahrung gegebenen Gegenstände beschränkt wird, bleibt die Möglichkeit einer Ontologie in der kritischen Philosophie ausgeschlossen. Nichtsdestotrotz treten in der „transzendentalen Methodenlehre" zwei Stellen auf, an welchen der Begriff Ontologie allem Anschein nach doch wieder an Bedeutung gewinnt. Denn dieser wird im Architektonik-Kapitel der *Kritik der reinen Vernunft* derart verwendet, dass man den Eindruck gewinnt, Ontologie und Transzendentalphilosophie werden als identisch erachtet.[1] Wie sind diese Stellen aber im Rahmen einer kritischen Transzendentalphilosophie zu interpretieren? Sollte man aus ihnen schließen, dass Kant selbst die soeben beschriebenen Resultate der „Analytik der Begriffe" und der „Grundsätze" nicht beachtet habe? Welche Bedeutung kann der Ontologie in Kants Werk beigemessen werden?

Zieht man bezüglich dieser Fragen die einschlägige Forschungsliteratur heran, zeigt sich, dass eine entwicklungsgeschichtliche Betrachtung des kantischen Begriffs der Ontologie noch immer ein Desiderat ist. Infolgedessen wurde weder in den erkenntnistheoretischen noch in den metaphysischen Kant-Interpretationen auf die wesentliche Bedeutung aufmerksam gemacht, die der Ontologie im Rahmen der kantischen Philosophie zukommt. Dementsprechend sahen beispielsweise die Marburger Neukantianer den entscheidenden Beitrag der *Kritik der reinen Vernunft* bloß in der Entdeckung einer neuen Methodologie, die weder auf psychologischen noch auf metaphysischen Voraussetzungen beruht. Ihr An-

---

[1] Diese rätselhafte Gleichsetzung von Transzendentalphilosophie und Ontologie ist auch in einigen postkritischen Schriften und *Vorlesungen über die Metaphysik* zu finden, wie z. B. in der Preisschrift über die *Fortschritte der Metaphysik:* „Die Ontologie ist diejenige Wissenschaft (als Theil der Metaphysik), welche ein System aller Verstandesbegriffe und Grundsätze, aber nur so fern sie auf Gegenstände gehen, welche den Sinnen gegeben, und also durch Erfahrung belegt werden können, ausmacht. Sie berührt nicht das Übersinnliche, welches doch das Endzweck der Metaphysik ist, gehört also zu dieser als Propädeutik, als die Halle, oder der Vorhof der eigentlichen Metaphysik, und wird Transsendental-Philosophie genannt, weil sie die Bedingungen und ersten Elemente aller unserer Erkenntniß *a priori* enthält." FM, AA XX, S. 260. Ebenfalls in der *Metaphysik L₂:* „Die Ontologie ist die Elementarlehre aller meiner Begriffe, die mein Verstand nur a priori haben kann". V-Met-L₂/Pölitz, AA XXVIII, S. 542.

satz beinhaltet demnach zwei umstrittene Annahmen: Zum einen liefere die theoretische Philosophie Kants eine Begründung der wissenschaftlichen Erfahrung, deren Grundlagen in den mathematisch-physischen Naturwissenschaften zu finden seien; zum anderen kommt den apriorischen Elementen der menschlichen Erkenntnis nur ein formal-logischer Sinn zu, und zwar derart, dass den apriorischen Bedingungen der Erfahrung eine bloß erkenntnistheoretische Funktion zugeschrieben werden könne.²

Obwohl die metaphysische Kant-Interpretation eben als Reaktion auf die Thesen der Marburger Neukantianer entstanden ist, wurde hier die *Kritik der reinen Vernunft* derart mit Fragen metaphysischer Natur in Zusammenhang gebracht, dass eine Auseinandersetzung mit dem Begriff der Ontologie als Disziplin der Metaphysik und ihrer Beziehung zur Transzendentalphilosophie ebenfalls ausgeschlossen blieb. Indem beispielsweise in den entwicklungsgeschichtlichen Analysen Max Wundts oder Heinz Heimsoeths eine Verbindung mit der metaphysischen Tradition hergestellt wird, gewinnen die Fragen der *metaphysica specialis* an Bedeutung. Insofern der Ontologie als Disziplin dabei jedoch keine Beachtung geschenkt wird, bleiben diese Betrachtungen einseitig.³

---

2 „Nicht in den abstrakten Allgemeinheiten der spekulativen Betrachtung, sondern in den speziellen empirischen Methoden und den empirischen Ergebnissen der besonderen Wissenschaft sollte sich der Sinn und Inhalt der Erkenntnis bestimmen. [...] So kann auch der Wertausdruck des a priori niemals direkt irgendeiner Klasse von Gegenständen als Prädikat zukommen, sondern immer nur als Charakteristik einer bestimmten Erkenntnisart gemeint sein." Ernst Cassirer: „Hermann Cohen und die Erneuerung der Kantischen Philosophie". In: *Kant-Studien* 17 (1912), S. 252–273. Siehe dazu auch Hermann Cohen: *Kants Theorie der Erfahrung*. Hildesheim/Zürich/New York 1987; Paul Natorp: „Kant und die Marburger Schule". In: *Kant-Studien* 17 (1912), S. 193–221.

3 Siehe Max Wundt: *Kant als Metaphysiker*. Stuttgart 1924. Heinz Heimsoeth: *Studien zur Philosophie Immanuel Kants: metaphysische Ursprünge und ontologischen Grundlagen*. Bonn 1971. Im Rahmen der metaphysischen Kant-Interpretation sind auch zu erwähnen: Friedrich Paulsen, Konstantin Österreich und Hans Pichler. So behauptet beispielsweise Paulsen, dass bei Kant Metaphysik im doppelten Sinne vorkommt: 1) als Metaphysik der Natur, die die Voraussetzung aller Physik darstellt und 2) als objektiver Idealismus bzw. idealistische Metaphysik. „Der Phänomenalismus ist nirgends Zweck, sondern überall Mittel, Mittel einerseits um eine apriorische Erkenntnis der Erscheinungswelt möglich zu machen, andererseits aber auch, um für den Gedanken des mundus intelligibilis (nicht die wissenschaftliche Erkenntnis) Raum zu gewinnen." Friedrich Paulsen: „Kants Verhältnis zur Metaphysik". In: *Kant-Studien* 4 (1900), S. 413–447. Österreich geht ebenfalls davon aus, dass Kants Absicht keine andere sei, als eine Begründung einer transzendenten Metaphysik zu liefern, die auf dem moralischen Glauben beruht. Konstantin Österreich: „Kant und die Metaphysik". *Kant-Studien Ergänzungshefte* 2. Berlin 1906. Für eine Kritik an Heimsoeths Ansatz siehe Gerhard Lehmann: „Kritizismus und kritisches Motiv in der Entwicklung der kantischen Philosophie". In: *Kant-Studien* 48 (1956–1957), S. 25–54.

Im Unterschied dazu interpretierten Nikolai Hartmann und Martin Heidegger die *Kritik der reinen Vernunft* in direkter Verbindung mit Fragen der Ontologie; bei diesen interpretatorischen Ansätzen bleibt der Verweis auf diese Disziplin jedoch insofern vage, dass beide Autoren keine strenge begriffsgeschichtliche Untersuchung vornehmen. Die Hinwendung zur Frage nach der Ontologie hatte somit eine neue Sinnzuschreibung zur Folge, mit der man sich von der kantischen Bedeutung stark entfernte.[4]

Aus dem bisher Gesagten geht klar hervor, dass das Verhältnis zwischen Transzendentalphilosophie und Ontologie bei Kant bisher nicht ausreichend thematisiert wurde. Während sich die erkenntnistheoretischen Interpretationen überhaupt nicht mit der Frage beschäftigt hatten, konzentrierten sich die metaphysischen Interpretationen entweder auf die Bestimmung der *metaphysica specialis* (Wundt, Heimsoeth) oder gingen – wie im Fall Heideggers und Hartmanns – von einer Konzeption der Ontologie aus, die mit dem von Kant überlieferten Begriff wenig gemein hat.

Wenn man den aktuellen Stand der Forschung in Betracht zieht, wird offensichtlich, dass die Frage nach der Metaphysik bei Kant eine Erneuerung erfahren hat. So sind in den letzten Jahrzehnten mehrere Arbeiten erschienen, die – wenngleich auf sehr unterschiedliche Weise – eine ontologische Interpretation von Kants *Kritik der reinen Vernunft* vorschlagen.[5] Die daraus entstandene Aus-

---

Lehmann vertritt die These, dass die „kritischen" Motive entscheidender seien als die „metaphysischen".

4 Heideggers Kant-Interpretation muss man in diesem Sinne als Teil seiner eigenen Überlegungen zu *Sein und Zeit* ansehen und im Rahmen seines Programms der „Destruktion der Ontologie" und der Überwindung der Bewusstseinsphilosophie betrachten. Deshalb muss von einer Darstellung seiner Interpretation im Rahmen dieser Arbeit abgesehen werden. Vgl. Martin Heidegger: *Kant und das Problem der Metaphysik*. Frankfurt am Main 1951; ders.: *Sein und Zeit*. Tübingen 2001, § 6. Dazu auch Hans-Georg Hoppe: „Wandlungen in der Kant-Auffassung Heideggers". In: Peter Heintel und Ludwig Nagl (Hrsg.): *Zur Kantforschung der Gegenwart*. Darmstadt 1981, S. 369–404. Siehe auch Nicolai Hartmann: „Diesseits von Idealismus und Realismus. Ein Beitrag zur Scheidung des Geschichtlichen und Übergeschichtlichen in der Kantischen Philosophie". In: *Kant-Studien* 29 (1924), S. 160–206.

5 Siehe unter anderen Sophie Grapotte: „Ontologie critique/Ontologie wolffienne: La réforme kantienne de l'ontologie". In: Sophie Grapotte und Tinca Prunea-Bretonnet (Hrsg.): *Kant et Wolff. Héritages et ruptures*. Paris 2011, S. 131–146. Tinca Prunea-Bretonnet: „De l'ontologie à la philosophie transcendentale: Dans quelle mesure Kant est-il wolffien?". In: Grapotte und Prunea-Bretonnet (Hrsg.): *Kant et Wolff*, a.a.O., S. 147–161. Elena Ficara: *Die Ontologie in der Kritik der reinen Vernunft*. Würzburg 2006. Alberto Rosales: *Sein und Subjektivität bei Kant*. Berlin/New York 2000. Claudio La Rocca: *Esistenza e Giudizio. Linguaggio e Ontologia in Kant*. Pisa 1999. Francesco Gagliardi: *Kant e il problema dell'ontologia*. Gaeta 1998. Hans Friedrich Fulda: „Ontologie nach Kant und Hegel". In: Dieter Henrich und Rolf-Peter Horstmann (Hrsg.): *Metaphysik*

einandersetzung mit den metaphysischen Zügen der kritischen Philosophie ist von großer Bedeutung, bedauerlicherweise fehlt aber noch immer eine präzise, historisch orientierte Untersuchung des Begriffs. Es erscheint daher sinnvoll, die Frage nach dem kantischen Begriff der Ontologie in eine entwicklungsgeschichtliche Perspektive zu stellen und so bestimmen zu können, welche Rolle und Bedeutung dem Begriff für die kritische Transzendentalphilosophie zukommen kann. Eine derart historisch orientierte Untersuchung beabsichtigt also grundsätzlich zu klären, inwieweit sich der Begriff Ontologie mit der kritischen Philosophie – deren grundlegendes Ziel eben eine Kritik an der schulmetaphysischen Tradition war – in Einklang bringen lässt. Auf die paradoxe Gleichsetzung von Ontologie und Transzendentalphilosophie und die entsprechend große Dringlichkeit einer Untersuchung derselben hat Norbert Hinske nachdrücklich hingewiesen:

> Alle Beschönigungen und Verharmlosungen helfen an dieser Stelle nicht weiter. Die Hoffnung, man müsse die *Kritik der reinen Vernunft* nur tief genug verstehen, um über solche Diskrepanzen hinwegzukommen, hat immer nur zu neuen Oberflächlichkeiten der Interpretation geführt. [...] Vielmehr gilt es, die verschiedenen Gedankenphasen Kants im Einzelnen herauszuarbeiten.[6]

Mit der Frage nach der Ontologie und ihrer Beziehung zur Transzendentalphilosophie wird hier also beabsichtigt, dem angesprochenen Versäumnis in der Kant-Forschung Rechnung zu tragen. Hinskes Hinweis, die Einführung des Begriffs Ontologie in die kritische Philosophie sei nur nachzuvollziehen, wenn die Gedankenphasen Kants herausgearbeitet werden, gilt dem vorliegenden Text als Ausgangspunkt. Die für die Behandlung des vorgenommenen Themas zentrale Textpassage ist das Architektonik-Kapitel, in dem die Ontologie zum zweiten Mal in der *Kritik der reinen Vernunft* auftaucht. Hier schreibt Kant:

---

nach Kant. Stuttgart 1988, S. 44–82. Claudia Bickmann: „Kants Ontologie als Gegenstandstheorie. Ist die Rede vom ‚Ding an sich' unvermeidlich?". In: Volker Gerhardt, Rolf-Peter Horstmann und Ralph Schumacher (Hrsg.): *Kant und die Berliner Aufklärung. Akten des IX. Internationalen Kant-Kongress*. Berlin/New York 2001, S. 73–85. Manfred Kuehn: „Der Objektbegriff bei Christian Wolff und Immanuel Kant". In: Heiner F. Klemme, Bernd Ludwig, Michael Pauen und Werner Stark (Hrsg.): *Aufklärung und Interpretation*. Würzburg 1999, S. 39–56. Friedrich-Wilhelm von Herrmann: „Die Kritik der reinen Vernunft als Transzendental-Metaphysik". In: Norbert Fischer (Hrsg.): *Kants Metaphysik und Religionsphilosophie*. Hamburg 2004, S. 1–20. Murray Lewis Miles: *Logik und Metaphysik bei Kant*. Frankfurt am Main 1978.
6 Norbert Hinske: „Ontologie oder Analytik des Verstandes? Kants langer Abschied von der Ontologie". In: *Quaestio 9*. Turnhout 2009, S. 304.

> Die im engeren Verstande so genannte Metaphysik besteht aus der Transzendentalphilosophie und der Physiologie der reinen Vernunft. Die erstere betrachtet nur den Verstand, und Vernunft selbst in einem System aller Begriffe und Grundsätze, die sich auf Gegenstände überhaupt beziehen, ohne Objekte anzunehmen, die gegeben wären (*Ontologia*); die zweite betrachtet Natur, d. i. den Inbegriff gegebener Gegenstände (sie mögen nun den Sinnen, oder, wenn man will, einer andern Art von Anschauung gegeben sein), und ist also Physiologie (obgleich nur *rationalis*). [...] Demnach besteht das ganze System der Metaphysik aus vier Hauptheilen: 1. Der Ontologie. 2. Der rationalen Physiologie. 3. Der rationalen Kosmologie. 4. Der rationalen Theologie.[7]

Das Zitat legt nahe, die Bedeutung der Ontologie bei Kant hauptsächlich in Anbetracht zweier Aspekte zu untersuchen: Zum einen muss das Programm der *subjektiv* orientierten Erkenntniskritik, die sich mit den Begriffen des Verstandes und den Prinzipien der Vernunft beschäftigt, thematisiert werden; zum anderen ist die Frage nach dem *Gegenstand überhaupt* und dessen Funktion für die Konstitution der *objektiven* Erkenntnis zu berücksichtigen.

Kants Auffassung der Metaphysik im Allgemeinen kann also nicht nur aus der von ihm neu eingeführten subjektiven Wende heraus verstanden werden, sondern ist darüber hinaus auch im Lichte der Problematik des Gegenstandes überhaupt zu betrachten. Doch wie steht die subjektorientierte Erkenntniskritik mit dem Gegenstand überhaupt bzw. dem transzendentalen Gegenstand in Beziehung? Von welcher Natur ist ein solcher Gegenstand?

Historisch gesehen deuten sich die Grundzüge Kants subjektiver Wende schon in den siebziger Jahren an, wie sich an den *Reflexionen* aus derselben Zeit ablesen lässt. So bedient sich Kant bereits in den *Reflexionen* der Phasen κ und λ einer Terminologie, die eine subjektorientierte Metaphysik erahnen lässt. Diese Periode zeichnet sich im Wesentlichen durch Kants Beschäftigung mit den verschiedenen Erkenntnisquellen und ihren Vorstellungen von Gegenständen aus. Von daher gewinnt zur selben Zeit auch der Begriff des Gegenstandes überhaupt zunehmend an Bedeutung.

Aus dem bisher Gesagten und dem aktuellen Stand der Forschung lässt sich also folgern, dass die zu erforschende Bedeutung des kantischen Begriffs der Ontologie prinzipiell hinsichtlich dreier Aspekt zu thematisieren ist: Erstens erweist es sich als relevant, die Funktion der Ontologie als *Grundwissenschaft*, d. h. als Disziplin, der eine bestimmte Stellung innerhalb des Systems der Metaphysik zukommt, zu beleuchten. Zweitens sind einige von Kant gebrauchte Begriffe – wie z. B. der des Gegenstandes überhaupt –, die auf eine bestimmte ontologische Terminologie zurückgeführt werden können, näher zu analysieren. Drittens ergibt

---

7 KrV A 845/B 873, A 846/B 874.

sich aus einer *Integration* der ersten beiden Punkte schließlich die Frage, wie die Transzendentalphilosophie bzw. Ontologie in Bezug auf das kantische Programm einer Metaphysik der Natur zu verstehen ist.

Bezüglich des ersten Punkts erweist es sich zunächst als notwendig, eine Verortung der Ontologie innerhalb des kritischen Systems vorzunehmen. Dieses Thema wird im *ersten Teil* der vorliegenden Arbeit behandelt. Der Platz der Ontologie wird ausgehend vom Architektonik-Kapitel untersucht, in welchem Kant seine eigene Konzeption des Systems darstellt. Eine entwicklungsgeschichtliche Auseinandersetzung mit dieser Konzeption wird zeigen, dass die im Laufe der siebziger Jahre geübte Kritik an Wolff und Baumgarten einen ersten Überblick über Kants Neukonzeption der Ontologie ermöglicht. Das Ergebnis dieser Kritik lässt sich folgendermaßen zusammenfassen: Die traditionelle Identifizierung von Architektonik und Ontologie wird von Kant nicht mehr als gültig angesehen. Die erste radikale Änderung der kantischen Konzeption von Metaphysik und Ontologie besteht darin, dass die Ordnung und Komposition der Disziplinen im Vergleich zur herkömmlichen Metaphysik grundlegend modifiziert wurden. Die Folgen der neuen Konzeption der Architektonik zeigen sich ebenfalls in dem kantischen Verständnis der empirischen Psychologie, Anthropologie und Logik. Wie mit der hier vorgenommenen Analyse erhellt werden soll, stellt die Einführung der transzendentalen Unterscheidung zwischen Sinnlichkeit und Verstand um 1770 eine der wesentlichen Grundlagen für die genannten Änderungen dar. Denn durch diese wird die klassische logische Dichotomie zwischen deutlichen und undeutlichen Vorstellungen aufgegeben und eine neue entwickelt, die den Ursprung und Inhalt der Vorstellungen berücksichtigt.

Ausgehend von den Ergebnissen des ersten Teils wird im *zweiten* grundsätzlich danach gefragt, ob der Ansatz einer Philosophie des Subjekts unumgänglich zu einer neuen Konzeption der Transzendentalphilosophie und der Ontologie führen musste. Die Frage, ob die Ontologie und die von Kant geübte Kritik an dieser Disziplin als wesentlich für die Entwicklung seiner eigenen Konzeption der Transzendentalphilosophie anzusehen sei, wird in diesem Teil eine besondere Stellung einnehmen. Es wird also hauptsächlich diskutiert, welche Bedeutung der Gleichsetzung von Transzendentalphilosophie und Ontologie für den Ursprung der kritischen Transzendentalphilosophie zukommen kann. Hinsichtlich dieser Fragen erweisen sich die Interpretationsansätze von Kant-Forschern wie Norbert Hinske, Lothar Kreimendahl und Josef Schmucker von großem Belang.

Der *dritte Teil* beschäftigt sich schließlich mit dem Begriff des Gegenstandes überhaupt. Anhand dieses Begriffs wird zunächst ein Überblick über Kants Konzeption der Ontologie in unterschiedlichen Phasen seines Denkens gegeben. Im Lichte dieser Analyse werden dann die Stellen der *Kritik der reinen Vernunft*, an welchen die Ontologie zur Sprache kommt, sowie auch andere Textstellen aus den späten neunziger Jahren thematisiert. Die ontologisch-metaphysisch orientierten Interpretationen der Kant-Forschung scheinen diesbezüglich stillschweigend davon ausgehen, dass der Gegenstand überhaupt auf einen intelligiblen Charakter zurückzuführen sei, aufgrund dessen sich ein Zusammenhang zwischen Kants Transzendentalphilosophie und der klassischen Ontologie herstellen ließe. Die hier vorgenommene Analyse wird zeigen, dass diese Annahme fraglich ist. Zudem wird der Frage nachgegangen, wie sich die Transzendentalphilosophie als Ontologie in das kritische System einbeziehen lässt, d. h. welche Verbindung sich zwischen Transzendentalphilosophie – nun als Ontologie – und Metaphysik der Natur etablieren lässt. Die „Analytik der Begriffe" und der „Grundsätze" der *Kritik der reinen Vernunft* geben ein System der Prinzipien an die Hand, durch das bestimmt werden kann, welche Erkenntnisse der Vernunft gültig sind. Die „transzendentale Methodenlehre" bringt hingegen die gewonnenen Erkenntnisse der „transzendentalen Analytik" in eine systematische Form und stellt damit ein System der Wissenschaften dar.[8] Wie sind diese beiden Systeme zu vereinbaren, wenn der Ontologie eine Funktion in der kritischen Philosophie zukommen soll? Lässt sich eine solche Ontologie auf die „transzendentale Analytik" stützen, wie es im Architektonik-Kapitel angedeutet wird? Oder müsste angenommen werden, dass das in der „transzendentalen Analytik" vorgelegte System der Prinzipien bloß mathematisch-naturwissenschaftliche Erkenntnis begründen kann?

---

8 Siehe dazu Ina Goy: *Architektonik oder die Kunst der Systeme.* Paderborn 2010.

1. Teil: **Die Ontologie als Disziplin:
Zu Architektonik und System.
Die kantische Transformation
der Disziplinen der Metaphysik**

1 Der Aufbau der neuen Architektonik

1.1 Der Kontext der kantischen Architektonik: Die Methodenlehre

Bei der Auseinandersetzung mit dem kantischen Begriff der Ontologie sieht man sich grundlegend mit der Tatsache konfrontiert, dass sich Kant nur an drei Stellen der ersten *Kritik* auf diese Disziplin bezieht. Die erste Stelle (A 247/B 303) stammt aus der „transzendentalen Elementarlehre", aus dem Abschnitt über die Unterscheidung zwischen Phaenomena und Noumena. An dieser Stelle spricht sich Kant bekanntlich für eine Ersetzung der alten Ontologie durch eine Analytik des Verstandes aus.[9] Die anderen zwei Stellen finden sich in der „transzendentalen Methodenlehre", im Abschnitt über die „Architektonik der reinen Vernunft", an welcher Kant seine eigene Konzeption des Systems der Metaphysik darstellt. Hier wird im Gegensatz zu der ersten erwähnten Textpassage eine Gleichsetzung von Transzendentalphilosophie und Ontologie vorgenommen.[10] Dass Kant mit seiner *Kritik der reinen Vernunft* die Gültigkeit der spekulativen Metaphysik der überlieferten Tradition in Frage stellt und sie als eine Kritik an der rationalen Psychologie, Kosmologie und Theologie formuliert hat, ist offensichtlich. Die Ersetzungsthese der traditionellen Ontologie durch die Analytik des Verstandes ist naturgemäß eine Folge davon. Allerdings fordert die angesprochene Gleichsetzung von Ontologie und Transzendentalphilosophie im Architektonik-Kapitel eine nähere Betrachtung der Beziehung zwischen diesen Disziplinen und deren Bedeutung für das ganze System. Denn durch die gleichzeitige Behauptung der Ersetzungs- und Gleichsetzungsthese ließe sich schlechthin annehmen, dass dabei ein Widerspruch zwischen den Textpassagen vorliegt.[11] Unter diesen Umständen ist es sinnvoll danach zu fragen, wie das metaphysische System der schulmetaphysischen Tradition im Laufe der Geschichte weiterentwickelt wurde und welche Eigenschaften insbesondere der Ontologie zukamen. Von hier aus

---

9 „[...] der stolze Name einer Ontologie, welche sich anmaßt, von Dingen überhaupt synthetische Erkenntnisse a priori in einer systematischen Doktrin zu geben (z.E. den Grundsatz der Kausalität) muß dem bescheidenen, einer bloßen Analytik des reinen Verstandes, Platz machen." KrV A 247/B 303.
10 KrV A 845/B 873, A 846/B 874.
11 Auf die Schwierigkeit, die Textpassagen des Architektonik-Kapitels im Rahmen der Resultate der „Analytik des Verstandes" und der „Grundsätze" zu interpretieren, hat Norbert Hinske aufmerksam gemacht. Siehe Norbert Hinske: „Ontologie oder Analytik des Verstandes?", a.a.O., S. 303–309.

kann konkreter die Frage nach Kontinuität und Wandel des Ontologiebegriffs innerhalb des kantischen Systems gestellt werden.

Die eigentümliche Darstellung des Metaphysiksystems im Architektonik-Kapitel der *Kritik der reinen Vernunft* hat einige Interpreten zu der Behauptung verleitet, Kant habe an dieser Stelle das schulmetaphysische System einfach übernommen und reproduziert, sodass es im Sinne Wolffs zu deuten sei. Als Indiz dafür wurde Kants Aufteilung der Metaphysik in Ontologie, Kosmologie, Psychologie und Theologie angesehen.[12] Wenngleich die kantische Darstellung diesen Eindruck prinzipiell erwecken mag, wird hier jedoch die These aufgestellt, dass eine Interpretation der Architektonik, die eine Kontinuität zwischen dem kantischen und dem schulmetaphysischen System postuliert, nicht haltbar ist. Was Kant im Architektonik-Kapitel darlegt, ist keineswegs als eine bloße Reproduktion bzw. Übernahme des Wolffschen und schulmetaphysischen Metaphysiksystems zu erachten. Der Nachweis des kritischen Charakters des Systems stellt einen wesentlichen Schritt zur Deutung des kantischen Ontologiebegriffs dar, denn anhand dessen lässt sich letztlich nachvollziehen, aus welchen Gründen Kant die vermeintliche Gleichsetzung von Ontologie und Transzendentalphilosophie vornahm und welche Funktion der Ontologie innerhalb des kritischen Systems der Metaphysik zukommen kann.

Dies lässt sich aus einer systematischen wie auch aus einer historischen Perspektive einsehen. In systematischer Hinsicht sind zwei Aspekte der Systemauffassung Kants zu beachten: erstens die Herausbildung eines Metaphysiksystems unter Berücksichtigung der Vorschriften einer Kritik der menschlichen Erkenntnisvermögen; zweitens die daraus resultierende Umordnung und Legitimierung der metaphysischen Disziplinen im Rahmen eines kritischen Systems. In historischer Hinsicht kann weiterhin gefragt werden, wie die Ontologie und die Gebietsmetaphysik im Laufe des 17. Jahrhunderts als verschiedene Teile

---

12 Ficara geht in Anbetracht dieser Textstelle von der Annahme aus, dass das Architektonik-Kapitel eine Auffassung des Systems darlegt, die an der metaphysischen Tradition orientiert ist. „Kant erklärt, dass die Transzendentalphilosophie den ersten Teil des metaphysischen Systems ausmacht. Sie behandelt Begriffe und Grundsätze, die sich auf Gegenstände überhaupt beziehen; das impliziert, dass sie grundsätzlich die gleiche Aufgabe wie die traditionelle Wolffsche Ontologie hat, nämlich die Aufgabe, das zu untersuchen, was jedem Gegenstandsgebiet gemeinsam ist." Ficara: *Die Ontologie*, a.a.O., S. 122–124. Diese Position wurde auch von Karin de Boer vertreten: „Since Kant, as was argued above, was primarily concerned to restrict the realm of general metaphysics to possible objects of experience, the building plan of his projected system could be very similar to that of Wolff and the neo-scholastic tradition on which he drew. Just as Wolff's system, Kant's projected system of pure reason falls into a general and a special metaphysics." Karin de Boer: „Kant, Hegel and the system of pure reason". In: Elena Ficara (Hrsg.): *Die Begründung der Philosophie im deutschen Idealismus*. Würzburg 2011, S. 82.

desselben Systems entstanden sind. Es handelt sich hierbei um nichts anderes als die Diskussion über den Unterschied zwischen *metaphysica generalis* und *metaphysica specialis*, die vor allem in der deutschen Schulmetaphysik geführt wurde und sich schließlich im metaphysischen System Wolffs durch eine neue Terminologie weiterentwickelte.[13]

Die vorigen Überlegungen zeigen also, dass es bei der Frage nach der Ontologie grundsätzlich gilt, die Begriffe Architektonik und System, deren Bedeutung am deutlichsten im Architektonik-Kapitel (A 832/B 860 – A 852/B 880) hervortritt, näher zu erörtern.

Das System der Metaphysik entwirft Kant in der „transzendentalen Methodenlehre" der *Kritik der reinen Vernunft*, die er folgendermaßen definiert: „Ich verstehe also unter der transzendentalen Methodenlehre die Bestimmung der formalen Bedingungen eines vollständigen Systems der reinen Vernunft."[14] Aus dieser Definition lässt sich schließen, dass mit den Ausführungen dieses letzten Teils der ersten *Kritik* eher auf einen Bauplan als auf die Materialien des Systems abgezielt wird, denn es geht um die formalen Bedingungen desselben. In diesem Sinne scheint Kant auf der einen Seite der schulmetaphysischen Tradition zu folgen, die sich ebenfalls mit der Idee eines Systems, mit dessen Elementen und mit der Methodenlehre beschäftigte. Auf der anderen Seite distanziert er sich aber zugleich von derselben, insofern er herausstellt, dass es sich um die formalen Bedingungen des gesamten Systems handelt.

---

13 Für die geschichtliche Betrachtung der Entstehung der Unterscheidung zwischen allgemeiner und besonderer Metaphysik siehe Jean École: „Une étape de l'histoire de la métaphysique: l'apparition de l'Ontologie comme discipline séparée". In: Jean École (Hrsg.): *Autour de la philosophie Wolffienne*. Hildesheim/Zürich/New York 2001, S. 95–116. Elisabeth Luisa Rompe: *Die Trennung von Ontologie und Metaphysik. Der Ablösungsprozeß und seine Motivierung bei Benedictus Pererius und anderen Denkern des 16. und 17. Jahrhunderts*. Bonn 1968; Albert Zimmermann: *Ontologie oder Metaphysik. Die Diskussion über den Gegenstand der Metaphysik im 13. und 14. Jahrhundert*. Leiden/Köln 1965; Ernst Vollrath: „Die Gliederung der Metaphysik in eine metaphysica generalis und eine metaphysica specialis". In: *Zeitschrift für philosophische Forschung* 16 (1962), S. 258–284; Étienne Gilson: *L'être et l'essence*. Paris 1948. Was die Klassifizierung der Disziplinen der Metaphysik bei Wolff betrifft, siehe École: „Des différentes parties de la métaphysique selon Wolff". In: Werner Schneiders (Hrsg.): *Christian Wolff 1679–1754. Interpretationen zu seiner Philosophie und deren Wirkung*. Hamburg 1983, S. 121–128. École stellt die Tatsache heraus, dass Wolff selten (und zwar nur ein Mal) die Bezeichnung *metaphysica specialis* verwendet. Zum Verhältnis zwischen der Metaphysik Wolffs und der Scholastik siehe auch École: „Des rapports de la métaphysique de Christian Wolff avec celle des Scolastique". In: *Autour de la philosophie Wolffiene*, a.a.O., S. 55–69. Eine ausführliche Bearbeitung der historischen Fragen würde den Rahmen dieser Arbeit sprengen, daher werden nur diejenigen Aspekte in Betracht gezogen, die sich für die Diskussion der kantischen Ontologie als relevant erweisen.
14 KrV A 708/B 736.

Nach Kants eigenen Angaben entspricht die von ihm vorgenommene Aufteilung der „transzendentalen Methodenlehre" in Disziplin, Kanon, Architektonik und Geschichte der reinen Vernunft dem, „was, unter dem Namen einer *praktischen Logik*, in Ansehung des Gebrauchs des Verstandes überhaupt in den Schulen gesucht, aber schlecht geleistet wird."[15] Damit liegt also auf der Hand, dass die kantische Differenzierung zwischen Elementar- und Methodenlehre aus einer Auseinandersetzung mit der schulmetaphysischen Tradition entstand, die zwischen einer theoretischen und einer praktischen Logik unterscheidet. In dieser Hinsicht wird sich im Folgenden erweisen, dass Kants Auffassung der „transzendentalen Methodenlehre", die sich im Wesentlichen durch ihre formalen Eigenschaften auszeichnet, eine Kritik am herkömmlichen Aufbau des Metaphysiksystems darstellt.

Im Hinblick auf die historischen Ursprünge der Unterscheidung zwischen theoretischem und praktischem Bereich der Logik lässt sich feststellen, dass die schulmetaphysische Tradition die praktische Logik im Sinne technischer Regeln konzipiert, anhand derer die Erkenntnis auf der konkreten Ebene der Erfahrung angewandt werden soll. Der theoretischen Beschäftigung mit Begriff, Urteil und Schluss folgte eine praktische Anwendung dieser „Bewusstseinsakte", anhand derer sich die Nützlichkeit der Theorie schließlich zeigen würde.[16] Darauf weist Wolff in § 55 der *Ausführlichen Nachricht* hin: „[I]n der Ausübung zeige ich nun den Nutzen dieser Lehre in Erfindung der Wahrheit, [...] ferner in Beurteilung der Wahrheit, in Beurteilung und Lesung der Bücher, im Überführen, im Widerlegen und im Disputieren."[17] An derselben Stelle verweist er auch auf Thümmigs *Institutiones Philosophiae Wolfianae*, in der diese Unterscheidung vorgenommen wird, als Thümming die *Institutiones logicae, seu philosophiae rationalis* in „De theoria logicae" und „De usus logicae" aufteilt. In dieser Hinsicht wird in § 2 hervorgehoben: „Distincta earundem regularum cognitio Logicam artificialem docentem, distincta denique earundem applicatio Logicam artificialem utentem

---

15 Ebd.
16 „Die praktische Logik behandelt die konkrete Anwendung dieser drei Bewusstseinsakte und Fragen der Methode." Siehe Elfriede Conrad: *Kants Logikvorlesungen als neuer Schlüssel zur Architektonik der Kritik der reinen Vernunft. Die Ausarbeitung der Gliederungsentwürfe in den Logikvorlesungen als Auseinandersetzung mit der Tradition.* Stuttgart – Bad Cannstatt 1994, S. 77 ff.
17 Siehe Christian Wolff: *Ausführliche Nachricht von seinen eigenen Schriften, die er in deutscher Sprache von den verschiedenen Theilen der Weltweisheit herausgegeben.* In: Ders.: *Gesammelte Werke.* I. Abt., Bd 9. Hrsg. von J. École, J.E. Hofmann, M. Thomann und H.W. Arndt. Hildesheim/New York ($_1$1726/$_2$1733) 1973, § 55.

absolvit."[18] Ein weiteres Beispiel dafür findet man in George Friedrich Meiers *Auszug aus der Vernunftlehre*; in § 7 wird die praktische Logik folgendermaßen definiert:

> In der Vernunftlehre werden die Regeln der gelehrten Erkenntniss und des gelehrten Vortrages, entweder auf die besonderen Arten derselben angewendet oder nicht. Jene ist **die ausübende Vernunftlehre** (logica practica, utens) und diese **die lehrende Vernunftlehre** (logica theoretica, docens).[19]

Diese zweiteilige Darstellung der Logik findet sich auch bei Philosophen der anti-Wolffschen Tradition, beispielsweise bei Christian Thomasius. Thomasius hat sich in diesem Zusammenhang für eine Logik ausgesprochen, die sich nicht nur auf der theoretischen Ebene auswirkt, sondern auch eine praktische Relevanz für das Leben haben sollte.[20]

Wenn Kant also davon ausgeht, dass die „transzendentale Methodenlehre" die Funktion der praktischen Logik übernehmen soll, muss die Aufteilung in Elementar- und Methodenlehre ihren Ursprung in Kants früher Auseinandersetzung mit der Schulmetaphysik und der damit verbundenen Idee einer praktischen

---

18 Ludwig Philipp Thümming: *Institutiones Philosophiae Wolfianae*. In: Christian Wolff: *Gesammelte Werke*. III. Abt. Bd. 19.1. Hildesheim/Zürich/New York (1725) 1982, § 2. Friedrich Christian Baumeister nimmt die Unterscheidung ebenfalls vor: „Logica artificialis optime ita pertractatur, ut dispescatur in partem theoreticam et practicam." Friedrich Christian Baumeister: *Philosophia Definitiva*. In: Christian Wolff: *Gesammelte Werke*, III. Abt., Bd. 7. Hrsg. von J. École u. a. Hildesheim/New York (1775) 1978, S. 240. Dazu auch § 51: „LOGICA ARTIFICIALIS UTENS est habitus sive ars dirigendi facultatem cognoscituam in veritate cognoscenda." Für weitere Hinweise auf die historischen Hintergründe dieser Unterscheidung siehe Conrad: *Kants Logikvorlesungen*, a.a.O., S. 75–86.
19 Siehe Georg Friedrich Meier: *Auszug aus der Vernunftlehre*. Neudruck in: Immanuel Kant: Gesammelte Schriften, AA XVI. (1752) 1900ff., § 7. Die Aufteilung der Logik in praktische und theoretische ist eine der drei Aufteilungen derselben, die Meier in dem *Auszug* einführt. Die eine ist die Aufteilung in natürliche und künstliche Logik, bei der anderen wird zwischen einem analytischen und einem dialektischen Charakter der Logik unterschieden (§ 6). Für eine ausführliche Auseinandersetzung mit dem Werk Meiers siehe Riccardo Pozzo: *Georg Friedrich Meiers „Vernunftlehre". Eine historisch-systematische Untersuchung*. Stuttgart – Bad Cannstatt 2000.
20 „Denn die Vernunft-Lehre soll die Menschen unterweisen **wie sie ihren Verstand recht brauchen und andern Leute damit dienen sollen.** Derowegen ist es wie in allen disciplinis practicis, nicht genug daß man die Sache die man ausüben soll überhaupt verstehe und dieselbe beschreiben und eintheilen könne; sondern man muß den Leuten auch Handgriffe weisen, die sie in der Ausübung gebrauchen sollen." Christian Thomasius: *Ausübung der Vernunftlehre*. Hildesheim (1696) 1968, S. 6.

Logik haben.[21] Diese Auseinandersetzung bringt Kant in den *Vorlesungen über die Logik* zur Sprache, wobei sich zeigt, dass Kant der Frage nach der Aufteilung der Logik große Aufmerksamkeit gewidmet hat. In der *Logik Blomberg* (1771) werden deren Teile folgendermaßen definiert: „Die Theoretische Logica zeiget uns nur die Reguln der gelahrten Erkenntniß, die practische aber wendet diese Reguln auf besondere Fälle an."[22] In der *Logik Philippi* (1772) lässt sich diesbezüglich folgende Definition finden:

> Die theoretische ist die die Bedingungen zeigt, unter welchen eine Erkenntniß logisch vollkommen ist. Sie enthält dazu principia rationalia. Die practische zeigt die Mittel an durch welche wir die Bedingungen der logischen Vollkommenheit erfüllen können per principia empirica.[23]

Somit schreibt Kant der praktischen Logik zunächst zwei grundsätzliche Eigenschaften zu, die denjenigen der schulmetaphysischen Tradition entsprechen: Erstens wird sie gemäß der Anwendung auf besondere Fälle der Erkenntnis bestimmt; zweitens liegen der praktischen Logik empirische Prinzipien zugrunde. Diese beiden Grundannahmen wird Kant später jedoch zurückweisen und damit die schulmetaphysische Doppelaufteilung der Logik ablehnen. Dementsprechend äußert er sich an mehreren Stellen der *Reflexionen* und der späteren *Vorlesungen über Logik* skeptisch gegenüber der Nützlichkeit der praktischen Logik. Einer der Gründe dafür sei eben, dass ihre Prinzipien empirisch bzw. subjektiv bestimmt sind. Kants Überzeugung, die Logik könne keine empirischen Prinzipien beinhalten, steht daher im Einklang mit seiner Auffassung, dass die dieser Disziplin zugrundeliegenden Prinzipien keineswegs mit denen der Psychologie zu vermischen sind.

Im Vergleich zu späteren Vorlesungen erwecken die Logikvorlesungen der siebziger Jahre den Eindruck einer gemäßigten Kritik, die sich hauptsächlich

---

21 „Die Einführung des Begriffspaares Elementar- und Methodenlehre ist Kants Sprachgebrauch zufolge demnach das Resultat seiner Beschäftigung mit der traditionellen Unterscheidung zwischen theoretischer und praktischer Logik." Conrad: *Kants Logikvorlesungen*, a.a.O., S. 76. Zu diesem Punkt liegen jedoch auch andere Interpretationen vor. So vertreten z.B. Giorgio Tonelli und Ricardo Pozzo die These, dass die Unterscheidung zwischen Elementar- und Methodenlehre ihren Ursprung in der klassischen Unterscheidung zwischen allgemeiner und besonderer Logik hat. Siehe Ricardo Pozzo: *Kant und das Problem einer Einleitung in die Logik. Ein Beitrag zur Rekonstruktion der historischen Hintergründe von Kants Logik-Kolleg*. Frankfurt a. M./Bern/New York/Paris 1989, insbesondere S. 167–168. Giorgio Tonelli: „Kant's critique of pure reason within the tradition of modern logic". In: Gerhard Funke (Hrsg.): *Akten des 4. Internationalen Kant-Kongresses*. Bd 3. Berlin/New York 1974, S. 186–191.
22 V-Lo/Blomberg, AA XXIV, S. 38.
23 V-Lo/Philippi, AA XXIV, S. 318.

gegen den Nutzen des traditionellen Verständnisses der Logik wendet; diese führe nämlich Kants Ansicht zufolge bloß zu Lösungen tautologischer Natur: „Auf solche Weise hat man zweierley principia der Logic 1. rationalia 2. practica. Die lezteren fehlen noch sehr. In den sogenannten practischen Logiken sind der Fragen viel, aber die Auflösung mehrenteils tautologisch."[24]

Die Umsetzung einer radikaleren Kritik an dieser Auffassung der praktischen Logik lässt sich also am deutlichsten an den Vorlesungen der achtziger und neunziger Jahre feststellen. Im Gegensatz zur Schulmetaphysik ist Kant der Überzeugung, dass der Logik keineswegs ein praktischer Teil zukommt, da sie eine allgemeine und formale Wissenschaft ist. Als solche bezieht sie sich also auf keine Objekte und ihr liegen demgemäß auch keine empirischen Prinzipien zugrunde. Die in der *Logik Philippi* vertretene Position, dass eine inhaltsbezogene Logik (auf „principa empirica" beruhend) möglich sei, wird deshalb in den achtziger Jahren endgültig abgelehnt.

Die Einführung eines praktischen Teils der Logik bringt die unerwünschte Folge mit sich, dass empirische Prinzipien in die Logik eingebunden werden müssen. Dies bildet die Grundlage, aufgrund derer Kant zu der Idee gelangt, die Aufteilung der Logik durch eine Elementar- und Methodenlehre zu ersetzen und diese letzte ausschließlich auf rein *formale Bedingungen* zu stützen. Das lässt sich anhand der vermutlich aus dem Jahr 1789 stammenden *Logik Busolt* erörtern.[25]

> Der Hauptgegenstand der praktischen Logic ist demnach die Methode, d.i. die Anordnung der mannigfaltigen Erkenntniß mit aller Logischen Vollkommenheit, in so fern sie in ein ganzes zusammengenommen werden sollt. Die Praktische Logic konnte man demnach auch nennen die pure allgemeine Methodenlehre.[26]

Daraus geht also hervor, dass die praktische Logik nach dem kantischen Verständnis eher als eine Form der Anordnung der Erkenntnis angesehen wird. Dass eine solche Anordnung Aufgabe einer „puren allgemeinen" Disziplin sein sollte, entspricht der Notwendigkeit, die Logik im Gegensatz zur herkömmlichen Tradition nicht auf eine empirische Grundlage zu stellen. In der *Logik Pölitz* werden die Logik und die Existenz eines praktischen Teils derselben als unvereinbar dargestellt: Könnte berechtigterweise von einem praktischen Teil der Logik aus-

---

[24] V-Lo/Philippi, AA, XXIV, S. 319. Siehe dazu auch Refl. 1590, AA XVI, S. 27. Datierung um 1769, 1769–1770, 1772, 1772–1775.
[25] Zur Diskussion über die Datierung der Vorlesungen Kants siehe Conrad: *Kants Logikvorlesungen*, a.a.O., S. 52 ff.
[26] V-Lo/Busolt, AA XXIV, S. 682. „Allgemeine Methodenlehre. Nicht practische Logik." Refl. 3331, AA XVI, S. 783.

gegangen werden, so müsste man die Logik als ein Organon der Vernunft verstehen. Allerdings kann die allgemeine Logik Kant zufolge nur ein Kanon der Erkenntnis sein: „Die Logik ist aber kein Organon, denn sonst müste es auch eine praktische Logik geben."[27]

Diese Auffassung, wonach sich Logik und der praktische Teil (als Organon) gegenseitig ausschließen, ist in der *Kritik der reinen Vernunft* mit besonderer Klarheit herausgestellt. Der Abschnitt „Von der Logik überhaupt" führt dementsprechend eine Unterscheidung zwischen dem allgemeinen und dem besonderen Verstandesgebrauch ein, durch welche letztere als Organon der Wissenschaften konstituiert werden kann.[28] Die allgemeine Logik wird ihrerseits auch in eine reine und eine angewandte Logik aufgeteilt. Die angewandte, obwohl sie auch als allgemein verstanden wird, enthält Prinzipien, die empirische Elemente voraussetzen und letztendlich auf psychologischen Gründen bzw. „zufälligen Bedingungen des Subjekts" beruhen.[29] Diese Folgerung steht im Einklang mit der „Vorrede" zur B-Auflage der *Kritik der reinen Vernunft*, wo sich Kant erneut gegen jede Art von Logik wendet, die sich auf empirische Begriffe (der Psychologie oder der Anthropologie) beruft. Er schreibt diesbezüglich:

> Denn, wenn einige Neuere sie [scil. die Logik] dadurch zu erweitern dachten, daß sie teils psychologische Kapitel von den verschiedenen Erkenntniskräften (der Einbildungskraft, dem Witze), teils metaphysische über den Ursprung der Erkenntnis oder der verschiedenen Art der Gewißheit nach Verschiedenheit der Objekte (dem Idealismus, Skeptizismus usw.), teils anthropologische von Vorurteilen (den Ursachen derselben und Gegenmitteln) hineinschoben, so rührt dieses von ihrer Unkunde der eigentümlichen Natur dieser Wissenschaft her.[30]

Demnach beschränkt sich die Logik – dadurch, dass sie nicht als Organon der Vernunfterkenntnis fungieren kann – hauptsächlich auf den richtigen Gebrauch

---

27 V-Lo/Pölitz, AA XXIV, S. 505. Weitere Stellen, an welchen die Existenz eines praktischen Teils der Logik zurückgewiesen wird, finden sich in den *Reflexionen* 1590, 1603, 1604, 1613, 1614. Bemerkenswert ist die Tatsache, dass die *Reflexion* 1613 die Existenz einer praktischen Logik mit einem dialektischen Resultat in Verbindung setzt: „(Die Allgemeine logik, wenn sie praktisch ist als organon, ist dialectic.)" Refl. 1613, AA XVI, S. 36. Diese Logik als Organon führt also zur Dialektik.
28 KrV A 52/B 76.
29 „Als reine Logik hat sie keine empirischen Prinzipien, mithin schöpft sie nichts (wie man sich bisweilen überredet hat) aus der Psychologie." KrV A 54/B 78. Auf diese Weise kritisiert Kant auch die Aufteilung der Logik in einen natürlichen und einen künstlichen Teil. Siehe dazu Log, AA IX, S. 17.
30 KrV B VIII.

des Verstandes im Allgemeinen und im formalen Sinne.[31] Das ist der Grund, warum Kant die Logik ausschließlich als allgemeine, reine Logik verstehen will und die „transzendentale Methodenlehre" der *Kritik der reinen Vernunft* lediglich gemäß den formalen Bedingungen der Vollständigkeit des Systems definiert. Damit kommt ein erster Kritikpunkt an der metaphysischen Systemauffassung des Wolffianismus zum Ausdruck. Im Folgenden ist nun die Frage zu stellen, welche Bedeutung dieser neuen Auffassung der Methodenlehre in Bezug auf den Aufbau einer Architektonik der reinen Vernunft beizumessen ist.

1.2 Zu den allgemeinen Charakteristika der Begriffe Architektonik und System

Aus einer entwicklungsgeschichtlichen Betrachtung geht hervor, dass der Begriff der Architektonik, der bereits seit Plato und Aristoteles in der Philosophie gebraucht wird, bei Wolff eine ganz zentrale Stellung einnimmt.[32] Dabei stellen sich zwei Charakteristika als wichtig heraus, die die Wolffsche Konzeption der Metaphysik besonders bestimmen: Die Architektonik ist erstens für den wissenschaftlichen Aufbau des Systems und damit für die Begründung der Metaphysik entscheidend; zweitens folgt aus dieser Annahme, dass die Architektonik in Verbindung mit der Ontologie als erste Disziplin zu setzen ist. Dieses letzte Charakteristikum ist in Bezug auf die Auffassung der Ontologie von besonderer Relevanz, denn aus ihm ergibt sich, dass diese die ersten, allgemeinsten Prinzipien enthält und von daher als leitend für das gesamte System anzusehen ist. Dementsprechend behauptet Wolff in seinen 1729 publizierten *Horae subsecivae marburgenses:* „Etsi autem quae de usu Philosophiae primae dicta sunt, eam satis commendent, atque palam faciant, cur scientia Architectonica dicatur, cum notiones ontologicae eodem munere fungantur, quod Architecto convenit."[33]

---

31 „Noch eine andre Eintheilung der Logik ist die in theoretische und praktische Logik. Allein auch diese Eintheilung ist unrichtig. Die allgemeine Logik, die, als ein bloßer Kanon, von allen Objecten abstrahirt, kann keinen praktischen Theil haben. Dieses wäre eine *contradictio in adjecto*, weil eine praktische Logik die Kenntniß einer gewissen Art von Gegenständen, worauf sie angewandt wird, voraussetzt." Log, AA IX, S. 17.
32 Zum historischen Ursprung der Architektonik siehe Paula Manchester: „Kant's conception of Architectonic in its historical context". In: *Journal of the History of Philosophy* 41/2 (2003), S. 201–202. Manchester verweist auf Platons *Republik* (259e) und Aristoteles' *Nikomachische Ethik* (1090a 28) als historische Quellen der Architektonik.
33 Christian Wolff: *Horae subsecivae marburgenses*. In: Ders.: *Gesammelte Werke*. II. Abt., Bd. 34.1. Hrsg. von J. École u.a. Hildesheim/Zürich/New York (1729) 1983, S. 349.

Die Funktion der Ersten Philosophie bzw. Ontologie im System kann demnach mit der eines Architekten verglichen werden, weil die Ontologie orientierende Begriffe enthält, auf denen das gesamte System der Metaphysik beruht. Folgt man der Idee, dass die Ontologie die leitenden Begriffe des Systems liefert und von daher *architektonisch* zu definieren ist, lassen sich die Erste Philosophie, die Architektonik und das System so miteinander in Verbindung setzen, dass das Gefüge der Metaphysik deduktiv und mathematisch aufgebaut werden kann.[34] Dabei handelt es sich letztendlich um eine Rehabilitierung der Ontologie als erste Disziplin, deren Gültigkeit durch die Kritik Descartes' verloren gegangen war.[35]

Der Begriff Architektonik taucht ebenfalls bei Baumgarten auf. In seiner *Metaphysica* sowie auch in seiner *Philosophia generalis* setzt Baumgarten die Architektonik mit der *philosophia generalis* bzw. *metaphysica universalis* in Verbindung: „Philosophia generalis (architectonica, praeparatoria) est scientia praedicatorum Philosophiae generalium pluribus ipsius partibus communium."[36] Eine ähnliche Verbindung wird auch in der *Metaphysica* hergestellt: „Ontologia (ontosophia, metaphysica, metaphysica universalis, architectonica, philosophia

---

34 Im Folgenden wird die Ontologie hauptsächlich in Bezug auf ihre architektonische Aufgabe für das ganze System der Metaphysik thematisiert. Zu anderen Aspekten der Ontologie Wolffs siehe: Faustino Fabbianelli, Jean-François Goubet und Oliver-Pierre Rudolph (Hrsg.): *Zwischen Grundsätzen und Gegenständen. Untersuchungen zur Ontologie Christian Wolffs*. Hildesheim/Zürich/New York 2011; Robert Schnepf: „Allgemeine Metaphysik als erste Philosophie. Zum Problem kategorialer Begriffsbildung in Christian Wolffs Ontologie". In: Jürgen Stolzenberg und Oliver-Pierre Rudolph (Hrsg.): *Christian Wolff und die europäische Aufklärung*. Teil 1. Hildesheim/Zürich/New York 2007, S. 181–203; Jean Paul Paccioni: *Cet esprit de profondeur. Christian Wolff. L'ontologie et la métaphysique*. Paris 2006; Sonia Carboncini: „L'ontologia di Wolff tra scolastica e cartesianismo". In: Sonia Carboncini und Luigi Cataldi Madonna (Hrsg.): *Nuovi studi sul pensiero di Christian Wolff*. Hildesheim/Zürich/New York 1992, S. 131–155; École: „La notion d'être selon Wolff ou la ,désexistentialisation de l'essence'". In: *Nuovi studi sul pensiero di Christian Wolff*, a.a.O., S. 157–173; École: *La métaphysique de Christian Wolff*. Hildesheim/Zürich/New York 1990; Rompe: *Die Trennung von Ontologie und Metaphysik*, a.a.O.; Étienne Gilson: *L'être et l'essence*, a.a.O.
35 Darauf weist Wolff selbst in der „Vorrede" zu seiner *Philosophia prima sive Ontologia* hin. Siehe Christian Wolff: *Philosophia prima, sive Ontologia, methodo scientifica pertractata, qua omnis congnitionis humanae principia continentur*. Gesammelte Werke. II. Abt., Bd 3. Hildesheim/New York ($_1$1730/$_2$1736) 1977, S. 12. Deutsche Übersetzung: Christian Wolff: *Erste Philosophie oder Ontologie nach wissenschaftlicher Methode behandelt, in der die Prinzipien der gesamten menschlichen Erkenntnis enthalten ist*. Übers. und hrsg. von Dirk Effertz. Hamburg 2005, S. 7. Vgl. auch École: „Des différentes parties de la métaphysique selon Wolff", a.a.O.
36 Alexander Baumgarten: *Philosophia generalis*. Hildesheim/Zürich/New York (1770) 1968, § 1.

prima) est scientia praedicatorum entis generaliorum".[37] Wie man sehen kann, bezieht Baumgarten die Architektonik in die *metaphysica generalis* ein und schreibt der Ontologie, wie auch Wolff, insofern eine leitende Funktion zu, als sie sich mit den allgemeinsten Prädikaten befasst.

Wenn die Architektonik auf diese Art verstanden wird, kann sie mit der Ontologie bzw. der allgemeinen Metaphysik in Verbindung gesetzt und ihr demzufolge die *einheitsstiftende* Funktion für das ganze System zugeschrieben werden. Wie sich im Folgenden zeigen wird, lassen sich anhand dieses Wolffschen Architektonikverständnisses die wesentlichen Charakteristika des Systems ausfindig machen, aus denen Kant seine kritischen Positionen entwickelte.

Wenden wir uns der kantischen Auffassung der Architektonik zu. Kant macht in der *Kritik der reinen Vernunft* von vornherein darauf aufmerksam, dass unsere Erkenntnis über eine Einheit verfügen muss,[38] die rein architektonisch zu begründen ist. Damit lässt sich ein gesetzmäßiger Bau schaffen, mittels dessen die Bestandteile des Systems in ein einheitliches Ganzes gebracht werden könne. Dieser architektonische Aufbau wird nicht als etwas Technisches konzipiert, sondern als eine antizipierende Idee der Vernunft, durch die alle Disziplinen der Metaphysik in ein System eingeordnet werden können. Angesichts der soeben dargestellten Ausführungen ergibt sich, dass Kants Idee der Architektonik eher der Konzeption Lamberts als der Baumgartens zu folgen scheint.[39] 1771 publizierte

---

[37] Alexander Baumgarten: *Metaphysica/Metaphysik*. Historisch-kritische Ausgabe. Übers., eingel. und hrsg. von Günter Gawlick und Lothar Kreimendahl. Stuttgart – Bad Cannstatt ($_1$1739/$_4$1757) 2011, § 4.

[38] So beispielsweise in der „Vorrede" zur ersten Auflage: „In der Tat ist auch reine Vernunft eine so vollkommene Einheit." KrV A XIV.

[39] Gegen einen bedeutenden Einfluss Lamberts wendet sich Marco Sgarbi. Sgarbi geht davon aus, dass eine mögliche Quelle für die kantische Auffassung der Architektonik in der neoaristotelischen Tradition zu finden ist, wie es auch bei Abraham Calov der Fall ist. Vgl. Marco Sgarbi: *La Kritik der reinen Vernunft nel contesto della tradizione logica aristotélica*. Hildesheim/Zürich/New York 2010, S. 244–247. Dazu auch Giorgio Tonelli: *Kant's Critique of Pure Reason within the Tradition of Modern Logic. A Commentary on its History*. Hildesheim/Zürich/New York 1994. S. 250–252. Tonelli argumentiert ebenfalls, dass eine mögliche Quelle der kantischen Architektonik bei Calov zu finden ist. Allerdings betont er die Bedeutung der *Anlage zur Architectonic* Lamberts. „But there is no doubt that a very important precedent to Kant's use of the term is Lambert's *Architectonic*." Tonelli: *Kant's Critique of Pure Reason within the Tradition of Modern Logic*, a.a.O., S. 254. In seinem Kommentar zur *Kritik der reinen Vernunft* weist Félix Duque zutreffend darauf hin, dass Kants Idee der Architektonik möglicherweise aus der Beschäftigung mit Lamberts Buch entstanden sein könnte. Entscheidender – der Interpretation Duques nach – sei aber Baumgartens *Metaphysica* und dessen Konzeption der Architektonik. Infolgedessen relativiert der Autor den möglichen Einfluss Lamberts. Vgl. Félix Duque: *La fuerza*

Lambert sein bereits 1764 verfasstes Werk *Anlage zur Architectonic, oder Theorie des Einfachen und des Ersten*,⁴⁰ dem zufolge sich die Architektonik folgendermaßen definieren lässt:

> Es ist in so fern ein Abstractum von der Baukunst, und hat in Absicht auf das Gebäude der menschlichen Erkenntniß eine ganz ähnliche Bedeutung, zumal, wenn es auf die ersten Fundamente, auf die erste Anlage, auf die Materialien und ihre Zubereitung und Anordnung überhaupt, und so bezogen wird, daß man sich vorsetzt daraus ein zweckmäßiges Ganzes zu machen.⁴¹

Obwohl Lambert darauf hinweist, dass er den Begriff der Architektonik der Lehre Baumgartens entnommen habe, kommen in der soeben zitierten Definition einige Elemente zur Sprache, anhand derer sich erkennen lässt, wie sich seine Auffassung teilweise von derjenigen Baumgartens unterscheidet.⁴² Lambert versteht die aus der Baukunst stammende Metapher der Architektonik in erster Linie in Verbindung mit einer Zweckmäßigkeit (mit einem Prinzip der Suche) der Vernunft. Diese besteht darin, alle Materialien der Metaphysik in einem Ganzen anzuordnen und damit die Konstruktion eines Systems zu ermöglichen. Im Gegensatz dazu setzt Baumgarten die Architektonik – wie schon erwähnt – in direkte Verbindung mit der Ontologie und schreibt ihr eine ganz andere Funktion zu, die sich mit der Idee eines zweckmäßigen Ganzen der Vernunft nicht vollkommen in Einklang bringen lässt. Die Auffassung Baumgartens entspricht demnach vielmehr einer Konzeption Wolffscher Herkunft. Bezüglich der Erschaffung einer systematischen Ordnung der Wissenschaften und ihrer Einheit schreibt Wolff in der *Ausführlichen Nachricht*:

> [...] daß ich endlich alles zusammen in eine solche Ordnung gebracht, wie eines durch das andere verstanden und erkandt wird, und solchergestalt aus der Grund=Wissenschafft ein Systema gemacht, da alle Lehren wie die Glieder in dem menschlichen Cörper mit einander

---

de la razón. Invitación a la lectura de la ‚Crítica de la razón pura' de Kant. Madrid 2002, insbesondere S. 249 ff.

40 Vgl. den Brief von Lambert an Kant von 1765: „Seit dem hatte ich meine Architectonik ausgearbeitet und schon seit einem Jahre zum Drucke fertig." Br, AA X, S. 51; sowie auch Hans-Werner Arndt: „Einleitung" zu Johann H. Lambert: *Anlage zur Architectonic, Theorie des Einfachen und des Ersten in der philosophischen und mathematischen Erkenntnis.* Hrsg. von Hans-Werner Arndt. Hildesheim (1771) 1965, S. VI.

41 Lambert: *Anlage zur Architectonic,* a.a.O., S. XXVIII.

42 Siehe Hans-Werner Arndt: „Einleitung" zu Lamberts *Anlage zur Architectonic,* a.a.O., S. XIII-XIV.

zusammen hangen, und bey ihrem verschiedenen Unterschiede dennoch zusammen conspiriren, und immer eine um den ander willen da ist.[43]

Daran lässt sich erkennen, dass die *Grundwissenschaft* bzw. Ontologie die Disziplin ist, mithilfe derer die architektonische Struktur des Systems erst errichtet werden kann. Der Grund dafür ist kein anderer als die Allgemeinheit der Prinzipien dieser Wissenschaft. Die Ontologie muss folglich allen anderen Disziplinen der Metaphysik architektonisch zugrunde liegen und dadurch die Einheit des ganzen Systems sichern.

Aber auf welche Weise kann diese Einheit hergestellt werden? Eine Antwort darauf lässt sich durch eine Betrachtung der Wolffschen Auffassung von Wissenschaft und Verstand geben. Die 1729 publizierten *Horae subsecivae marburgenses* enthalten eine Abhandlung, die den ursprünglichen Titel *De differentia intellectus systematici & non systematici* trägt. In dieser Schrift finden sich Erläuterungen, die für das Wolffsche Verständnis von System, Wissenschaft und Methode besonders aufschlussreich sind. Den systematischen (architektonischen) Verstand bestimmt Wolff hier z. B. folgendermaßen: „Wir verstehen aber durch den **zusammenhangenden Verstand** denjenigen, welcher allgemeine Sätze mit einander verknüpffet."[44] Ein systematischer Verstand müsse also die Fertigkeit besitzen, alle Sätze derart zu verbinden, dass zwischen den Verbindungen der Sätze kein Widerspruch auftritt. Das System ist demnach als Grund und Folge einer widerspruchsfreien logischen Schlussfolgerung anzusehen. Architektonisch zu verfahren heißt folglich, ein Gefüge aufzubauen, in welchem die Verknüpfung der Sätze gemäß ihrer Allgemeinheit erfolgt. Darin besteht nach Wolffscher Ansicht die Möglichkeit der Wissenschaft überhaupt.[45]

---

43 Wolff: *Ausführliche Nachricht*, a.a.O., § 78. Zur Wolffschen Konzeption des Systems vgl. Norbert Hinske: *Zwischen Aufklärung und Vernunftkritik. Studien zum Kantschen Logikcorpus.* Stuttgart – Bad Cannstatt 1998. Zu Kants Auseinandersetzung mit dem Wolffschen Systembegriff siehe Manfred Baum: „Systemform und Selbsterkenntnis der Vernunft bei Kant". In: Hans Friedrich Fulda und Jürgen Stolzenberg (Hrsg.): *Architektonik und System in der Philosophie Kants.* Hamburg 2001, S. 25–40; sowie auch Günter Zöller: „‚Die Seele des Systems': Systembegriff und Begriffssystem in Kants Transzendentalphilosophie". In: *Architektonik und System in der Philosophie Kants*, a.a.O., S 53–72.
44 Siehe Christian Wolff: *Von dem Unterscheid des zusammenhangenden und nicht zusammenhangenden Verstandes.* In: Ders.: *Gesammelte Werke. Kleine philosophische Schriften.* I. Abt., Bd. 21.4. Hrsg. von J. École, H.W. Arndt, C.A. Corr, J.E. Hofmann und M. Thomann. Hildesheim/ New York (1739) 1981, S. 164.
45 „Per *Scientiam* hic intelligo habitum asserta demonstrandi." Siehe Wolff: *Discursus praeliminaris de Philosophia in genere.* In: Ders.: *Gesammelte Werke.* II. Abt., Bd. 1.1. Hrsg. von J. École, H.W. Arndt, C.A. Corr, J.E. Hofmann und M. Thomann. Hildesheim/Zürich/New York ($_1$1728/$_3$1740)

Dadurch, dass die dem Systemaufbau zugrunde liegenden Regeln in der Allgemeinheit und der Verknüpfung der Sätze bestehen, kann die Methode der Mathematik zugleich auch für die Philosophie gültig sein.[46] Die Architektonik des Systems beruht demzufolge auf einer deduktiv-mathematischen Konstruktion, die die Einordnung der Wissenschaften grundsätzlich auf die Allgemeinheit ihrer Prinzipien gründet.[47] Von hier aus liegt nahe, dass die Ontologie die einzig mögliche Disziplin der Metaphysik ist, anhand derer die Erkenntnis sich architektonisch bzw. systematisch aufbauen lässt. Sie wird dem Verständnis Wolffs nach als diejenige Wissenschaft konzipiert, die die allgemeinsten und abstraktesten Begriffe enthält.[48] Zusammenfassend gesagt, besteht Baumgartens und Wolffs Idee der Architektonik und des Systems also darin, dass in enger Verbindung mit der Ontologie ein mathematisches und deduktives Ganzes aufgebaut wird, das sich durch logische Vollkommenheit auszeichnet. Von dieser Auffassung der Architektonik wird sich Kant allmählich distanzieren. Dabei kann man feststellen, dass sich Kants Auseinandersetzung mit dem System- und Architektonikbegriff der Wolffschen Schule (zeitlich und inhaltlich gesehen) in unterschiedlicher Weise bestimmen lässt.

Wenn man in Betracht zieht, dass Wolffs Architektonik die Form eines mathematischen Gefüges hat, könnte Kants entscheidende Kritik an dieser Idee bereits auf 1762–1764 datiert werden, als nämlich die Preisschrift *Untersuchung über die Deutlichkeit der Grundsätze der natürlichen Theologie und der Moral* erschien.[49] In dieser Schrift erhebt Kant den Anspruch, Wolffs Methode der Philo-

---

1983, § 30. (Deutsche Übersetzung: *Einleitende Abhandlung über Philosophie im allgemeinen*. Übers., eingel. und hrsg. von Günter Gawlick und Lothar Kreimendahl. Stuttgart – Bad Cannstatt 1996.)
46 „Methodi philosophiae aedem sunt regulae, quae methodi mathematicae." Siehe Wolff: *Discursus praeliminaris*, a.a.O., § 139.
47 „Ein zusammenhangender Verstand bringet alle seine Erkenntniß in einen Lehrbegriff, indem er die allgemeinen Wahrheiten mit einander verknüpft." Wolff: *Von dem Unterscheid*, a.a.O., S. 203.
48 „*Ontologie seu Philosophia prima* est scientia entis in genere." Wolff: *Philosophia prima sive Ontologia*, a.a.O., § 1.
49 Die kritische Stellungnahme Kants ist unter anderem aus einer methodologischen Perspektive betrachtet worden. Nun kann man die Auseinandersetzung mit dem System- und Architektonikbegriff aber auch – wie z. B. Robert Theis – aus einer ontotheologischen Perspektive analysieren, sodass eine erste diesbezügliche Kritik an Wolff bereits in Kants *Nova Dilucidatio* von 1755 gefunden werden kann. In dieser Hinsicht stellt Theis die These auf, dass mit der Zurückweisung der Ontotheologie Wolffs sowie der Allgemeinheit des Prinzips vom zureichenden Grunde in der *Nova Dilucidatio* auch in Frage gestellt wird, dass die Einheit der metaphysischen Erkenntnis hergestellt werden kann. Dies führe letztendlich dazu, das System und dessen methodologischen Aufbau neu zu formulieren. Vgl. Robert Theis: „L'Ontothéologie

sophie durch eine neue ersetzt zu haben. Er geht in dieser Hinsicht davon aus, dass in der Metaphysik „der Begriff von einem Dinge schon gegeben"[50] und nicht erdichtet bzw. willkürlich verbunden ist. Dadurch kann die Mathematik keineswegs als Modell für die Philosophie fungieren, denn das geeignete Verfahren muss ein analytisches, und kein synthetisches sein. Die Metaphysik beginnt deshalb nicht mit Definitionen, sondern vielmehr mit einer undeutlichen, gegebenen Erfahrung, die durch Zergliederung ihres Inhalts allmählich erschlossen wird. Die Definitionen, die Wolff an den Anfang seines Systems stellt, gelten bei Kant als das letzte Resultat. Damit verändert sich die Grundlage des herkömmlichen Metaphysiksystems, dessen Ordnung nach Definitionen, Präpositionen und Beweisen aufgebaut und nach einem mathematischen Verfahren durchgeführt wurde.[51] Die mathematische Methode verliert damit ihre Allgemeingültigkeit und gilt nicht mehr für die Gesamtheit der Vernunfterkenntnis.[52]

Mit dieser frühen Kritik bereitet Kant den Weg für ein anderes System der Metaphysik. Aus diesem neuen methodischen Ansatz ergibt sich als erste Konsequenz, dass die bloß logische Verknüpfung der Sätze nicht mehr als die wichtigste Eigenschaft des Systemsaufbaus angesehen wird. Daraus folgt als zweite Konsequenz, dass die Metaphysik auf andere Prinzipien als beispielsweise das des Widerspruchs angewiesen ist.[53]

Die in den sechziger Jahren begonnene Kritik an Wolffs System und seinen Anhängern führt Kant in den Vorlesungen der siebziger und achtziger Jahre weiter aus.[54] In den *Vorlesungen über Logik,* in welchen sich Kant grundsätzlich mit

---

Kantienne avant 1781". In: *Années 1747–1781. Kant avant la Critique de la Raison Pure.* Paris 2009, insbesondere S. 34 ff. Aus dieser frühen kantischen Kritik schließt Theis, man könne durch die Transformation der Ontotheologie Kants bereits in den frühen fünfziger Jahren eine Subjektivierung (*subjectivisation*) des Satzes vom Grunde (*l'afirmation du fondement*) finden. Wir werden jedoch die erste entscheidende Kritik auf das Jahr 1766 und die von Theis genannte Subjektivierung erst auf die Jahre 1769–1770 datieren.
50 UD, AA II, S. 276.
51 Dazu Wolff: *Discursus praeliminaris,* a.a.O., §§ 116, 117, 118.
52 Dies steht im Einklang mit der „Disziplin der reinen Vernunft" der ersten *Kritik,* die die Möglichkeit von Definitionen, Axiomen und Demonstrationen ausschließlich für die Mathematik für gültig erklärt. Siehe KrV A 727/B 755, A 738/B 766.
53 Vgl. Norbert Hinske: „Die Wissenschaften und ihre Zwecke. Kants Neuformulierung der Systemidee". In: Gerhard Funke (Hrsg.): *Akten des 7. Internationalen Kant-Kongresses.* Bonn/Berlin 1990, S. 157–177.
54 Für eine historische Betrachtung der Begriffe Architektonik und System bei Kant siehe Paula Manchester: „What Kant means by Architectonic". In: Volker Gerhardt, Rolf-Peter Horstmann und Ralph Schumacher (Hrsg.): *Kant und die Berliner Aufklärung. Akten des IX. Internationalen Kant-Kongresses.* Berlin/New York 2001, S. 622–630; und auch dies.: „Kant's conception of Architectonic in its historical context", a.a.O.

Meiers *Auszug aus der Vernunftlehre* befasst, lässt sich die neue kantische Auffassung des Systems Schritt für Schritt nachvollziehen. Nach Hinske lassen sich die drei Schritte dieser Kritik anhand der folgenden Grundgedanken nachzeichnen.⁵⁵ Der *erste* Gedanke bezieht sich auf die Mehrzahl der Systeme. In dieser Hinsicht weist Kant in der *Logik Blomberg* darauf hin, dass die Möglichkeit, ein System aufzubauen, keineswegs auf dogmatische Wahrheiten beschränkt werden sollte, wie bei Meier geschehen. Dieser bestimmt das System nämlich folgendermaßen: „Ein Lehrgebäude (systema) ist eine Menge dogmatischer Wahrheiten, welche dergestalt miteinander verbunden werden, dass sie zusammengenommen eine Erkenntniss ausmachen, welche man als ein Ganzes betrachten kann."⁵⁶ Darauf bezieht sich Kant mit dem folgenden Einwand: „Der Autor schränkt die Bedeutung dieses Wortes [scil. Lehrgebäude] gar zu sehr ein, in dem er es blos, und allein auf die Dogmatische wahrheit appliciret."⁵⁷ Der *zweite* Gedanke, den Hinske herausgestellt, besagt, dass das Ganze allen Teilen des Systems vorangehen muss, d. h. es gelte das Primat des Ganzen vor den Teilen. In der *Logik Philippi* heißt es dazu: „Der Plan muß von einer aparten Hauptidee herkommen nicht von den Theilen."⁵⁸ Die Idee des Zwecks macht letztendlich den *dritten* Schritt der Kritik aus. Dazu lässt sich in der *Logik Pölitz* (1788) das Folgende lesen: „In jedem System muß eine Idee als das Ganze seyn, die die Einteilung und den Zweck bestimmt, und diese Idee macht die systematische Einheit aus."⁵⁹ Von diesen erwähnten drei Punkten sind der zweite und dritte von besonderem Belang. Kants Idee eines Primats des Ganzen vor den Teilen nimmt in der Konzeption des Systems eine besondere Stellung ein und stellt somit einen wesentlichen Punkt dar, in dem sich

---

55 Siehe Hinske: *Zwischen Aufklärung und Vernunftkritik*, a.a.O., S. 112–115.
56 Meier: *Auszug aus der Vernunftlehre*, a.a.O., § 104.
57 V-Lo/Blomberg, AA XXIV, S. 100. In der *Logik Philippi* wird ein ähnlicher Vorwurf zur Sprache gebracht: „Der Autor nennt ein Lehrgebäude, System eine Menge zusammenhängender dogmatischer Sätze; aber es giebt auch andere Systeme, die nicht aus Dogmatibus bestehen. Denn alle Systeme der Erkenntniß sind entweder rational oder historisch." V-Lo/Philippi, AA XXIV, S. 399. In der *Reflexion* 2233 schreibt Kant diesbezüglich: „Historische und Vernunft Wissenschaften sind beyde Systeme und von der gemeinen Erkentnis unterschieden." Siehe Refl. 2233, AA XVI, S. 279. Datierung um 1776, 1778–1779. Was diesen ersten Schritt betrifft, muss auf die Tatsache aufmerksam gemacht werden, dass die Möglichkeit eines Systems der historischen Wahrheiten an einigen Stellen zurückgewiesen wird. In der *Philosophischen Enzyklopädie* wird dementsprechend Folgendes behauptet: „Alle Wissenschaften sind der Form, aber nicht dem System nach, entweder historische oder Vernunftwissenschaften." PhiEnz, AA XXIX, S. 5. Dazu auch Refl. 2223 und 2229, AA XVI, S. 275–276 und 278–279.
58 V-Lo/Philippi, AA XXIV, S. 400. Ähnlich äußert sich Kant in der *philosophischen Enzyklopädie*: „Ein System ist, wenn die Idee des gantzen vor den Theilen vorhergeht." PhilEnz, AA XXIX, S. 5.
59 V-Lo/Pölitz, AA XXIV, S. 530.

1.2 Zu den allgemeinen Charakteristika der Begriffe Architektonik und System — 27

das kantische vom herkömmlichen Verständnis unterscheidet. Dadurch, dass Wolff die Verknüpfung der Sätze als die wesentliche Eigenschaft des Systems betrachtet, verschiebt er die Idee des Ganzen gewissermaßen auf eine sekundäre Ebene. Wichtiger ist es ihm in diesem Sinne, bei den Teilen anzufangen und diese erst danach in ein Ganzes zu integrieren. Das bedeutet, dass das philosophische Verfahren Wolffs auf der Zusammensetzung der einzelnen Teile beruht und sich das Ganze erst aus dieser Zusammensetzung heraus konstituieren lässt.[60] Dieselbe zentrale Bedeutung kommt dem von Hinske genannten dritten Punkt zu, insofern das Prinzip eines Zwecks innerhalb der Metaphysik als völlig neu anzusehen ist.

Dabei stellt sich heraus, dass bei Wolff sowie bei Baumgarten der Zweckbegriff und somit die praktische Orientierung des Systems überhaupt nicht auftaucht. Dies scheint also ein besonderes Merkmal des kantischen Systems zu sein. Von hier aus entwickelt Kant ein anderes, neues Verfahren für die Philosophie und eine andere inhaltliche Bestimmung der Metaphysik. Denn mit den neuen Begriffen der Architektonik und des Systems werden zwei wichtige Elemente in Frage gestellt, die im Systemaufbau der herkömmlichen Metaphysik bis dahin stillschweigend vorausgesetzt wurden: Das erste Element ist die *Allgemeinheit*, die Kant keineswegs als wesentliche Eigenschaft der Architektonik betrachtet. Daraus folgt, dass die von Wolff und Baumgarten beanspruchte enge Verbindung zwischen Architektonik und Ontologie zurückgewiesen werden muss. Als Zweites zieht er die Funktion der *Verknüpfung* in Zweifel. Demnach sei die bloße Verbindung von Sätzen nicht als die grundlegende Aufgabe eines Systemaufbaus zu erachten, was einer der Gründe dafür ist, warum die Mathematik in Bezug auf ihre Methode nicht mehr als Vorbild fungieren kann. Die Einbeziehung der Allgemeinheit und der Verknüpfung als wesentliche Elemente des Systemaufbaus wird am deutlichsten in der *Kritik der reinen Vernunft* zurückgewiesen, wo Kant zum einen annimmt, dass die Allgemeinheit als ein *Rang*, wohl aber nicht als Kriterium für die Klas-

---

60 Aus diesem Grund ist Paula Manchester der Auffassung, dass der Begriff der Architektonik nicht aus der Wolffschen Philosophie entstanden sei. Dazu Manchester: „What Kant means by Architectonic", a.a.O., S. 625; und dies., „Kant's conception of Architectonic in its historical context", a.a.O. Tatsächlich besteht zwischen der Verknüpfung der Sätze und Kants Idee des Systems ein großer Unterschied. Allerdings übersieht Manchester die Tatsache, dass trotz aller Unterschiede gewisse Gemeinsamkeiten zwischen Wolffs und Kants Auffassung des Systems vorhanden sind. Hinske hat eine hilfreiche Zusammenfassung dieser Ähnlichkeiten angefertigt und darauf aufmerksam gemacht, dass die Systemidee bei Kant seinen Ursprung in der Wolffschen Philosophie hat. Nach Hinske betreffen die folgenden Eigentümlichkeiten des Systems sowohl Wolff als auch Kant: a) Die Einheit der Mannigfaltigkeit. b) Dass diese Einheit eine organische ist, die nicht zufällig geschaffen wird. c) Dass die Einordnung der einzelnen Erkenntnisse bestimmt ist. d) Dass sich die Bestimmung der Einordnung nur a priori etablieren lässt. Vgl. Hinske: *Zwischen Aufklärung und Vernunftkritik*, a.a.O., S. 107.

sifizierung der Wissenschaften a priori fungieren kann, und zum anderen darauf aufmerksam macht, dass die mathematische Verknüpfung der Sätze kein angemessenes Verfahren für die Metaphysik darstellt.[61] In diesem Sinne ist Kant der Überzeugung, dass Wolff kein systematisch-architektonischer Philosoph im eigentlichen Sinne war. In der *Reflexion 5035* schreibt er:

> Wolff that große Dinge in der philosophie; er ging aber nur vor sich weg und erweiterte die Erkentnis, ohne durch eine besondere Critick solche zu sichten, zu verändern und umzuformen. Seine Werke sind also als ein Magazin der Vernunft sehr nützlich, aber nicht als eine architectonic derselben.[62]

Dieser Konzeption stellt Kant die folgenden Eigenschaften eines architektonischen Systems gegenüber: 1) Die Wissenschaft bzw. das System ist nur möglich, wenn die Idee des *Ganzen* allen Teilen vorangeht. 2) Alle Einheit des Systems ist gemäß einem *zweckmäßigen* Prinzip – und nicht nur in Hinblick auf logische Vollkommenheit – einzurichten. 3) Die Einheit des Systems muss folglich aus einer Idee *abgeleitet* werden,[63] sodass die Zusammensetzung der Teile in diesem Fall nicht von Belang ist.

Dabei stellt sich dann die Frage, inwieweit Kant diese traditionelle Auffassung modifizieren musste, um einen Zusammenhang zwischen Architektonik, System und Wissenschaft herzustellen, der im Einklang mit dem Programm der Kritik der reinen Vernunft steht. Anhand der Textstellen, an welchen die Architektonik zur Sprache kommt, lässt sich feststellen, dass sie mit unterschiedlichen Absichten und im Rahmen mehrerer Disziplinen thematisiert wird. Von daher kann man prinzipiell von zwei Gruppen von Textstellen sprechen, in welchen das Substantiv Architektonik oder das Adjektiv architektonisch Erwähnung finden. Die erste Gruppe ist in den *Reflexionen zur Logik* und *zur Anthropologie*, die zweite in der *Physischen Geographie* zu finden. Wenden wir uns der ersten aus den *Reflexionen* stammenden Gruppe von Textstellen zu. In der *Reflexion 1837*, die auf den Zeitraum zwischen 1772 und 1773 zu datieren ist, bestimmt Kant die architektonische Idee im Gegensatz zu einer technischen: „Die Erkenntnis durch eine idee ist architecto-

---

61 Siehe KrV A 843/B 871 und A 844/B 872.
62 Refl. 5035, AA XVIII, S. 68. Datierung um 1776. Ähnliches findet sich in der *Philosophischen Enzyklopädie*: „Wolff war ein spekulativer, aber nicht ein architektonischer Philosoph und Führer der Vernunft." PhilEnz, AA XXIX, S. 8.
63 Dazu auch *Reflexion 2227*: „(Die Synthetische Einheit ist die Einheit der Zusammensetzung, die analytische die Einheit der Ableitung; jene ist empirisch, diese rational; in jener ist das Mannigfaltige Theile, in dieser Folgen.)" Refl. 2227, AA XVI, S. 278. Datierung 1764–1768, 1769, 1760–1764.

1.2 Zu den allgemeinen Charakteristika der Begriffe Architektonik und System — 29

nisch. Die Erkentnis durch aggregate ist technisch."⁶⁴ Aufgrund der unsicheren Datierung der *Reflexion* lässt sich auch die Entstehungszeit dieses Begriffs schwer bestimmen. Jedoch stellen andere diesbezügliche *Reflexionen*, die zuverlässiger datiert wurden, diesen Gegensatz ebenfalls in den Vordergrund, woraus sich schließen lässt, dass das Thema der Architektonik bereits zwischen 1769 und 1771 von großem Interesse war. Dementsprechend liest man in der *Reflexion* 2072 das Folgende:

> Die Absolute Größe oder die in Ansehung der Folgen (Wichtigkeit). Die Absolute Große entweder des Inhalts (mathematische) oder des Umfangs (logische Größe). Die technische oder architektonische Große.⁶⁵

Diese *Reflexion* konzentriert sich hauptsächlich auf die Größe der Erkenntnis, die unter anderem auch Thema in Meiers *Auszug aus der Vernunftlehre* war. Sie wurde als eine der Vollkommenheiten der Erkenntnis (neben der Wichtigkeit, der Weitläufigkeit, der Wahrheit und der Gewissheit) behandelt.⁶⁶ In der *Reflexion* 460 zur Anthropologie, die im Rahmen der Diskussion über die empirische Psychologie Baumgartens verfasst wurde, wird die Architektonik zum ersten Mal in substantivischer Form zur Sprache gebracht und in Bezug auf die Einheit des Systems und die Verknüpfung unserer Erkenntnis thematisiert: „[...] die Verknüpfung unsrer Erkenntnis ist das schweereste, vornehmlich um ein gantz gebäude daraus zu machen: architectonic."⁶⁷ Die *Reflexion* 451 spricht noch deutlicher für eine Verbindung zwischen dem Aufbau eines kritisch orientierten Systems und der Architektonik.⁶⁸ Diese erste Gruppe von *Reflexionen*, die den Begriff sowohl in der Form eines Adjektivs als auch in der eines Substantivs verwenden, nimmt eine besondere Stellung in der Entwicklung der kantischen Architektonikauffassung ein, da die Architektonik auf der einen Seite in Bezug auf ein menschliches Vermögen, nämlich die Vernunft, definiert wird, auf der anderen Seite aber auch in

---

64 Refl. 1837, AA XVI, S. 133. Datierung um 1772–1775, 1776–1778.
65 Refl. 2072, AA XVI, S. 221. Datierung um 1769, 1770–1771, 1764–1768.
66 Vgl. Meier: *Auszug*, a.a.O., §§ 26–28. In § 67 wird die Größe wie folgt definiert: „Der Gegenstand der gelehrten Erkenntniss ist **vor sich betrachtet gross** (magnitudo eruditae cognitionis obiectiva absoluta), wenn er viel Mannigfaltiges in sich enthält, welches auf eine gelehrte Art erkannt werden kann. Zum Exempel: Gott, die Weltweisheit, die Historie u.s.w."
67 Refl. 460, AA XV, S 190. Datierung um 1769, 1770–1771, 1775–1776.
68 In Bezug auf die Architektonik stellt diese *Reflexion* die folgende These auf: „Vermögen sich seine eigne Sphäre zu beschreiben. Architectonische Vernunf [...] Vernunft, die alle Erkenntnisse critisirt und einen Canon entwirft. Architectonische Vernunft." Siehe Refl. 451, AA XV, S. 186. Datierung um 1772, 1776–1778.

direktem Zusammenhang mit der Frage nach dem kritischen System und dessen Einheit steht.

Wenden wir uns zunächst der *Reflexion* 451 zu. Kant stellt hierin die These auf, dass die Aufgabe der architektonischen Vernunft darin besteht, eine Beschreibung von sich selbst zu liefern und somit sich selbst als ein Ganzes zu bestimmen. Diese Art, architektonisch zu verfahren, stellt Kant dem Verfahren eines Vernunftkünstlers gegenüber, dessen Ziel die logische Vollkommenheit des Systems ist. Aus diesen Gründen kann angenommen werden, dass diese *Reflexion* sich als die erste Formulierung einer Architektonik im kantischen Sinne interpretieren lässt. Denn sie enthält zum einen den Hinweis auf die Fähigkeit der Vernunft, eine *Selbstbeschreibung* vorzunehmen, also sich selbst als ein einheitliches Ganzes zu verstehen. Zum anderen stellt sie mit besonderer Klarheit den Gegensatz zwischen dem Philosophen als Gesetzgeber der Vernunft und dem Philosophen als Vernunftkünstler dar und antizipiert damit bereits die Ausführungen des Architektonik-Kapitels der *Kritik der reinen Vernunft* bezüglich des Unterschieds zwischen dem Schul- und dem Weltbegriff der Philosophie.[69]

Die andere wichtige Gruppe von Textpassagen, in welcher der Begriff der Architektonik behandelt wird, befindet sich in der von Rink herausgegebenen *Physischen Geographie*. Schon zu Beginn des Werks betont Kant die Notwendigkeit, einen *Vorbegriff* zur Verfügung zu haben, mittels dessen die Gegenstände der Erfahrung erkannt werden können. Mensch- und Naturerkenntnis sind nur möglich, wenn vorher ein Ganzes bzw. eine Idee vorhanden ist, die als Prinzip der Orientierung im Erkenntnisprozess fungieren kann. Um dies zu erläutern, führt er das Beispiel eines Reisenden an, der all die fremden Länder, die er bereist hatte, nicht hätte erkennen können, wenn er nicht von vornherein über einen Vorbegriff („von Allem") verfügt hätte. Denn „zur Kenntniß der Welt gehört mehr, als bloß die Welt sehen."[70] Für die wissenschaftliche Erkenntnis gilt dieselbe Voraussetzung wie im Fall des Reisenden. Der Wissenschaft muss folglich eine Idee vorangehen,

---

[69] Die Möglichkeit einer Selbstbeschreibung bzw. Selbstbestimmung der architektonischen Vernunft verdeutlicht Kant anhand von Metaphern wie „sich auswickelnde Vernunft" oder „ursprünglicher Keim" (KrV A 835/B 86). Darin besteht die Preformationismusauffassung hinsichtlich der Biologie, die Kant in der Beschreibung des Systems metaphorisch verwendet, obwohl er eine nähere Auffassung zu der Epigenesis (im Gegensatz zu Crusius) vertritt. Siehe beispielsweise die Refl. 4275, AA XVIII, S. 492. Vgl. Tonelli: *Kant's Critique of Pure Reason within the Tradition of Modern Logic*, a.a.O., S. 247–249 und Gordon Treash: „Kant and Crusius: Epigenesis and Preformation". In: Gerhard Funke und Thomas M. Seebohm (Hrsg.): *Proceedings of the Sixth International Kant Congress*. Washington 1989, S. 95–108.

[70] PG, AA IX, S. 157. Noch deutlicher äußert sich Kant dazu mithilfe des Beispiels eines Hausbaus: „Wer z.E. ein Haus bauen will, der macht sich zuerst eine Idee für das Ganze, aus der hernach alle Theile abgeleitet werden." PG, AA IX, S. 158.

1.2 Zu den allgemeinen Charakteristika der Begriffe Architektonik und System — 31

da es ohne eine solche keine Erkenntnis gäbe: „Die Idee ist architektonisch; sie schafft die Wissenschaften."[71]

Diese von Rink herausgegebene Handschrift Kants ist in Bezug auf die Entstehung des Architektonikbegriffs deshalb aufschlussreich, weil einige Merkmale desselben auf eine sehr ausführliche Weise präsentiert werden. So weist Kant an dieser Stelle darauf hin, dass (1) nur dasjenige als architektonisch bezeichnet werden kann, was sich aus einer vorangegangenen Idee des Ganzen konstituieren lässt; (2) dieses Ganze außerdem abgeleitet werden muss (wie Kant dies am Beispiel des Hauses illustriert) und (3) die Idee des Ganzen letztendlich als eine richtorientierende Suche der Einheit des Wissens und nicht als ein gegebenes Faktum (d. h. als ein zetetisches Prinzip im Gegensatz zu einem dogmatischen) fungiert.

Die besondere Ausführlichkeit, mit der die Idee der Architektonik in dieser Handschrift dargelegt wurde, hat einige Interpreten dazu geführt, die kantische Idee der Architektonik mit dem Begriff der pragmatischen Welterkenntnis in Verbindung zu bringen. Ein solcher Ansatz liegt beispielsweise der Interpretation von Paula Manchester zugrunde. Die Autorin ist der Auffassung, dass die in der *Physischen Geographie* hinsichtlich der Welterkenntnis entwickelte Begrifflichkeit die Basis für die kantische Idee der Architektonik bilde. Daraus lasse sich Manchester zufolge schließen, dass Kants Interesse an der Architektonik nicht aus der Auseinandersetzung mit spekulativen Themen der metaphysischen Tradition, sondern aus einer eigenen Problemstellung entstanden sei.[72] Manchester unterscheidet dementsprechend zwischen zwei Richtungen unter den traditionellen Architektonikauffassungen: Die eine gehöre der scholastischen Tradition an; die andere sei der humanistischen Tradition zuzuordnen. Insofern die erste ein wesentliches Interesse an der spekulativen, logischen Ordnung der Disziplinen hat, steht sie mit der Ontologie in enger Verbindung; die zweite verfolgt beim Aufbau des Systems hingegen eher eine praktische Absicht und hat ihren Zweck daher in der Nützlichkeit für das Leben.[73] Dementsprechend ordnet die Autorin Kant eher der humanistischen Tradition zu, was sie damit begründet, dass sich Kant in der *Kritik der reinen Vernunft* auf die Figur eines Lehrers anstatt eines Architekten bezieht. Die Verwendung dieser metaphorischen Figur steht naturgemäß im Gegensatz zur traditionellen Auffassung der Architektonik, welche sich des Bildes

---

71 Ebd.
72 Die Architektonik sei demnach aus der Frage nach der Welterkenntnis entstanden. Siehe Manchester: „What Kant means by Architectonic", a.a.O; sowie auch dies.: „Kant's conception of Architectonic in its historical context", a.a.O.
73 Manchester: „Kant's conception of Architectonic in its historical context", a.a.O., S. 197.

eines Meisters bedient. Der Rekurs auf die Figur eines „Lehrers im Ideal"[74] stelle hingegen heraus, dass es Kant nicht direkt um den logischen Aufbau, sondern eher um den zweckorientierten Entwurf eines Systems geht. Manchester charakterisiert Kants Architektonik anhand dieser Eigenschaften folglich als praktisch, zetetisch und teleologisch orientiert. Aus dieser Charakterisierung ist zu schließen, dass die Autorin weder Baumgarten noch Lambert einen bedeutenden Einfluss zuschreibt.[75]

Über die Richtigkeit der Ausführungen Manchesters kann im Hinblick auf die Rolle des Weltbegriffs im Allgemeinen kein Zweifel bestehen. Wenn allerdings die spezifischere Frage nach dem Ursprung der Architektonik gestellt wird, lässt sich ihre Interpretation mit der kantischen Denkentwicklung nicht vereinbaren, da sie von der umstrittenen Annahme ausgeht, dass Kants Auffassung der Architektonik aus keiner Auseinandersetzung mit Problemen der metaphysischen Tradition entstanden sei.[76] Die anfangs erwähnte erste Gruppe von Textstellen aus den *Reflexionen* widerspricht dieser Annahme und bestätigt vielmehr die These, dass Kants Interesse an einer neuen Auffassung der Architektonik durch eine Auseinandersetzung mit Meiers *Vernunftlehre* und Baumgartens *Metaphysica* geweckt wurde. Die Tatsache, dass Kant den Begriff Architektonik (adjektivisch) im Jahr 1769 zu verwenden beginnt und dies zudem im Kontext derjenigen Themen geschieht, die auch in Meiers *Auszug* sowie in Baumgartens *Metaphysica* behandelt werden, spricht dafür, dass diese beiden Autoren von zentraler Bedeutung für die Bestimmung des Ursprungs der kantischen Architektonik sind. Kurzum: Kants Interesse an der Architektonik muss Problemen philosophisch-metaphysischer Natur entsprungen sein. Der Kern dieser Auseinandersetzung lässt sich in systematischer Hinsicht auf mehrere Probleme zurückführen, die mit der schon dargelegten Kritik am Systemaufbau im Allgemeinen und der praktischen Logik im

---

74 KrV A 839/B 867.
75 Eine weitere Interpretation, die den Einfluss Lamberts auf Kants Konzeption der Architektonik einzugrenzen versucht, wurde von Marco Sgarbi gegeben. Sgarbis Ansatz besteht darin, wie vorher gesagt wurde, die *Kritik der reinen Vernunft* im Rahmen des Aristotelismus des 17. Jahrhunderts zu interpretieren. Als Quelle der kantischen Architektonik sieht er hauptsächlich den Königsberger Philosophen Calov an, der den Begriff gelegentlich verwendet. Indem Sgarbi den Einfluss Lamberts abzumindern versucht, unterstellt er der Auffassung Lamberts eine Ähnlichkeit mit derjenigen Baumgartens, die offensichtlich nicht vorhanden ist. Betrachtet man diese Unterschiede zwischen Lambert und Baumgarten näher, liegt es nahe, den Einfluss Lamberts auf Kant als entscheidender und plausibler anzusehen. Darüber hinaus lässt sich ein tatsächlicher Einfluss Calovs auf Kant durch keine Stelle eindeutig belegen.
76 „It was not within philosophy proper that Kant began to develop his conception of architectonic." Siehe Manchester: „Kant's conception of Architectonic in its historical context", a.a.O., S. 203.

Besonderen zu tun haben. Das Modell Manchesters erklärt die Architektonik hingegen aus einer isolierten Perspektive, da davon ausgegangen wird, dass die Entwicklung der kantischen Architektonikauffassung auf der Auseinandersetzung mit dem Problem der Einheit des Metaphysiksystems beruht.

In diesem Sinne ist es angebracht, das Problem der kantischen Methode ab Mitte der sechziger Jahre näher zu beleuchten. Indem, wie oben erläutert, die Allgemeingültigkeit einer mathematisch orientierten Methode zurückgewiesen wird, erweisen sich die Fragen nach der Architektonik und der Einheit des Systems als entscheidend. Dabei zeigt sich, dass Lamberts Kritik an der Philosophie Wolffs in den sechziger Jahren aus zweierlei Gründen entscheidend ist: Zum einen kritisiert Lambert den Formalismus des Wolffschen Systems. Diesbezüglich ist Lamberts Brief an Kant von 1765 von besonderem Belang, da er hier auf einige Punkte seines noch nicht erschienenen, aber bereits redigierten Werkes *Anlage zur Architectonic* eingeht. Zunächst macht er darauf aufmerksam, dass der Umfang der Architektonik seiner Ansicht nach falsch bestimmt wurde und weist darauf hin, dass mehr Elemente in die Architektonik einzubeziehen seien. Mit dieser Erweiterung sollte außerdem vermieden werden, dass die Architektonik nur durch Prinzipien, die bloß die Form der Erkenntnis betreffen, definiert wird. Nach Lambert seien nämlich die Axioma und Postulate ebenfalls miteinzubeziehen, da sich mit deren Hilfe auch die Materie der Erkenntnis berücksichtigen lässt.[77] Lamberts Kritik stellt also einerseits heraus, dass die Materie der Erkenntnis durch eine andere Methode zu gewinnen ist; andererseits aber auch, dass die neue Architektonik eng mit der Problematik der Beziehung zwischen Form und Materie verbunden ist. Die Wolffsche Architektonik, deren Prinzipien sich auf die Ontologie begrenzen, enthält im Gegensatz dazu nur den formellen Teil des Systems.

Diese Überlegungen Lamberts führen unumgänglich zu der Auffassung, dass die Gleichsetzung von Architektonik und Ontologie, die in der traditionellen Metaphysik vorgenommen wird, nicht mehr gültig ist. Bei Lambert gilt es hingegen, die Architektonik als eine *Grundlehre* zu verstehen, die sich aus einfachen Begriffen, Axiomen und Postulaten zusammensetzt. Die Teile bzw. Disziplinen dieser Grundwissenschaft ergeben sich wiederum aus der Kombination einfacher Begriffe. Dies führt zu dem Ergebnis, dass die Ontologie bei der Einteilung des Systems bloß als ein Teil des Ganzen angesehen wird.[78]

---

[77] Br, AA X, S. 52.
[78] „Demnach läßt sich leicht der Schluß machen, daß die unter jede Columnen gesetzen Wissenschaften einzelne Theile der Grundlehre sind, und daß die Ontologie, dem Buchstaben nach genommen, nur einen Theil davon ausmache." Lambert: *Anlage zur Architectonic*, a.a.O., § 74.

Man kann mit ziemlicher Sicherheit davon ausgehen, dass Kant Lamberts Schlussfolgerung bezüglich der Ontologie große Wichtigkeit für seine eigene Konzeption der Architektonik beigemessen hat. Denn bei näherem Hinsehen lässt sich feststellen, dass sich Lamberts Kritik an der Wolffschen Tradition auf die Verwendung von Nominaldefinitionen fokussiert.[79] Von daher kommt Lambert zu der wichtigen Einsicht, dass in der Metaphysik Wolffs keine richtige Deduktion der Inhalte (Realdefinitionen) gelungen ist. Daraus ergibt sich, dass der Übergang von der bloßen Form zu den Inhalten der Erkenntnis problematisch wird.

Aber nicht nur die neue methodische Orientierung, sondern auch spezifische Probleme metaphysischer Natur – die empirische Psychologie betreffend – veranlassten Kant dazu, eine neue Architektonik zu entwickeln. Diese Probleme scheinen zwischen 1770 und 1772 aufgekommen zu sein. Denn im Laufe dieses Zeitraums wird das traditionelle Verhältnis zwischen Logik und empirischer Psychologie einer radikalen Prüfung unterzogen und die Auffassung einer auf der Psychologie begründeten Logik infolgedessen verworfen. Davon ausgehend wird die Logik als eine allgemeine, reine Wissenschaft konzipiert, in welcher der Psychologie keine begründende Bedeutung mehr zukommt. Die Logik hat deshalb lediglich die objektiven Gesetze des Verstandes zum Gegenstand. Diese neue Bestimmung, die sich auf keine empirischen Prinzipien beruft, kann den *Vorlesungen über Logik* von 1772–1773 entnommen werden. Hier wird eine Unterscheidung zwischen objektiven und subjektiven Gesetzen vorgenommen, wobei erstere der Logik und letztere der Psychologie entsprechen: „Die subiective Regeln des Verstandes oder diejenigen Regeln, nach welchen wir uns unsers Verstandes wirklich bedienen handelt die Psychologie ab."[80] Ebenfalls spricht die *Reflexion* 1612 für die Ausschließung psychologischer Prinzipien aus der Logik:

> Die Logik ist eine Vernunftwissenschaft sowohl der Materie als Form nach. Was das letztere betrifft, so hat sie als *canon* der Vernunft lauter *principia a priori* und nicht empirische, also nicht aus der psychologie enthlehnte.[81]

---

[79] Lamberts Kritik an Baumgarten in der *Architectonic* richtet sich auf dieselbe Problematik der bloß nominalisierten Definitionen in Sachen der Ontologie: „Baumgarten giebt Definitionen von seinen ontologischen Begriffen und nicht viel anders. Ueberdieß sind mehrentheils nur einzelne Wörter, selten die in ganzen Redensarten liegende Begriffe definirt worden." Lambert: *Anlage zur Architectonic*, a.a.O., S. V.
[80] V-Lo/Philippi, AA XXIV, S. 313.
[81] Refl. 1612, AA XVI, S. 36. Datierung um 1773–1775, 1775–1777. Dazu auch die bereits zitierten *Reflexionen* 1603, 1604, 1620, 1627. Einer anderen Auffassung scheint Riccardo Pozzo zu sein. Seiner Ansicht nach ist die Logik bei Kant sowohl als Kritik, als Kunst wie auch als Wissenschaft zu verstehen; diese Einteilung hat ihre Wurzeln in der Tradition der Aristoteliker, auf die Kant zurückgreift. Vor allem die Äußerungen Pozzos über die *habitus*-Konzeption entsprechen seiner

1.2 Zu den allgemeinen Charakteristika der Begriffe Architektonik und System — 35

Die Einführung dieser neuen Begrifflichkeiten führt zu der Notwendigkeit, die Einheit des Systems aus anderen Gründen als den bis dahin angenommenen herzuleiten, da diese weder auf eine empirisch-psychologische, noch auf eine ontologische oder bloß logische Weise bestimmt werden können. Die kantische Denkentwicklung erfährt in diesem Zusammenhang 1769–1770 eine entscheidende Wende, indem der metaphysischen Erkenntnis fortan ein subjektorientierter Ansatz zugrunde gelegt wird. Angesichts dieser subjektiven Wende lässt sich wohl behaupten, dass neben Lambert zunehmend auch John Locke ins Zentrum des kantischen Denkens gerät. In der *Logik Philippi* lässt sich einsehen, in welcher Hinsicht das Interesse an diesem Philosophen zunimmt. Lockes Philosophie stellt nämlich eine Gegenposition zu Wolff dar:

> Lock hat den allerwesentlichsten Schritt gethan dem Verstand Wege zu bahnen. Er hat ganz neue Criteria angegeben. Er philosophirt subjectiue, da Wolf und alle vor ihm objectiue philosophirten. Er hat die Genesin die Abstammung und den Ursprung der Begriffe untersucht. Seine Logic ist nicht dogmatisch, sondern kritisch.[82]

Eine wesentliche Konsequenz dieser subjektiv orientierten Philosophie besteht gemäß der *Logik Philippi* also darin, dass die kritische Logik nicht nach dem Objekt selbst fragt, sondern vielmehr danach, wie die Vorstellung eines solchen Objekts zustande kommt.[83] Genau wie Lambert in den sechziger Jahren, scheint Lockes Denken ab 1772 entscheidend an Bedeutung zu gewinnen. Auf den zunehmenden Einfluss dieses Philosophen auf das Denken Kants hat Reinhard Brandt aufmerksam gemacht.[84] Brandt bezieht sich darauf, dass Kant Locke in den siebziger Jahren als einen *konsequenten* Philosophen bezeichnet. Im Vergleich zur *Kritik der reinen Vernunft*, in der Locke aufgrund seiner methodologischen Inkonsequenz, die laut Kant unweigerlich zu einer Physiologie des Verstandes führe, kritisch betrachtet wird, wird in den siebziger Jahren eine andere Interpretation der Lock'schen Philosophie vorgenommen. Von nun an wird Locke nicht als *inkon-*

Absicht, die Logik (als Kunst) vom Standpunkt der empirischen Prinzipien zu verstehen. Siehe Pozzo: *Kant und das Problem einer Einleitung in die Logik*, a.a.O., S. 41 ff. Die oben ausgeführte Diskussion über die Architektonik und die Unmöglichkeit, in der Logik einen Bezug auf empirische Prinzipien zu etablieren, macht den Ansatz Pozzos in mehreren Hinsichten unplausibel.

82 V-Lo/Philippi, AA XXIV, S. 338.
83 Ebd.
84 Reinhard Brandt: „Materialien zur Entstehung der *Kritik der reinen Vernunft* (John Locke und Johann Schultz)". In: Ingeborg Heidemann und Wolfgang Ritzel (Hrsg.): *Beiträge zur Kritik der reinen Vernunft. 1781–1981*. Berlin/New York 1981, S. 37–68. Zu Lockes Einfluss auf Kant siehe auch Klaus P. Fischer: „John Locke in the German Enlightenment: An Interpretation". In: *Journal of the History of Ideas* 36 (1975), S. 431–446.

sequent bezeichnet, da er im Gegensatz zu Aristoteles nicht den Fehler begeht, die Begriffe aus der bloßen Erfahrung herzuleiten. Stattdessen werden die Begriffe bei Gelegenheit der Erfahrung gewonnen.[85] Der interpretatorische Ansatz Brandts zeigt, dass Kants Meinung über Locke in den siebziger Jahren wesentlich positiver ausfiel als nachher. Diese positive Einschätzung besteht darin, dass Lockes Philosophie von einem subjektiven Ansatz ausgeht, auf dessen Grundlage in Kants Augen eine neue Architektonik konzipiert werden könne: „Lockens Buch de intellectu humano ist der grund von aller wahren Logica."[86]

Demnach lässt sich die kantische Auseinandersetzung mit der Problematik der Architektonik in drei Etappen ausdifferenzieren: eine metaphysische (1755), eine methodologische (1762–1764) und eine subjektorientierte (1769–1772). Was diese drei Entwicklungsstufen betrifft, ist die dritte für die Kritik an der Metaphysik im Allgemeinen und an der Ontologie im Besonderen von großem Belang.

Kants Idee eines Plans für die „transzendentale Methodenlehre", in dem die Architektonik wieder ausdrücklich genannt wird, diesmal aber in engem Zusammenhang mit dem Entwurf einer Kritik der reinen Vernunft, wird 1776 in einem an Marcus Herz gerichteten Brief zum Ausdruck gebracht. Es zeigt sich, dass er in dem Brief bereits einen vollständigen Plan für eine Kritik der reinen Vernunft vor Augen hatte:

> Sie wissen: daß das Feld der, von allem empirischen Principien unabhängig urtheilenden, d.i. reinen Vernunft müsse übersehen werden können, weil es in uns selbst a priori liegt und keine Eröfnungen von der Erfahrung erwarten darf. Um nun den ganzen Umfang desselben, die Abtheilungen, die Grenzen, den ganzen Inhalt desselben nach sicheren principien zu verzeichnen und die Marksteine so zu legen, daß man künftig mit Sicherheit wissen könne, ob man auf dem Boden der Vernunft, oder der Vernünfteley sich befinde, dazu gehören: eine Critik, eine Disciplin, ein Canon und eine Architektonik der reinen Vernunft.[87]

Die wichtige Rolle der Architektonik besteht also in der Bestimmung der Grenze der Vernunfterkenntnis. Im Vergleich zu den Wolffianern wird ihre Funktion innerhalb des Systems anders definiert.[88] Es geht folglich nicht mehr darum, gemäß

---

85 Siehe Brandt: „Materialien zur Entstehung der *Kritik der reinen Vernunft*", a.a.O., S. 47.
86 V-Lo/Blomberg, AA XXIV, S. 37.
87 Br, AA X, S. 199
88 Dies steht naturgemäß im Gegensatz zu den gängigen Interpretationen der kantischen Architektonik, die die These vertreten, dass dieser Abschnitt der *Kritik der reinen Vernunft* eine Art inkonsequente Darstellung des kritischen Systems darlege. Das ist eben einer der Gründe, warum der Architektonik in der Kant-Forschung nicht ausreichend Aufmerksamkeit geschenkt wurde. Der erste, der eine ernsthafte Interpretation geleistet hat, war Heinz Heimsoeth in seinem Kommentar *Transzendentale Dialektik: Ein Kommentar zur Kants Kritik der reinen Vernunft*. Berlin 1966, S. 789–820.

dem Prinzip des Widerspruchs logische Verknüpfungen zwischen den Sätzen eines Systems herzustellen, sondern vielmehr um eine kritische Reflexion, anhand derer der Umfang, die Abteilungen, der Inhalt und die Einheit der Vernunfterkenntnis zu bestimmen sind. Die Aufgabe der Architektonik besteht demzufolge im Wesentlichen in der Bestimmung der Grenze der Vernunfterkenntnis und muss von daher in das Programm einer Transzendentalphilosophie einbezogen werden. In der *Reflexion* 5039 schreibt Kant: „Die Nomothetic (Gesetzgebung) der reinen Vernunft: 1. negativer Theil, disciplin; 2. positiver Theil, Canon. Zuletzt Architectonic."[89] Die *Reflexion* 4858 ist diesbezüglich noch aussagekräftiger: „Die Transcendentalphilosophie erfordert zuvorderst Critik (sie von der empirischen zu unterscheiden). 2. Disciplin. 3. Canon. 4 Architectonic."[90]

Auf der Grundlage des Vorigen kann nun geklärt werden, in welcher Weise die Begriffe Architektonik, System, Idee und Wissenschaft zusammengefügt werden, um dem Plan der Transzendentalphilosophie entsprechen zu können. Zunächst wurde dargestellt, dass Kant für das Primat des Ganzen vor den Teilen plädiert. Diese Idee des Ganzen fungiert nicht mehr als Begründung eines dogmatischen Aufbaus der Wahrheiten, sondern als Prinzip der Suche (*zetetic*). Anstatt eines lediglich auf logischen Gründen basierenden Systems, das gemäß mathematischer Verknüpfung von Sätzen eingerichtet werden muss, stellt Kant also ein zetetisches Prinzip in den Vordergrund, kraft dessen die Einheit des Wissens und die kritische Begründung der Metaphysik ermöglicht wird.[91] Folglich dient die Idee des Ganzen nicht als ein Gefüge dogmatischer Ideen, sondern als Prinzip der Kritik, welches alle Erkenntnisse der Vernunft auf den Weg zur Wissenschaft bringen kann. Die Aufgabe der Kritik der reinen Vernunft besteht also nicht in der Frage nach der Möglichkeit der Metaphysik als Naturanlage, sondern vielmehr in derjenigen nach der Möglichkeit der Metaphysik als Wissenschaft: „Die Kritik der reinen Vernunft führt also zuletzt notwendig zur Wissenschaft."[92] Diese Suche nach dem Weg zur Wissenschaft entspricht nicht einer natürlichen Anlage der Vernunft, sondern ist vielmehr das Produkt eines Selbsterkenntnisprozesses der Vernunft, durch welchen sich die Möglichkeit ihrer Erkenntnisse überprüfen lässt.[93] In der „Vorrede" zur A-Auflage der *Kritik der reinen Vernunft* spricht Kant

---

[89] Refl. 5039, AA XVIII, S. 70. Datierung um 1778.
[90] Refl. 4858, AA XVIII, S. 11. Datierung um 1776–1778.
[91] „idee der metaphysik: Ist sie eine Critik oder doctrin: ist ihr verfahren zetetisch oder dogmatisch?" Refl. 4455, AA XVII, S. 558. Datierung um 1772.
[92] KrV B 23.
[93] „[...] so kann man es nicht bei der bloßen Naturanlage zur Metaphysik, d.i. dem reinen Vernunftvermögen selbst, woraus zwar immer irgendeine Metaphysik (es sei welche es wolle) erwächst, bewenden lassen, sondern es muß möglich sein, mit ihr es zur Gewißheit zu bringen,

von einer „Aufforderung an die Vernunft, das beschwerlichste aller ihrer Geschäfte, nämlich das der Selbsterkenntnis aufs neue zu übernehmen und einen Gerichtshof einzusetzen, der sie ihren gerechten Ansprüche sichere."[94] Dementsprechend braucht die Vernunft für den Entwurf eines metaphysischen Systems eine „Disziplin der reinen Vernunft" (d.i. der negative Teil der Methodenlehre), die den Gültigkeitsbereich der Erkenntnis bestimmt, sowie einen „Kanon der reinen Vernunft" (der positive Teil derselben), der die Idee des Ganzen liefert; dazu kommt eine „Architektonik der reinen Vernunft", die alles nach einer von der Vernunft gerechtfertigten Gesetzlichkeit anordnet, allerdings nicht nur im Hinblick auf die logische Vollkommenheit des Systems, sondern auch hinsichtlich eines Zwecks.

Aus dem Gesagten lässt sich schließen, dass die kantische Architektonik aus einer richtungsorientierenden Reflexion aufgebaut ist, die von vornherein die Zweckmäßigkeit des Systems in Betracht zieht. Architektonik und System bilden also die Grundlage einer *normativen* (anstatt einer *deskriptiven*) Formulierung der Metaphysik, denn die Vernunft wird nicht als ein „beobachtbares Faktum"[95] beschrieben. Das besagt, dass die Einheit der Vernunft sich nicht aus einer additiven Zusammensetzung, sondern vielmehr aus einer Organisation der Teile des Systems gemäß der Idee der Zweckmäßigkeit herstellen lässt.[96]

Was die Entstehung dieser kantischen Architektonik betrifft, hat sich hier gezeigt, dass drei Phasen zu unterscheiden sind, welche sich unter anderem auf die Einflüsse anderer Denker zurückführen lassen. In dieser Hinsicht könnte man

---

entweder im Wissen oder Nicht-Wissen der Gegenstände." KrV B 22. Die Kritik der reinen Vernunft ist der Prozess selbst, die Vernunft in die Gewissheit ihrer Erkenntnis zu bringen. Aus diesem Grund nennt Kant den Philosophen einen Gesetzgeber der Vernunft, insofern er nicht nur eine gewissermaßen natürliche Ordnung und deren logische Vollkommenheit reproduziert, sondern vielmehr eine solche Ordnung schafft. Dazu Peter König: „Die Selbsterkenntnis der Vernunft und das wahre System der Philosophie bei Kant". In: *Architektonik und System in der Philosophie Kants*, a.a.O., S. 41–52. Wolff hat gewissermaßen auch darauf hingewiesen, dass der Systembegriff nicht nur die logische Vollkommenheit in Betracht zieht, sondern von praktischer Relevanz für das Leben des Menschen sein muss. Dazu Jean-François Goubet: „Fondement, principes et utilité de la connaissance. Sur la notion wolffienne de système". In: *Archives de Philosophie 65*. 2002, S. 81–103. „[...] son système [scil. Wolffs System], en tant que connexion de propositions s'appuyant sur des principes démonstratifs, est toujours fait pour le monde, de la même manière qu'il est issu du monde. La métaphysique de Wolff s'intéresse, elle aussi, aux fins essentielles de l'humanité." Trotzdem bleibt Kants Konzeption eines Endzwecks dem System Wolffs fremd.

94 KrV A XI.
95 Baum: „System und Selbsterkenntnis der Vernunft bei Kant", a.a.O.
96 Siehe dazu Nico Naeve: *Naturteleologie bei Aristoteles, Leibniz, Kant und Hegel. Eine historisch-systematische Untersuchung.* Freiburg/München 2013, insbesondere S. 157–210.

zwischen einer ontotheologischen, einer methodologischen und einer subjektiv orientierten Phase unterscheiden. Der Beginn der ersteren ist der Konzeption Theis' nach auf das Jahr 1755 festzulegen; die zweite entspricht der kantischen Denkentwicklung Mitte der sechziger Jahre, die dritte und entscheidende Phase lässt sich schließlich auf die Jahre 1769–1772 datieren. Diese letzte ist von besonderem Belang, weil in ihr die Wende hin zu einer grundsätzlich *subjektiv* verstandenen Metaphysik erfolgt. Damit vollzieht sich eine ganz neue Strukturierung sowohl der Architektonik als auch des Systems und folglich eine neue Konzeption der Metaphysik. Von daher stellt die Architektonik der *Kritik der reinen Vernunft* einen wesentlichen Teil der Interpretation der kantischen Metaphysik – und speziell der Ontologie – dar, denn in der „transzendentalen Methodenlehre" werden sowohl die Teile des Systems als auch die Einordnung derselben entworfen.

2 Der Aufbau des neuen Systems und die ersten Umrisse der neuen Ontologie

2.1 Die Notwendigkeit des Aufbaus des neuen Systems. Historische Bemerkungen

Im ersten Abschnitt wurde gezeigt, dass die neue kantische Idee einer Architektonik wesentliche Unterschiede zu der Wolffschen Auffassung derselben aufweist. Diese wurden anhand der Ideen des Ganzen, der Ableitung und des Zwecks herausgearbeitet, die das von Kant neu eingeführte System in besonderer Weise kennzeichnen. Ausgehend von diesen neuen Charakteristika der Architektonik sollte ein neuer Aufbau des Metaphysiksystems durchgeführt werden, in dem der Ontologie eine andere Funktion als in der Tradition des Rationalismus zukommen muss. Das aufschlussreiche Resultat der Einführung der neuen Architektonik bei Kant besteht darin, die unterstellte Gleichsetzung von Ontologie und Architektonik, die die Wolffsche Tradition vornimmt, als irreführend zu betrachten. Im Folgenden geht es darum, den neuen Aufbau des Systems im Laufe der siebziger Jahre nachzuzeichnen und darüber hinaus ersichtlich zu machen, welche anderen Spezifikationen des Begriffs der Ontologie durch die neue Auffassung der Architektonik zu gewinnen sind. Wie sich zeigen wird, führt der neue kantische Standpunkt in den frühen siebziger Jahren zu einigen Veränderungen in der Komposition des Systems, deren Konsequenzen sowohl in den reinen als auch in den empirischen Disziplinen der Metaphysik zu sehen sind.

Bezüglich der Darstellung des neuen Systemaufbaus sind im Laufe der kantischen Denkentwicklung unterschiedliche Entwürfe zu finden. Den vorigen Ausführungen ist zu entnehmen, dass die Architektonik besonders in den frühen siebziger Jahren ein zentrales Thema war. Mehrere *Reflexionen* sowie auch die *Vorlesungen über Metaphysik* aus diesem Zeitraum lassen darauf schließen, dass Kant sich in dieser Zeit damit beschäftigt hat, eine neue Form des Systems zu entwickeln, welchem er im Vergleich zu den vorigen Phasen seiner Denkentwicklung neuerdings einen weitaus größeren Stellenwert für die Ordnung wie auch für die Disziplinen der Metaphysik zuschreibt. Die neu eingeführte Architektonik kann zudem kaum als die Konsequenz einer bloßen neuen Ordnung der Exposition des Systems angesehen werden. Vielmehr zielt das Vorhaben Kants auf eine radikale Änderung der Komposition der Disziplinen der Metaphysik ab, was insbesondere in eine Kritik am Rationalismus mündet.

Bemerkenswert ist zunächst die Tatsache, dass Kant zu diesem Zeitpunkt neben der neuen Architektonik auch eine neue Theorie des Subjekts entwickelte, deren Bedeutsamkeit im Rahmen unserer Fragestellung keineswegs zu vernachlässigen ist. In dieser Hinsicht lässt sich die These aufstellen, dass die Einführung einer neuen Theorie des Subjekts wesentlich damit verbunden ist, eine neue Struktur des Systems aufzubauen.[97] Diese beiden in den frühen siebziger Jahren entstandenen Theorien stellen zwei Aspekte der kantischen Denkentwicklung dar, deren Bedeutung für die Frage nach der Metaphysik und der Ontologie von maßgeblichem Belang ist.

Wie schon gesagt wurde, weist Kant im Architektonik-Kapitel der *Kritik der reinen Vernunft* darauf hin, dass die Einheit des Systems grundlegend auf der Einheit des Erkenntnisvermögens beruht.[98] Was ist mit der subjektiven Einheit des Erkenntnisvermögens und deren Beziehung zum System der Metaphysik nun wirklich gemeint?

Zahlreiche *Reflexionen* aus den Phasen κ (1769) und λ (1769–1770) zeugen von dem Vorhaben Kants, zwischen dem Verfahren der Logik und dem der Metaphysik zu unterscheiden.[99] In dieser Hinsicht wird in der *Reflexion 3946* darauf hingewiesen:

> Alle reine Philosophie ist entweder logisch oder metaphysisch. Jene enthält die unterordnung der Begriffe unter die sphaeram der anderen, entweder unmittelbar: in Urtheile, oder mittelbar: in schlüssen. Sie läßt aber die Begriffe selbst, die einander subordinirt werden konnen, unbestimmt und macht nicht aus, welche praedicate den Dingen nach Gesetzen der reinen Vernunft zukommen. Daher die ersten praedicate der Dinge durch die reine Vernunft erkennen ist eine Sache der metaphysik, mithin die erste Grundbegriffe, womit wir durch die reine Vernunft urtheilen, zu finden und die Grundsätze.[100]

Kant versucht in dieser *Reflexion* auf zwei Aspekte aufmerksam zu machen: Zum einen weist er darauf hin, dass die Unterordnung der Begriffe keineswegs dem

---

[97] Damit ist nicht gemeint, dass Kant zu dieser Zeit bereits zu einer Theorie des Subjekts, wie sie in der *Kritik der reinen Vernunft* ausgearbeitet wird, gelangt wäre. Vielmehr wird darauf hingewiesen, dass in den frühen siebziger Jahren die ersten Entwürfe eines subjektiv orientierten Denkens entstanden sind. Zur Frage der Entstehung der kantischen Ich-Konzeption und deren Folgen siehe Heiner F. Klemme: *Kants Philosophie des Subjekts. Systematische und entwicklungsgeschichtliche Untersuchungen zum Verhältnis von Selbstbewusstsein und Selbsterkenntnis*. Hamburg 1996, insbesondere S. 38–75.
[98] „Alle reine Erkenntnis a priori macht also, vermöge *des* besonderen *Erkenntnisvermögens*, darin es allein seinen Sitz haben kann, eine besondere Einheit aus, und Metaphysik ist diejenige Philosophie, welche jene Erkenntnis in dieser systematischen Einheit darstellen soll." KrV A 845/B 873.
[99] Die Notwendigkeit aber, die Metaphysik und die allgemeine Logik voneinander zu trennen, lässt sich bereits auf die Preisschrift von 1762–1764 zurückführen, in welcher das mathematische Verfahren deutlich von dem des metaphysischen abgegrenzt wurde.
[100] Refl. 3946, AA XVII, S. 359. Datierung um 1769–1772.

metaphysischen Verfahren zugehören kann, sondern vielmehr der Logik eigen ist. Denn diese Wissenschaft kann nicht bestimmen, welche Prädikate den Dingen zukommen, sofern sie nur die Allgemeinheit der Prädikate in Betracht zieht, anhand derer Sätze durch das Schlussverfahren deduziert werden. Von daher muss sie als eine bloß formale, allgemeine Wissenschaft bezeichnet werden, die keine bestimmende Funktion bezüglich der Metaphysik übernehmen kann. Hierbei wird sich zeigen, dass im Gegensatz zu der schulmetaphysischen Tradition der bloß logischen Unterordnung der Begriffe der Ursprung derselben aus der reinen Vernunft entgegengesetzt wird.[101] Dadurch zieht Kant eine deutliche Grenze zwischen dem Logischen (Unterordnung der Begriffe) und dem Metaphysischen (Ursprung der Kategorien) und stellt somit eine neue Beziehung dieser beiden Sphären der Erkenntnis her, die das ganze System bestimmt. Als Wissenschaft der ersten Prädikate der Dinge darf die Metaphysik sich ausschließlich – und darin besteht die Pointe der kantischen Abgrenzung der Metaphysik von der Logik – auf die reine Vernunfterkenntnis beziehen. Durch diesen Bezug auf die menschliche Vernunft kann das eigene *Territorium* der Metaphysik richtig begrenzt werden.[102] In derselben zitierten *Reflexion* geht Kant weiter auf die Gründe ein, warum sich die Logik und die Metaphysik voneinander unterscheiden. Er schreibt in dieser Hinsicht das Folgende:

> (Die metaphysic gehet auf Erkenntnisse lediglich durch Vernunft, die logik auf alle, so gar empirische. Alle Vernunftbegriffe sind allgemein; die logic zeigt nur das Verhältnis des allgemeinen zum besonderen überhaupt. Die metaphysik aber den Ursprung allgemeiner Begriffe, auf die alle Erkentnis muß zurückgeführt werden, wenn die Erscheinungen in begriffe sollen verwandelt werden.)"[103]

Aus dieser Auffassung lässt sich einsehen, dass die Logik sowohl die reine als auch die empirische Erkenntnis zum Gegenstand haben kann. Das besagt, dass die Logik von allen Merkmalen der Gegenstände abstrahiert und demzufolge unbe-

---

101 Bereits die *Metaphysik Herder*, die aus den sechziger Jahren stammt, stellt die metaphysische Erkenntnis als eine Wissenschaft dar, die danach fragen muss, welche Prädikate den Dingen zukommen. Die Prinzipien einer solchen Wissenschaft nennt Kant materiell und setzt sie den bloß formellen der Logik entgegen. „[F]orma ist die Art, wie ich das Subjekt und prädicat vergleichen soll. materia welche praedicate mit den Subjekten sollen verglichen werden." V-Met/Herder, AA XXVIII, S. 8. Vgl. auch Christian Wolff: *Vernünfftige Gedancken von den Kräften des menschlichen Verstandes und ihrem richtigen Gebrauche in Erkenntnis der Wahrheit*. In: Ders.: *Gesammelte Werke*. I. Abt., Bd 1. Hrsg. von J. École, J.E. Hofmann, M. Thomann und H.W. Arndt. Hildesheim ($_1$1713/$_{14}$1754) 1965, insbesondere 4. Kapitel. Dazu auch Meier: *Auszug*, a.a.O., § 353 ff.
102 Zur Verwendung der Metapher des *Territoriums* siehe Refl. 3918, AA XVIII, S. 343, sowie auch V-Met-L$_1$/Heinze, AA XXVIII, S. 172 und Prol, AA IV, S. 265.
103 Refl. 3946, a.a.O.

2.1 Die Notwendigkeit des Aufbaus des neuen Systems. Historische Bemerkungen — 43

stimmt lässt, welche Prädikate den Vorstellungen der Dinge zukommen müssen. Die Metaphysik bezieht sich dagegen auf das reine Gebiet der Erkenntnis und deren Ursprung. Wie ist diese reine Erkenntnis überhaupt zu definieren?

In einer späteren *Reflexion* liest man das Folgende: „Wie das preadicat im subiect liege, gehört zur metaphysic; wie das subiect unter ihm stehe, zur logic."[104] Daraus folgt, dass die Metaphysik die Begriffe untersucht, mithilfe derer die *realen* Verhältnisse *im* Subjekt gemäß den Gesetzen des menschlichen Denkens bzw. Vernunft artikuliert werden. Die Logik richtet sich hingegen darauf, *alle* Vorstellungen *unter* einem Begriff zusammenzufassen, ohne darauf zu achten, welche Prädikate (empirisch oder rein) dem Subjekt zukommen. Die Untersuchung über den *Ursprung* des menschlichen Vernunftbegriffs ist folglich das, was im engeren Sinne als metaphysisch bezeichnet werden muss. Auf diese Weise definiert Kant in der *Reflexion* 3946 der Phase κ die Metaphysik folgendermaßen: „Die metaphysic ist also eine Wissenschaft von den Grundbegriffen und Grundsätzen der menschlichen Vernunft, und nicht überhaupt der menschlichen Erkenntnis, darin viel empirisches und sinnliches ist."[105] Hierin werden zwei Grundpositionen hinsichtlich der metaphysischen Erkenntnis als gegensätzlich dargelegt: auf der einen Seite eine Auffassung der Metaphysik, die sich ausschließlich auf die „menschliche Vernunft" bezieht[106]; auf der anderen Seite eine Auffassung, die auf der „menschlichen Erkenntnis" basiert. Der Bezug auf die menschliche Erkenntnis erinnert an die von Baumgarten gegebene Definition. Dies veranlasst zu der Annahme, dass Kant an dieser Stelle eine grundlegende Kritik an Baumgarten übt.[107]

---

104 Refl. 4295, AA XVII, S. 499. Datiert um 1770–1771, 1773–1775. Dazu auch *Reflexion* 3982: „Die logische Gesetze der Vernunft enthalten die regeln, nach welchen die Begriffe einer der *sphaera* des andern subordinirt werden, welches die logische subordination heißt. Die metaphysische Gesetze sind, nach welchen die Begriffe einander realiter subordiniert seyn." Refl. 3982, AA XVII, S. 375. Datierung um 1769.
105 Refl. 3946, a.a.O.
106 Dass Kant an diesem Punkt seiner Denkentwicklung zu der Einsicht kommt, die Metaphysik sei auf die reine menschliche Vernunft zu reduzieren, lässt sich anhand mehrerer *Reflexionen* belegen, in denen die Bezeichnung menschliche Vernunft auftaucht. „Die Metaphysic ist eine Wissenschaft, das Verhältnis der Menschlichen Vernunft zu den ersten Eigenschaften der Dinge einzusehen." Refl. 3988, AA XVII, S. 378. Datierung um 1769. Siehe auch weitere *Reflexionen* aus der Phase κ: Refl. 3939, 3946, 3952, 3964. Die Rede von der menschlichen Vernunft ist auch in den *Träumen* zu finden, jedoch kommt der Unterschied zwischen menschlicher Erkenntnis und menschlicher Vernunft in dieser Periode nicht so deutlich zum Ausdruck wie in den erwähnten *Reflexionen* der Phase κ.
107 In der Forschungsliteratur wurde die Besonderheit dieser kantischen Definition der Metaphysik und ihre dementsprechende Kritik an Baumgarten bisher nicht beachtet. Aufgrund dieses Versäumnisses wurde z. B. fälschlicherweise behauptet, der vorkritische Kant übernehme größtenteils die Auffassung Baumgartens. So beispielsweise Elena Ficara: „Der vorkritische Kant

Nach der Auffassung Baumgartens wird die Metaphysik in Bezug auf die allgemeineren Begriffe der menschlichen Erkenntnis definiert. Dementsprechend lautet der § 1 der *Metaphysica*: „METAPHYSICA est scientia primorum in humana cognitione principiorum."[108] Wenden wir uns der *Reflexion* 3946 zu, ergibt es sich als naheliegend, dass Kant in der Definition Baumgartens eine mangelhafte Bestimmung der genaueren Grenzen der reinen Erkenntnis sieht. Eine Definition, die sich auf die „menschliche Erkenntnis" überhaupt bezieht, kann prinzipiell alle Vorstellungen enthalten, einschließlich sogar derjenigen, die einen empirischen Ursprung haben. Unter diesen Umständen erweist es sich als unmöglich, eine klare Deutung dessen zu geben, was unter rein und empirisch zu verstehen ist.[109] Wenn die Grenzen der reinen und empirischen Erkenntnisse nicht deutlich gezogen sind, kann es Kant zufolge keine gültige Definition der Metaphysik geben, denn dadurch ließe sich keine *Art*, sondern lediglich ein *Rang* der Erkenntnis bestimmen. Dieser Vorwurf gegen Baumgarten taucht weiterhin in den Vorlesungsnachschriften der siebziger Jahre mit besonderem Nachdruck auf:

> Man hat niemals recht gewußt, was Metaphysik sey, obgleich sie so lange ist tractirt worden. Man wußte ihre Grenze nicht zu bestimmen; daher setzte man vieles herein, was nicht darein

---

versteht [...] unter ‚Metaphysik' das, was auch Baumgarten und Wolff darunter konzipiert hatten." Elena Ficara: *Die Ontologie*, a.a.O., S 110. Ähnliches findet man bei Robert Theis: „Kant avait admis – plus o moins implicitement – une définition traditionnelle de la ‚métaphysique'. Identifiant le champ de son investigation à ‚l'intelligible' [...] la métaphysique traite des choses ‚sicuti sunt'". Robert Theis: „Le silence de Kant. Etude sur l'évolution de la pensée kantienne entre 1770 et 1781". In: *Revue de Métaphysique et Moral* 2 (1982), S. 219. Eine Auseinandersetzung mit dieser neuen Definition findet sich bei María Jesús Vázquez Lobeiras: *Die Logik und ihr Spiegelbild. Das Verhältnis von formaler und transzendentaler Logik in Kants philosophischer Entwicklung*. Frankfurt a. M./Berlin/Bern/New York/Paris/Wien 1998. Die Autorin erkennt die besondere Wichtigkeit der kantischen Definition an, geht allerdings auf die *Reflexionen* der Phase κ nicht ausführlich ein. Als Ausgangspunkt ihrer Interpretation nimmt sie hingegen die in der *Dissertation* von 1770 gegebene Definition an und stellt dementsprechend heraus, dass die Metaphysik durch die Reinheit der Begriffe bestimmt wird. Obwohl dies richtig ist, verkennt die Autorin die Pointe der kantischen Definition gegen Baumgarten in der *Dissertation*, nämlich der Bezug auf den Gebrauch der menschlichen Erkenntnis. Vgl. dazu Vázquez Lobeiras: *Die Logik und ihr Spiegelbild*, a.a.O., S. 165–169.

108 Baumgarten: *Metaphysica/Metaphysik*, a.a.O, § 1. Deutsche Übersetzung: **„METAPHYSIK** ist die Wissenschaft von den ersten Prinzipien der menschlichen Erkenntnis."

109 „Man muss indessen gestehen, daß die Unterscheidung der zwei Elemente unsere Erkenntnis, deren die einen völlig a priori in unserer Gewalt sind, die anderen nur a posteriori aus der Erfahrung genommen werden können, selbst bei Denkern von Gewerbe, nur sehr undeutlich blieb, und daher niemals die Grenzbestimmung einer besonderen Art von Erkenntnis, mithin nicht die echte Idee einer Wissenschaft, die so lange und so sehr die menschliche Vernunft beschäftigt hat, zustande bringen konnte". KrV A 843/B 871.

gehörte; welches auf der Definition beruhte, indem man sie durch die ersten Principien der menschlichen Erkenntnis definierte. Nun ist aber gar nichts determiniert; denn in allen Stücken ist immer ein Erstes.[110]

Diese Vorlesungsnachschriften belegen also, wie Kant in unterschiedlichen Phasen seiner Denkentwicklung auf derselben Kritik an der Baumgartenschen Definition der Metaphysik beharrt. Dementsprechend zeigt sich, dass die 1769– 1770 von Kant eingeführte Konzeption einer Metaphysik, in der die „menschliche Vernunft" ins Zentrum gerückt wird, wesentlich mit der Idee der Grenzen der metaphysischen Erkenntnis verbunden ist.

Zu einer Bestimmung der auf „menschlicher Vernunft" basierenden metaphysischen Erkenntnis gelangt Kant, wie bereits erwähnt, aus einer Untersuchung über den Ursprung der Begriffe. Die *Reflexion* 3948 ermöglicht in dieser Hinsicht ein besseres Verständnis dessen, was mit dem Ursprung der Vorstellungen gemeint sein kann:

> Hier wird nicht gefragt, was in willkührlich angenommenen Verhältnissen nach der Regel der identitaet von dem allgemeinen aufs besondere fließe, sondern welche Verhältnisse wirklich zum ersten Grunde allgemeiner Regeln liegen. Weil nun diese Verheltnisse weder durch die Sinne in der Erfahrung, noch durch den Verstand in einem anschauenden und einzelnen Begriffe gegeben sind, so kann nichts weiter geschehen, als das man seine verworrenen Ideen zergliedere.[111]

Hierbei verweist Kant zunächst auf eine Art von metaphysischem Verfahren, das seiner Ansicht nach irreführend ist: Das der willkürlichen Verbindung von Begriffen, das der Mathematik und der Logik eigen ist. Daraus folgt, dass die allgemeine Regel der Identität (samt derjenigen des Widerspruchs) keineswegs als erstes Prinzip der metaphysischen Untersuchung gelten kann. Kant erhebt also den Anspruch, Metaphysik beziehe sich auf wirkliche Verhältnisse. Bei der Erkenntnis der realen Verhältnisse wurden zunächst zwei Möglichkeiten in Betracht gezogen, die von Kant zurückgewiesen werden: Die eine nimmt die sinnliche Erkenntnis als die einzige Quelle an, durch welche die realen Verhältnisse verständlich werden; die andere geht davon aus, dass der Verstand anschauend zur Erkenntnis solcher Verhältnisse gelangen kann. Bleiben diese beiden letzten

---

[110] V-Met-L$_1$/Pölitz, AA XXVIII, S. 223. Die *Metaphysik Volckmann* beinhaltet eine sehr ähnliche Stellungnahme: „[...] und man verstand darunter [scil. Metaphysik]: *eine Wißenschaft von den ersten principien aller übrigen menschlichen Erkentniß*. – Aber die Definition von einer Wißenschaft die nur die ersten Principien aller menschlichen Erkentniße enthalten soll, kann nicht bestimmt genung seyn." V-Met/Volckmann, AA XXVIII, S. 357.
[111] Refl. 3948, AA XVII, S. 361–362. Datierung um 1769.

Möglichkeiten ausgeschlossen, ergibt sich eine dritte, die nämlich die Zergliederung der Begriffe als methodologisches Prinzip geltend macht. Aus dieser dritten Position zieht Kant die folgende Konsequenz, die maßgebend für die Entwicklung seiner Konzeption der Metaphysik ist: „Hieraus kann aber nur eine wissenschaft des subiects entspringen. Da kein Gegenstand hiebey gegeben ist, so würden wir durch dieses schneiden und zergliedern unserer Ideen auch über ihn nichts erfinden können."[112] Die Metaphysik kann demnach nur eine Wissenschaft des Subjekts sein, deren wesentliches Verfahren in der Untersuchung des Ursprungs bzw. der Quelle unserer Erkenntnis besteht. Die vorgenommene Eingrenzung der menschlichen Erkenntnis auf die menschliche Vernunft hat also zur Folge, dass die metaphysische Erkenntnis nur auf der reinen Erkenntnis der Vernunft gründet.[113]

Es zeigt sich also, dass die *Reflexionen* der Phasen κ und λ weitreichende Konsequenzen für die Herausbildung des Systems im Allgemeinen und infolgedessen auch für die Auffassung der Ontologie im Besonderen haben. In diesem Sinne wird offenbar, dass die Ontologie und der Satz vom Widerspruch, die bei den Rationalisten wesentlich miteinander in Verbindung stehen, Kant zufolge voneinander zu trennen sind. Des Weiteren ist folgendes hervorzuheben: Die realen Verhältnisse, die den Begriffen der Metaphysik zugrunde liegen, sind weder aus erfahrungsbezogenen Begriffen (durch Abstraktion) erworben noch durch einen anschauenden Verstand gegeben.[114]

Der Umstand, dass Wolff und Baumgarten bei der Bestimmung der Metaphysik von der menschlichen Erkenntnis und nicht der menschlichen Vernunft ausgehen, führt letztendlich dazu, dass kein richtiges System aufgebaut werden kann. Somit bedient man sich in der Tradition der Wolffschen Metaphysik der Quellen der Erkenntnis, ohne die Gültigkeit und Grenzen dieser Quellen zu hinterfragen: „Wolff war ein Vernunftkünstler, er bediente sich ihrer und forschte gar nicht nach den quellen. dogmatisch, nicht critisch."[115] Dies erfordert die Erneuerung des gesamten metaphysischen Systems. Welche Auswirkungen hat dieser neue Ansatz von 1769–1770 auf die Einordnung und Herausbildung der metaphysischen Disziplinen?

---

112 Ebd.
113 „Die Metaphysik ist eine philosophie der reinen Vernunft. Der Form. Des subiects und nicht obiects. (ist die Critic der reinen Vernunft.)" Refl. 4146, AA XVII, S. 433. Datiert um 1769–1770, 1769, 1771–1773.
114 „Die Form der Vernunft ist zweifach: logisch und real allgemein und besonderes | Grund und Folge." Refl. 4154, AA XVII, S. 436. Datiert um 1769–1770.
115 Refl. 4866, AA XVIII, S. 14. Datiert um 1776–1778.

2.2 Grundlagen für die Pläne des neuen Systems und dessen Disziplinen

Es wurde zuvor die These aufgestellt, dass die neue Metaphysikdefinition aus der Phase κ dazu führt, dass eine völlig neue Ordnung der Disziplinen hergestellt wird und sich diese neue Ordnung zudem auf die inhaltliche Komposition der Disziplinen der Metaphysik auswirkt. Dabei sind zwei Besonderheiten der metaphysischen Erkenntnis zu beachten: Den Ursprung der Begriffe betreffend hat sich erstens ergeben, dass diese keineswegs empirisch zu bestimmen seien; zweitens stehen die Prinzipien der Metaphysik gemäß der neuen Definition auf keinen Fall im Zusammenhang mit denjenigen der Logik.[116] Die Prinzipien der Metaphysik gründen folglich weder auf logischen noch auf empirischen Prinzipien. Im Folgenden wird gezeigt, welchen Einfluss die Entwicklung dieser Prinzipien auf die neue Komposition der empirischen Wissenschaften hatte und inwiefern dadurch eine neue Einordnung der reinen Disziplinen impliziert wurde.

2.2.1 Die empirische Psychologie in der neuen Einordnung des Systems

Betrachtet man den ersten der soeben genannten Punkte, so liegt es nahe, dass die empirische Psychologie Kant zufolge keineswegs Bestandteil der Metaphysik sein kann. Da die metaphysische Erkenntnis rein ist, ist das, was empirisch gegeben ist, konsequenterweise aus der Metaphysik auszuschließen.[117] Für die kantische Auffassung des Systembegriffs ist die Behauptung, dass die empirische Psychologie nicht zur Metaphysik gehört, ausgesprochen folgenreich. Letzten Endes führt sie zu einem neuen Verständnis der Erkenntnisvermögen, da durch sie die Beziehung zwischen Logik und Psychologie in radikaler Weise geändert wird. Diese Position macht es erforderlich, eine eigenständige, nicht zur Metaphysik gehörende Disziplin zu etablieren, die Kant Anthropologie nennt. Darin zeigt sich, dass Kant den traditionellen Zusammenhang zwischen Psychologie, Logik und Ontologie ab 1769–1770 grundsätzlich in Frage stellt.

Kants Erschaffung der Anthropologie als eigenständige Disziplin ist vor dem Hintergrund seiner Auseinandersetzung mit der Wolffschen Tradition zu betrachten. In seinem *Discursus praeliminaris* weist Wolff darauf hin, dass die phi-

---

116 Siehe Pozzo: *Kant und das Problem einer Einleitung in die Logik*, a.a.O., S. 108–118.
117 Dafür spricht sich Kant an mehreren Stellen in den *Reflexionen*, *Vorlesungen über Metaphysik* sowie in der *Kritik der reinen Vernunft* aus und hält auch in den nachkritischen Schriften an dieser Meinung fest. Siehe dazu z. B. V-Met-L$_1$/Pölitz, AA XXVIII, S. 223–224, V-Anth/Collins, AA XXV, S. 8 sowie auch KrV A 848/B 876.

losophische Erkenntnis nicht unabhängig von der empirischen bzw. historischen Erkenntnis betrachtet werden kann. Ein deduktives, mathematisches Verfahren wäre haltlos, wenn die wesentliche Referenz auf die Erfahrung fehlen würde. Die empirische Erkenntnis bildet in diesem Sinne die Basis für jedes spekulative Wissen und ist von daher für die Wissenschaft im Allgemeinen, auch für die spekulative bzw. philosophische, nötig. In § 12 des *Discursus praeliminaris* steht: „In ipsis disciplinis abstractis, qualis est *philosophia prima*, notiones fundamentales derivandae sunt ab experientia, quae cognitionem historicam fundat."[118] Dieser Bezug auf die Erfahrung als zugrundliegende Komponente der Erkenntnis, auf die sich Wolff hier explizit bezieht, entspricht seinem Vorgehen in der *Deutschen Metaphysik*. Dieses Werk beginnt mit dem Kapitel über die ersten Erkenntnisgründe, wobei Wolf diesem zunächst einige empirische Überlegungen bezüglich des Ich-Bewusstseins vorausschickt; ähnlich geht er vor, wenn er dem Kapitel über die rationale Psychologie die empirische Psychologie voranstellt.[119] Wolff ist also der Auffassung, dass die Erfahrung eine notwendige Komponente der Erkenntnis darstellt, wodurch auch die Wissenschaftlichkeit der metaphysischen Erkenntnis gesichert wird.

Aus diesen Umständen geht deutlich hervor, dass die Disziplin der empirischen Psychologie notwendigerweise zum System der Metaphysik gehören muss. Dass so eine Disziplin in ein spekulatives Systems der Erkenntnis einbezogen wird, rechtfertige sich dadurch, dass sie sowohl die Grundlagen für die Logik, als auch für die praktischen Disziplinen der Moral und Politik sowie für die rationale Psychologie liefert. So schreibt Wolff in dem *Discursus praeliminaris:* „Ea igitur ratio est, cur *Psychologiam empiricam* philosophiae partem fecerimus, in qua per experientiam stabiliuntur principia."[120] Dasselbe Verfahren wird von Baumgarten verwendet, der aus denselben Gründen wie Wolff der empirischen Psychologie Vorrang gegenüber der rationalen einräumt.[121]

---

118 Wolff: *Discursus praeliminaris*, a.a.O., § 12.
119 Zur Relevanz der empirischen Erkenntnis beim System der Metaphysik Wolffs vgl. Lothar Kreimendahl: „Empirische Elemente im Denken Wolffs". In: Jürgen Stolzenberg und Oliver-Pierre Rudolph (Hrsg.): *Christian Wolff und die europäische Aufklärung*. Hildesheim/Zürich/New York 2007, S. 95–112. Der Autor führt sieben Punkte an, durch welche die bedeutende Stellung der Erfahrung bzw. historischen Erkenntnis in Wolffs Philosophie hervorgehoben wird. Am wichtigsten sind die Punkte 4 und 5, anhand welcher Kreimendahl erläutert, wie die Erfahrung als ein „Deduktions- und Verifikationsprinzip" sowie auch als Grundlage der spekulativen Disziplinen (wie die Ontologie und die Theologie) fungiert.
120 Wolff: *Discursus praeliminaris*, a.a.O., § 111 sowie auch ders.: *Ausführliche Nachricht*, a.a.O., § 89.
121 Baumgarten: *Metaphysica/Metaphysik*, a.a.O., § 501–505.

Aus den vorigen Ausführungen lässt sich ebenfalls folgern, dass bei diesen Autoren die Einbeziehung der empirischen Psychologie in die Metaphysik letztendlich eng mit ihrer Metaphysikkonzeption zusammenhängt. Durch den wesentlichen Bezug auf die Allgemeinheit bietet sich den Autoren der Wolffschen Tradition die Möglichkeit, eine empirische Disziplin konsequenterweise in die Metaphysik einzubeziehen. Die 1769–1770 entwickelte Position Kants macht den Einbezug einer auf die Erfahrung bezogenen Disziplin in die Metaphysik jedoch unmöglich. Demzufolge schreibt Kant in der *Anthropologie Collins*: „[D]ie Metaphysic hat nichts mit der *ErfahrungsErkenntnißen* zu thun. Die empirische *Psychologie* gehört eben so *wenig, als die empyrische Physic zur Metaphisic*."[122] Dadurch zeigt sich, inwiefern die neue Definition der Metaphysik, welche die metaphysische Erkenntnis auf das Gebiet der reinen Begriffe begrenzt, im engen Zusammenhang mit der Erschaffung der Anthropologie steht. An dieser Stelle kann aber nicht näher auf die Entwicklung der Anthropologie im Laufe der siebziger Jahre und ihre pragmatische Behandlung eingegangen werden.[123] Viel-

---

122 V-Anth/Collins, AA XXV, S. 8. Dasselbe kann man in der *Anthropologie Parow* lesen: „Die empyrische Psychologie ist eine Art von Naturlehre. Sie handelt die Erscheinungen unsrer Seele ab, die einen Gegenstand unsers innern Sinnes ausmachen, und zwar auf eben die Art, wie die empyrische Naturlehre, oder die Physik, die Erscheinungen abhandelt. Man siehet also gleich ein, wie wenig diese Lehre einen Theil der Metaphysik ausmachen kann, da diese lediglich die Conceptus puri, oder Begriffe, die entweder bloß durch die Vernunft gegeben sind, oder doch wenigstens, deren Erkenntniß Grund in der Vernunft liegt, zum Vorwurf hat." V-Anth/Parow, AA XXV, S. 244.

123 Hinsichtlich der Weiterentwicklung der kantischen Auffassung der Anthropologie siehe V-Anth, AA XXV, sowie auch den Brief an Herz von 1773, Br, AA X, S. 145. Aus welchen Gründen und mit welchen Motiven Kant zu der Idee einer solchen Disziplin kam, ist in der Kant-Forschung umstritten. Die Debatte um den Ursprung der Idee einer kantischen Anthropologie spaltet sich hauptsächlich in zwei Grundrichtungen: Einige Interpreten sehen ihre Entstehung in engerem Zusammenhang mit der empirischen Psychologie des rationalistischen Systems der Metaphysik (Baumgarten). Andere Interpreten vertreten hingegen die These, dass Kants Idee einer Anthropologie eher aus seinen eigenen Überlegungen zur physischen Geographie entstanden sei. Eine kurze Zusammenfassung der frühen Debatten findet sich im Artikel von Norbert Hinske: „Kants Idee der Anthropologie". In: Heinrich Rombach (Hrsg.): *Die Frage nach dem Menschen. Aufriss einer philosophischen Anthropologie*. München 1966, S. 410–427; vgl. auch ders.: „Einleitung" zur den *Reflexionen Kants*. Hrsg. von Benno Erdmann. Stuttgart – Bad Cannstatt 1992, S 7–19. Einige Hinweise darüber finden sich auch bei Brandt und Stark: „Einleitung" zur *Vorlesungen über die Anthropologie*, in AA XXV, S. VII-CLI. Als Vertreter der ersten Auffassung sind Erich Adickes, Reinhard Brandt und Norbert Hinske zu erwähnen. Vertreter der letzteren Position war vor allem Benno Erdmann. Ein Überblick über das Thema und die aktuelle Kontroverse findet sich bei Holly L. Wilson, die eine umfassende Darstellung der Positionen im ersten Kapitel ihres Buches bietet. Siehe Holly L. Wilson: *Kants Pragmatic Anthropology*. New York 2006.

mehr soll im Folgenden der Frage nachgegangen werden, welche Folgen die Ausgliederung der Lehre der empirischen Psychologie auf die Entwicklung der transzendentalen Logik und der Vermögenstheorie bei Kant hatte.

Dem Verständnis der rationalistischen Tradition Wolffs nach ist die empirische Psychologie eine Art Beschreibung dessen, was durch Erfahrung in der menschlichen Seele tatsächlich wahrgenommen wird. Dasjenige, was in der empirischen Psychologie als eine Betrachtung bzw. Beobachtung a posteriori beschrieben wird, ist anschließend in der rationalen Psychologie durch Gründe a priori zu erklären. Besonders auch im Hinblick auf die Metaphysik gilt es zu berücksichtigen, dass die empirische Psychologie der rationalen Psychologie voranzustellen ist, denn darin besteht die Möglichkeit, zum einen die Existenz der menschlichen Seele anzunehmen[124] und zum anderen zu bestimmen, welche Handlungen sie vollziehen kann. Das Vorhandensein einer empirischen Disziplin innerhalb der Metaphysik ist insofern mit den rationalen Disziplinen vereinbar, dass durch die empirische Beschreibung der Aktivität der menschlichen Seele der Boden für die rationale Begründung derselben geebnet wird.[125] Die Rechtfertigung dafür gründet in der entsprechenden Absicht Wolffs, eine Verbindung zwischen der Erfahrung und den apriorischen Gründen derselben herzustellen.[126]

Dem Verständnis der Wolffschen Schule nach thematisiert die empirische Psychologie das menschliche Erkenntnis- und Begehrungsvermögen. Wenn man also von diesem Ausgangspunkt her den Ursprung der Vorstellungen erklären will, muss dies mit Hilfe der empirischen Psychologie erfolgen, denn diese hat das menschliche Vermögen im Urteilen und Wollen zum Gegenstand. Dabei spielt die klassische Dichotomie von unteren und oberen Vermögen eine wichtige Rolle. Dieser Unterscheidung kommt eine weitere hinzu, die die Vorstellungen in dunkle und deutliche aufteilt.[127] Was unter Logik zu verstehen sei, ist auf der Basis der

---

124 In ähnlicher Weise beginnt die empirische Psychologie in der *Metaphysica* Baumgartens, nämlich mit der Existenz. Siehe Baumgarten, *Metaphysica/Metaphysik*, a.a.O., § 504.
125 Jean-François Goubet macht darauf aufmerksam, dass bei Wolff zwischen *Boden* und *Grund* unterschieden werden muss, um die Beziehung zwischen Logik und Psychologie richtig verstehen zu können. So könne man der Auffassung Goubets zufolge einem Zirkel zwischen den beiden Disziplinen entgehen. Siehe Jean-François Goubet: „In welchem Sinne ist die Wolffsche Psychologie als Fundament zu verstehen? Zum vermeintlichen Zirkel zwischen Psychologie und Logik". In: Oliver-Pierre Rudolph und Jean-François Goubet (Hrsg.): *Die Psychologie Christian Wolffs*. Tübingen 2004, S. 51–60.
126 Siehe Christian Wolff: *Discursus praeliminaris*, a.a.O., §§ 10 und 11. Dazu auch Jean École: *La métaphysique de Christian Wolff*, a.a.O., S. 73–74.
127 Siehe Christian Wolff: *Vernünfftige Gedancken von Gott, der Welt und der Seele des Menschen, auch allen Dingen überhaupt (Deutsche Metaphysik).* In: Ders.: *Gesammelte Werke.* I. Abt.,

empirischen Psychologie zu begreifen, da die Gründe der ersten anhand derer der letzten begründet werden.[128] Wolff und Baumgarten zufolge kann diese Wissenschaft also nur dann von Nutzen sein, wenn sie die Prinzipien der Logik – sowie auch die der praktischen Wissenschaften und der Theologie – enthält. „Nun kann man zwar die Regeln ausüben, ohne daß man weiß, wie sie in der Seele gegründet sind: allein es hat doch auch seinen Nutzen, wenn man dieses untersucht."[129]

Angesichts der von Kant geforderten Ausgliederung der empirischen Psychologie liegt die Frage nahe, welche Folgen dies für die Logik hatte. Zwei wichtige Änderungen, die sich aus der Ausgliederung der empirischen Psychologie ergeben, kommen in Kants Kritik zum Vorschein. Wolff und Baumgarten zufolge ist der Ursprung der Vorstellungen empirisch-psychologisch zu erklären. Dabei werden die als undeutlich bezeichneten Vorstellungen der Sinnlichkeit zugeordnet, die sogenannten deutlichen Vorstellungen dem Verstand.[130] Es lässt sich von daher schließen, dass die dunklen und deutlichen Vorstellungen *inhaltlich* gesehen identisch sind[131] und sich nur in Anbetracht ihrer Undeutlichkeit bzw. Deutlichkeit unterscheiden. Diesbezüglich äußert sich Wolff in seiner *Deutschen Logik:* „Da uns

---

Bd. 2. Hrsg. von J. École, H.W. Arndt, C.A. Corr, J.E. Hofmann und M. Thomann. Hildesheim/Zürich/New York ($_1$1720/$_{11}$1751) 1983, § 277.
128 Siehe Wolff: *Deutsche Metaphysik*, a.a.O., § 191. Siehe auch Baumgarten: *Metaphysica/Metaphysik*, a.a.O., § 502. Wolffs und Baumgartens Grundauffassung der Psychologie besteht darin, dass die Seele als eine *Vorstellungskraft* begriffen wird. Die verschiedenen Vermögen und Fähigkeiten (Erkenntnis- und Begehrungsvermögen) können also auf eine einzige Vorstellungskraft (*vis repraesentativa*) zurückgeführt werden. „Derowegen muß die einige Kraft der Seele bald Empfindungen, bald Einbildungen, bald deutliche Begriffe, bald Vernunft-Schlüsse, bald Begierde, bald Wollen und nicht Wollen, bald noch andere Veränderungen hervorbringen." Wolff: *Deutsche Logik*, a.a.O., § 747. Siehe auch Baumgarten, *Metaphysik/Metaphysica*, a.a.O., § 506: „Gedanke sind Vorstellungen. Also ist meine Seele eine vorstellende Kraft." Deswegen enthält die Psychologie die Gründe der Logik sowie auch der praktischen Wissenschaften, denn sie erläutert, wie die Seele dieselbe Kraft in verschiedenen Formen in Ansehung der unterschiedlichen Vermögen ausübt. Eine kritische Stellungnahme Kants dazu findet sich in der *Metaphysik L$_1$:* „Wir finden demnach, daß wir verschiedene Grundkräfte annehmen müssen, und nicht aus Einer alle phänomena der Seele erklären können". V-Met-L$_1$/Pölitz, AA XXVIII, S. 262.
129 Wolff: *Der Vernunfftigen Gedancken von Gott, der Welt, und der Seele des Menschen, auch allen Dingen überhaupt, Anderer Theil, bestehend in ausführlichen Anmerckungen*. In: Ders.: *Gesammelte Werke*. I. Abt., Bd. 3. Hrsg. von J. École, H.W. Arndt, C.A. Corr, J.E. Hofmann und M. Thomann. Hildesheim/Zürich/New York ($_1$1724/$_4$1740) 1983, S. 127.
130 „REPRAESENTATIO non distincta SENSITIVA vocatur. [...] facultas distincte quid cognoscendi est FACULTAS COGNOSCITIVA SUPERIOR (mens), intellectus". Baumgarten: *Metaphysica/Metaphysik*, a.a.O., §§ 521 und 624.
131 Vgl. Paola Rumore, *L'ordine delle idee. La genesi del concetto di 'rappresentazione' in Kant attraverso le sue fonti wolffiane (1747–1787)*. Florenz 2007. Dazu auch Jean Paul Paccioni: *Cet esprit de profondeur*, a.a.O., S. 168–175.

die Sinnen zu Gedancken von Dingen, die ausser uns sind, veranlassen: so bringen sie uns auf einen Begriff derselben."[132] Die sinnlich-intellektuellen Vorstellungen sind in diesem Sinne homogener Natur, weil ihnen – unabhängig davon, ob sie sinnlich oder intellektuell einzuordnen seien – immer die Perzeption zugrunde liegt. Dies lässt sich anhand der von Baumgarten gegebenen Definition des „Analogon der Vernunft" erkennen. Er zeigt, dass die unteren Vermögen, deren Erkenntnis verworren ist, Vorstellungen hervorrufen, die der vernünftigen Erkenntnis inhaltlich ähneln. Die Vernunft ist dementsprechend dasjenige Vermögen, das es ermöglicht, den Zusammenhang der Dinge deutlich zu sehen.[133] Dieser Konzeption nach kann behauptet werden, dass der Verstand bzw. die Vernunft sich als das Vermögen, deutliche Perzeptionen zu haben, definieren lässt. Deshalb unterscheiden sich Sinnlichkeit und Verstand ausschließlich durch die Deutlichkeit bzw. Undeutlichkeit dessen, was sie perzipieren, nicht aber aufgrund dessen, was sie inhaltlich vorstellen.

Diese zwei Annahmen wird Kant 1769–1770 jedoch durch eine Kritik an Baumgartens Metaphysikbegriff radikal in Frage stellen. Er verschiebt die Frage nach dem Ursprung der Vorstellungen in den neu konzipierten Bereich der Metaphysik[134] und postuliert einen transzendentalen inhaltlichen Unterschied zwischen den Vorstellungen.[135] Dadurch, dass die Vorstellungen in Bezug auf ihren Inhalt unterschieden werden, kann eine Verdeutlichung derselben nicht mittels Logik erfolgen. Darauf gründet Kants Ablehnung eines möglichen logischen Übergangs von sinnlichen zu intellektuellen Vorstellungen. Anstatt der homogenen Natur der Vorstellungen betont er nun ihre Heterogenität. Was die Erkenntnisvermögen angeht, werden die Sinnlichkeit und der Verstand dementsprechend als zwei gänzlich unterschiedliche Vermögen aufgefasst.

---

132 Wolff: *Deutsche Logik*, a.a.O., § 5.
133 Siehe Baumgarten: *Metaphysica/Metaphysik*, a.a.O., §§ 640–641.
134 „Der Ursprung der Begriffe wird in der Metaphysik betrachtet". Refl. 2851, AA XVI, S. 546. Datierung um 1769, 1770–1771, 1773–1775, 1764–1768. „Die allgemeine Logik hat also nicht die Quelle der Begriffe zu untersuchen [...] Der Ursprung der Begriffe in Ansehung ihrer Materie, nach welcher ein Begriff entweder empirisch oder willkürlich oder intellectuell ist, wird in der Metaphysik erwogen." Log, AA IX, S. 94. Dazu auch Tonelli: *Kant's Critique of Pure Reason within the Tradition of Modern Logic*, a.a.O., S. 227 und Förster: „Kants Metaphysikbegriff", a.a.O., S. 126–127.
135 „Die sinnlichen Vorstellungen sind von Verstandes Vorstellungen dem Ursprunge nach unterschieden, und nicht bloß der Form nach, wie man gemeiniglich glaubt z.B. Mendelssohn, denn die Deütlichkeit oder Undeütlichkeit bestimmt Vorstellungen nicht, ob sie aus dem Verstand sind, oder aus der Sinnlichkeit, sondern ihr Ursprung bestimmt es." V-Anth/Collins, AA XXV, S. 31.

Aus dem Vorigen erklärt sich, warum die Frage nach den menschlichen Erkenntnisvermögen innerhalb des Systems neu verortet wird. Anhand der *Reflexionen* aus der Phase κ und λ sowie auch der *Dissertation* von 1770 lässt sich in diesem Sinne erläutern, wie aus der Frage nach dem Ursprung der Vorstellungen eine neue Auffassung der Logik und ebenso auch der Metaphysik entstanden ist. Die Metaphysik wird im Laufe der siebziger Jahre dementsprechend als eine Logik des Gebrauchs des Verstandes konzipiert, aber nur insofern er sich auf Gegenstände bezieht.[136] Dieser Aspekt ist im Rahmen der metaphysischen Erkenntnis völlig neu, da bei den Wolffianern die Fragen nach den Vermögen und nach dem Ursprung der Vorstellungen entweder in der empirischen Psychologie oder in der (allgemeinen) Logik behandelt wurden. Kant vertritt dagegen eine ganz andere Auffassung beider Wissenschaften und stellt die Frage nach den Vermögen derart, dass sie eher der von ihm beanspruchten reinen, subjektiven Metaphysik – die Metaphysik der menschlichen Vernunft im kantischen Sinne – zuzuordnen ist. Gemäß dieser 1769 eingeführten Konzeption kommt die Aufgabe, die Grenzen, den Umfang und den Ursprung der Erkenntnis zu bestimmen, also der Metaphysik zu.[137] Das, was die schulmetaphysische Tradition bezüglich der Erkenntnisvermögen und deren Vorstellungen als empirisch-psychologisch bestimmt hat, wird bei Kant in einer transzendental-logischen Weise definiert.[138]

Hieraus ergibt sich ein neues Verständnis der Beziehung von Logik, Psychologie und Ontologie: Die Ontologie emanzipiert sich von der allgemeinen Logik und die Bestimmung der menschlichen Vermögen, die vormals einen Teil der Psychologie ausmachte, wird als eine besondere Art von Logik verstanden, welche je nach Ursprung der Vorstellungen entweder als reine oder transzendentale Logik bezeichnet wird.[139] In dieser Hinsicht wurde gezeigt, wie die empirischen Disziplinen aufgrund des neuen Metaphysikbegriffs aus dem System ausgegliedert wurden.

---

136 „Da nun die Logik von dem Gebrauche des Verstandes und der Vernunft handelt, so ist die Metaphysik eine Logik vom Gebrauche des reinen Verstandes und der reinen Vernunft." V-Met/Heinze, AA XXVIII, S 173.
137 Die Metaphysik als Wissenschaft der Grenze (Schranke) der menschlichen Vernunft wird schon in der *Metaphysik L₁* definiert. Siehe V-Met-L₁/Pölitz, AA XXVIII, S. 172.
138 Refl. 4152, AA XVII, S. 436. Datiert um 1770.
139 Dieser neue Zusammenhang von Logik, Psychologie und Ontologie wird in der *Reflexion* 4152 ersichtlich, wo Kant die Auffassung vertritt, „[d]aß die ontologie nichts anders als eine transsendentale Logick (subiectiv) sey." Refl. 4152, AA XVII, S. 436. Datierung um 1769–1770.

2.2.2 Die neue Einordnung der reinen Disziplinen

Es wurde bereits erklärt, inwiefern die Einführung des neuen Metaphysikbegriffs der Phase κ Konsequenzen auf die empirischen Disziplinen der Metaphysik hatte. Es muss nun gefragt werden, welche Folgen sie für die rationalen, apriorischen Disziplinen hatte, wie etwa die Psychologie, Kosmologie und Theologie. Werden diese Disziplinen einer Neuformulierung unterzogen, die sich von der schulmetaphysischen Tradition abwendet? Folgt aus dieser neuen Eingrenzung der Metaphysik zugleich eine neue Formulierung der Ontologie? Zuerst muss bemerkt werden, dass Kant im Laufe der siebziger Jahre eine neue Einteilung der rationalen Wissenschaften vornimmt. In der *Metaphysik L_1* und in einigen *Reflexionen* der siebziger Jahre entwickelt er eine zweiteilige Darstellung des Systems der Metaphysik. Der Einteilung in Ontologie, Psychologie, Kosmologie und Theologie der Wolffschen Tradition stellt Kant deshalb die neue Unterteilung in *Ontologie* und *Physiologie der reinen Vernunft* entgegen.[140] Unter dem Namen Physiologie der reinen Vernunft werden die Disziplinen Psychologie, Kosmologie und Theologie zusammengefasst und in das System der Metaphysik eingeführt. Diese Neustrukturierung stellt eine bemerkenswerte Abkehr von der schulmetaphysischen Tradition dar und ist von nicht zu vernachlässigender Bedeutung für das Verständnis der kantischen Kritik.

Dabei ist bemerkenswert, dass die Physiologie nun in einer anderen Beziehung zur Ontologie steht als in der herkömmlichen *metaphysica generalis* und *metaphysica specialis*. Denn bei näherem Hinsehen erkennt man, dass die Allgemeinheit der Prinzipien dabei keine besondere Rolle spielt. Bezeichnend dafür ist die Tatsache, dass Kant Ausdrücke wie allgemeine und besondere Metaphysik sehr selten verwendet, um die unterschiedlichen Teile des Systems zu bestimmen.

---

[140] Die ausdrückliche Kritik kommt in der *Metaphysik Volckmann* vor: „Wolff theilt die Metaphysic in die Ontologie, Kosmologie, Psychologie und Theologie. Wir hingegen theilen sie in 2 Theile, in die transcendentale Philosophie oder Ontologie, und in die Metaphysic im stricten Verstande." V-Met/Volckmann, AA XXVIII, S. 366. Die Physiologie der reinen Vernunft ist in diesem Zeitraum der Denkentwicklung Kants nicht ganz eindeutig zu definieren, jedoch kommt der Begriff in den *Reflexionen* mehrere Male zum Ausdruck und zwar als Physiologie des inneren und äußeren Sinnes, wie z. B. in den *Reflexionen* 3951 und 4168, oder als angewandte Noologie in der *Reflexion* 4163. Die *Metaphysik L_1* gibt ebenfalls ausdrücklich Hinweise darauf. Vgl. V-Met-L₁/Heinze, AA XXVIII, S. 175 und V-Met-L₁/Pölitz, AA XXVIII, S. 221–222. Es lässt sich annehmen, dass das Architektonik-Kapitel eine präzisere Definition der Physiologie zur Sprache bringt, indem hier nicht nur die Objekte des äußeren und inneren Sinns in Betracht gezogen werden, sondern auch die der Vernunft gegebenen (Gott, Welt). Ähnliches wird auch in der *Metaphysik Volckmann* angesprochen. Da nennt Kant letzteres nicht Physiologie, sondern „Metaphysik im Engeren verstanden." V-Met/Volckmann, AA XXVIII, S. 366–367.

2.2 Grundlagen für die Pläne des neuen Systems und dessen Disziplinen — 55

Er benutzt vielmehr andere wie *metaphysica theoretica* und *metaphysica practica*[141] oder *metaphysica pura* und *metaphysica applicata*.[142] So schreibt Kant in einer *Reflexion* aus den Jahren 1769–1770 folgendes: „Die Philosophie über die Begriffe des intellectus puri ist die Metaphysik. sie verhält sich zur übrigen Philosophie wie die mathesis pura zur mathesis applicata."[143] Deshalb lässt sich annehmen, dass damit ein Verhältnis zwischen den Disziplinen etabliert wird, das keineswegs gemäß einem logischen Übergang von einer allgemeineren Disziplin zu einer besonderen folgt, wie es bei der traditionellen Vorgehensweise der Fall war.

Der neue Ansatz Kants steht sowohl im Einklang mit der in der Phase κ neu eingeführten Definition der Metaphysik als auch mit der neuen, darauf aufbauenden Auffassung der Architektonik. Dadurch, dass die Allgemeinheit der Prinzipien nicht mehr entscheidend für die Einordnung und Begründung der Disziplinen der Metaphysik ist, liegt die Frage nahe, welche Art von Ontologie der Physiologie zugrunde zu legen ist.

Diesbezüglich sei die Tatsache hervorzuheben, dass im Laufe der siebziger Jahre der Begriff eines Gegenstandes überhaupt an Bedeutung gewinnt. Dieser Begriff wird im Rahmen der von Kant beabsichtigten neuen Formulierung der Metaphysik eingeführt, um die Funktion der Ontologie neu zu definieren.[144] Über die Ontologie äußert sich Kant in einer *Reflexion* Ende der sechziger Jahre, in der er Baumgartens Definition der Ontologie ausdrücklich kritisiert. Dies drückt er folgendermaßen aus: „Die metaphysic enthält nichts als die ontologie, welche falschlich als eine Wissenschaft von Dinge überhaupt qvad praedicata vniversalia et disiunctiva betrachtet wird." Kant fügt noch hinzu: „denn es ist keine materie, folglich ein Etwas überhaupt, das obiect."[145] In diesem Sinne versteht sich die Ontologie als eine formelle Wissenschaft, die mit gar keinem Ding überhaupt zu tun hat – mit keiner Materie gemäß der Formulierung Kants. Die Ontologie befasst sich also mit einem Etwas überhaupt. Demnach ist der Ausgangspunkt Kants allgemeiner Metaphysik nicht mehr wie bei Baumgarten und Wolff die Allgemeinheit der Begriffe, sondern die Reinheit ihrer Gegenstände. Das ist das erste wesentliche Charakteristikum der Ontologie, die sich aus der Konzeption der Architektonik folgern lässt.

---

141 Siehe Refl. 4150, AA XVII, S. 435. Datiert um 1770, 1769, 1771–1172.
142 Vgl. z. B. V-Met-L₁/Heinze, AA XXVIII, S. 175, sowie auch Refl. 4340, 4361 und 4362.
143 Refl. 3930, AA XVII, S. 352. Datierung um 1769.
144 Das Vorkommen des Begriffs eines Gegenstandes überhaupt lässt sich bereits in der *Reflexion* 3738 aus der Phase ζ (1766–1768) unter der Bezeichnung eines X festlegen. Die Relevanz dieses Begriffs nimmt aber erst um 1769 und im Laufe der siebziger Jahre deutlich zu.
145 Siehe Refl. 3959, AA XVII, S. 367. Datierung um 1769.

In welchem Sinne ist nun die Physiologie – d. h. der zweite Teil der Metaphysik – im Rahmen des neuen kantischen Systembegriffs zu verstehen? Man kann zunächst die These aufstellen, dass die Physiologie als Disziplin, die auf einer reinen, formellen Ontologie aufbaut, in der herkömmlichen Metaphysik nicht vorkam.[146] Angesichts des in der „Vorrede" der *Kritik der reinen Vernunft* gemachten Verweises auf Lockes „Physiologie des Verstandes" scheint es angebracht, sich den gängigen Interpretation anzuschließen und Locke als Quelle des kantischen Physiologiebegriffes zu betrachten.[147] Allerdings stellt man bei der Überprüfung dieser Annahme fest, dass der Begriff in Lockes Philosophie nicht vorkommt.[148] In der deutschen Schulmetaphysik hingegen wird der Begriff nicht selten verwendet; seine Bedeutung deckt sich jedoch nicht mit dem kantischen Verständnis.

Für eine differenziertere Begriffsklärung sind die Lexika von Johann Georg Walch und Johann Heinrich Zedler aufschlussreich: Beide Autoren gehen von einer Doppeldeutigkeit des Begriffs aus, die auch Kant anzunehmen scheint. Auf der einen Seite definieren sowohl Zedler als auch Walch die Physiologie als eine medizinische Lehre, die der Natur des Menschen entspricht; in diesem Sinne wird sie auch Anthropologie genannt.[149] Auf der anderen Seite kommt ihr aber die

---

146 Bemerkenswert ist die Tatsache, dass Kant das Wort Physiologie nicht nur in der vorkritischen und kritischen Phase, sondern auch im *Opus Postumum* verwendet. „Auf die transsc. Philos. oder die Wesenlehre folgt die *Physiologie* (metaphysische) von Gegenständen der Erfahrung nach *principien a priori* Korperlehre und Seelenlehre. Auf sie Cosmologie u. Theologie." OP, AA XXI, S. 458. Interessant ist dabei einerseits die Definition der Transzendentalphilosophie als Wesenlehre; andererseits aber auch die Einordnung der Disziplinen, der zufolge die Transzendentalphilosophie an erster und die Physiologie (als angewandte Metaphysik) an zweiter Stelle steht.
147 Vgl. KrV A IX.
148 Vgl. François Duchesneau: „Kant et la physiologie de l'entendement humain". In: Gerhard Funke (Hrsg.): *Akten des 4. Internationalen Kant-Kongresses*. Berlin/New York 1974, S. 270–276. Duchesneau konzentriert sich bei seiner Analyse der Physiologie auf die *Kritik der reinen Vernunft* und die *Kritik der Urteilskraft* und lässt die *Reflexionen* und die *Vorlesungen über Metaphysik* außer Acht. Daher mangelt es seiner Interpretation an einer ausführlicheren entwicklungsgeschichtlichen Auseinandersetzung mit diesem Begriff.
149 „Physiologie wird von einigen als ein gleichgültiges Wort mit dem Wort Physik angesehen. Ordentlich aber verstehet man darunter die Anthropologie, oder die Lehre von des Menschen Natur, welche von der Gesundheit des Menschen handelt, und zeigt, worinnen solche bestehe, und was die Kennzeichnen derselben sind." Johann Georg Walch: *Philosophisches Lexicon, darinnen die in allen Theilen der Philosophie, als Logic, Metaphysic, Physic, Pneumatic, Ethic, natürlichen Theologie und Rechts-Gelehrsamkeit, wie auch Politik fürkommende Materie und Kunst-Wörter erkläret und aus der Historie erläutert; die Streitigkeit der ältern und neuern Philosophen erzehlet, die dahin gehörigen Bücher und Schrifften aufgeführet und alles nach Alphabetischer Ordnung vergestellet werden, nöthigen Registern versehen und herausgegeben*. Leipzig 1726, S. 1006.

allgemeinere Bedeutung Naturlehre zu, welche der wörtlichen Übersetzung des griechischen Ursprungswortes entspricht.[150] Auch Wolff verwendet den Begriff Physiologie; bei ihm umfasst dieser jedoch nur einen Teil der Physik, weswegen der Physiologie dem Woffschen Verständnis nach nur empirische Bedeutung zukommt.[151]

Insofern die Wolffsche Auffassung der Physiologie ausschließlich im Hinblick auf die Physik definiert wird, ist sie als historische Quelle für die kantische kaum in Betracht zu ziehen; ebenso wenig kann Lockes Philosophie als eine geschichtliche Vorform für Kants Physiologiebegriff gelten, da bei ihm die Physiologie als eigenständige Disziplin der Metaphysik gar nicht vorkommt. Stattdessen ist der kantischen Auffassung die bereits angesprochene allgemeinere, rationale Bedeutung der Physiologie als erweiterte Naturlehre eigen. Sie findet sich weder in der empirischen noch in der rationalistischen Tradition. Wie Kant zu der Idee einer Physiologie der reinen Vernunft als Teil der Metaphysik (der Natur) gelangt und welche Ansprüche hinsichtlich des Systems hierdurch erhoben werden, ist in der Kant-Forschung bislang kaum thematisiert worden. Die meisten Kommentare verweisen, wie schon gesagt, auf Lockes Physiologie des Verstandes. Exemplarisch dafür wäre der Versuch Marco Sgarbis zu erwähnen. Durch eine Analyse der aristotelischen Tradition bis hin zu Wolff, Baumgarten und Meier versucht Sgarbi unter anderem zu beweisen, dass der kantischen Auffassung der Kategorien eine entsprechende Theorie des *habitus* zugrunde liegt.[152] Dies würde besagen, dass

---

150 „Man pfleget es aber in zweyerley Verstande zu gebrauchen, als in weitläuffigern und genauerm. In jenem oder dem philosophischen nehmen es Voetius, de Stair und andere mehr, welche dadurch die allgemeine Naturlehre, so sonsten und eigentlich die Physik heisset, wollen verstanden wissen. Im genauern oder medicinischen Verstande aber wird durch dieses Wort nur allein die Wissenschafft von der Natur und Gesundheit des Menschen verstanden." Johann Heinrich Zedler: *Großes vollständiges Universallexicon aller Wissenschaften und Künste*. Halle/Leipzig 1732–1754, S. 2241. Kant greift auf diese beiden zeitgenössischen Definitionen von Physiologie zurück, wobei er im Rahmen der Metaphysik die Bedeutung als Naturlehre in den Vordergrund stellt. Auf diese Weise fordert Kant, dass die medizinisch verstandene aus der Anthropologie auszuschließen und letztere als pragmatisch zu konzipieren sei – dies steht im Gegensatz zu Plattners Anthropologie, die als physiologisch dargestellt wird. Siehe dazu die kantische Kritik an Plattner in Br, AA X, S. 145.
151 „Ea denique Physicae pars, quae de corpore animato, praesertim humano, agit, *Physiologia* appellatur. [...] Definitur *Physiologia* per scientiam corporis animati; strictus a Medicis per scientiam corporis humani fani. Alli tractationem physicam de homine in specie *Antropologiam*." Wolff: *Discursus praeliminaris*, a.a.O., § 84.
152 „[S]i vuole dimostrare che sottesa alla *Kritik der reinen Vernunft*, e propedeutica ad essa, c'é una dottrina dell'*habitus* di origine aristotélica, che nel sistema filosofico kantiano riguarda la scienza della fisiologia dell'intelletto. In modo particolare la tesi che si vuol sostenere è che, le categorie sono un *habitus* intelletuale." Marco Sgarbi: *La Kritik der reinen Vernunft nel contesto*

eine Art empirisch-psychologische Betrachtung des Verstandes sowie auch der Logik, sei sie natürlicher oder künstlicher Natur, in erster Linie der kantischen Konzeption der menschlichen Vermögen unterliegt. Nimmt man diese These als gültig an, dann muss die fragwürdige Konsequenz gezogen werden, dass den Kategorien eine Art empirische Psychologie und praktische Logik zugrunde liegen.[153]

Wie aber schon gezeigt wurde, führt Kant den Ursprung der Begriffe auf die Metaphysik anstatt auf die Logik zurück, deren Aufgabe letzten Endes darin besteht, die menschliche Vernunft und ihre Begriffe zu analysieren, ohne empirische, psychologische Aspekte in Betracht zu ziehen.[154] Kants Hinweis auf die Vernunft als der natürliche Sitz der Begriffe erlaubt es eben nicht, wie Sgarbi anscheinend stillschweigend unterstellt, von einer den Kategorien zugrundeliegenden Psychologie bzw. Physiologie zu sprechen, denn die Metaphysik befasst sich nur mit den reinen Begriffen, d.i. nicht mit durch Erfahrung gegebenen Gegenständen.[155] Dass Kant sich von der subjektiven, empirischen und psychologischen Untersuchung der Begriffe distanziert, lässt sich am besten mit den späteren *Reflexionen* 4900 und 4901 zeigen, in welchen er eine Kritik an Tetens zur Sprache bringt.

---

della tradizione logica aristotélica, a.a.O., S. 153. Für eine Bestimmung des Begriffs *habitus* bei Aristoteles siehe Albert Zimmermann: *Ontologie oder Metaphysik*, a.a.O., S. 92–95. *Habitus* bedeutet bei Aristoteles sowohl eine eigenständige Kategorie als auch den „Zustand eines Vermögens". In letzterem Fall wird *habitus* nicht als eigenständige Kategorie verstanden, sondern unter diejenige der Qualität subsumiert wird. „Ein Habitus in dieser Bedeutung muß einmal einen Träger haben. [...] Zweitens muß jeder Habitus einem bestimmten Vermögen zugeordnet sein, welches er für die Tätigkeit bereitet. Aristoteles nennt als Träger des Habitus der Wissenschaft die Seele, genauer den erkennenden Teil der Seele." Zimmermann: *Ontologie oder Metaphysik*, a.a.O., S. 93.

153 Dementsprechend schließt Sgarbi entgegen der gängigen Interpretationen das Folgende: „Non è però completamente giusto affermare che in Kant sai sancita la separazione della logica dalla psicologia [...]. Al contrario bisogna dire che la psicologia, così come la fisiologia, non fanna parte della logica, ma sono il suo fundamento naturale." Sgarbi: *La Kritik der reinen Vernunft nel contesto della tradizione logica aristotélica*, a.a.O., S. 176.

154 Sgarbi selber weist auf die *Vorlesungen über Logik* hin, in welchen Kant diese Unterscheidung deutlich herausstellt. „Locke wurde berühmt durch seinen Versuch über den menschlichen Verstand – er redet darin von dem Ursprung der Begriffe, dies gehört ‹aber› eigentlich nicht zur Logik, sondern zur Metaphysik." V-Lo/Dohna, AA XXIV, S. 701.

155 Im Gegensatz dazu schreibt Sgarbi: „Kant specifica che questi concetti devono essere intesi come leggi insite nella mente, richiamando in modo inequivocabile le regole della logica naturale acquista o della logica artificiale di origine wolffiana." Sgarbi, *La Kritik der reinen Vernunft nel contesto della tradizione logica aristotélica*, a.a.O., S. 168.

> Ich beschaftige mich nicht mit der Evolution der Begriffe wie *Tetens* (alle Handlungen, dadurch Begriffe erzeugt werden), nicht mit der analysis wie *Lambert*, sondern blos mit der obiectiven Gültigkeit derselben. Ich stehe in keiner Mitbewerbung mit diesen Männern.[156]

Diese Abgrenzung zu Tetens Versuch gilt ebenfalls für Locke und Aristoteles. Von hier aus lässt sich die These Sgarbis widerlegen, die auf dem Begriff des *habitus* und der natürlichen Logik beruht. Die allgemeine Logik wird ab den siebziger Jahren als rein und allgemein verstanden und von der Metaphysik derart getrennt, dass letztere als Untersuchung des Ursprungs der Begriffe konzipiert wird, ohne eine Physiologie vorauszusetzen. Jegliche empirische Untersuchung in der Psychologie wird dann der pragmatisch orientierten Anthropologie zugeschrieben. Eine spätere *Reflexion* aus den Jahren 1776–1778 deutet in dieser Hinsicht an, dass es sich bei dem Ursprung der Begriffe keineswegs um eine physiologische Betrachtung derselben handelt, sondern vielmehr um eine kritische, deren grundsätzliche Eigentümlichkeit darin besteht, das Reine von dem Empirischen zu unterscheiden: „Das studium des obiects ist dogmatisch oder sceptisch, also das des Subiects entweder physiologisch oder critisch. Critik sondert 1. das reine vom empirischen Erkentnis-Vermögen, 2. die Sinnlichkeit vom Verstande."[157]

Von dem kantischen Standpunkt von 1769–1770 und dessen Weiterentwicklung im Laufe der siebziger Jahre aus lässt sich also kein Grund dafür finden, der These Sgarbis über die dargelegte Entwicklung der Physiologie des Verstandes und deren Verbindung mit der aristotelischen Tradition des *habitus* beizustimmen. Bei näherer Betrachtung der Darstellung Sgarbis zeigt sich, dass eine Darlegung der hier angesprochenen Physiologie in der allgemeineren Bedeutung als objektbezogener Teil der Metaphysik, dem die Transzendentalphilosophie vorangeht, fehlt. Nun aber muss man darauf aufmerksam machen, dass die Physiologie trotz ihrer Objektbezogenheit nicht als eine bloß empirische Disziplin zu verstehen ist. Kants Auffassung der Physiologie scheint vielmehr auf die Notwendigkeit zu verweisen, die Physiologie rational zu begründen.

Aus den vorigen Ausführungen lassen sich mehrere Schlüsse über das kantische Denken ziehen. Erstens lässt sich einsehen, dass Kant 1769 eine Aufteilung der Philosophie in einen subjektiven und einen objektiven Teil einführt, deren erster Teil auf der subjektbezogenen, rationalen Erkenntnis gründet, nämlich auf der Metaphysik. Der zweite Teil beruht entsprechend auf den objektiven Gesetzen der Vernunft, die Kant als Gesetze der Moral und der Logik einerseits sowie der

---

[156] Refl. 4900, AA XVIII, S. 23. Siehe dazu auch die *Reflexion* 4901: „*Tetens* untersucht die Begriffe der reinen Vernunft blos subjektiv (Menschliche Natur), ich objektiv. Jene Analysis ist empirisch diese transscendental." Refl. 4901, AA XVIII, S. 23. Datierung um 1776–1778.
[157] Refl. 4851, AA XVIII, S. 8–9.

Physiologie andererseits versteht. Der Moral und Logik kommt ein analytischer Charakter zu, während die Physiologie als synthetisch charakterisiert wird.[158]

Zweitens führt Kants Versuch dazu, eine zweiteilige Darstellung der Metaphysik geltend zu machen, in der der Begriff des Gegenstandes überhaupt sowie auch die Physiologie als neue Elemente der metaphysischen Erkenntnis eingeführt werden. Die Einführung dieser beiden neuen Begriffe ist als Folge der neuen kantischen Definition der Metaphysik von 1769–1770 zu betrachten. Somit erhebt er den Anspruch, das ganze System der Metaphysik und dessen Architektonik umzuwandeln, indem diese Wissenschaften nicht nur hinsichtlich der Form, sondern auch des Inhalts neu definiert werden. In Anbetracht dieser Resultate lassen sich die unterschiedlichen Systementwürfe im Laufe der kantischen Denkentwicklung bis 1772 näher erörtern, was im Folgenden geschehen soll.[159]

2.3 Das System um 1762–1765

Es wurde herausgestellt, dass die entscheidende Wende in der kantischen Denkentwicklung im Hinblick auf die Metaphysik darin besteht, dass Kant im Gegensatz zu Wolff eine zweiteilige Struktur des Systems eingeführt hat. Dies führt zu einer Neustrukturierung der Disziplinen, die sich in unterschiedliche Phasen einteilen lässt. In der *Metaphysik Herder* (1762–1764) ist die Rede von einem neuen Plan der Metaphysik, der folgendermaßen dargestellt wird: „1) Metaphysische Anfangsgründe der Naturlehre 2) Metaphysische Anfangsgründe der Seelenlehre 3) Metaphysische Anfangsgründe aller Dinge überhaupt: da vom Ursprung der Dinge 4) Metaphysik überhaupt."[160] Dass Kant das metaphysische System mit erfahrungsbezogenen Disziplinen wie der Naturlehre und der Seelenlehre beginnt, entspricht seinem in den sechziger Jahren entworfenen Konzept der Metaphysik, welche mit der Erfahrung und keineswegs mit einer bloßen Definition der Dinge beginnen muss. In dieser Hinsicht geht man von der verworrenen Erfahrung aus, um zu unauflöslichen Begriffen zu gelangen. Deshalb steht die

---

158 Siehe Refl. 3952, AA XVII, S. 362–363. Datierung um 1769.
159 Was die unterschiedlichen metaphysischen Systementwürfe betrifft, findet man in der Forschungsliteratur unter anderem den bemerkenswerten Aufsatz von Eckart Förster: „Kants Metaphysikbegriff: vor-kritisch, kritisch, nach-kritisch", a.a.O. Zu erwähnen ist auch der Aufsatz Lehmanns, der die kantische Denkentwicklung bezüglich der Metaphysik im Hinblick auf die Vorlesungen analysiert. Siehe Gerhard Lehmann: „Kants Entwicklung im Spiegel der Vorlesungen". In: Heinz Heimsoeth, Dieter Henrich und Giorgio Tonelli (Hrsg.): *Studien zu Kants philosophischer Entwicklung*. Hildesheim 1967, S. 144–158.
160 Siehe V-Met/Herder, AA XXVIII, S. 157.

Ontologie – die hier als „Metaphysik überhaupt" bezeichnet wird – erst an letzter Stelle hinter den objektbezogenen Disziplinen. Dadurch, dass die ersten Begriffe zuerst aus einer undeutlichen Erfahrung zu gewinnen sind, kann eine allgemeine Lehre der Metaphysik nur als Folge eines Verdeutlichungsprozesses gelingen und deswegen steht diese allgemeine Lehre bzw. Metaphysik an einem anderen Platz als gewöhnlich.

Das Vorgehen bei der neuen Organisation des Systems scheint prinzipiell eine Ähnlichkeit mit dem Verfahren Wolffs in der *Deutschen Metaphysik* aufzuweisen. Den gängigen Interpretationsansätzen nach ist die Ontologie bei Wolff an den ersten Platz des Systems zu stellen. Indessen ist auch zu bemerken, dass Wolff – gemäß seinem Standpunkt in der *Deutschen Metaphysik* – den Bezug auf die Erfahrung als den Beginn des Systems annimmt.[161] Infolgedessen beginnt die *Deutsche Metaphysik* mit der empirischen Gewissheit des Bewusstseins unserer selbst und anderer Dinge, wodurch der *Boden* für die rationale Erkenntnis a priori (*Grund*) vorbereitet wird. Nur dadurch kann die Weisheitslehre der Ansicht Wolffs nach zu dem Ergebnis kommen, dass alles, was rational bzw. a priori begründet wird, sich durch Erfahrung bestätigen lässt.[162]

Die maßgebliche Bedeutung der Erfahrung, auf die Wolff im Zusammenhang mit dem Aufbau des Systems hinweist, spielt bei Kant hinsichtlich der Methode eine ganz andere Rolle. In diesem Sinne schreibt er in der Preisschrift *Über die Deutlichkeit* eindeutig:

> [S]uchet durch sicher innere Erfahrung, d.i. ein unmittelbares augenscheinliches Bewußtsein, diejenige Merkmale auf, die gewiß im Begriffe von irgend einer allgemeinen Beschaffenheit liegen, und ob ihr gleich das ganze Wesen der Sache nicht kennet, so könnt ihr euch doch derselben sicher bedienen, um vieles in dem Dinge daraus herzuleiten.[163]

Im Unterschied zu Wolff geht es Kant nicht darum, sich der Existenz des Ich und der Dinge zu vergewissern, sondern vielmehr kommt es ihm darauf an, durch die

---

[161] Das Problem des Anfangs des Systems wurde von Thierry Arnaud thematisiert. Arnaud vertritt die These, dass das System der Metaphysik bei Wolff sowohl in der empirischen Psychologie als auch in der Ontologie seinen Ausgang nimmt. Siehe Thierry Arnaud: „Où commence la ‚Métaphysique allemande' de Christian Wolff?". In: *Die Psychologie Christian Wolffs*, a.a.O., S. 61–73. Siehe auch ders.: „Psychologie empirique et métaphysique. Le critère du métaphysique chez Wolff. Pourquoi une Psychologie empirique au sein de la métaphysique?". In: *Archives de Philosophie* 65 (2002), S. 35–46.
[162] Derselbe Standpunkt liegt auch dem *Discursus praeliminaris* zu Grunde, in dem Wolff von der Bedeutsamkeit der historischen Erkenntnis für die rationale spricht. Wolff: *Discursus praeliminaris*, a.a.O., § 26.
[163] UD, AA II, S. 286.

unmittelbare „innere Erfahrung" sichere „Data" für die Analyse zu bekommen. In dieser Hinsicht folgt Kant der Auffassung Lamberts, der anlässlich der von der Berliner Akademie gestellten Frage ebenfalls eine Schrift verfasst hatte.[164] Die Begriffe der Ontologie, so wie sie gemäß dem Plan der *Metaphysik Herder* zum Ausdruck gebracht wurden, müssen demnach als Folge eines Erläuterungsprozesses verstanden werden. Diese Analyse, die durch Zergliederung der erfahrungsbezogenen Begriffe erfolgt, wird jedoch in der Phase zwischen 1762 und 1764 noch nicht explizit als subjektiv charakterisiert, wie ab 1766 und 1769–1770 betont werden wird.

Die Methode und die Anordnung des Systems wird von Kant auch in seiner *Vorlesungsankündigung* Mitte der sechziger Jahre wieder in den Vordergrund gestellt. Er geht hierin ebenfalls davon aus, dass die Ordnung des Systems mit der Erfahrung beginnen muss, um danach zu den Begriffen zu gelangen. Dementsprechend argumentiert er:

> Denn da der natürliche Fortschritt der menschlichen Erkenntniß dieser ist, daß sich zuerst der Verstand ausbildet, indem er durch Erfahrung zu anschauenden Urtheilen in Verhältniß mit ihren Gründen und Folge durch Vernunft und endlich in einem wohlgeordneten Ganzen vermittelst der Wissenschaft erkannt werden.[165]

Der natürliche Weg, von dem hier die Rede ist, erfordert dann, mit etwas Konkretem anzufangen; also mit der empirischen Psychologie, sofern sie eine Beschreibung des tatsächlich Erfahrbaren enthält. An dieser Stelle verweist Kant auf das Verfahren Baumgartens, das er jedoch durch eine sogenannte „kleine Biegung" zu ändern beabsichtigt.[166] Die neue Ordnung besteht folglich darin, die empirische Psychologie an den ersten Platz zu stellen, gefolgt von der (empirischen) Kosmologie, der Ontologie, der rationalen Psychologie und letztendlich von der rationalen Kosmologie und der Theologie.[167]

---

164 Johann Heinrich Lambert: *Über die Methode, die Metaphysik, Theologie und Moral richtiger zu beweisen*. In: Ders.: *Philosophische Schriften*. Bd. X, Teilband 2. Hrsg. von Armin Emmel und Axel Spree. Hildesheim/Zürich/New York 2008.
165 NEV, AA II, S. 305.
166 NEV, AA II, S. 308.
167 Zentral ist hierbei die Forderung, ausschließlich von einer konkreten Tatsache auszugehen. Deswegen behauptet Kant, die Methode könne erst nach der Darlegung der Metaphysik im System verortet werden. NEV, AA II, S. 309: „Auf solche Weise füge ich zu Ende der Metaphysik eine Betrachtung über die eigenthümliche Methode derselben bei, als ein Organon dieser Wissenschaft, welches im Anfange derselben nicht als seiner rechten Stelle sein würde, indem es unmöglich ist die Regeln deutlich zu machen, wenn noch keine Beispiele bei der Hand sind, an welchen man sie in concreto zeigen kann."

Die vorgeschlagene Richtung der Methode von 1762–1764 scheint bis ins Jahr 1765 hinein Spuren hinterlassen zu haben, als Kant Lambert über seine Absicht informiert, ein Buch mit dem Titel „eigenthümliche Methode der Metaphysik" zu veröffentlichen. Dabei ist es Kants Ansicht nach nötig, dem Mangel eines konkreten Verfahrens abzuhelfen. Die Konkretisierung der Methode kann nur durch die vorangehende Darstellung der Metaphysik vorgenommen werden, die aus den „metaphysischen Anfangsgründen der Natur" und den „metaphysischen Anfangsgründen der praktischen Weltweisheit" bestehen würde.[168]

Dies zeigt, dass Kant noch 1765 an einer Ordnung des Systems festhält, die eine auf sicherer Erfahrung gründende, analytische Metaphysik möglich machen würde. Von den Ausführungen des erwähnten Briefes ausgehend ließe sich im Prinzip die These aufstellen, dass mit der hier vorgenommenen Zweiteilung der Metaphysik in die „Anfangsgründe der natürlichen" und die der „praktischen Weltweisheit" bereits das künftige Programm der Metaphysik der Natur und der Metaphysik der Sitten angedeutet wird. Bei dieser Doppelmetaphysik wird die Moral im Gegensatz zu der Wolffschen Tradition nicht bloß mit der Metaphysik begründet, sondern vielmehr als eine metaphysische Disziplin verstanden und miteinbezogen. Dies besagt, dass die Metaphysik der Sitten als Teil der Metaphysik selbst verstanden wird.[169] Auf die Neuheit der kantischen Konzeption hat erstmals Giorgio Tonelli 1974 aufmerksam gemacht. Er stellt heraus, auf welche Weise die Moral die Gründe für die Metaphysik in praktischer Hinsicht liefert, und zwar derart, dass Letztere der Moral unterzuordnen ist.[170] Von diesen Ausführungen

---

168 „Daher um nicht etwa einer neuen philosophischen Proiektmacherey beschuldigt zu werden, ich einige kleinere Ausarbeitungen voranschicken muß, deren Stoff vor mir fertig liegt, worunter die metaphysische Anfangsgründe der natürlichen Weltweisheit, und die metaph: Anfangsgr: der praktischen Weltweisheit die ersten seyn werden." Br, AA X, S. 56.

169 In der herkömmlichen Metaphysik war die Moral aus dem System der Metaphysik ausgeschlossen und zugleich auf den Prinzipien derselben gegründet. Darauf wird z. B. in Wolffs *Discursus praeliminaris* hingewiesen: „Ex dictis consequitur, *Metaphysicam philosophiae practica omni esse praemittendam, si ea demonstrativa ratione pertractari debet. Nam si philosophia practica demonstrativa ratione pertractari debet, principia petenda sunt ex Metaphysica.*" Wolff: *Discursus praeliminaris*, a.a.O., § 93.

170 „[D]eviene [scil. die Ethik] parte della metafisica in quanto si trasforma appunto in *fondazione* di essa: é questo che rappresenta dunque la vera novità. [...] L'etica viene dunque, in certo qual modo, incorporate sistematicamente nella metafisica per fornire a quest'ultima un ,incondizionato' logicamente sostenible, che non può venire determinato altrimenti." Giorgio Tonelli: „L'etica kantiana parte della metafisica: una possibile ispirazione newtoniana? Con alcune osservazioni su ,I sogni di un visionario'". In: Claudio Cesa (Hrsg.): *Da Leibniz a Kant. Saggi sul pensiero del settecento*. Neapel 1987, S. 257–275. Englische Originalfassung: „Kant's ethics as a part of metaphysics: a possible Newtonian suggestion? With Some Comments on Kant's Dream of a Seer". In: Craig Walton und John Peter Anton (Hrsg.): *Philosophy and the*

Tonellis geht Reinhard Brandt in seinem Aufsatz „Kant als Metaphysiker" aus, um Kritik an der metaphysischen Kant-Interpretation Max Wundts zu äußern. Wie Tonelli stellt auch Brandt die These auf, dass den *Träumen* eine zentrale Stellung in der kantischen Denkentwicklung zukomme, wodurch andeutungsweise auf einen Parallelismus zwischen den Gesetzen der Natur und der Freiheit hingewiesen wäre. Daraus ließe sich folgern, dass die Metaphysik bereits 1766 in zwei Disziplinen geteilt wird, nämlich in die Metaphysik der Sitten und die Metaphysik der Natur. Brandt übernimmt hier die Argumentation Tonellis, verkennt aber die Pointe seiner Argumentation. Tonelli scheint der Auffassung zu sein, dass das Ziel der Einbeziehung der Moral in die Metaphysik darin bestehe, die Grundlage für das Unbedingte zu schaffen. Das besagt letztendlich, dass die Metaphysik der Sitten grundsätzlich auf die Erschaffung einer praktisch-dogmatischen Metaphysik des Übersinnlichen abzielt. Hingegen wird Brandts Ansicht nach nur die praktische, nicht-metaphysische Orientierung der Metaphysik der Sitten als Rechts- und Tugendlehre thematisiert.[171] Durch diese Einschränkung des Interpretationsversuchs Tonellis, wäre im Prinzip nicht möglich, die spätere praktisch-dogmatische Metaphysik in das System einzubeziehen. Eine weitere schwer nachzuvollziehende Behauptung von Brandt bezieht sich auf die Metaphysik der Natur. Er setzt die Metaphysik der Natur vollständig mit den 1786 publizierten *Metaphysischen Anfangsgründen der Naturwissenschaft* gleich. Dass dieses Werk in seinem ganzen Inhalt einer Metaphysik der Natur entspricht, wie Brandt es unterstellt, lässt sich jedoch anhand Kants Äußerungen in der „Vorrede" zu der B-Auflage der *Kritik der reinen Vernunft* von 1787 bezweifeln. Hierin merkt Kant nämlich an, dass die Metaphysik der Natur eine noch zu lösende Aufgabe sei.[172]

Civilizing Arts. Athen 1974, S. 236–263. Vgl. dazu auch Marco Sgarbi: „Kant's ethics as a part of metaphysics: the role of spontaneity". In: *Kant e-Prints* 2 (2008), S. 265–278.

171 In Anlehnung an diese Argumentation richtet sich die Auffassung einer Doppelmetaphysik gegen die metaphysische Interpretation Wundts. „Es ist nicht schwer zu sehen, dass Kant mit wesentlichen Teilen seiner kritischen Philosophie und auch seiner Metaphysik im Wundtschen Konzept keinen Platz hat. Die Kritik, die Aufklärung, der Kosmopolitismus und damit die an Rechtsprinzipien orientierte Geschichtsphilosophie, überhaupt das Recht (also die erste Hälfte der *Metaphysik der Sitten*) – alles das fehlt oder wird in der auf Theologie gestimmten Metaphysik von den Werten und Klängen der abendländischen Seinsphilosophie übertönt." Reinhard Brandt: „Kant als Metaphysiker". In: Volker Gerhardt (Hrsg.): *Der Begriff der Politik. Bedingungen und Gründe politischen Handelns.* Stuttgart/Weimar 1990, S. 58.

172 „Da ich während dieser Arbeiten schon ziemlich tief ins Alter fortgerückt bin [...], so muß ich, wenn ich meinen Plan, die Metaphysik der Natur sowohl als der Sitten, als Bestätigung der Richtigkeit der Kritik der spekulativen sowohl als praktischen Vernunft, zu liefern, ausführen will, mit der Zeit sparsam verfahren." KrV B XLIV.

Damit lässt sich zu der Einsicht kommen, dass die inhaltliche Bestimmung der Metaphysik der Natur und der Metaphysik der Sitten nicht einfach auf die früheren Phasen der kantischen Denkentwicklung übertragen werden kann, wie Brandt es tut. Denn bei näherem Hinsehen zeigt sich, dass die Annahme, die Doppelmetaphysik sei bereits in den sechziger Jahren eingeführt worden, nicht mit der kantischen Entwicklung in Einklang zu bringen ist. Ein wesentlicher Grund, aus dem sich die vermeintliche Existenz einer Doppelmetaphysik zu diesem Zeitpunkt als unmöglich erweist, besteht darin, dass um 1765–1766 zu den metaphysischen Anfangsgründen der natürlichen und praktischen Weltweisheit auch empirische Disziplinen gezählt werden. Dass dies in der betreffenden Phase des kantischen Denkens der Fall ist, wird dadurch gezeigt, dass Kants früherer Metaphysikbegriff ganz anders konzipiert wird als der aus der Phase κ. Wie bereits erklärt, beginnt die Metaphysik vor 1765 mit empirischen Disziplinen. Erst ab 1769–1770 revidiert Kant diese Konzeption und bestimmt infolgedessen auch den Inhalt der Metaphysik entsprechend anders. Die *Philosophische Enzyklopädie* macht diesbezüglich deutlich, inwiefern das neue kantische Verfahren sich sowohl von dem Wolffschen als auch von dem eigenen aus den sechziger Jahren unterscheidet. In dieser Hinsicht wird darauf hingewiesen, dass in der Transzendentalphilosophie zunächst von einer Kritik ausgegangen wird; auf diese folge eine Metaphysik und letztlich eine Anwendung der metaphysischen Prinzipien auf die Erfahrung. Wendet man dieses Schema auf die Metaphysik der Natur an, dann ergibt sich die folgenden Struktur: erstens eine Kritik der spekulativen Vernunft, zweitens eine Metaphysik der Natur und drittens die Physik. Im Fall der Moral lassen sich die folgenden Disziplinen formulieren: die Kritik der praktischen Vernunft, die Metaphysik der Sitten und die Anthropologie.[173]

Somit wird erkennbar, dass hier ein Programm zur Sprache gebracht wird, das sich offensichtlich ganz und gar von der traditionellen Metaphysik unterscheidet. Dieses aber konnte erst unter den neuen methodischen Bedingungen zustande kommen, die Kant im Laufe der Phase κ und der *Dissertation* einführt. Das bedeutet, dass die Grundzüge eines solchen Programms 1766 noch nicht formuliert

---

[173] „[D]ie Practische Philosophie wird auf gleiche Art eingetheilt. 1.) in Philosophiam Practicam transcendentalem welche nur überhaupt von dem Gebrauch der Freyheit handelt. 2.) in Philosophiam practicam rationalem oder Metaphysic der Sitten. Diese handelt vom guten Gebrauch der Freyheit. [...] 3.) In die practische Anthropologie." PhiEnz, AA XXIX, S. 12. Siehe dazu auch die *Metaphysik der Sitten*: „Auf die Kritik der praktischen Vernunft sollte das System, die Metaphysik der Sitten. [...] So wie es aber in einer Metaphysik der Natur auch Principien der Anwendung jener allgemeinen obersten Grundsätze von einer Natur überhaupt auf Gegenstände der Erfahrung geben muß, so wird es auch eine Metaphysik der Sitten daran nicht können mangeln lassen, und wir werden oft die besondere Natur des Menschen, die nur durch Erfahrung erkannt wird, zum Gegenstande nehmen müssen." MS, AA VI, S. 205 und 216–217.

waren, denn es fehlte noch sowohl der Begriff der Kritik als auch der der Metaphysik im Sinne einer reinen Disziplin. Der Gedanke, dass eine solche Vorgehensweise nötig sei, wird erst ab 1770 geäußert.[174] Die Position, die Kant in dem Brief an Lambert und in der *Vorlesungsankündigung* bezüglich der Methode vertritt, lässt annehmen, dass er mit den natürlichen und praktischen Anfangsgründen nur die empirischen Disziplinen im Blick hatte, welche der Ontologie, Kosmologie und Theologie vorangehen müssen, um die Gewissheit der Metaphysik gewährleisten zu können. Von daher lässt sich im Prinzip annehmen, dass die Originalität des kantischen Einwands gegen die traditionelle Auffassung hinsichtlich der Existenz einer Doppelmetaphysik um 1766 noch nicht erkennbar ist.[175] Daraus geht hervor, dass die Annahme eines entwicklungsgeschichtlichen Modells, das von einer frühen Konzeption einer Metaphysik der Natur und einer Metaphysik der Sitten ausgeht, keineswegs die komplizierte und vielfältige Entwicklung der kantischen Metaphysikauffassung erklären kann.

2.4 Das System um 1769. Metaphysik als subjektive, kritische Wissenschaft

Die in den sechziger Jahren eingeführte Ordnung des Systems veränderte sich in den siebziger Jahren radikal, was sich auf die schon erwähnte Begrenzung des Metaphysikbegriffs auf die reine, menschliche Vernunft zurückführen lässt. In dieser neuen Ordnung des Systems taucht erneut die transzendentale Unterscheidung zwischen Sinnlichkeit und Verstand als eines der leitenden Elemente

---

[174] 1770 unterscheidet Kant ausdrücklich zwischen der moralischen Weltweisheit und der Metaphysik der Sitten: „Ich habe mir vorgesetzt, [...] diesen Winter meine Untersuchungen über die reine moralische Weltweisheit, in der keine empirische principien anzutreffen sind u. gleichsam die Metaphysic der Sitten, in Ordnung zu bringen u. auszufertigen, Sie wird in vielen Stücken den wichtigsten Absichten bey der veränderten Form der Metaphysick den Weg bähnen, und scheinet mir überdem bey denen zur Zeit noch so schlecht entschiedenen principien der practischen Wissenschaften eben so nöthig zu seyn." Br, AA X, S. 97.

[175] Zum Ursprung einer Metaphysik der Sitten und deren Verhältnis zur Wolffschen Tradition siehe Clemens Schwaiger: „Die Anfänge des Projekts einer *Metaphysik der Sitten*. Zu den wolffianischen Wurzeln einer kantischen Schlüsselidee". In: Volker Gerhard, Rolf-Peter Horstmann und Ralph Schumacher (Hrsg.): *Kant und die Berliner Aufklärung*. Berlin/New York 2001, S. 52–58. Richtigerweise verweist Schwaiger auf die *Dissertation* von 1770 als die Stelle, an der das neue Verständnis einer Metaphysik der Sitten ausformuliert und somit der Bruch mit der Wolffschen Tradition vollzogen wird. Dazu auch Clemens Schwaiger: *Kategorische und andere Imperative. Zur Entwicklung von Kants praktischer Philosophie bis 1785*. Stuttgart-Bad Cannstatt 1999, insbesondere S. 75–95.

auf. Diese neue Definition der Metaphysik, deren grundlegendes Charakteristikum in der Begrenzung ihres Umfangs auf die menschliche Vernunft angesehen werden kann, hat mehrere Folgen für das Metaphysiksystem, sowohl formaler als auch inhaltlicher Natur.

Erstens ist, wie schon herausgestellt wurde, der Ursprung der Begriffe nicht mehr Aufgabe der Logik, sondern der Metaphysik selbst. Dies stellt eine wichtige Wende dar, die einerseits die Trennung der beiden Wissenschaften ermöglicht und andererseits die Grenzen der Metaphysik bestimmt: „Wir handeln in der Logic nicht vom Ursprung der Erkenntnis."[176] Zweitens wird der kritische Charakter der Logik auf die Metaphysik übertragen. Wie Eckart Förster richtig hervorhebt, war die Kritik der Vernunft in den sechziger Jahren eine Aufgabe der Logik. 1769–1770 ergibt sich jedoch, dass die Kritik zur Metaphysik selbst gehört und ihr eigentliches Wesensmerkmal darstellt.[177] Vergleicht man diesen neuen Standpunkt mit dem aus dem Brief an Lambert von 1765, dann fällt ein deutlicher Unterschied zwischen den beiden auf: Dem neuen Standpunkt von 1769–1770 nach soll die Methode der Metaphysik vorangehen und nicht umgekehrt. Laut dem Interpretationsansatz Tonellis besagt dies, dass die Metaphysik in eine Art Methodologie integriert wurde.[178] Hingegen hieße es dem Modell Försters zufolge, dass Kant eine Unterscheidung zwischen Transzendentalphilosophie und Metaphysik trifft. Abgesehen von diesen zwei entwicklungsgeschichtlichen Modellen kann man zu diesem Zeitpunkt der kantischen Denkentwicklung feststellen, dass durch die angeführte Abgrenzung der metaphysischen von der bloß sinnlichen Erkenntnis die Grundlage für die Einführung einer zweiteiligen Einordnung der metaphysischen Disziplinen geschaffen wurde. Das dritte wesentliche Merkmal dieser neuen Systemordnung zeigt sich in der notwendigen Unterscheidung zwischen empirischer und rationaler Erkenntnis, die auch für den weiteren Aufbau des Systems entscheidend sein wird. Man könnte hierbei wohl an Wolff denken, der diese Unterscheidung der Erkenntnis in seinem *Discursus praeliminaris* vornimmt. Trotzdem liegt dem Grund der kantischen Unterscheidung eine andere Absicht als der Wolffschen zugrunde. Bei Wolff ist – solange der Unterschied zwischen den Vorstellungen logisch überwunden werden kann – die empirische Erkenntnis bloß eine verworrene Vorstellung der rationalen Erkenntnis. Kant macht darauf aufmerksam, dass diese Unterscheidung zwischen den Erkenntnisarten dem Inhalt nach zu bestimmen ist. Daraus ergibt sich auch eine vierte wichtige Folge, nämlich

---

[176] V-Lo/Philippi, AA XXIV, S. 339.
[177] „Die Kritik tritt also nicht mehr am Ende der gesamten Wissenschaften auf, sondern geht dieser voran. Sie muß nämlich erst einmal den Ursprung, die Grenze und das Ausmaß unserer Erkenntnis a priori erforschen." Förster: „Kants Metaphysikbegriff", a.a.O., S. 127.
[178] Siehe Tonelli: *Kant's Critique of Pure Reason within the Tradition of Modern Logic*, a.a.O.

die Aufteilung der Erkenntnisse in zwei Sphären: Die erste hat die sinnlichen Vorstellungen, die zweite die reinen Vorstellungen zum Gegenstand. Dem Ursprung der Vorstellungen nach kommt also eine Unterscheidung zwischen zwei möglichen Erkenntnisarten zustande:

> Alle Menschliche Erkenntnisse lassen sich in zwei Hauptgattungen eintheilen: 1. die, so aus den Sinnen entspringen und empirisch genant werden; 2. die gar nicht durch die Sinne erworben werden, sondern ihren Grund in der bestandigen natur der Denkenden Kraft der Seele haben, und können reine Vorstellungen genant werden.[179]

Aus der Unterscheidung zwischen Gesetzen der Sinnlichkeit und der auf dem Verstand basierenden Klassifizierung der menschlichen Erkenntnis folgt dann eine weitere methodische Einteilung, nämlich die in empirische und reine Philosophie.[180] Die reine Philosophie unterteilt sich wiederum in ein subjektives und ein objektives Gebiet: Die Regeln der letzteren beruhen entweder auf dem Prinzip des Widerspruchs und der Identität und verfahren damit analytisch oder ihr Verfahren richtet sich auf Erfahrungssätze und ihre Methode ist folglich synthetisch.[181]

Diesen methodologischen Folgen nach muss die Metaphysik als eine Wissenschaft konzipiert werden, die sich grundsätzlich mit den reinen Begriffen des Verstandes befasst, welche von den Begriffen der bloßen Sinnlichkeit abzugrenzen sind. Die *Reflexion* 3930 bringt dieses Charakteristikum der Metaphysik folgendermaßen zum Ausdruck:

---

179 Refl. 3957, AA XVII, S. 364. Datierung um 1769. In ähnlicher Weise äußert sich Kant in der *Reflexion* 3955: „Alle Erkenntnisse sind entweder empirisch, so fern sie Empfindungen voraussetzen, oder reine Erkenntnisse, so fern sie keine Empfindung zum Grunde haben." Ebd. Datierung um 1769.
180 Hierin zeigt sich wiederum eine Kritik an dem philosophischen System Wolffs, der die Möglichkeit, dass der Verstand *rein* sein könnte, ausdrücklich ausschließt (Siehe Wolff: *Deutsche Metaphysik*, a.a.O., § 285). Kant hingegen verteidigt die Möglichkeit eines solchen reinen Verstandes und stellt dafür die transzendentale Unterscheidung zwischen Sinnlichkeit und Verstand in den Vordergrund seiner Überlegungen.
181 Dazu *Reflexion* 3952: „Die Metaphysik ist eine Wissenschaft von den Gesetzen der reinen menschlichen Vernunft und also subjektiv. Die obiective reine philosophie hat entweder analytische principia ohne alle Erfahrungsaxiomen oder synthetische. Die erstere beruhet auf allgemeinen Urtheilen nach der Regel der identitaet und auf der unterordnung des besonderen unter das allgemeine. Also die allgemein gültige Regeln des Verstandes und Willens, Logica et Moralis pura. Die zweyte hat zum obiect das allgemeinste des äusseren und inneren Sinnes und enthält also die reine Vernunftgründe, zu denen alle Naturwissenschaften des äußeren und inneren Sinnes konnen gebracht werden." Refl. 3952, AA XVII, S. 362. Datierung um 1769.

2.4 Das System um 1769. Metaphysik als subjektive, kritische Wissenschaft — 69

> Einige Begriffe sind von den Empfindung abstrahirt, andere blos von dem Gesetze des Verstandes, die abstrahirte Begriffe zu vergleichen, zu verbinden oder zu trennen. Der letzteren Ursprung ist im Verstande, der ersteren in den Sinnen. Alle Begriffe von solcher Art heißen reine Verstandesbegriffe, conceptus intellectus puri [...] Die Philosophie über die Begriffe des intellectus puri ist die Metaphysik.[182]

Dabei stellt sich heraus, dass der Hauptunterschied der kantischen Metaphysikauffassung um 1769 im Vergleich zu der aus der Mitte der sechziger Jahre darin besteht, dass der Umfang der neueren Metaphysik auf die reinen Begriffe begrenzt wurde.

Ein weiteres wesentliches Merkmal des Systemaufbaus zu diesem Zeitpunkt ist die von Kant vorgenommene Gleichsetzung von Metaphysik (im Sinne einer subjektiven Wissenschaft) und Ontologie. Die schon zitierten *Reflexionen* 3930 und 3931 zeigen dies deutlich. Demgemäß verfährt Kant in der *Reflexion* 3930, wenn er die zur Metaphysik gehörenden Begriffe aufzählt und deren Beziehung zu den anderen Disziplinen der Philosophie erklärt.

> Die Begriffe des Daseyns (realität), der Möglichkeit, der Nothwendigkeit, des Grundes, der Einheit und Vielheit, des Ganzen und der Theile (Alles, Keines), des Zusammengesetzten und Einfachen, des Raumes, der Zeit, der Veränderung (der Bewegung), der Substanz und accidentz, der Kraft und der Handlung und alles, was zur Eigentlichen ontologie gehöret, ist im Verhaltnis auf die übrige metaphysic wie die (allgemeine) Arithmetic in der mathesi pura.[183]

Dabei ergibt sich eine Besonderheit, die von Belang für die Bestimmung des Systementwurfs von 1769 ist: Insofern der Metaphysik bzw. der Ontologie nämlich ein subjektiver Charakter zukommt, kann sie an kein Objekt gebunden sein, denn die Metaphysik beschreibt die Gesetze der Vernunft und nicht die Objekte selbst. Daraus geht eine erste, reine, subjektive Disziplin (Metaphysik bzw. Ontologie) hervor, deren Gebiet, sobald es lediglich subjektiv gültig ist, auf eine formale Ebene der Erkenntnis begrenzt wird. Erst danach ist eine zweite Disziplin der Metaphysik, nämlich die Physiologie, auf die Objekte zu beziehen. Diese verlässt die formale Ebene der Erkenntnis und ihre Begriffe beruhen auf Erfahrungen, seien es solche des äußeren, seien es jene des inneren Sinns. Folglich ist die Physiologie um 1769 der kantischen Ansicht nach nicht mehr als Resultat eines Erläuterungsprozesses zu betrachten, wie noch Mitte der sechziger Jahre postuliert wurde.

---

[182] Refl. 3930, AA XVII, S. 352. Datierung um 1769.
[183] Ebd. In der *Reflexion* 3931 schreibt Kant: „Die Eigentliche metaphysic oder die reine Philosophie besteht aus der ontologie." Refl. 3931, AA XVII, S. 353. Datierung um 1769.

2.5 Das System um 1770 – 1772. Von der subjektiven Metaphysik zur Transzendentalphilosophie

Im vorangehenden Abschnitt wurden die ersten Entwürfe des Systems der Metaphysik um 1769 skizziert. Anhand der *Reflexionen* der Phase λ (Herbst 1769 – 1770) wird im Folgenden die These vertreten, dass sich die Idee der Metaphysik als nicht gegenstandbezogene, subjektive und kritische Disziplin bis zu dem Punkt entwickelt hat, an dem sie mit der neuen Transzendentalphilosophie gleichgesetzt wird.[184] Anders ausgedrückt kann die subjektive Bestimmung der Metaphysik um 1769 als Vorlage für die neue Transzendentalphilosophie angesehen werden, die Kant um 1772 weiter ausführt.

> Die *philosophia pura* ist entweder *theoretica* oder *practica*. Die *theoretica* hat entweder gar kein obiect der Sinne zum Gegenstande: *transscendentalis*, oder sie hat das allgemeine aller obiecten der Sinne zum Gegenstande: *metaphysica propria*. Die letztere besteht aus der *physiologia, mechanica, pneumatologia, theologia naturalis*.[185]

Folgt man Adickes' Datierung dieser *Reflexion*, dann lässt sich daraus folgern, dass Kant hier erstmals den Begriff transzendental in Bezug auf seine Philosophie verwendet.[186] Zwar findet sich der Ausdruck Transzendentalphilosophie bereits im Jahr 1755 (*Monadologia physica*), wovon Norbert Hinske aufschlussreiche Konsequenzen für das Verständnis der späteren Transzendentalphilosophie ableitet. Jedoch erweist sich diese frühe Textstelle für den hier behandelten Themenbereich als irrelevant, insofern es hier darum gehen soll, den Übergang von der subjektiven Metaphysik (Phase κ) zur Transzendentalphilosophie (Phase λ) zu erörtern.

Dabei stellt sich zunächst heraus, dass Kant in der *Reflexion* 4150 wiederum die These aufgreift, wonach die Metaphysik nicht als objektbezogene Wissenschaft zu verstehen ist. Nun aber wird diese subjektive Metaphysik als erster Teil der

---

184 Diese Kontinuität im Rahmen der Metaphysikdefinition und deren Präzisierung im Zeitraum zwischen 1770 und 1772 würde dafür sprechen, dass die Datierung der *Reflexionen* aus der Phase κ richtig ist. Adickes Datierung dieser Phase wurde z. B. von Hinske stark kritisiert. Im Gegensatz dazu hat Josef Schmucker den Versuch unternommen, die Datierung Adickes zu verteidigen. Hierfür hat Schmucker auf die Kontinuität der Themen verwiesen, die zwischen den *Reflexionen* der Phase κ und der *Dissertation* von 1770 herrscht. Dazu siehe Josef Schmucker: „Zur entwicklungsgeschichtlichen Bedeutung der Inaguraldissertation von 1770". In: Gerhard Funke (Hrsg.): *Akten des 4. Internationalen Kant-Kongresses*. Berlin/New York 1974, S. 263–282.
185 Refl. 4150, AA XVII, S. 435. Datierung um 1770, 1769, 1771–1775.
186 Die *Reflexion* 3951 aus der Phase κ bringt das Wort „transsendentalis" bereits mit der Physiologie in Verbindung.

reinen Philosophie anders genannt: *transcendentalis*. Daraus lässt sich schließen, dass die Transzendentalphilosophie Kants Ansicht von 1770 zufolge eine Wissenschaft sein sollte, die es mit keinen Objekten zu tun hat, wie es Kant bereits 1769 vorgesehen hatte. Nimmt man diese Ausführungen als gültig an, dann zeigt sich die Kontinuität und Weiterentwicklung derselben Hauptidee bezüglich des Ursprungs der Transzendentalphilosophie. Zudem wird in dieser *Reflexion* auf eine präzisere Begrifflichkeit in Bezug auf die Komposition des Systems verwiesen: Es ist hier nämlich die Rede von Transzendentalphilosophie (*philosophia transcendentalis*) einerseits und von eigentlicher Metaphysik (*metaphysica propria*) andererseits. Terminologisch gesehen zeichnet sich diese Phase durch die klare Unterscheidung zwischen transzendental und metaphysisch aus. Die *Reflexion* 4163 nimmt ebenfalls diese Unterscheidung zwischen transzendental und metaphysisch vor; dieses Mal jedoch mit einer anderen, aber gleichbedeutenden Begrifflichkeit:

> Alle Wissenschaften der (reinen) Vernunft sind entweder, die durch die reine Vernunft die Regeln der allgemeinen Erkenntnis überhaupt betrachten, oder die besonderen Regeln der reinen Vernunft selber. Logica. Phaenomologia generalis, Noologia generalis haben blos die Regeln allgemeiner Erkenntnisse, die durch keine Erfahrung gegeben ist, zum Zweck. Die Angewandte noologie auf das, was durch Erfahrung gegeben ist, obgleich nicht durch Gründe der Erfahrung, ist theoretisch: Metaphysic, oder practisch: Moral.[187]

Wie man sehen kann, ist hier die Rede von „Noologie" bzw. „Phaenomenologia generalis" anstatt Transzendentalphilosophie. Hierbei wird immerhin eine reine Disziplin, die sich auf kein Objekt bezieht, und die Anwendung derselben auf Gegenstände erwogen. Von daher bleibt in dieser *Reflexion*, trotz der terminologischen Differenz, der Anspruch unberührt, die Unterscheidung zwischen Transzendentalphilosophie und Metaphysik (nun als Physiologie verstanden) zur Geltung zu bringen. Dass transzendental und ontologisch der kantischen Ansicht nach gleichbedeutend anzusehen sind, lässt sich auch in der Phase λ belegen. Diesbezüglich gibt die *Reflexion* 4236a genügend Auskunft über dieses begriffliche Verhältnis:

> Alle Beweise vor die Unsterblichkeit der Seele sind entweder metaphysisch oder physiologisch (oder moralisch). Die ersten entweder rein metaphysische [oder], d.i. transcendental (ontologisch) oder cosmologisch. Bey der letzen wird ein Daseyn angenommen.[188]

---

[187] Refl. 4163, AA XVII, S. 440. Datierung um 1770.
[188] Refl. 4236a, AA XVII, S. 471. Datierung um 1769–1770.

Bemerkenswert an dieser Definition der Philosophie ist, dass die Physiologie spezifischer als früher definiert wird. Sie wird nun als eine Wissenschaft von Objekten verstanden, die durch die Sinne gegeben werden müssen; jedoch macht Kant darauf aufmerksam, dass die Physiologie nicht bloß als eine empirische Disziplin anzusehen ist, denn sie hat „das allgemeine aller obiecte der Sinne zum Gegenstande." Die Physiologie bezieht infolgedessen die Prinzipien der Erkenntnis aus der reinen Vernunft ein und lässt sich keineswegs aus der bloßen empirischen Erfahrung bestimmen.[189] Die Physiologie ist also auch eine rationale Disziplin und insofern von der empirischen Physik und der empirischen Psychologie zu trennen.

Ein weiteres Mal findet der Begriff Transzendentalphilosophie um 1772 in einem Brief an Marcus Herz Erwähnung, wo Kant die Frage nach der Objektivität der Begriffe aufwirft. Am Anfang des Briefs präsentiert er einen programmatischen Entwurf; das neue Werk, das Kant Herz ankündigt, sollte aus zwei Teilen bestehen: einem theoretischen und einem praktischen. Der theoretische Teil enthält 1) eine Phänomenologie überhaupt und 2) die Metaphysik. Der praktische Teil hingegen bezieht sich auf 1) die allgemeinen Prinzipien des Gefühls, des Geschmacks und der sinnlichen Begierde und auf 2) die ersten Gründe der Sittlichkeit.[190] Der hier von Kant vorgelegte Plan folgt im Hinblick auf die Komposition der Disziplinen der Metaphysik gewissermaßen den Entwürfen eines Systems, die bereits durch die *Reflexionen* der Phasen κ und λ dargelegt wurden, wobei die Terminologie eine neue ist. Zum einen ist die Erwägung einer Phänomenologie überhaupt (anstatt Metaphysik oder Transzendentalphilosophie), durch welche die Grenzen der Erkenntnis bestimmt werden, von besonderem Belang. Dies steht aber in Einklang mit den Ausführungen von 1769, in denen die kritische Absicht der Metaphysik hervorgehoben wurde. Der Ausdruck Phänomenologie überhaupt tauchte bereits 1770 im Brief an Lambert auf und hatte keine andere Funktion als eine Propädeutik zur eigentlichen Metaphysik zu liefern.[191] Diese Wissenschaft, deren Absicht im

---

[189] „[D]ie theoretische philosophie ist entweder rationalis oder empirica. Die letztere ist psychologia und physica. Die rationalis [ist] hat entweder auch gar kein obiect aus der Erfahrung und heißt transcendentalis; oder zwar aus der Erfahrung, aber principia aus Vernunft, und heißt metaphysica (psychologia rationalis und physica rationalis)." Refl. 4364, AA XVII, S. 520. Datierung um 1771, 1770, 1772, 1773 – 1775.
[190] Br, AA X, S. 129.
[191] Br, AA X, S. 98. Die von Kant verwendete Bedeutung der Phänomenologie im Hinblick auf die Metaphysik steht gewiss in Anlehnung an Lamberts *Neues Organon*, wo sich dieser auch auf die negative Absicht der Phänomenologie bezieht, nämlich als Lehre von der Unterscheidung zwischen *Schein* und *Wirklichkeit*. J. Heinrich Lambert: *Neues Organon oder Gedanken über die Erforschung und Bezeichnung des Wahren und dessen Unterscheidung vom Irrtum und Schein*. In: Ders.: *Philosophische Schriften*. Bd. I. Hrsg. von Hans-Werner Arndt. Hildesheim (1764) 1965.

negativen Sinne konzipiert wurde, sollte eine sorgfältige Unterscheidung zwischen der Sinnlichkeit und dem Intellektuellen vornehmen. Damit würde der wissenschaftliche Weg zu einer neuen Transzendentalphilosophie geebnet, in welcher das Intellektuelle begrenzt und dadurch richtig bestimmt werden kann. Von hier aus lässt sich noch deutlicher erkennen, wie die Begriffe der Propädeutik (Kritik) und der Transzendentalphilosophie miteinander verbunden sind; dasselbe gilt für die Beziehung zwischen Transzendentalphilosophie und eigentlicher Metaphysik. Die zunächst als negativ konzipierte Phänomenologie überhaupt führt also zur Transzendentalphilosophie. Indem die Phänomenologie überhaupt das Sinnliche aus dem Intellektuellen ausgliedert, ergibt sich die Möglichkeit, eine Transzendentalphilosophie zu definieren, da sie nur mit dem Intellektuellen zu tun hat (anders gesagt: sie ist auf kein gegebenes Objekt bezogen!). In dieser Hinsicht schreibt Kant 1772 an Herz:

> Indem ich auf solche Weise die Quellen der Intellektualen Erkenntnis suchte, ohne die man die Natur u. Grenzen der metaphysic nicht bestimmen kann, brachte ich diese Wissenschaft in wesentlich unterschiedene Abtheilungen und suchte die transscendentalphilosophie, nemlich alle Begriffe der gänzlich reinen Vernunft, in eine gewisse Zahl von categorien zu bringen.[192]

Bemerkenswert sind dabei zunächst zwei Hinweise Kants: Erstens stellt sich heraus, wie die Frage nach den Grenzen und der Natur der Metaphysik und die nach der intellektuellen Erkenntnis miteinander im Zusammenhang stehen. Zweitens ergibt sich, dass die Transzendentalphilosophie um 1769–1772 mit den Begriffen der reinen Vernunft identifiziert wird. Hinsichtlich dieses letzten Punkts stellt sich die Frage, welche Begriffe Kant an dieser Stelle meint. Um eine Antwort darauf zu geben, kann auf die Definitionen der Metaphysik der Phase κ zurückgegriffen werden. So werden z. B. in der *Reflexion* 3930 von den reinen Begriffen die folgenden erwähnt: Dasein, Möglichkeit, Notwendigkeit, Grund, Einheit, Vielheit, Ganzes, Teile, Zusammengesetzes, Einfaches, Raum, Zeit, Veränderungen, Substanz, Kraft, Handlung.[193] Damit wird darauf hingewiesen, dass die Begriffe, mit denen sich die Transzendentalphilosophie befasst, prinzipiell aus der traditionellen Ontologie stammen. Sie werden aber dem kantischen Verständnis

---

[192] Br, AA X, S. 131–132.
[193] Dieser Auflistung fügt Kant den Zusatz „alles, was zur Eigentlichen ontologie gehöret" hinzu. Die nahezu chaotische Aufzählung der reinen Begriffe, die Kant in dieser *Reflexion* anstellt, spricht deutlich dafür, dass er um 1769 noch über kein Prinzip verfügte, um eine „metaphysische Deduktion" vorzunehmen. Bezeichnend dafür ist, dass sowohl Raum und Zeit – die „reinen Anschauungen" – als auch Kraft und Handlung – eigentlich „Prädikabilien" – zu den reinen Begriffen gezählt werden.

nach nicht als Begriffe der Dinge (Baumgarten) definiert, da transzendental in der neuen Bedeutung heißt, sich auf kein Objekt als ein Gegebenes zu beziehen. Transzendental versteht sich nun im Kontext der reinen Erkenntnis. Auf diese Weise erklärt sich, was die schon zitierte *Reflexion 3959* aus dem Jahr 1769 zum Ausdruck bringt: „Die metaphysic enthält nichts als die ontologie [...] (denn es ist keine materie, folglich ein Etwas überhaupt, das obiect.)"[194] Also bezieht sich der Begriff auf einen Gegenstand überhaupt; d. h. ein Etwas, das kein gegebenes Objekt voraussetzt und eben deshalb als rein, also intellektuell begriffen werden muss. Sind die hier vorgelegten Ausführungen der kantischen Denkentwicklung im Hinblick auf die Datierungen der *Reflexionen* korrekt, dann erweist es sich als vergeblich, Kants Begriff der Transzendentalphilosophie auf den Einfluss Tetens zurückzuführen, wie Hinske und Krouglov annehmen.[195] Kants Begrifflichkeit wurzelt eher in früher behandelten Problemen, die auf den Einfluss Humes, Lockes und Lamberts zurückzuführen sind.

In den vorigen Ausführungen wurde eine Transzendentalphilosophie dargestellt, die sich durch ihre enge Verbindung mit der subjektiven Auffassung der Metaphysik von 1769 kennzeichnet und ausschließlich auf den Bereich der intellektuellen Erkenntnis begrenzt ist. Darüber hinaus wurde erläutert, in welchem kritischen Verhältnis die neue Transzendentalphilosophie zu der traditionellen Ontologie steht. Diese lässt sich grundsätzlich *ex negativo* ausdrücken: Die Transzendentalphilosophie bezieht sich im Unterschied zu der herkömmlichen Ontologie auf kein gegebenes Objekt. Positiv ausgedrückt, dem neuen Standpunkt nach ist die Transzendentalphilosophie eine subjektive Disziplin von Gegenständen überhaupt. Damit erweist sich eine entwicklungsgeschichtliche Erklärung der vorgenommenen Identifizierung von Transzendentalphilosophie und Ontologie als möglich. Das Verständnis dieser Identifizierung bedarf einer Untersuchung der kantischen Auffassung des Systems und der Architektonik. Diese zeigte, inwiefern Kants Idee einer neuen Architektonik im Zusammenhang mit der Neudefinition der Metaphysik und der Ontologie, deren grundsätzliche Charak-

---

[194] Refl. 3930, a.a.O., S. 367.
[195] Tetens ist üblicherweise als eine direkte Quelle der kantischen Definition des Transzendentalen angesehen worden. Das Werk *Über die allgemeine speculativische Philosophie* ist aber erst 1775 erschienen und von daher von keiner nennenswerten Relevanz für die kantische Entwicklung des Begriffs. Siehe Johann Nicolas Tetens: *Über die allgemeine speculativische Philosophie*. Berlin (1775) 1913. Dies nimmt Hinske irrtümlicherweise an, indem er die Auffassung vertritt, dass die Problematik des Gegenstandes überhaupt erst durch Tetens Einfluss von 1775 veranlasst wurde. Siehe Norbert Hinske: *Kants Weg zur Transzendentalphilosophie. Der dreißigjährige Kant*. Stuttgart/Berlin/Köln/Mainz 1970, S. 36 und Alexei N. Krouglov: „Der Begriff *transzendental* bei J. N. Tetens. Historischer Kontext und Hintergründe". In: *Aufklärung 16* (2004), S. 35–75.

teristika größtenteils bereits 1769 entworfen wurden, betrachtet werden muss. Ausgehend von diesem Ergebnis lässt sich die Relevanz der kantischen Auseinandersetzung mit der Metaphysik- und Ontologiekonzeption Baumgartens um 1769 erkennen, durch die wichtige Züge der neuen Transzendentalphilosophie bereits vorweggenommen wurden. Durch die neue Begrifflichkeit entsteht die Möglichkeit, eine Trennung zwischen Transzendentalphilosophie und eigentlicher Metaphysik vorzunehmen und auf diese Weise eine zweiteilige Struktur der metaphysischen Disziplinen zu entwerfen. Die Einführung und Erweiterung der Physiologie als ein Teil der Metaphysik stellt in diesem Sinne eine entscheidende Wende in der Gestaltung des Systems der Metaphysik dar, durch welche sich Kant definitiv von der traditionellen Auffassung der Ontologie distanziert. Dadurch erklärt sich auch, warum Kants Darstellung des Systems der Metaphysik im Architektonik-Kapitel der *Kritik der reinen Vernunft* trotz einiger begrifflicher Ähnlichkeiten keineswegs dem System Wolffs und Baumgartens folgt.

2. Teil: **Zur Entwicklung der subjektorientierten Metaphysik und der Frage nach der Objektivität**

3 Der Weg zur subjektiven Wende der Metaphysik. Kants Denkentwicklung zwischen 1766 und 1769

3.1 Vorbemerkungen

Im ersten Teil wurde durch die Darstellung der kantischen Idee der Architektonik und des Systems darauf hingewiesen, dass Kants Metaphysikkonzeption Ende der sechziger und im Laufe der siebziger Jahre eine radikale Transformation erfährt, deren Folgen sich sowohl im Begriff der Metaphysik, in der Organisation ihrer Disziplinen als auch insbesondere in der Ontologie niederschlagen. Ende der sechziger und Anfang der siebziger Jahre beginnt Kant, zwei neue Begriffe zu verwenden, nämlich das *Subjektive* (genauer gesagt, die Metaphysik als subjektive Wissenschaft) und das *Etwas überhaupt*, das später unter dem Namen Gegenstand überhaupt von maßgeblicher Bedeutung für die Transzendentalphilosophie sein wird. Was für Gründe haben Kant dazu bewegt, diese neuen Begriffe zu verwenden?

Eine ausführliche Beantwortung dieser Frage erfordert eine genauere Betrachtung derjenigen Aspekte der kantischen Denkentwicklung am Ende der sechziger und zu Beginn der siebziger Jahre. Diese lassen sich in folgender Weise formulieren: 1) Die neue Definition der Metaphysik. 2) Der transzendentale Unterschied zwischen Sinnlichkeit und Verstand. 3) Der Unterschied zwischen subjektiven und objektiven Prinzipien der Erkenntnis.

In diesem zweiten Teil soll in ausführlicher Weise der Frage nachgegangen werden, wie sich die subjektive Wende der Metaphysik im Laufe der siebziger Jahre entwickelte. Durch diese Darstellung werden die unterschiedlichen Fragestellungen hinsichtlich der Ontologie in dieser Phase der kantischen Denkentwicklung an Bedeutung gewinnen. Dementsprechend wird auch die enge Verbindung zwischen der subjektiven Wende in der Metaphysik und dem Begriff des Gegenstandes überhaupt näher untersucht. Diese neue Begrifflichkeit hat letztendlich zur Folge, dass Kant in den frühen siebziger Jahren eine neue Auffassung der Transzendentalphilosophie formulierte.[196] Somit wird ein anderer, bisher noch weitestgehend vernachlässigter Ansatz für die entwicklungsgeschichtliche Un-

---

[196] Eine frühere Definition der Transzendentalphilosophie Kants findet sich bereits in den fünfziger Jahren, in der Schrift *Monadologia physica*. Sie wird aber nicht in Anbetracht von Gegenständen überhaupt definiert. Siehe MonPh, AA I, S. 475. Eine ausführliche Interpretation dieser Stelle wurde von Norbert Hinske geliefert, der der Auffassung ist, der dreißigjährige Kant identifiziere Transzendentalphilosophie und Metaphysik miteinander. Vgl. Hinske: *Kants Weg zur Transzendentalphilosophie*, a.a.O., S. 42 ff.

tersuchung der kantischen Transzendentalphilosophie vorgeschlagen, nämlich die Erforschung der Gleichsetzung von Transzendentalphilosophie und Ontologie. Die hier vertretene These lautet in diesem Sinne, dass die Besonderheit der kantischen Transzendentalphilosophie, wie sie im Laufe der siebziger Jahren in Erscheinung tritt, dadurch erklärt werden kann, dass sich 1769 eine radikale Änderung in der Metaphysikkonzeption Kants vollzieht.

Nimmt man diesen auf der subjektiven Auffassung der Metaphysik begründeten Ausgangspunkt als gültig an, dann ergeben sich eine Reihe von Fragen nach dem Ursprung und Umfang der kantischen Transzendentalphilosophie. Entscheidend für das neue Verständnis der Transzendentalphilosophie sind, wie sich zeigen wird, die folgenden Aspekte: Erstens wird die Metaphysik der alten Systeme, die sich auf Objekte (*metaphysica specialis*) bezogen haben, von Kant in Frage gestellt. Zweitens führt die sogenannte Phase des Empirismus zu einem neuen subjektiven Ansatz bezüglich der Metaphysik. Drittens führt Kant durch den Empirismus und den Humeschen Einfluss die Anwendung einer skeptischen Methode in die Metaphysik ein, welche entscheidend für die Entwicklung der Transzendentalphilosophie ist.[197] Viertens lässt sich daraus schließen, dass Kant sich deshalb mit der Ontologie Baumgartens auseinandersetzen und sie einer grundlegenden Korrektur unterziehen musste. Diese Aspekte stellen den Hintergrund dar, vor dem Kant den Entwurf seiner Transzendentalphilosophie zeichnet.

Die unterschiedlichen Verwendungen des Begriffs transzendental samt dem Verweis Kants in § 12 der B-Auflage der *Kritik der reinen Vernunft* auf die „Transzendentalphilosophie der Alten" haben berechtigterweise Anlass für mehrere Interpretationsversuche gegeben. Dabei genügt es, die Interpretationen Henrich Knittermeyers, Norbert Hinskes, Lothar Kreimendahls, Giorgio Tonellis, Hans Leisegangs und Ludger Honnefelders zu erwähnen, um die Relevanz dieser Frage zu verdeutlichen.

Giorgio Tonelli fokussiert seine Betrachtung über die Entstehung der Transzendentalphilosophie auf die aristotelische Tradition, wobei er die Konzeption der kantischen Philosophie nicht völlig auf diese reduziert.[198] Die neue Terminologie

---

[197] Dies wird von Lothar Kreimendahl anders interpretiert. Er geht davon aus, dass Kant durch die Wende zum Empirismus um 1768–1769 zu der Einsicht kommt, dass der Empirismus unumgänglich zum Skeptizismus führe.

[198] Siehe Giorgio Tonelli: „Das Wiederaufleben der deutsch-aristotelischen Terminologie in der Entstehung der ‚Kritik der reinen Vernunft'". In: *Archiv für Begriffsgeschichte* 9. 1962, S. 233–242. Einige neue Interpretationen haben die Anregungen Tonellis, Kant im Lichte der aristotelischen Tradition zu interpretieren, übernommen, vornehmlich in Italien. Siehe Sgarbi: *La Kritik der reinen Vernunft nel contesto della tradizione logica aristotélica*, a.a.O., und Francesco Valerio Tomasi: *Philosophia transcendentalis. La questione antepredicativa e l'analogia tra la Scolastica e Kant*. Florenz 2008.

Kants, die sich 1769–1772 rasch ausbildet, muss Tonelli zufolge auf den Einfluss der Tradition des deutschen Aristotelismus zurückgeführt werden, deren Relevanz für die philosophische Richtung in Königsberg maßgeblich war. „Nach 1770 taucht bei Kant eine ganze Reihe aristotelischer Termini wieder auf, die im 17. Jahrhundert in Deutschland sehr verbreitet gewesen waren, wie Kategorie, Analytik und Dialektik."[199] Kant habe der Ansicht Tonellis nach diese alte Terminologie, die zu der Zeit wegen des Einflusses der Wolffianer nicht mehr gebraucht wurde, wieder aufgegriffen, um sich von der rationalistischen Tradition des Wolffianismus abzugrenzen. Damit ist jedoch nicht gemeint, dass Kants Philosophie auf der vollständigen Übernahme der aristotelischen Begriffe beruht. Um diesen Eindruck zu vermeiden, macht Tonelli auf die Unterschiede zwischen den Kategorienauffassungen der beiden Traditionen aufmerksam. Dabei wird hervorgehoben, dass die Kategorien im Fall von Kant als *communia* anstatt *genera summa* verstanden werden.[200] Tonellis Anliegen richtet sich demnach eher darauf, den Rückgriff Kants auf alte Begrifflichkeiten zu zeigen, die eben nicht aus der Wolffschen Tradition entstammen.

In *Kants Weg zur Transzendentalphilosophie. Der dreißigjährige Kant* weist Hinske im Gegensatz zu Tonelli darauf hin, dass der Ursprung der Transzendentalphilosophie im kantischen Sinne eng mit der Tradition des Wolffianismus verbunden ist. Dieser Interpretationsrichtung nach entwickelte sich Kants Weg zur Transzendentalphilosophie in Verbindung mit aus der transzendentalen Kosmologie entstammenden Problemen. Dafür stellt Hinske heraus, Wolff habe die ursprüngliche Bedeutung des Transzendentalen – was traditionell im Rahmen der Ontologie behandelt wurde – auf die Kosmologie übertragen und damit eine neue, umfassendere Bedeutung des Wortes im Vergleich zu der neoaristotelischen Tradition des 17. Jahrhunderts geprägt.[201]

Nach Hinske lässt sich der von Tonelli postulierte einseitige aristotelische Einfluss auf Kant also nicht genügend belegen. In einem weiteren Aufsatz analysiert er die drei Ursprünge des Begriffs transzendental, aus denen Kant den

---

199 Tonelli: „Das Wiederaufleben", a.a.O., S. 236.
200 „Die Kategorien Kants (die übrigens keine *genera summa* sind) gehen nun sicherlich nicht auf die aristotelischen Kategorien zurück, sondern auf die *Grundbegriffe* oder *unauflösliche Begriffe*, die bei Crusius, Tönnies, Tetens, Lambert und anderen vorkommen. [...] Man kann also vermuten, daß Kant im Sinn gehabt hat, die große Bedeutung, die dieser Terminus bei den Aristotelikern hatte, in seiner Philosophie wieder auf leben zu lassen – zumal seine Kategorien [...] keine *genera summa* sind, sondern, der aristotelischen Terminologie nach, eher *communia* bzw. *transcendentalia*." Tonelli: „Das Wiederaufleben", a.a.O., S. 236 und 239.
201 Vgl. Hinske: *Kants Weg zur Transzendentalphilosophie*, a.a.O., S. 46–55.

Terminus übernommen habe.[202] Nach seiner Ansicht gerät die Transzendentalienlehre der deutschen aristotelischen Tradition durch die Wolffsche Philosophie in Vergessenheit. Die Aristoteliker verstehen transzendental im Sinne von allgemeinsten Prädikaten des Seins, d.i. als transkategoriale Instanzen (*antepredicamenta*), die den Kategorien vorangehen. Diese Bedeutung des Transzendentalen, die hauptsächlich im Rahmen der Ontologie behandelt wurde, wurde von Wolff in einer anderen Weise verstanden. Die Pointe der Wolffschen Umdeutung besteht Hinske zufolge darin, dass der Begriff transzendental auf die Kosmologie übertragen wird.[203] Von daher erhält transzendental eine umfassendere Bedeutung, die sich eher in einem erkenntnistheoretischen Sinne verstehen lässt. Damit beschränkt sich die Bedeutung der Transzendentalienlehre nicht mehr auf die transkategorialen Instanzen wie *unum, verum, bonum*; transzendental erhält in diesem Sinne eher die Bedeutung der allgemeinen und notwendigen Erkenntnisbedingungen. Daraus resultiert die neue Bedeutung der Transzendentalien, welche um 1755 und wieder um 1787 in der B-Auflage der *Kritik der reinen Vernunft* laut Hinske einen entscheidenden Einfluss auf Kant hatte.

Aber die Kosmologie Wolffs sei nicht die einzige Quelle, aus welcher sich Kants Transzendentalphilosophie speiste: Die Auseinandersetzung mit der Transzendentalienlehre Baumgartens ist Hinske zufolge als weitere Quelle des kantischen Begriffs anzusehen. Der Autor erkennt den Einfluss der *Metaphysica* Baumgartens auf Kant zwar an, misst ihr aber keine entscheidende Bedeutung bei. Damit distanziert er sich von der Interpretation Hans Leisegangs, der ausgehend von einer Analyse des § 12 der *Kritik der reinen Vernunft* den Versuch unternommen hat, eine Verbindung zwischen Kants Auseinandersetzung mit der „Transzendentalphilosophie der Alten" und der Herleitung der Kategorien herzustellen.[204]

---

202 Norbert Hinske: „Die historischen Vorlagen der kantischen Transzendentalphilosophie". In: *Archiv für Begriffsgeschichte* 12 (1968), S. 86–113.
203 „[W]ährend etwa bei FRANZ ALBERT AEPINUS im großen und ganzen der alte Sinn des Transzendentalen weiterwirkt, gewinnt der Terminus in der ‚cosmologia generalis vel transcendentalis' CHRISTIAN WOLFFS (1679–1754), einer neuen, erst von diesem selber konzipierten Wissenschaft, eine tiefgreifend veränderte Bedeutung. Er erscheint jetzt erstmals als Titelbegriff einer *metaphysica specialis*." Hinske: „Die historischen Vorlagen", a.a.O., S. 98. Eine kritische Stellungnahme zu Hinskes Interpretation des Transzendentalen findet sich bei Ignacio Angelelli: „On the origins of Kant's ‚Transcendental'". In: *Kant-Studien* 63 (1972), S. 117–122. Siehe dazu auch die Antwort Hinskes zu dieser Kritik: Norbert Hinske: „Kants Begriff des Transzendentalen und die Problematik seiner Begriffsgeschichte". In: *Kant-Studien* 64 (1973), S. 56–62.
204 „Aus den transzendentalen Prädikaten des Seins: unum, verum, bonum mussten sich die Kategorien ableiten lassen, wenn überhaupt ein durchgängiger Zusammenhang in der ganzen Vernunfterkenntnis und den Verstandesregeln, so wie sie die Ontologie lehrte, bestehen konnte." Hans Leisegang: „Über die Behandlung des scholastischen Satzes: ‚Quolibet ens est unum,

Leisegang geht in dieser Hinsicht davon aus, dass die Herausbildung der Kategorien grundsätzlich darauf beruht, die von Kant abgelehnte Lehre von *unum, verum, bonum* für sein kritisches Unternehmen nützlich zu machen. Dies leistet Kant durch eine Kritik der oberen Erkenntnisvermögen, nämlich des Verstandes, der Urteilskraft und der Vernunft, welchen letztendlich die allgemeinen, ontologischen Prädikate Einheit, Wahrheit und Vollkommenheit entsprechen. Belege dafür findet Leisegang in den von Benno Erdmann veröffentlichten *Reflexionen* 585, 903 und 905.[205]

Eine ähnlich historisch orientierte Interpretation wurde von Ludger Honnefelder vorgebracht. Allerdings wird hier die Quelle Kants Transzendentalphilosophie, die Hinske, Tonelli und Leisegang hauptsächlich im deutschen Aristotelismus des 17. Jahrhundert und in der Philosophie Wolffs und Baumgartens sehen, in der metaphysischen Tradition der mittelalterlichen Philosophie verortet, nämlich bei Duns Scotus.[206] Damit wird Kants Verständnis der Transzendentalphilosophie mit einer Tradition der Metaphysik verglichen, die er wohl nicht direkt kannte, die ihm aber – laut Honnefelders These – durch Wolff und Baumgarten vermittelt wurde. Entscheidend ist dabei, dass Scotus im Gegensatz zur thomistischen Tradition der Metaphysik Ontologie und Theologie unterscheidet.[207]

---

verum, bonum seu perfectum' und seine Bedeutung in Kants Kritik der reinen Vernunft". In: *Kant-Studien* 20 (1915), S. 415.
205 Vgl. Leisegang: „Über die Behandlung des scholastischen Satzes", a.a.O., S. 414 ff. Im Gegensatz dazu behauptet Hinske, dass Kants Verweis auf die „Transzendentalphilosophie der Alten" in § 12 deshalb angebracht wurde, weil er sich bloß nachträglich dazu äußern wollte und nicht weil die Transzendentalienlehre ein wesentlicher Bestandteil seiner Denkentwicklung gewesen wäre. Siehe Hinske: *Kants Weg zur Transzendentalphilosophie*, a.a.O., S. 63.
206 „Ohne Zweifel knüpft Kant an verschiedene ihm übermittelte Bedeutungsweise des ‚Transzendentalen' an, doch hat diese Mehrheit [...] einen gemeinsamen Bezugspunkt in Gestalt des scotistischen Konzepts der Transzendentalphilosophie." Ludger Honnefelder: „Die ‚Transzendentalphilosophie der Alten': Zur mittelalterlichen Vorgeschichte von Kants Begriff der Transzendentalphilosophie". In: Hoke Robinson (Hrsg.): *Proceedings of the 8th International Kant Congress*. Memphis 1995, S. 393–407. Dazu siehe auch Aertsen, Jan A.: „Metaphysics as a Transcendental Science". In: Pasquale Porro (Hrsg.): *Quaestio 5*. Turnhout 2005, S. 377–389.
207 Diese Diskussion um das Objekt der Metaphysik entwickelte sich im Mittelalter unter der folgenden Fragestellung: Inwiefern kann Gott das Objekt (Subjekt) der Metaphysik sein? In seinem Kommentar zu der Metaphysik Aristoteles' weist Duns Scotus auf zwei Auffassungen hin, die die Frage nach dem Objekt der Metaphysik zu beantworten versuchen: Nach der einen ist Gott und das Abtrennbare bzw. das Intelligible das eigentliche Objekt der Metaphysik (Averroes). Nach der anderen ist das Seiende als solches das Objekt der Metaphysik (Avicenna). Die eine Tendenz kann als theologisch, die andere als ontologisch bezeichnet werden. Siehe dazu Zimmermann: *Ontologie oder Metaphysik*, a.a.O., S. 118–117. Zur weiteren Diskussion um die Trennung von Ontologie und Metaphysik siehe Rompe: *Die Trennung von Ontologie und Metaphysik*, a.a.O.

Demnach folgt Scotus der diesbezüglichen Auffassung Avicennas und entwirft eine Metaphysik, die von der Annahme ausgeht, dass eine grundlegende Wissenschaft notwendig sei – nämlich die des Seienden als solchen –, um die Erkennbarkeit Gottes zu ermöglichen.[208] Demzufolge behandelt die Erste Philosophie das Seiende als solches und die theologisierende Bedeutung wird auf eine zweite Ebene verschoben.[209] Die Priorität des Seienden als solchen vor dem ersten Seienden zeigt demnach, dass eine ontologische Begründung aller anderen Disziplinen architektonisch vorgehen muss. Diese Begründung beruht auf der Allgemeinheit bestimmter Begriffe, d. h. auf denjenigen Prädikaten, die allen Substanzen gemein sind. Damit gewinnt die Ontologie die Bedeutung einer Disziplin, die sich mit dem „Ersterkannten" und nicht mit dem ursprünglich „Ersten" befasst. Der Autor sieht also in der Philosophie Scotus', der als erster den Begriff transzendental verwendete, eine Art apriorische Untersuchung, die in vielerlei Hinsicht die spätere Transzendentalphilosophie vorwegnimmt. „Das [...] bedeutet,

---

[208] In diesem Sinne weist Jean-François Courtine darauf hin, dass Duns Scotus im Unterschied zu Thomas von Aquin davon ausgeht, dass das Seiende als solches nicht hinsichtlich einer ersten Ursache des Seienden erkennbar sei, d. h. in Bezug auf das Göttliche, sondern dass dieses Letzte durch die allgemeine Wissenschaft des Seienden als solches erst begründet werden kann. „[...] s'il doit y avoir une science de Dieu, il faut que d'une certaine façon elle soit déjà science de ce que est antérieur à Dieu, science de ce qui permet d'accéder à l'idée et à la connaissance de Dieu. S'il y a une science de Dieu, elle devra d'une certaine façon pouvoir faire fond sur un concept commun univoque à Dieu et au créé. [...] Si Suárez, comme Fonseca, doit souligner a définition *compréhensive* de l'objet de la métaphysique, au point de risquer de n'assigner à Dieu, ou plus exactement à la théologie (naturelle) qu'une pertinence et une fonction subordonnées, c'est peut-être parce que la précompréhension ou la prédétermination univoque de la *ratio entis* impose de manière quasi irrésistible le démembrement ou le démantèlement d'édifice traditionnel de la métaphysique comme proto-théo-ontologie." Siehe Jean-François Courtine: *Suárez et le système de la métaphysique*. Paris 1990, S. 144 und 207. Étienne Gilson spricht in diesem Sinne von einer Ontologie *desexistentialisé:* „Chez Aristote, la ‚philosophie première' portait directement sur les substances concrètes, pour chercher, dans leur structure métaphysique, ce qui faisait des êtres proprement dits. C'est d'ailleurs pourquoi elle incluait de plein droit la théologie naturelle, science de ces êtres par excellence que sont les substances séparées, ou moteurs immobiles, et tout particulièrement du premier de tous, la pensée pure qui se pense éternellement elle-même. On comprend par là qu'Aristote, ni saint Thomas après lui, n'aient jamais isolé, au sein de la philosophie première, une science de l'être abstrait comme tel". Gilson: *L'être et l'essence*, a.a.O., S. 168.

[209] Dieselbe Tendenz findet sich der Ansicht Honnefelder nach bei Francisco Suárez. „Nach dem ‚Seienden als solchen' fragen heißt daher auch für Suárez, nicht primär nach einem ersten, ausgezeichneten Seienden zu fragen, sondern nach einer Bestimmung, die allem Seienden, Gott und dem immateriellen Seienden, der Substanz und den realen Akzidenzien gemeinsam ist." Ludger Honnefelder: *Scientia transcendens: die formale Bestimmung der Seiendheit und Realität in der Metaphysik des Mittelalters und der Neuzeit*. Hamburg 1990, S. 209.

daß eine Theorie des Transzendenten nur möglich ist als Theorie des Transzendentalen, daß aber erst in der Theorie des Transzendenten die Theorie des Transzendentalen ihren systematischen Abschluß findet."[210]

In ähnlicher Weise wie Hinske – selbst wenn er von ganz anderen Quellen ausgeht – sieht Lothar Kreimendahl die Entstehung der kantischen Transzendentalphilosophie eng mit Fragen kosmologischer Natur verbunden. Kreimendahl stellt, wie Hinske, die Antinomieproblematik in den Vordergrund; jedoch verweist er auf Humes *Traktat der menschlichen Natur* als das bewegende Motiv für Kants Neubegründung der Transzendentalphilosophie und nimmt somit eine ganz andere Quelle des kantischen Problems der Antinomien an.

Im Unterschied zu den genannten Autoren wird hier der Versuch unternommen, den Ursprung der Transzendentalphilosophie aus anderer Perspektive zu betrachten. Die hier vertretene These geht von der Annahme aus, dass Kants um 1769 gewonnenes Verständnis der Metaphysik als subjektive Wissenschaft die Grundlage bzw. die Vorform für die spätere Transzendentalphilosophie bildet, denn in diesem Zeitraum werden die Begriffe transzendental, ontologisch und Gegenstand überhaupt erstmals miteinander in Verbindung gesetzt. Dabei wird Kant die Bedeutung der skeptischen Methode, die er um 1766 auf die Metaphysik anwendet, besonders hervorheben. Dieser Aspekt wurde von den oben erwähnten Interpreten nämlich nicht in Betracht gezogen, da sich diese eher auf den Aristotelismus und Wolffianismus als historische Hintergründe der kantischen Transzendentalphilosophie konzentrieren.

Die besondere Relevanz des hier vorgeschlagenen Interpretationsansatzes zur kantischen Denkentwicklung zeigt sich in zweierlei Hinsicht: Einerseits ergibt sich dadurch die Möglichkeit, die Bedeutung der Ontologie für die kritische Transzendentalphilosophie besser zu belegen; andererseits ließe sich dadurch auch feststellen, dass die Entstehung der Transzendentalphilosophie weniger auf Fragen kosmologischer Natur, sondern vielmehr auf die Auseinandersetzung Kants mit der Ontologie bzw. den Prinzipien der Erkenntnis zurückgeführt werden sollte. Zudem stellt sich auch die Frage, was für eine Beziehung Kant zu jener Zeit zwischen Transzendentalphilosophie und Metaphysik annahm und wie sich diese

---

210 Honnefelder: „Die ‚Transzendentalphilosophie der Alten'", a.a.O., S. 397. Bemerkenswerter als diese historischen Ausführungen sind allerdings die Bemerkungen Honnefelders über die Bedeutung des transzendentalen Gegenstandes bei Kant und dessen Bedeutung als eine transkategoriale Instanz, die die objektive Bestimmtheit der Kategorien erst möglich macht. Siehe ders.: „Der zweite Anfang der Metaphysik. Voraussetzungen, Ansätze und Folgen der Wiederbegründung der Metaphysik im 13./14. Jahrhundert". In: Jan P. Beckmann, Ludger Honnefelder, Gangolf Schrimpf und Georg Wieland (Hrsg.): *Philosophie im Mittelalter. Entwicklungslinien und Paradigmen.* Hamburg 1996, S. 165–186.

dann in den späteren Schriften weiter entwickelte. In der metaphysischen Tradition wurden Metaphysik und Ontologie entweder miteinander gleichgesetzt oder unterschieden: Ist Ersteres der Fall, dann umfasst die Transzendentalphilosophie auch die *metaphysica specialis*, also die Metaphysik von Gegenständen, während sich aus der zweiten Möglichkeit eine andere Art von Transzendentalphilosophie ergeben würde, die der Ontologie grundsätzlich viel näher steht.[211]

3.2 Die Metaphysik als Wissenschaft der menschlichen Vernunft. *Träume eines Geistersehers*

Wie schon gezeigt wurde, bestand die Neuheit der kantischen Bestimmung der Metaphysik in der Phase κ darin, dass die Metaphysik nicht mehr als Wissenschaft der menschlichen Erkenntnis, sondern als eine der menschlichen Vernunft angesehen wurde. Erste Andeutungen der subjektiv orientierten Bestimmung der Metaphysik finden sich größtenteils in der kleinen Schrift von 1766, *Träume eines Geistersehers, erläutert durch die Träume der Metaphysik*. Kant beginnt die Abhandlung mit den folgenden Worten: „Das Schattenreich ist das Paradies der Phantasten. Hier finden sie ein unbegrenztes Land, wo sie sich nach Belieben anbauen können."[212] Die von Kant ausgewählte Metapher eines Schattenreichs verdeutlicht seine Einstellung zu der alten Metaphysik. Unter diesen Umständen handelt es sich dann um die Suche nach einer richtigen Methode, wodurch der Metaphysik erst eine begrenzte, wohl aber wahrhaftige Erkenntnis zugesichert wird.

Kant wendet in dieser Schrift dasselbe analytische Verfahren an, wie in der Preisschrift von 1762–1764 und der Schrift über die *Negativen Größen*. Die Umsetzung dieser Methode wird aber in den *Träumen* insbesondere auf den Geistesbegriff angewandt. Dadurch wird gezeigt, dass ein solcher Begriff nicht gültig ist, wozu Kant schreibt:

> Wenn der Begriff eines Geistes von unsern eignen Erfahrungsbegriffen abgesondert wäre, so würde das Verfahren ihn deutlich zu machen leicht sein, indem man nur diejenigen Merkmale anzuzeigen hätte, welche uns die Sinne an dieser Art Wesen offenbaren, und wodurch wir sie von materiellen Dingen unterscheiden.[213]

---

211 Siehe dazu Hinske: *Kants Weg zur Transzendentalphilosophie*, a.a.O.; Rompe: *Die Trennung von Ontologie und Metaphysik*, a.a.O. Vollrath: „Die Gliederung der Metaphysik in eine metaphysica generalis und eine metaphysica specialis", a.a.O.
212 TG, AA II, S. 317. Zu den *Träumen* siehe Alison Laywine: *Kant's Early Metaphysics und the Origins of the Critical Philosophy*. Atascadero 1993.
213 TG, AA II, S. 320.

Um den Begriff „deutlich zu machen", sei diesem laut Kant also einerseits die Erfahrung zugrunde zu legen und er müsse andererseits einen Prozess der Zergliederung durchlaufen. Das besagt, dass für einen Begriff wie Geist kein Kriterium gefunden werden kann, mittels dessen deutlich zwischen seinen Eigenschaften und den materiellen Dingen zu unterscheiden wäre. Kant gelangt dadurch zu dem Ergebnis, dass ein Geistesbegriff letzten Endes dadurch zustande komme, dass „dunkele Schlüsse bei Gelegenheit der Erfahrung" gemacht würden.[214] Von hier aus schließt er Folgendes: „Man kann demnach die Möglichkeit immaterieller Wesen annehmen ohne Besorgniß widerlegt zu werden, wiewohl auch ohne Hoffnung, diese Möglichkeit durch Vernunftgründe beweisen zu können."[215] Damit scheint der entscheidende Punkt der Diskussion angesprochen zu sein, denn an dieser Stelle wird ein Gegensatz zum Ausdruck gebracht, der diese Periode der kantischen Denkentwicklung in hohem Maße bestimmt, nämlich der Gegensatz zwischen Erfahrungsbegriffen und Vernunftgründen. Durch Vernunftschlüsse bzw. Vernunftgründe ist Kants Ansicht nach keine rationale Erkenntnis zu erreichen.

Sei die Realität der Begriffe nicht aus Vernunftschlüssen nachzuweisen, dann ergibt sich, dass die Vorstellungsarten, nämlich die empirischen und intellektuellen, nicht aufeinander zurückzuführen sind. Diese Behauptung führt notwendigerweise dazu, die Vorstellungen in zwei unterschiedliche Arten zu klassifizieren, deren wichtigste Eigenschaft darin besteht, dass sie *ungleichartig* sind.[216] Diese auf der Ungleichartigkeit gründende Klassifizierung ist durchaus neu in der damaligen Philosophie. Man kann also davon ausgehen, dass die sogenannte Ungleichartigkeit der Vorstellungen einen wichtigen Schritt Kants hin zur kommenden Unterscheidung zwischen Sinnlichkeit und Verstand darstellt.[217] Daraufhin wird eine neue Klassifizierung der Vorstellungen eingeführt, infolge derer sie in materielle und immaterielle eingeteilt werden.[218] Dasselbe lässt sich gewissermaßen von der Unterscheidung zwischen aposteriorischen und apriori-

---

214 Damit verweist Kant implizit auf das synthetische Verfahren, das er bereits 1762–1764 in der Preisschrift *Über die Deutlichkeit* kritisiert hatte, weil man bei diesem durch willkürliche Schlüsse zu Begriffen gelange, deren objektive Realität nicht nachgewiesen werden könne.
215 TG, AA II, S. 323. Siehe dazu auch TG, AA II, S. 338. „[...] wie denn sogar die Vorstellung seiner selbst [...] als eines Geistes wohl durch Schlüsse erworben wird, bei keinem Menschen aber ein anschauender und Erfahrungsbegriff ist."
216 „Diese Ungleichartigkeit der geistigen Vorstellungen und derer, die zum leiblichen Leben des Menschen gehören, darf indessen nicht als eine so große Hinderniß angesehen werden." TG, AA II, S. 338.
217 Noch deutlicher wird die Bedeutung dieses Schritts, wenn man berücksichtigt, dass 1770–1772 Transzendentalphilosophie mit dem Bereich des Intellektuellen identifiziert wurde.
218 Vgl. Rumore: *L'ordine delle idee*, a.a.O., S. 187–233.

schen Vorgehensweisen annehmen, die Kant in einer Passage der *Träume* erwähnt.[219] An dieser Stelle behauptet Kant, dass der Anfang der Metaphysik auf zweierlei Weisen zu bestimmen sei. Die eine, die als apriorische bezeichnet wird, beginnt mit dem „obersten Punkte der Metaphysik". Nimmt man einen solchen Punkt an, dann muss laut Kant jedoch auch danach gefragt werden, *wo* dieser genau zu verorten sei und *wohin* man von diesem aus gelangen sollte. Dies bleibt durch diesen Weg unbestimmt, woraus sich dementsprechend eine methodische Schwäche ergibt. Die andere, d. h. das aposteriorische Verfahren, kann hingegen die Frage nach dem Grund bzw. nach dem *Warum* nicht beantworten, sodass sich auch hier methodische Schwächen zeigen. Demnach ist die Kluft zwischen Erfahrung und Vernunft, auf die Kant in den *Träumen* hinweist, wesentlich präsenter und entscheidender als in anderen Schriften der sechziger Jahren, da es hier unmöglich erscheint, zwischen den beiden methodischen Wegen zu vermitteln. Dementsprechend erweist sich die Methode als ausweglos und es ist leicht zu sehen, dass die Metaphysik, sofern sie weder a priori noch a posteriori verfahren kann, einer Kritik bedarf, die ihre Grenze bestimmt.

Die Möglichkeit, die Grenzen der Erkenntnis zu bestimmen, entspringt aus der reflexiven Natur der Vernunft selbst. Infolgedessen kann Kant behaupten, dass es ein Vorteil der metaphysischen Wissenschaft sei, „einzusehen, ob die Aufgabe aus demjenigen, was man wissen kann, auch bestimmt sei und welches Verhältnis die Frage zu den Erfahrungsbegriffen habe, darauf sich alle unsre Urteile jederzeit stützen müssen." Dem fügt er hinzu: „In so fern ist die Metaphysik eine Wissenschaft von den Grenzen der menschlichen Vernunft."[220] Diese letzte Aussage bringt eine bedeutsame Wende in der kantischen Definition der Metaphysik zum Ausdruck, aus welcher – wie schon gezeigt wurde – im Jahr 1769 ein neues Verfahren und eine neue Ordnung der Disziplinen der Metaphysik resultieren wird.

1762–1764 gibt Kant in der Preisschrift *Über die Deutlichkeit* die folgende Definition: „Die Metaphysik ist nichts anders als eine Philosophie über die ersten Gründe unseres Erkenntnisses."[221] Was ist der Unterschied zwischen dieser Definition und derjenigen der *Träume*? Die Interpretationen gehen diesbezüglich auseinander. Joseph Schmucker erläutert etwa, dass Kants Position zwischen 1762 und 1766 im Allgemeinen keine bedeutenden Änderungen erfahren hat, denn was in den *Träumen* letztendlich dargelegt wurde, sei nichts anderes als eine Anwendung der methodischen Bestimmungen, die bereits in der Preisschrift von

---

[219] TG, AA II, S. 358.
[220] TG, AA II, S. 367–368.
[221] UD, AA II, S. 283. Es ist nicht zu übersehen, dass diese Metaphysikdefinition der von Baumgarten in der *Metaphysica* (§ 1) gegebenen sehr ähnlich ist.

1762–1764 gemacht wurden.[222] Trotzdem betont der Autor, es ließe sich eine neue Perspektive in der Schrift von 1766 im Vergleich zu 1762 finden, die sich Kants Standpunkt von 1781 entscheidend annähert, nämlich „die radikale Abwertung aller den Bereich der Erfahrung überschreitenden spekulativen Erkenntnis."[223] An dieser Stelle hebt er hervor, dass eine „reflexive Wendung" in Kants Denken vollzogen wird, deren eigentliche Besonderheit in der Bestimmung der Metaphysik als Wissenschaft der Grenzen der menschlichen Vernunft besteht. Anhand dieser Behauptung vertritt Schmucker zudem die These, dass die in den *Träumen* geübte Kritik keineswegs als bloß auf die Pneumatologie bezogen angesehen werden darf, denn Kant verfolgte in dieser Schrift die allgemeinere Absicht, die spekulative Metaphysik einer umfassenden Kritik zu unterziehen.

Eine andere Perspektive nimmt Lothar Kreimendahl ein, der der Auffassung ist, dass Kant in den *Träumen* einen ganz anderen Standpunkt vertritt als in der Preisschrift von 1762–1764. Kants neue Position sei von einer skeptischen Haltung gegenüber der eigenen, älteren Methode geprägt. Kreimendahl zufolge werden in den *Träumen* daher nicht nur die Ansprüche der dogmatischen Metaphysik kritisiert, sondern „Kant [decouvriert] sein eigenes metaphysisches Programm der analytischen Dekomposition der Begriffe, dessen Unzulänglichkeit ihm [...] schon länger klar war."[224] Der Ansicht Kreimendahls nach werden hierzu zwei Argumente angeführt, welche die Skepsis hinsichtlich der Methode zeigen. Das erste bezieht sich wesentlich auf die Schwächen des menschlichen Verstandes in Anbetracht der unendlichen Auflösung der Begriffe. Daraus wäre letztendlich zu schließen, dass sich in metaphysischen Fragen keine endgültige Erkenntnis erreichen lässt. Das andere besteht in der Unmöglichkeit, mittels Vernunft rationale Erkenntnis über die Realität zu gewinnen, sofern die Verhältnisse – wie z. B. die von Ursache und Wirkung – nur durch Erfahrung erkannt werden können.[225] Das besagt, wie Kreimendahl richtigerweise anmerkt, dass sich das Verhältnis von Ursache und Wirkung keineswegs den rationalen Prinzipien der Erkenntnis, wie

---

222 Siehe Josef Schmucker: „Kants kritischer Standpunkt zur Zeit der Träume eines Geistersehers im Verhältnis zu dem der Kritik der reinen Vernunft". In: Ingeborg Heidemann und Wolfgang Ritzel (Hrsg.): *Beiträge zur Kritik der reinen Vernunft*. Berlin/New York 1981, S. 1–36.
223 Vgl. Schmucker: „Kants kritischer Standpunkt", a.a.O., S. 4.
224 Lothar Kreimendahl: *Kant. Der Durchbruch von 1769*. Köln 1990, S. 125.
225 An dieser Stelle stellt Kreimendahl einen humeschen Einfluss auf Kant fest, da die Lektüre der *Untersuchung über den menschlichen Verstand* dazu geführt habe, dass Kant Humes Position zum Kausalitätsproblem übernahm. Siehe dazu auch Giorgio Tonelli, der anhand einer historischen Analyse des Problems der Kausalität zu der Konklusion kommt, dass das Kausalitätsproblem schon lange vor Hume in der deutschen, metaphysischen Tradition vorlag. Giorgio Tonelli: „Die Anfänge von Kants Kritik der Kausalbeziehungen und ihre Voraussetzungen im 18. Jahrhundert". In: *Kant-Studien* 57 (1966), S. 417–456.

beispielsweise die der Identität und des Widerspruchs, unterordnen bzw. aus ihnen deduzieren lässt.[226] Somit kommen beide oben genannten Interpreten zu dem Ergebnis, dass Kants Kritik an den rationalistischen Systemen um 1766 eine Radikalisierung erfährt und er mit der Neudefinition der Metaphysik einen neuen methodologischen Ansatz in seine Philosophie einführt.

Wie schon herausgestellt wurde, bestimmt Kant die Metaphysik in den *Träumen* als eine Wissenschaft der Grenzen der menschlichen Vernunft. Zwar machen sowohl Schmucker als auch Kreimendahl darauf aufmerksam, dass diese Definition von besonderem Belang für die künftige Transzendentalphilosophie ist, die Folgen einer solchen bleiben jedoch bei beiden weitestgehend unbestimmt. Im Unterschied dazu wird hier auf ausführliche Weise zu zeigen beabsichtigt, wie groß die Tragweite der neuen Definition für die kantische Philosophie ist. Dementsprechend wird diese Definition hier so gedeutet, dass der angenommene Zusammenhang zwischen der Idee einer subjektiven Wissenschaft (1769) und der später eingeführten Begrifflichkeit des Gegenstandes überhaupt ersichtlich wird.

In Anbetracht der Preisschrift *Über die Deutlichkeit* von 1762–1764 zeigt sich, dass die hier gegebene Definition der Metaphysik Züge aufweist, die sie von derjenigen in den *Träumen* und von der aus der Phase κ deutlich unterscheiden. Die soeben zitierte Stelle der Preisschrift, an welcher die Metaphysik als „Wissenschaft der Gründe unseres Erkenntnisses" bestimmt wird, deutet darauf hin, dass Kant 1762–1764 noch an der Überzeugung festhielt, keinen skeptischen Ansatz vertreten zu müssen. Zudem teilt er die Überzeugung von der Richtigkeit der analytischen Methode mit anderen Philosophen seiner Zeit, zu denen unter anderen Lambert zählt. In dessen Schrift *Über die Methode, die Metaphysik, Theologie und Moral richtiger zu beweisen* (1762), die ebenfalls als Antwort auf die von der Berliner Akademie gestellte Frage verfasst wurde, behauptet Lambert folgendes: „Der actus reflexus, da der Verstand auf sich selbst und seine Vorstellungen zurückdenkt, gibt unmittelbare Erfahrungen, deren Wirklichkeit man auch im Leugnen zugeben muß."[227] Damit stellt eine sichere Erfahrung, deren Gültigkeit aufgrund ihrer Unmittelbarkeit nicht zu bezweifeln ist, den Anfang des Systems und die grundlegende Basis der metaphysischen Erkenntnis dar. Bemerkenswert ist in diesem Kontext auch Lamberts Definition der Metaphysik, welche in der im selben Jahr verfassten Schrift *Anmerkungen über die Metaphysik*

---

[226] Siehe dazu die Unterscheidung zwischen logischer und realer Entgegensetzung, die Kant in der Schrift über die *Negativen Größen* einführt. Dieser Unterscheidung zufolge ist der reale Grund keineswegs auf den logischen zurückzuführen. NG, AA II, S. 171 ff.

[227] Johann Heinrich Lambert: *Über die Methode, die Metaphysik, Theologie und Moral richtiger zu beweisen*. Philosophische Schriften. Entwürfe und Rezensionen aus dem Nachlaß. Bd. X, Teilband 2. Hrsg. von Armin Emmel und Axel Spree. Hildesheim/Zürich/New York 2008, S. 494.

und Ontologie überhaupt zu lesen ist: „Die *Metaphysik* heißt man die Wissenschaft der ersten Gründe unserer Erkenntnis."[228] Daraus lässt sich leicht zu der Einsicht gelangen, dass Lamberts Auffassung von Metaphysik nahezu wörtlich der Kantschen aus dem Jahr 1762 entspricht.

Kant äußert sich 1762–1764 skeptisch gegenüber den anderen Systemen der Metaphysik[229], allerdings nicht bezüglich der Metaphysik schlechthin. Diese Haltung bleibt bis 1765 unverändert. Im Brief an Lambert vom 31. Dezember 1765 schreibt Kant folgendes:

> Ich habe verschiedene Jahre hindurch meine philosophische Erwägungen auf alle erdenkliche Seiten gekehrt, und bin nach so mancherley Umkippungen, bey welchen ich jederzeit die Quelle des Irrtums oder der Einsicht in der Art des Verfahrens suchte, endlich dahin gelangt, daß ich mich der Methode versichert halte, die man beobachten muß, wenn man demjenigen Blendwerk des Wissens entgehen will [...] Alle diese Bestrebungen laufen hauptsächlich auf die eigenthümliche Methode der Metaphysik [...] hinaus.[230]

Hier wagt Kant noch nicht zu sagen, dass dieses Verfahren einen negativen Teil beinhaltet, wie er es später behaupten wird. Im Brief an Lambert erwähnt Kant zunächst seine neue Methode und fordert anschließend die Zerstörung der alten Systeme der Metaphysik zugunsten des neuen:

> Ehe wahre Weltweisheit aufleben soll, ist es nötig, dass die alte sich selbst zerstöhre. „[...] So macht mir die Crisis der Gelehrsamkeit zu einer solchen Zeit, da es an guten Köpfen gleichwohl nicht fehlt, die beste Hofnung, dass die so längst gewünschte große revolution der Wissenschaften nicht mehr weit entfernt sey.[231]

Der zur Methode gehörende negative Teil scheint demnach eine Annahme zu sein, die Kant erst 1766 expliziert, insofern sich die skeptischen Züge der *Träume* und der *Briefe* nicht bloß gegen bestimmte metaphysische Systeme anderer Philosophen wenden, sondern gegen die Metaphysik selbst, welche nun einer grundlegenden skeptischen Prüfung unterzogen wird. Ein solcher Ansatz lässt sich 1762–1765 noch nicht in einer derartigen Form finden.[232] Das Jahr 1766 hat demnach den

---

228 Lambert: *Anmerkungen über die Metaphysik und Ontologie überhaupt*, a.a.O., S. 751.
229 „Die Metaphysik ist ohne Zweifel die schwerste unter allen menschlichen Einsichten; allein es ist noch niemals eine geschrieben worden." UD, AA II, S. 283.
230 Br, AA X, S. 55–56.
231 Br, AA X, S. 57.
232 In der „Einleitung" zur Preisschrift *Über die Deutlichkeit* liest man das Folgende: „Wenn die Methode fest steht, nach der die höchstmögliche Gewißheit in dieser Art der Erkenntnis kann erlangt werden, und die Natur dieser Überzeugung wohl eingesehen wird, so muß, an statt des ewigen Unbestands der Meinungen und Schulsekten, eine unwandelbare Vorschrift der Lehrart

Weg zu einer anderen Perspektive auf die Metaphysik bereitet, die maßgeblich durch die neue skeptische Methode geprägt ist. Dazu äußert sich Kant in seinem Brief an Mendelssohn von 8. April 1766, in dem er behauptet, dass eine solche skeptische Methode von hohem Nutzen sei.[233] Zwei Aspekte dieser neuen methodischen Überlegungen Kants sind in diesem Kontext hervorzuheben: zum einen die Idee einer Einteilung der Methode in eine negative und eine positive Komponente; zum anderen der Ursprung und das Ziel dieser skeptischen Methode. Die Einbeziehung des negativen Aspekts führt zu der Idee, dass die Metaphysik vornehmlich in Bezug auf ihre Grenze definiert werden muss und weniger bezüglich ihrer Gegenstände. Bei der in den *Träumen* gegebenen Definition muss also beachtet werden, dass es nicht nur darauf ankommt, die Grenzen der menschlichen Vernunft zu ziehen, sondern vornehmlich um die Frage, *wie* diese Grenzen zu bestimmen sind. Entscheidend für diese Bestimmung ist, dass sie durch die Selbsterkenntnis bzw. Selbstreflexion der menschlichen Vernunft vollzogen wird.[234] Demnach schreibt Kant: „In so fern ist die Metaphysik eine Wissenschaft von den Grenzen der menschlichen Vernunft."[235] Bei näherem Hinsehen lässt sich leicht feststellen, dass an dieser Definition das Adverb „insofern" von zentraler Bedeutung ist. Die Metaphysik ist erst Wissenschaft, insofern sie bestimmen kann, was man wissen kann.

---

die denkende Köpfte zu einerlei Bemühungen vereinbaren." UD, AA II, S. 275. Diese optimistischen Worte bezeugen Kants Zuversicht, dass es eine Methode gebe, mithilfe derer sämtliche Streitigkeit in der Metaphysik aufzulösen wären.

233 Br, AA X, S. 70.

234 Die Begrifflichkeit der Selbsterkenntnis der Vernunft ist zu diesem Zeitpunkt in ihrer spezifischen Bedeutung noch nicht vorhanden, aber in einigen Formulierungen Kants wird die Selbsterkenntnis in gewissem Sinne bereits angedeutet. In dieser Hinsicht schreibt Kant in den *Träumen*, bevor er die Definition der Metaphysik gibt, das Folgende: „[O]b die Aufgabe [der Metaphysik] aus demjenigen, was man wissen kann, auch bestimmt sei und welches Verhältniß die Frage zu den Erfahrungsbegriffen habe, darauf sich alle unsre Urtheile jederzeit stützen müssen." TG, AA II, S. 367–368. Bemerkenswert ist, dass zu dieser Zeit von Vernunft und Gesetzen der Vernunft die Rede ist. Dies ist nicht zuletzt von Belang für die Diskussion um die Datierung der *Reflexionen*, insbesondere die der *Reflexion* 3716. Von der genaueren zeitlichen Bestimmung der Einführung dieser Begrifflichkeit in das Denken Kants hängt die diesbezüglichen Diskussion zwischen Norbert Hinske und Josef Schmucker im Wesentlichen ab. Siehe dazu Norbert Hinske: „Kants neue Terminologie und ihre alten Quellen. Möglichkeiten und Grenzen der elektronischen Datenverarbeitung im Felde der Begriffsgeschichte". In: *Kant-Studien* 65 (1974), S. 68–85. Josef Schmucker: „Zur Datierung der Reflexion 3716. Das Versagen der Wortstatistik in der Frage der Datierung der frühen Kantischen Reflexionen zur Metaphysik, aufgewiesen an einem exemplarischen Fall". In: *Kant-Studien* 67 (1976), S. 73–101. Dazu auch Norbert Hinske: „Die Datierung der Reflexion 3716 und die generellen Datierungsprobleme des Kantschen Nachlasses". In: *Kant-Studien* 68 (1977), S. 321–340.

235 TG, AA II, S. 368.

Die Interpretationen Schmuckers und Kreimendahls messen der in den *Träumen* artikulierten Bestimmung der Metaphysik kaum Bedeutung bei und stellen andere Aspekte der Diskussion in den Vordergrund. So vertritt Kreimendahl etwa die These, dass Kant die in den *Träumen* gegebene Definition nicht länger beibehalten wird, weil sie in die Ausweglosigkeit geführt habe, dass die betreffende Methode weder a priori noch a posteriori eine richtige Erkenntnis zu begründen vermag. An die Stelle der Grenzen der menschlichen Vernunft tritt im folgenden Jahr laut Kreimendahl eine entscheidende Komponente in der Definition der Metaphysik, nämlich die Grenze der menschlichen Erfahrung.[236] Diese Änderung betrachtet der Autor als das Ergebnis einer Bearbeitung der in den *Träumen* aufgeworfenen Frage nach der empirischen Metaphysik, deren Bedeutung erst im Brief an Mendelssohn von April 1766 zum Ausdruck kommt. Kreimendahl geht davon aus, dass mit den *Träumen* der Versuch unternommen wird, eine „empirisch fundierte Metaphysik" zu begründen, welche sich aber später als unmöglich erweist. Dies ließe sich, wie gesagt, im Brief an Mendelssohn von April 1766 erkennen, in dem Kant schreibt: „Es liegt hier daran auszumachen ob es nicht hier wirklich Grenzen gebe welche nicht durch die Schranke unserer Vernunft nein der Erfahrung die die data zu ihr enthält festgesetzt seyn."[237] Mit dieser Äußerung habe Kant gewissermaßen das Programm einer auf den Grenzen der Vernunft basierenden Metaphysik aufgegeben und sich einem Projekt zugewandt, das grundsätzlich auf das Erfahrungswissen beschränkt ist.

Die von Kreimendahl vertretene These ist im Lichte der kantischen Entwicklung schwer haltbar: Zum einen bleibt unklar, was unter der angeblich „empirisch fundierten Metaphysik" zu verstehen ist, da Kants Interesse in den *Träumen* darauf gerichtet war, eine Vorgehensweise in der Metaphysik aufzuzeigen, die zwar empirische Elemente einbezieht, aber deswegen keineswegs als empirische Metaphysik zu bezeichnen ist. Man muss in dieser Hinsicht daran erinnern, dass Kant den empirischen Weg, ebenso wie den apriorischen, in den *Träumen* als gescheitert ansieht. Zum anderen lassen sich die vermuteten Änderungen der kantischen Position nicht mit dem genannten Brief belegen, denn Kant scheint hierin – wie in den *Träumen* – daran festzuhalten, dass, sobald sich der empirische Weg als unmöglich erweist, die Frage aufkommt, ob es eine vernünftige Methode geben könne, welche die metaphysische Erkenntnis schlussendlich sichern kann. Daraus wird geschlossen, dass weder aufgrund der Erfahrung noch

---

[236] „Die Metaphysik ist also nicht länger eine Wissenschaft von den Grenzen der menschlichen Vernunft, wie sie die *Träume* noch definiert hatten (II, 368), sondern eine solche von den Grenzen der menschlichen Erfahrung und Erfahrbarkeit." Kreimendahl: *Kant. Der Durchbruch*, a.a.O., S. 134.
[237] Br, AA X, S. 72.

durch die bloße Vernunft eine Vergewisserung der metaphysischen Erkenntnis möglich wird. Weder Erfahrung noch Vernunft, sondern die *Grenze* der menschlichen Vernunft scheint die Neuheit der kantischen Denkweise zu diesem Zeitpunkt zu sein – ein Aspekt, den Kreimendahls Deutung übersieht.

Demgemäß geht Kant im Mendelssohn-Brief von 1766 sowie in den *Träumen* davon aus, dass es nicht nur Grenzen der Vernunft, sondern auch der Erfahrung gibt, welchen unsere metaphysische Erkenntnis unterliegt. Die Grenzen der Erfahrung und der Vernunft machen zwar – als Resultat des skeptischen Verfahrens – den negativen Teil der Methode aus; darüber hinaus ergibt sich aus ihnen allerdings auch die Möglichkeit, etwas Positives zu begründen. Deshalb besteht kein Grund zur Annahme, dass der Brief an Mendelssohn eine Änderung hinsichtlich der Definition der Metaphysik im Vergleich zu der in den *Träumen* zum Ausdruck bringt; vielmehr hält Kant weiterhin an der These fest, die er schon in der Schrift von 1766 verteidigt hatte, nämlich, dass weder die Vernunft noch die Erfahrung allein genügen, um eine gültige Methode zu konstituieren.[238] Die Ausweglosigkeit beider methodischen Ansätze führt schließlich dazu, dass die einzige Möglichkeit für die Sicherung der metaphysischen Erkenntnis in der Bestimmung der Grenzen der Vernunft liegt.

Kreimendahl zieht aus der vermeintlich neuen Position im Brief an Mendelssohn eine weitere Konsequenz, die im Wesentlichen auf die Einflüsse Lockes und Humes zurückgeht.[239] Einerseits betont Kreimendahl damit nochmals die von ihm postulierte dichotomische Metaphysikkonzeption zwischen *Grenze der Vernunft* (1765–1766) und *Grenze der Erfahrung* (1766); andererseits scheint er übermäßig auf Einflüsse des Empirismus zu fokussieren, womit Kants Denken eine stark empiristische Prägung zugeschrieben wird. Dies entspricht auch seiner These, wonach die Entstehung Kants Transzendentalphilosophie wesentlich durch ein zunehmendes Interesse an Hume inspiriert wurde. Dieses Interesse hatte seinen Höhepunkt vermutlich im Jahr 1768, als Kant Hamanns Übersetzung

---

[238] Dass Kant keine Änderung hinsichtlich der Metaphysikdefinition vornimmt, lässt sich durch ihre Kontinuität in weiteren Phasen der kantischen Denkentwicklung belegen, wie z. B. in den *Reflexionen* aus der Phase κ sowie auch in den *Vorlesungen über Metaphysik* aus den siebziger und achziger Jahren. Siehe dazu z. B. V-Met-L_1/Pölitz, AA XXVIII, S. 172 und 223, sowie auch V-Met/Volckmann, AA XXVIII, S. 367. Damit lässt sich nachweisen, dass Kant die 1766 gegebene Definition der Metaphysik auch später noch für gültig erachtet.

[239] „Kants Interesse verlagert sich also von der Festsetzung der Grenzen des Vernunftvermögens, an dessen grundsätzlicher Validität ihm keinerlei Zweifel kommen, auf die Auslotung der Grenzen des Erfahrungswissens. Es ist damit auf eine Untersuchung gerichtet, wie sie die Empiristen Locke und Hume bereits vorgenommen hatten." Kreimendahl: *Kant. Der Durchbruch*, a.a.O., S. 134.

von Humes *Traktat* gelesen habe.[240] Durch diese Lektüre sei Kant zum ersten Mal darauf aufmerksam gemacht worden, dass der von ihm bis dahin angenommene Empirismus unumgänglich zum Skeptizismus führt, da die Vernunft selbst im Grunde widersprüchlich sei und also ihrer Natur nach eine Antinomie enthalte.

Damit ließen sich die Leitgedanken der Interpretation Kreimendahls wie folgt zusammenfassen: Vor dem Verfassen und Erscheinen der *Träume* um 1765–1766 habe Kant eine empirische Metaphysik beabsichtigt, wobei er dieses Projekt im Brief an Mendelssohn von April 1766 aufgegeben haben solle. Damit betont Kreimendahl die Differenz zwischen der Metaphysikdefinition von 1765 und der von 1766. Es wurde hier aber bereits darauf hingewiesen, dass die vermeintliche Dichotomie, deren Auflösung laut Kreimendahl zu dem neuen Plan der Metaphysik als Wissenschaft der Grenzen des Erfahrungswissens führte, keineswegs offensichtlich ist. Vielmehr zeigt sich im Laufe dieser Periode der kantischen Denkentwicklung, dass die Definition der Metaphysik als Wissenschaft von den Grenzen der menschlichen Vernunft ein wichtiger Fortschritt in der kantischen Philosophie ist, der keineswegs 1766 aufgegeben wird, sondern sich bedeutend auf die kommenden siebziger Jahre auswirken wird. Wenn dem so ist, dann würde die Kontinuität des Metaphysikbegriffs zwischen 1766 und 1769 die These belegen, dass die in diesem Zeitraum eingeführte Metaphysikdefinition eng mit der Entstehung der Transzendentalphilosophie verbunden ist. Daraus ergeben sich zwei Deutungsansätze, die von der Interpretation Kreimendahls abweichen. Der erste Aspekt bezieht sich auf die historischen Einflüsse, die nicht nur auf Hume und Locke zu reduzieren sind, sondern zu denen auch Autoren wie Lambert und Crusius gezählt werden müssen. Ein anderer Aspekt besteht in der These, dass die kantische Idee der Transzendentalphilosophie nicht direkt auf die Problematik der Antinomie Bezug nimmt. Vielmehr ist die Transzendentalphilosophie auf die Beschäftigung mit den drei Elementen zurückzuführen, die 1766 in den *Träumen* skizzenhaft dargestellt werden: die Unterscheidung zwischen zwei Vorstellungsarten, die Einteilung der Metaphysik in einen negativen und einen positiven Teil sowie vor allem die skeptische Methode.

Aus dieser Darstellung der kantischen Denkentwicklung zwischen 1765 und 1766 lassen sich mehrere Schlüsse ziehen: 1) Kant fängt mit den *Träumen* nicht nur an, die seinerzeit vorhandenen Systeme der Metaphysik zu kritisieren, sondern beginnt vielmehr, sich skeptisch gegenüber der Metaphysik schlechthin zu äu-

---

240 Es handelt sich um Hamanns Übersetzung des Schlusses des ersten Buches des *Traktats*, die am 5. Juli 1771 unter dem Titel *Nachtgedanken eines Zweiflers* erschien. Siehe Johann Georg Hamann: *Sämtliche Werke*. Bd. IV. Wien 1952, S. 364–367. Zur Kritik der Interpretation Kreimendahls siehe Reinhard Brandt: „Rezension zu Lothar Kreimendahl ‚Kant. Der Durchbruch von 1769'". In: *Kant-Studien* 83 (1992), S. 100–111.

ßern. 2) Im Brief an Mendelssohn nimmt er ausdrücklich eine neue Unterscheidung im Verfahren der Metaphysik vor, nämlich die zwischen einem negativen und einem positiven Teil. Das geschieht zum ersten Mal in der Metaphysik und stellt somit einen wichtigen Schritt hin zur Kritik dar. 3) Die Ausweglosigkeit der Methode in den *Träumen* zeigt, dass die einzige Möglichkeit einer Lösung dieses skeptischen Problems darin läge, die Grenzen der menschlichen Vernunft zu bestimmen. Damit entdeckte Kant einen dritten Weg, durch den sich zeigt, dass weder die Erfahrung noch die Vernunft allein, sondern vielmehr die Grenzen jener das entscheidende Kriterium der metaphysischen Erkenntnis ausmachen. 4) Dass Kant weiterhin daran festhielt, die Metaphysik im Sinne der Wissenschaft von den Grenzen der menschlichen Vernunft zu bestimmen, weist darauf hin, dass diese Definition nicht nur von Belang für die *Träume* ist – wie Kreimendahl annimmt – sondern, dass sie sich im Laufe des kantischen Denkens entscheidend weiter entwickelte. 5) Die neue Definition der Metaphysik wird folglich eine wichtige Komponente der aufkommenden Transzendentalphilosophie sein, welche später als Wissenschaft ohne Objekte zu verstehen sein wird.

3.3 Hume und die skeptische Behandlung der Metaphysik

Im vorigen Abschnitt wurde die These aufgestellt, dass eine Kontinuität zwischen der in den *Träumen* gegebenen Definition der Metaphysik von 1766 und derjenigen aus der Phase κ besteht, in welcher die Frage nach der Metaphysik ausdrücklich mit der menschlichen Vernunft in Verbindung gebracht wird. Diese Einsicht gab Kant – so lautet eine weitere These – den Anstoß zu einer radikalen Auseinandersetzung mit der Ontologieauffassung Baumgartens. Auf dieser Grundlage bildet sich zwischen 1770 und 1772 schließlich indirekt die kantische Auffassung von der Transzendentalphilosophie heraus. Aber wie entwickelt sich die Definition der Metaphysik zwischen 1766 und der Phase κ? Hier wird die These aufgestellt, dass der Einfluss Humes in Verbindung mit der subjektiven Wende in der Metaphysikdefinition von 1769 und infolgedessen auch mit der neuen Bestimmung der Transzendentalphilosophie steht.

Der Einfluss Humes auf Kant wurde in der Kant-Forschung häufig thematisiert. Welche Bedeutung Hume letztendlich für Kant gehabt hat, ist eine komplexe Frage, deren Beantwortung viele unterschiedliche Faktoren zu berücksichtigen hat. Dazu kommt noch Kants Äußerung in den *Prolegomena*, es sei die „Erinnerung des David Hume" gewesen, welche ihn aus dem dogmatischen Schlummer erweckt habe.²⁴¹ Wann und aus welchem Grund findet diese Erweckung statt? Das von Kant in der *Reflexion* 5037 angesprochene „große Licht" von 1769 stellt in diesem Zusammenhang ebenfalls ein großes Rätsel dar, welches vielfältige Interpretationsmöglichkeiten eröffnet. Folglich wurden in der Kant-Forschung eine Reihe unterschiedlicher Überlegungen zu diesen Textstellen angestellt, mit dem Ziel, den Einfluss Humes auf Kant zeitlich und inhaltlich näher zu bestimmen. Die Schwierigkeit, die genannten Stellen zu interpretieren, erhöht sich auch dadurch, dass Kant vielerorts darauf hinweist, dass die Transzendentalphilosophie im Wesentlichen der Beschäftigung mit der Antinomieproblematik entsprang.²⁴²

Hinsichtlich der zeitlichen Einordnung des Einflusses nennt Kreimendahl vier mögliche Datierungen: zwischen 1762 und 1763, um 1769, zwischen 1771 und 1772 oder ab 1772. Zu den Vertretern der ersten Zeitspanne gehört unter anderen Kuno Fischer, der der Überzeugung war, dass bereits in der Schrift über die *negativen Größen* und der über den *einzigen Beweisgrund* Parallelen zu Humes *Enquiry* zu erkennen sind. Gegen diese Auffassung wendet sich Friedrich Paulsen, der einen entscheidenden Einfluss Humes erstmals im Jahr 1769 sieht. Ähnlich äußert sich Erich Adickes, der die These vertritt, Kants Denkentwicklung um 1769 sei als eine Antwort auf Humes Skeptizismus zu interpretieren. Adickes begründet seine These mit dem ab 1769 zunehmenden Bestreben Kants, eine rationalistische Metaphysikauffassung gegen den Skeptizismus zu verteidigen, wie er es auch in der *Dissertation* von 1770 tut.²⁴³ Dieser zeitlichen Bestimmung stimmt Kreimendahl durchaus zu, sieht aber einen engen Zusammenhang zwischen der Antinomieproblematik und dem Denken Humes. Zur dritten Gruppe gehört z. B. Klaus Reich, nach dessen Überzeugung sich der Einfluss Humes erst in den Jahren 1771– 1772 beobachten lässt. Durch Hume sei Kant auf die Formulierung des Problems der Deduktion der Kategorien und auf die Restriktionsthese bezüglich der Erfahrungserkenntnis gekommen.²⁴⁴ Als Vertreter der vierten Gruppe wäre Benno

---

241 „Ich gestehe frei: die Erinnerung des David Hume war eben dasjenige, was mir vor vielen Jahren zuerst den dogmatischen Schlummer unterbrach und meinen Untersuchungen im Felde der speculativen Philosophie eine ganz andre Richtung gab." Prol., AA IV, S. 260.
242 Siehe Prol, AA IV, S. 338 und den Brief an Christian Garve von 1798. Br, AA XII, S. 257– 258.
243 Diese These Adickes' würde verständlicher machen, warum Kant im Vergleich zu seinen früheren Schriften um 1770 einer rationalistischen Auffassung viel näher steht. Um seine These plausibler zu machen, versucht Adickes eine Unterscheidung zwischen Rationalismus und Dogmatismus zu treffen, die entscheidend für die *Dissertation* sein sollte. Siehe Erich Adickes: „Die bewegenden Kräfte in Kants philosophischer Entwicklung und die beiden Pole seines Systems". In: *Kant-Studien* 1 (1896/97), S. 9–59.
244 Vgl. Klaus Reich: „Einleitung" zu Kants *De mundi sensibilis atque intelligibilis forma et principiis/Über die Form und Prinzipien der Sinnen- und Geisteswelt*. Hamburg 1958, S. XI. Zur Zeit der Erscheinung der *Träume* (1766) hingegen beurteilt Reich den Einfluss Lockes als entschei-

Erdmann zu erwähnen. Erdmann geht von der Auffassung aus, dass die Beeinflussung Kants durch Hume erst auf den Zeitraum nach 1772 zu datieren ist. Nach Erdmanns Ansicht sei Kant durch Hume zu der Einsicht gelangt, dass die Kategorien nur in Verbindung mit der Erfahrung objektiv sein können. Damit habe Kant die dogmatischen Annahmen, die er in der *Dissertation* von 1770 und noch bis 1771 vertrat, definitiv verworfen.[245] Diesen zeitlich bestimmten Phasen entsprechen auch verschiedene Ansätze in Bezug auf die inhaltliche Bestimmung des Einflusses, die sich mit den folgenden Stichworten umreißen lassen: Kausalitätsproblem[246], Antinomie[247], Skeptizismus[248] und Ich-Identität[249].

---

dender und lässt Hume außer Betracht. „John Locke steht – obwohl nicht erwähnt – als wahrer >>Kritiker der Vernunft<< im Hintergrund." Siehe dazu Klaus Reich: „Vorwort und Einleitung zu Immanuel Kant: Träume eines Geistersehers. Der Unterschied der Gegenden im Raume". In: *Gesammelte Schriften*. Hrsg. von Manfred Baum, Udo Rameil, Klaus Reisinger und Gertrud Scholz. Hamburg 2001, S. 349. Zu den Interpreten, die den Einfluss Humes auf das Jahr 1772 verlegen, können auch Heiner F. Klemme und Lewis White Beck gezählt werden. Siehe dazu Heiner F. Klemme: „Die Aufhebung von ‚Humes Zweifel'". In: Holger Lyre und Oliver Schliemann (Hrsg.): *Kants Prolegomena. Ein kooperativer Kommentar*. Frankfurt a.M. 2012, S. 169 – 183; Lewis White Beck: „Lambert und Hume in Kant's development from 1769 to 1772". In: *Essay on Kant and Hume*. New Haven/London 1978.

245 Siehe Benno Erdmann: „Die Entwicklungsperioden von Kants theoretischer Philosophie". In: Norbert Hinske (Hrsg.): *Reflexionen Kants zur kritischen Philosophie*. Stuttgart – Bad Cannstatt 1992, S. XIII-LX. Zu Hume siehe insbesondere S. L ff.

246 Kuno Fischer sieht einen entscheidenden Einfluss Humes in der Unterscheidung zwischen der realen und logischen Entgegensetzung, die Kant in der Schrift über die *negativen Größen* einführt. Vgl. Kuno Fischer: *Immanuel Kant und seine Lehre. Entstehung und Grundlegung der kritischen Philosophie*. Heidelberg 1928, insbesondere S. 228 – 233 und 308 – 317.

247 Der prominenteste Vertreter dieser Position ist Lothar Kreimendahl. Auch Manfred Kuehn analysiert den Einfluss Humes hinsichtlich der Antinomieproblematik, gibt im Unterschied zu Kreimendahls Deutung aber von vornherein an, dass dem Begriff Antinomie nicht die Bedeutung zukommt, die Kant in der *Kritik der reinen Vernunft* als Streit der Vernunft vor Augen hat. „For, if it were argued that ‚antinomy' necessarily must refer to a contradiction among the principles of pure reason, no antinomy could possibly be found in a philosopher like Hume." Manfred Kuehn: „Humes antinomies". In: *Hume Studies* 9 (1983), S. 25 – 45. Siehe auch ders.: „Kants conception of ‚Hume's Problem'". In: *Journal of the History of Philosophy* 21 (1983), S. 175 – 193. Auch in diesem Aufsatz bezieht Kuehn das Problem Humes auf die Antinomie (der Einbildungskraft); allerdings stellt er im Unterschied zu Kreimendahl die These auf, dass Kant erst 1771 mit dieser Humeschen Problematik konfrontiert wurde. Von daher schließt er zum einen die Möglichkeit aus, dass Kant 1769 durch die Antinomie aus dem dogmatischen Schlummer erweckt wurde, sowie auch zum anderen, dass er 1772 durch Beatties Kritik an Hume auf das Problem der Deduktion aufmerksam wurde. Zur Diskussion um die Antinomieproblematik siehe auch die Interpretation Gerhard Gotzs, der die Antinomieproblematik in zwei Phasen (vor 1769 und 1771) gliedert, wobei Humes Philosophie von dieser Betrachtung ausgeschlossen bleibt. Vgl. Gerhard Gotz: „Kants ‚großes Licht' des Jahres 69". In: Volker Gerhardt, Rolf-Peter Horstmann

Die soeben genannten Interpreten scheinen das Problem ausschließlich im Rückblick auf die genannte Textstelle der *Prolegomena* zu betrachten und davon auszugehen, dass sich eine feste Datierung der Erweckung prinzipiell feststellen ließe. Dadurch entstehen einige Interpretationsansätze, die entwicklungsgeschichtlich mit dem kantischen Denken nicht in Einklang zu bringen sind. Stellt man beispielsweise das in den sechziger Jahren formulierte Kausalitätsproblem – welches Kant nicht zwingend durch Humes, sondern auch ebenso gut durch Crusius' Einfluss thematisiert haben könnte[250] – als den entscheidenden Faktor dar, müsste die Erweckung aus dem dogmatischen Schlummer und der entsprechende Beginn der kritischen Transzendentalphilosophie sehr früh datiert werden, nämlich um 1762–1763. Dies kann aber offensichtlich nicht der Fall sein. Betrachtet man das Problem der Deduktion, anhand dessen Kant den Dogmatismus um 1772 endgültig zurückweist, als Beginn des Humeschen Einflusses, wird dabei jedoch übersehen, dass sich Kants Denken bereits vor 1770 mit der Antinomie befasst hatte.[251]

Im Gegensatz zu diesen Interpretationsansätzen, die den Anspruch erheben, sowohl eine zeitliche als auch eine inhaltliche Bestimmung der Beeinflussung Kants durch Hume vornehmen zu können, soll der Fokus an dieser Stelle auf den methodologischen Charakter des frühen Einflusses Humes gerichtet werden, der zwischen 1762 und 1769 stattfand. Diesem Ansatz zufolge war es zwischen 1762 und 1769 keine bestimmte Lehre Humes, die Kants Denken besonders bestimmte, sondern vielmehr die skeptische Behandlung metaphysischer Problemen. Demnach wäre der Einfluss auf die Mitte der sechziger Jahre zu datieren, als Kant eine solche Methode als wesentlich für die Bestimmung der metaphysischen Er-

---

und Ralph Schumacher (Hrsg.): *Kant und die Berliner Aufklärung*. Bd. II. Berlin/New York 2001, S. 19–26.
248 Adickes: „Die bewegenden Kräfte", a.a.O.
249 Siehe Patricia Kitcher, die die These vertritt, Kants subjektive Deduktion sei eine Antwort auf Humes Theorie des Selbst. Patricia Kitcher: „Kant on self-identity". In: *Philosophical Review* 91 (1982), S. 41–72.
250 Tonelli: „Die Anfänge von Kants Kritik der Kausalbeziehungen", a.a.O.
251 Dies kritisiert Kreimendahl unter anderem an Reich. Siehe Kreimendahl: *Kant. Der Durchbuch*, a.a.O., S. 42–44. Wolfgang Carl bestreitet hingegen, dass es um 1772 überhaupt einen Einfluss Humes auf Kant und dessen Frage nach der Deduktion der reinen Verstandesbegriffe gegeben habe: „Ein Einfluß von Hume auf die Überlegungen Kants, die zu einer ‚Deduktion der reinen Verstandesbegriffe' geführt haben, ist nicht faßbar." Wolfgang Carl: *Der schweigende Kant*. Göttingen 1989, S.7. Carls grundlegende Kritik richtet sich hauptsächlich gegen diejenigen Interpretationen, die die Deduktion der Verstandesbegriffe als eine Antwort auf den Skeptizismus betrachten.

kenntnis bezeichnete, wie wir schon in den *Träumen* und im Brief an Mendelssohn vom 8. April 1766 gesehen haben.

Ist die Annahme, dass Humes Einfluss auf Kant vor 1770 mehr methodologischer als inhaltlicher Natur ist, grundsätzlich haltbar, dann kann weder die Antinomieproblematik noch das Kausalitätsproblem ausschließlich von Hume inspiriert worden sein.[252] Vielmehr besteht vor 1770 die relevante Pointe der Philosophie Humes darin, dass ein philosophisches Verfahren entwickelt wird, dem ein grundlegend subjektiver, skeptischer Charakter zukommt. Von diesem methodologischen Standpunkt ausgehend lässt sich zudem weder schließen, dass Kant sich zunächst zu Beginn der sechziger Jahre dem Empirismus zuwandte und danach, aufgrund dieser Wende, zu der Einsicht kommt, dass der Empirismus – wie Kreimendahl behauptet – unumgänglich zum Skeptizismus führt, noch dass sich die kantische Denkentwicklung ab 1769 als Reaktion auf die Lektüre Humes durch einen zunehmenden Rationalismus auszeichnet, wie z. B. Adickes behauptet. Wie aber fand diese methodologische Beeinflussung statt und welche Folgen hatte sie schlussendlich?

1758 wurde von Johann Georg Sulzer das Buch Humes *Philosophische Versuche über die menschliche Erkenntnis* als zweiter Teil der *Vermischten Schriften* herausgegeben. Abgesehen von Humes eigener Lehre ist diese Ausgabe auch aufgrund Sulzers Kommentaren von Interesse. Geht man davon aus, dass die skeptische Behandlung der Metaphysik im Zeitraum zwischen 1765 und 1766 zentral für Kants Denken war, lohnt sich eine nähere Betrachtung der „Vorrede" des Herausgebers. So schreibt Sulzer:

> Es wäre also kein geringer Vorteil für die Philosophie, wenn jedem Weltweisen in seinen Untersuchungen ein Zweifler an die Seite gesetzt würde, der ihn immer beym Aemel zöge, so oft er die Gewißheit einer Sache behauptet, gegen welche noch wichtige Zweifel übrig sind.[253]

---

[252] Diese These wurde von Holzhey vertreten: „Weder die Antinomie der Vernunft im Weltbegriffe noch die Beziehung reiner Verstandesbegriffe auf Gegenstände sind Humesche noch auch durch Hume selbst veranlaßte Fragestellungen Kants. Kant wird durch Hume also nicht aus dem dogmatischen Schlummer in die wache kritische Einsicht überführt, sondern seine Untersuchungen werden ‚in eine andere Richtung' gelenkt, nämlich in Skepsis gegenüber der Vernunft." Siehe Helmut Holzhey: *Kants Erfahrungsbegriff. Quellengeschichtliche und bedeutungsanalytische Untersuchungen*. Basel/Stuttgart 1970, S. 148. Auf die besondere Bedeutung der skeptischen Methode macht Reich aufmerksam: „Kant übt [...] die skeptische Methode als ein *ganz allgemeines* heuristisches Prinzip in Sachen der Metaphysik *überhaupt*." Reich, „Einleitung", a.a.O., S. XII.

[253] Johann Georg Sulzer: „Vorrede" zu David Hume: *Philosophische Versuche über die menschliche Erkenntnis*. Reception of the Scottisch Enlightenment in Germany: Six Significant Translation, 1755–1782, Bd. I, Heiner F. Klemme (Hrsg.). Bristol 2000, S. 3. Besonders auffällig ist die Ausdrucksweise Sulzers, die eine gewisse Ähnlichkeit mit Kants *Prolegomena* aufweist: „Ich

Mit der imaginären Figur des Zweiflers wird demnach eine skeptische Methode vorgeschlagen, mittels derer die in den gängigen deutschen Systemen behauptete Gewissheit der metaphysischen Erkenntnis auf die Probe zu stellen wäre. Angesichts des damaligen Zustands der deutschen Philosophie sei eine solche skeptische Haltung der Ansicht Sulzers nach von großer Dringlichkeit: „Mich dünkt, daß Deutschland mehr, als andere Länder der Gefahr eines schädlichen philosophischen Friedens ausgesetzt ist."[254] Bei genauerem Hinsehen bestätigt sich also, dass Sulzers Interesse an Hume eher in der kathartischen Wirkung seines Verfahrens bzw. seiner Philosophie liegt und nicht so sehr in seinen Inhalten.

Das eher methodologische Interesse Sulzers bestätigt sich weiterhin, wenn seine kritischen Äußerungen zu Humes philosophischen Lehren berücksichtigt werden. So plädiert Sulzer beispielsweise in der „ersten Anmerkung" zum *Ersten Versuch* entscheidend für eine Verteidigung der metaphysischen Erkenntnis und ihrer auf dem gesunden Verstand basierenden Gewissheit.[255] Dieselbe kritische Haltung kommt auch in den weiteren „Anmerkungen" zum Ausdruck. Das stärkste Argument Sulzers Kritik an Hume bezieht sich auf die Frage nach der Kausalität. Was die notwendige Verknüpfung der Vorstellungen anbetrifft, erklärt er, sei es Hume nicht gelungen, die unterschiedlichen Arten von Notwendigkeit herauszuarbeiten, weshalb er eine falsche Schlussfolgerung aus ihr zog. In diesem Sinne wird weiterhin argumentiert:

> Eine Sache ist entweder, an sich selbst, und ohne Voraussetzung irgend einer andern von ihr verschiedenen Sache nothwendig, oder sie wird es erst, wenn man etwas von ihr verschiedenes voraus setzt. Auf die erstere Art sind alle geometrischen Wahrheiten nothwendig, auf die andre aber alle zufälligen oder geschehenen Dinge. Denn so bald ihre wirkende Ursache vorausgesetzt wird, so werden sie nothwendig, und ihr Gegenteil unmöglich. Es ist demnach nicht wahr, daß in zufälligen Dingen keine Nothwendigkeit sey.[256]

---

hoffe, dass die Bekanntmachung dieses Werks sie [scil. die deutschen Philosophen] aus ihrer müßigen Ruhe ein wenig aufwecken." Siehe dazu auch die „Introduction" von Heiner F. Klemme zu der Ausgabe, S. V-XII.
254 Sulzer: „Vorrede", a.a.O., S. 4.
255 „Die Ruhe und Sicherheit der Menschen macht es also nothwendig, daß ein gewisser Vorrath, der nothwendigsten und wichtigsten Wahrheiten, die sie durch die Einsicht des gesunden Verstandes bloß unzuverläßig einsehen, einmal für allemal in eine völlige Gewißheit gesetzt und gegen alle künftige Zweifel gesichert werden. Diesen wichtigen Dienst müssen sie allein von der Metaphysik erwarten, die der eigentliche Probierstein der Wahrheit ist." Sulzer: „Vorrede", a.a.O., S. 27.
256 Sulzer: „Vorrede", a.a.O., S. 92. So schließt Sulzer daraus: „Wir können als unmöglich einigen Zweifel gegen diese zwey Sätze haben: **wo eine Ursache ist, da ist eine Wirkung, und: wo eine Wirkung ist, da ist eine Ursache.**" Ebd., S. 93. Demzufolge lehnt er die Humesche These ab, wonach die Verknüpfung der Tatsachen eine Wirkung der Einbildungskraft sei und

Sulzers Überzeugung von der Gültigkeit des Kausalitätsprinzips wird hier offenkundig und es zeigt sich zugleich, welchen philosophischen Wert er den *Versuchen* Humes beimisst: Humes Skeptizismus kommt demnach das große Verdienst zu, ein Mittel geliefert zu haben, um die Gewissheit der Metaphysik zu sichern. Die inhaltlichen Doktrinen seien hingegen allesamt in Frage zu stellen. Dass Sulzer den Skeptizismus nur in Anbetracht seines methodologischen Charakters schätzte, stellt einen ersten Hinweis darauf dar, wie Kant diese philosophische Richtung möglicherweise rezipiert hat. Wie für Sulzer wäre Hume demnach auch für Kant nicht in Bezug auf die inhaltliche Lehre seiner Philosophie, sondern vielmehr in Anbetracht der Methode der Metaphysik als wertvoll anzusehen.

Einen zweiten Hinweis kann man dem Briefwechsel und einigen Schriften Kants aus den sechziger Jahren entnehmen. Anhand der einschlägigen Textstellen aus der Zeit zwischen 1762 und 1768, in denen Kant selbst auf etwaige inhaltliche Einflüsse Humes verweist, stellt man fest, dass wenige Referenzen vorliegen. Demgemäß wird in der *Vorlesungsankündigung* von 1765–1766 der Name Humes erwähnt, wohl aber nicht bezüglich seiner theoretischen-, sondern hinsichtlich der Morallehre.[257] Auch in den *Beobachtungen* nimmt Kant Bezug auf Hume, an dieser Stelle allerdings in Bezug auf die Rassen und Humes Bemerkung über die „Neger".[258] Ähnliches lässt sich aus dem Briefwechsel der sechziger Jahre einsehen, wo Kant sich kaum über Hume äußert. In den Briefen an Kant von 1759 und 1768 weisen Hamann und Herder auf die Lehre Humes hin. Bei Hamann werden insbesondere diejenigen Aspekte von Humes Lehre hervorgehoben, die die Gewohnheit und den Glauben betreffen.[259] Seitens Kant ist im Briefwechsel jedoch

---

dementsprechend aus der Gewohnheit heraus entsteht. „Ich traue meinen meisten deutschen Lesern so viel zu, daß sie von selbst einsehen, daß die von dem Verfasser angegebene Gewohnheit, Beifall und Glaube, bloße Wörter sind, die weiter nichts erklären und auch nicht erklären können, wenn man darunter nicht soll eine Folge von Begriffen verstehen dürfen." Sulzer, „Vorrede", a.a.O., S. 132.

257 „Die Versuche des Shaftesbury, Hutcheson und Hume, welche, obzwar unvollendet und mangelhaft, gleichwohl noch am weitesten in der Aufsuchung der ersten Gründe aller Sittlichkeit gelangt sind, werden diejenige Präcision und Ergänzung erhalten." NEV, AA II, S. 311.

258 GSE, AA II, S. 253. Siehe dazu auch Günther Gawlick und Lothar Kreimendahl: *Hume in der deutschen Aufklärung. Umrisse einer Rezeptionsgeschichte.* Stuttgart – Bad Cannstatt 1987, S. 164–167.

259 „Der attische Philosoph, Hume, hat den Glauben nöthig, wenn er ein Ey eßen und ein Glas Waßer trinken soll. Er sagt: Moses, das Gesetz der Vernunft, auf das sich der Philosoph beruft, verdammt ihn. Die Vernunft ist euch nicht dazu gegeben, dadurch weise zu werden, sondern eure Thorheit und Unwißenheit zu erkennen." Br, AA X, S. 15. Ein weiterer Aspekt, auf den sich Hamann ausdrücklich beruft, um die seiner Ansicht nach wichtige Stellung Humes herauszuheben, bezieht sich auf die Grenze der menschlichen Vernunft; durch die Betonung der Be-

keine Reaktion zu erkennen, die auf eine diesbezügliche inhaltliche Beeinflussung hinweisen würde.

Kant erwähnt Hume in dem Briefwechsel erst 1767, allerdings nur hinsichtlich Herders Präferenzen in Sachen Philosophie.[260] Eine ausführliche, abschließende Auseinandersetzung mit Humes theoretischer Philosophie, wie z. B. mit der Kausalitäts- oder der Antinomieproblematik, findet demnach auch an dieser Stelle nicht statt. Diese Tatsache kann also als ein zweiter Beleg dafür herangezogen werden, dass Kant in den sechziger Jahren hauptsächlich in methodologischer Hinsicht auf seine Hume-Lektüre Bezug nahm.

Der dritte Hinweis auf einen methodologischen Einfluss findet sich im ersten *Versuch* Humes, in welchem die eigentliche Methode der Metaphysik darauf zurückgeführt wird, eine Untersuchung über die Grenze der menschlichen Vernunft durchzuführen. Die Notwendigkeit, die Grenzen der Vernunft zu bestimmen, wird in diesem Werk mehrfach betont: „Die Gränzen des menschlichen Verstandes sind so enge, daß man in diesem Stücke wenig Vergnügen hoffen kann, weder von dem Umfang, noch von der Gewißheit seiner erlangten Wissenschaft."[261] Die Begrenzung des menschlichen Verstandes solle demnach eine Unterscheidung zwischen *falscher* und *wahrer* Metaphysik ermöglichen.[262] Diese Differenzierung ist von großem Belang für die kantische Denkentwicklung um 1765–1766, denn dies legen die Äußerungen Kants im Brief an Mendelssohn von April 1766 nahe. Demzufolge lässt sich annehmen, dass Kant wie auch Hume davon ausgeht, dass die Metaphysik eines *negativen* Teils bedarf, um danach einen wahren bzw. *positiven* Teil begründen zu können:

> Die einzige Weise, die Gelehrsamkeit ein für allemal von solchen verstecken und dunkeln Fragen zu befreien, kommt darauf an, daß man die Natur des menschlichen Verstandes

---

grenzung aller Erkenntnis auf die menschliche Vernunft wird der Skeptizismus wiederum eher als Methode verstanden.

260 Vgl. Brief an Herder von 1768. Br, AA X, S 74.

261 Hume: *Versuche*, a.a.O., S. 7. Weitere Äußerungen Humes über die menschliche Vernunft und die falsche Metaphysik finden sich ebenfalls im ersten *Versuch*. „Darinn liegt in der That der richtigste und scheinbareste Einwurf wider einen ansehnlichen Theil der Metaphysik, daß man saget, sie sey eigentlich keine Wissenschaft, sondern sie sey entweder aus der fruchtlosen Bemühungen der menschlichen Eitelkeit entsprungen, die gern in Gegenstände eindringen wollte, die für den Verstand ganz und gar unzugänglich sind, oder sie sey ein künstlicher Stach eines pöbelhaften Aberglaubens, der sich in einer offenen Gegen zu vertheidigen unfähig ist, und eben deswegen diese verwickelten und verwirreten Dornsträuche als Wälle aufwirft, um seine Schwachheit hinter den selben zu bedecken und zu beschützen." Hume: *Versuche*, a.a.O., S. 12.

262 „[W]ir müssen die wahre Metaphysik mit einiger Sorgfalt studieren, in der Absicht, die falsche und unächte zu zerstören." Hume: *Versuche*, a.a.O., S. 14.

> ernsthaft untersucht, und dadurch eine genaue Entwicklung seiner Kräfte Fähigkeiten zeige, daß derselbe auf keine Weise für solche entfernete und dunkele Vorwürfe geschickt ist.[263]

Die oben analysierte Diskussion im Brief an Mendelssohn von April 1766, die anlässlich der Zusendung der *Träume* ausgelöst wurde, zeigt auf unmissverständliche Weise, wie wichtig die skeptische Methode für Kants neue Definition der Metaphysik war. Auf den Einwand Mendelssohns erwidert Kant: „Ich bin so weit entfernt die Metaphysik selbst, obiectiv erwogen, vor gering oder entbehrlich zu halten."[264] Seine Reaktion auf die Kritik Mendelssohns wird in dieser Passage des Briefes dadurch einleuchtend, dass er den Satzteil „obiectiv erwogen" hinzufügt. Objektiv betrachtet sei die Metaphysik der Ansicht Kants zufolge keineswegs in Frage zu stellen; ihre Gültigkeit wird dementsprechend von vornherein angenommen. Damit sei aber nicht ausgeschlossen, dass sie zunächst einer skeptischen, subjektiven Behandlung unterzogen werden könne.[265] Diese zwei Aspekte der metaphysischen Erkenntnis sind durchaus nötig, um die Erkenntnis zu sichern.

> Was aber den Vorrath vom Wissen betrift der in dieser Art öffentlich feil steht so ist es kein leichtsinniger Unbestand sondern die Wirkung einer langen Untersuchung daß ich in Ansehung desselben nichts rathsamer finde als ihm das dogmatische Kleid abzuziehen und die vorgegebene Einsichten sceptisch zu behandeln wovon der Nutze freylich nur negativ ist.[266]

Betrachtet man die „transzendentale Dialektik" der *Kritik der reinen Vernunft*, bestätigt sich die besondere Wichtigkeit der skeptischen Methode für die kritische Philosophie, und zwar insofern, dass sie in Verbindung mit dem Problem der Antinomie auftritt.

> Diese Methode, einem Streite der Behauptungen anzusehen, oder vielmehr ihn selbst zu veranlassen, nicht um endlich zum Vortheile des einen oder des andern Theils zu entscheiden, sondern um zu untersuchen, ob der Gegenstand desselben nicht vielleicht ein bloßes Blendwerk sei, wornach jeder vergeblich hascht, und bei welchem er nichts gewinnen

---

263 Hume: *Versuche*, a.a.O., S. 14.
264 Br, AA X, S. 70.
265 Die maßgebliche Bedeutung der Unterscheidung zwischen subjektiv und objektiv wurde von Tonelli besonders herausgehoben, denn es handelt sich um eine Unterscheidung, die im 18. Jahrhundert nicht vorkommt. Tonelli versucht entsprechend, die Einführung einer solchen auf den Aristotelismus des 17. Jahrhunderts zurückzuführen. Vgl. Tonelli: „Das Wiederaufleben", a.a.O., S. 235.
266 Br, AA X, S. 70.

kann, wenn ihm gleich gar nicht widerstanden würde: dieses Verfahren, sage ich, kann man die sceptische Methode nennen.[267]

Diese Methode, so behauptet Kant, sei nur der Transzendentalphilosophie eigen, denn sie bilde die Möglichkeit, die widersprüchliche Natur der Vernunft hinsichtlich ihrer Gesetze zu entdecken.[268] Es stellt sich daher die Frage, ob die skeptische Methode von 1781–1787 sich mit der im Brief an Mendelsohn angesprochenen skeptischen Behandlung der Metaphysik deckt. Man könnte in dieser Hinsicht mit gutem Grund behaupten, dass Kant um 1766 keineswegs über eine ausgereifte Begrifflichkeit der Antithetik, wie sie für die zitierten Textstellen der ersten *Kritik* kennzeichnend ist, verfügt. Vielmehr geht es ihm darum, bei der Behandlung der Metaphysik von einem problematisierenden Ausgangspunkt auszugehen und damit die Eingrenzung der metaphysischen Vernunftserkenntnis zu ermöglichen. Ein Beispiel dafür stellt die Auseinandersetzung mit dem Begriff des Geistes in den *Träumen* dar. Eine skeptische Methode einzuführen, bedeutet also zu diesem Zeitpunkt des kantischen Denkens, eine Begrenzung der Metaphysik hinsichtlich der menschlichen, subjektiven Vernunft durchzusetzen.[269] Dies erklärt weiterhin, inwieweit Humes Einfluss auf Kant hinsichtlich seiner methodologischen Natur zu verstehen ist und darüber hinaus, wie sich Kants Haltung zur Philosophie Humes und seine Einschätzung dessen Verdienste um die Weltweisheit durch Sulzers allgemeine Kritik an den *Versuchen* herausgebildet hat. Die *Reflexion* 4275 bringt das kantische Verständnis der skeptischen Methode noch deutlicher zum Ausdruck.

> Antithesis: eine methode der Vernunft, die oppositionem der subiectiven Gesetzen zu entdecken, welche, wenn sie per vitium subreptionis vor obiectiv gehalten wird, scepticismus (in

---

[267] KrV A 424/B 452. Durch das Gleichgewicht der Sätze und Gegensätze wird die skeptische Methode von der polemischen abgegrenzt. Siehe dazu Norbert Hinske: „Die Rolle des Methodenproblems im Denken Kants. Zum Zusammenhang von dogmatischer, polemischer, skeptischer und kritischer Methode". In: Norbert Fischer (Hrsg.): *Kants Grundlegung einer kritischen Metaphysik*. Hamburg 2010, S. 343–354. Siehe dazu Refl. 2664, AA XVI, S. 458.
[268] „Diese sceptische Methode ist aber nur der Transscendentalphilosophie allein wesentlich eigen und kann allenfalls in jedem anderen Felde der Untersuchungen, nur in diesem nicht entbehrt werden." KrV A 424/B 452.
[269] Im Einklang damit schreibt Hume Folgendes: „Eine andere Art, der gemäßigten und gelindern sceptischen Weltweisheit, welche den Menschen einigen Vortheil schaffen, und der natürliche Erfolg der pyrrhonischem Zweifel und Bedenklichkeiten sein kann, ist die Einschränkungen unserer Untersuchungen und Betrachtungen auf solche Vorwürfe, welche sich für die enge Fähigkeit des menschlichen Verstandes am besten schicken." Hume: *Versuche*, a.a.O., S. 365–366.

senso obiectivo) ist; ist er aber eine propaedeutic, so ists methodus sceptica Zur Bestimmung der subiectiven Gesetze der Vernunft. Antithesis subiectiva.[270]

Wie sich hier erkennen lässt, wird an dieser Stelle eine Unterscheidung zwischen dem Skeptizismus im objektiven Sinne und der skeptischen Methode vorgenommen. Unter Berücksichtigung dieser Unterscheidung lässt sich also keineswegs behaupten, Kant habe die skeptische Folge des Empirismus gegen 1768 entdeckt, denn eine Übernahme des Skeptizismus im objektiven Sinne bleibt für Kant von vornherein ausgeschlossen.

Die skeptische Methode bringt deshalb weder eine Antinomie der Vernunft noch den Skeptizismus im objektiven Sinne mit sich, sondern erweist sich vielmehr als hilfreich für die Unterscheidung der subjektiven Gesetze der Vernunft. Die Funktion einer Differenzierung der Gesetze der Vernunft gemäß ihrer Natur liegt also darin, falsche Schlüsse zu vermeiden. Das ist die Pointe des propädeutischen Beitrags, den die *Dissertation* von 1770 im Wesentlichen leisten wird und den Kant in dieser Schrift als entscheidenden Ansatz zur Lösung metaphysischer Probleme ansieht. Demzufolge entwickelt er diesen methodologischen Standpunkt im fünften Abschnitt der *Dissertation* unter dem Namen Fehler der Erschleichung.[271] Die Entdeckung der Subreption und ihres Blendwerkes als eine bei Urteilen begangene falsche Folgerung beruht grundsätzlich auf der Entlarvung der Verwechselung von Sinnlichem und Intellektuellem. So heißt es in § 24 der *Dissertation*, dass das sinnliche Prädikat offensichtlich nur dann für die sinnliche Erkenntnis gültig sein kann; handelt es sich bei dem Prädikat jedoch um einen Verstandesbegriff, der auf das Sinnliche angewandt wird, muss man die Gültigkeit eines solchen Urteils als subjektiv betrachten. „Daher darf es nicht vom Verstandesbegriff selber ausgesagt und objektiv ausgedrückt werden, sondern nur als Bedingung, ohne welche die sinnliche Erkenntnis eines gegebenen Begriffs nicht statthat."[272] Anders formuliert: Die Verstandesmerkmale sind als nicht objektiv zu betrachten, wenn sie auf das Sinnliche angewandt werden, denn dadurch wird ihre Allgemeingültigkeit begrenzt. Wird dies missachtet, dann begeht man die

---

270 Refl. 4275, AA XVII, S. 492. Datierung um 1770–1771.
271 Dass Kant diesen sowie den zweiten und dritten Abschnitt selbst gutheißt, gibt er im Brief an Lambert vom September 1770 kund: „Die erste u. vierte section können als unerheblich übergangen werden, aber in der zweyten dritten und fünften, ob ich solche zwar wegen meiner Unpäslichkeit gar nicht zu meiner Befriedigung ausgearbeitet habe, scheint mir eine Materie zu liegen welche wohl einer sorgfältigern und weitläuftigeren Ausführung würdig wäre." Br, AA X, S. 98.
272 Immanuel Kant: *De mundi sensibilis atque intelligibilis forma et principiis/Von der Form der Sinnen und Verstandeswelt und ihren Gründen*. Werke in sechs Bänden. Bd. 3. Hrsg. von Wilhelm Weischedel. Darmstadt 1959, S. 85. (Im Folgenden: *Von der Form*)

genannte Subpretion bzw. den „metaphysischen Fehler der Erschleichung" (*vitum subreptionis, erit permutatio intellectualium et sensitivorum vitum subreptionis Metaphysicum*).[273] Das Resultat dieses Fehlers bezeichnet Kant als ein „intellektuiertes Phänomenon" (*phenomenon intellectuatum*).[274] Er unterscheidet daraufhin zwischen drei Arten von erschlichenen Axiomen: 1) Wenn die sinnliche Bedingung, ohne welche die Anschauung nicht möglich ist, als Bedingung des Gegenstandes selbst genommen wird. 2) Wenn die sinnliche Bedingung, unter welcher das Gegebene verglichen wird, um einen Verstandesbegriff des Gegenstandes zu bilden, als Bedingung des Gegenstandes angesehen wird. 3) Wenn die sinnliche Bedingung, wodurch die Subsumtion des Gegenstandes unter einem Begriff ermöglich wird, als Bedingung des Gegenstandes angenommen wird.

Im Zusammenhang mit dem ersten Fall nennt er den Satz „Alles, was ist, ist irgendwo und irgendwann" und übt hierdurch Kritik an Crusius. „Durch diesen unechten Grundsatz aber wird alles Seiende, mag es auch intellektuell erkannt werden, an die Bedingungen des Raumes und der Zeit im Dasein gebunden."[275] Daraus stammen dem kantischen Verständnis nach falsche Fragen in der Metaphysik, wie beispielsweise die nach dem Ort der immateriellen Substanzen in der Körperwelt. Bei der zweiten Art der erschlichenen Axiome werden zwei Sätze einer Kritik unterzogen. Der erste lautet: „Jede wirkliche Menge ist durch eine Zahl angeblich und jede Größe deshalb endlich"; der zweite: „Alles, was unmöglich ist,

---

273 Im Rahmen der kantischen Konzeption des Fehlers der Erschleichung ist wiederum Lambert von Interesse. In der *Dianoiologie* macht Lambert darauf aufmerksam, dass man den Fehler der Subreption begeht, wenn Schlüsse gezogen werden, ohne die entsprechende Erfahrung gemacht zu haben. „Noch ärger ist es, wenn man solche Schlüße mit der Erfahrung vermengt, und als *empfunden* ausgibt, was man nur *geschlossen* hatte. Diesen Fehler nennt man den Fehler des Erschleichens, *Vitium subreptionis*, und es gebraucht viele Behutsamkeit, ihn durchaus zu vermeiden." Johann Heinrich Lambert: *Neues Organon. Philosophische Schriften.* Bd. 1. Hrsg. von Hans Werner Arndt. Hildesheim (1764) 1965, S. 350. Im Unterschied zu Lambert ist Kant der Auffassung, dass der Fehler nicht in der mangelnden Erfahrung im Schließen besteht, sondern vielmehr in der Vermischung der Prinzipien der Sinnlichkeit und der des Verstandes. Kant bezeichnet diesen Fehler als den metaphysischen Fehler überhaupt. Für eine historische Betrachtung des Problems der Subreption bei Kant und dessen Vorlage in der Schulmetaphysik siehe Hanno Birken Bertsch: *Subreption und Dialektik bei Kant. Der Begriff des Fehlers der Erschleichung in der Philosophie des 18. Jahrhunderts.* Stuttgart – Bad Cannstatt 2006.
274 Kant: *Von der Form*, a.a.O. Hierbei ist es interessant zu sehen, wie Kant später in der *Kritik der reinen Vernunft* Leibniz' Idee eines intellektuierten Phänomenon kritisiert. Man könnte wohl annehmen, dass diese Kritik bereits 1770 an Leibniz gerichtet ist. Von hier aus würden die Interpretationsansätze, die die dogmatischen Züge der *Dissertation* auf Leibniz' Einfluss zurückführen, als fraglich erscheinen.
275 Kant: *Von der Form*, a.a.O., § 27.

widerspricht sich."²⁷⁶ In beiden Sätzen ist der Begriff der Zeit – d.i. eine sinnliche Bedingung des Urteils – das Mittel zur Bildung des Prädikats. Insofern das Thema des ersten Satzes die Größe ist, ließe sich die These aufstellen, dass er gewissermaßen Themen der ersten Antinomie berühre.²⁷⁷ Bei näherem Hinsehen aber kommt man zu der Einsicht, dass hier keineswegs eine Antinomie der Vernunft vorliegt, da die Erschleichung ein von der Einbildungskraft begangener Fehler ist. Die Kritik am zweiten Satz wiederholt eine schon früher geäußerte Kritik Kants, indem sie die Annahme in Frage stellt, dass ausgehend vom Widerspruch auf die Unmöglichkeit geschlossen werden könne. Bei dem dritten Axiom wird der Satz „Alles, was zufälligerweise da ist, ist irgendwann nicht dagewesen" kritisiert.

Es ist hier auch darauf hinzuweisen, dass die Subreption als das Produkt der Einbildungskraft – und nicht des Streits der Vernunft mit sich selbst – anzusehen ist. Damit ist ein weiteres Argument dagegen angeführt, dass der Begriff der Antinomie bereits um 1770 als ausgereift zu betrachten sei.²⁷⁸ In diesem Sinne ist die 1766 eingeführte skeptische Behandlung der Metaphysik von vorrangiger Bedeutung und diese erfolgt eben aus einer Perspektive, die nicht direkt auf die Antinomie zurückzuführen ist. Vielmehr kann wohl behauptet werden, dass die 1770 vorgenommene Unterscheidung zwischen den subjektiven Gesetzen der Sinnlichkeit und den objektiven Gesetzen der Vernunft eine Folge der bereits vorher eingeführten subjektiven, skeptischen Behandlung darstellt.²⁷⁹ Demnach muss das, was bloß subjektiv für unsere Vernunft gilt, notwendigerweise für nicht objektiv gehalten werden. Dieses Verfahren wird von Kant in der oben zitierten *Reflexion* als Propädeutik bezeichnet, da dadurch letztlich ermöglicht wird, die bloß für die Vernunft geltenden subjektiven Gesetze nicht mit den objektiven zu vermengen. Das besagt, dass die skeptische Methode (der negative Teil), wie sie bereits im Brief an Mendelssohn von April 1766 herausgestellt wurde, eine wichtige Stellung innerhalb des Systems einnehmen muss, die ihrerseits für die Bestimmung der Grenze und der Gesetze der menschlichen Vernunft von wesentlicher Bedeutung ist. Es lässt sich anhand der *Kritik der praktischen Vernunft* nachwei-

---

276 Kant: *Von der Form*, a.a.O., § 28.
277 Paul Guyer ist in dieser Hinsicht der Auffassung, dass die drei Arten der Subreption die Antinomien der *Kritik der reinen Vernunft* gewissermaßen antizipieren. Vgl. Paul Guyer: *Kant and the Claims of Knowledge*. Cambridge 1987, S. 389. Siehe auch Benno Birken-Bertsch: a.a.O., S. 85.
278 Dass zwischen der Antinomie der Einbildungskraft und der der Vernunft zu unterscheiden ist, lässt sich anhand des § 70 der *Kritik der Urteilskraft* einsehen. Siehe KU, AA V, S. 386 und ff.
279 Die *Reflexion* 5015 bestätigt diese methodische Entwicklung Kants auf eine deutliche Weise: „Vor der disputation hatte ich schon die Idee von dem Einfluss der subiectiven Bedingungen der Erkenntnisse in die obiective, Nachher von dem unterschiede der sensitiven und intellectualen." Refl. 5015, AA XVIII, S. 60. Datierung um 1776–1778.

sen, dass Kant die skeptische Methode – wohl aber nicht die Kausalität oder die Antinomie – als den Ursprung seiner kritischen Philosophie bezeichnet.[280]

Ausgehend von der Annahme, dass der Einfluss Humes auf 1765–1766 zu datieren und auf die methodologische Komponente seines Ansatzes zu beschränken ist, lassen sich einerseits Kants Ausführungen in den *Träumen* sowie im Brief an Mendelssohn bezüglich der Metaphysik erläutern, d. h. die Verwendung des skeptischen Verfahrens auf das ganze System der Metaphysik. Andererseits lässt sich besser verstehen, wie die Definition der Metaphysik um 1766 und die von 1769 miteinander in Verbindung stehen. Kants Position zur Metaphysik zwischen 1766 und 1770 lässt sich als durchwegs kontinuierlich bezeichnen[281], insofern die Anwendung einer subjektiven, skeptischen Behandlung der Metaphysik im gesamten Zeitraum von großer Relevanz ist. Die Anwendung dieser Methode und die dazu führende Unterscheidung zwischen objektiven und subjektiven Gesetzen, nämlich die zum Verstand (bzw. zur Vernunft) und die zur Sinnlichkeit gehörenden, ermöglichen 1770 die Lösung metaphysischer Probleme, die inhaltlich offenbar weder durch Humes Antinomie noch sein Kausalitätsproblem geprägt sind.

Mit Bezug auf die anfängliche Frage, auf welchem Wege Kant 1766 zu der Definition der Metaphysik als Wissenschaft der Grenze der menschlichen Vernunft gelangt war, lässt sich die These formulieren, dass die Anwendung der skeptischen Methode in erster Linie eine Rückkehr zur menschlichen, subjektiven Vernunft fordert. Auf diese Weise sollte man die Definition der Metaphysik um 1766 als eine Vorform derjenigen von 1769–1770 betrachten.[282] Diese letztere Definition

---

280 „Was nun meine Bearbeitung in der Kritik der reinen Vernunft betrifft, die zwar durch jene Humische Zweifellehre veranlaßt ward [...]." KpV, AA V, S. 52.
281 So erweist sich die diesbezügliche Position Lewis Becks, die eine starke Abweichung der kantischen Auffassung um 1770 gegenüber derjenigen von 1768 annimmt, als wenig plausibel. Beck vertritt die These, die Standpunkte von 1768 und 1770 ließen sich grundsätzlich nicht miteinander vereinbaren, weshalb die *Dissertation* von 1770 als ein vorläufiger Text zu betrachten sei. Dies sei insbesondere dem Umstand geschuldet, dass die 1768 formulierten antimetaphysischen Thesen Kant die Annahme einer akademischen Stelle verwehrten hätten. „Therefore he did not have to maintain this edifice of thought in public." Lewis White Beck, „Lambert und Hume in Kant's Development", a.a.O., S. 102.
282 Dass die Unterscheidung zwischen subjektiven und objektiven Gesetzen der Vernunft leitend für dieses Werk Kants war, ist auch dem 1771 publizierten Buch von Marcus Herz *Betrachtungen aus der spekulativen Weltweisheit* zu entnehmen. „Sein Hauptzweck ist, die verschiedenen Methoden der subjektiven und objektiven Art zu philosophieren, auseinanderzusetzen und Grundsätze anzugeben, nach welchen man sowohl bei dieser als [auch] bei jener zu verfahren hat, besonders diejenigen, welche in der Metaphysik, als einer Wissenschaft der reinen Vernunft und folglich der objektiven Erkenntnis, nie aus den Augen

der Phase κ greift den subjektiven Aspekt der früheren Metaphysikdefinition wieder auf und macht deutlicher als zuvor, dass die Metaphysik aus eben diesem Grund keine objektbezogene Wissenschaft sein kann. In der späteren Terminologie würde das bedeuten, dass Metaphysik die Wissenschaft von den Gegenständen überhaupt ist. Die neue Vorgehensweise hatte erstens zur Folge, dass eine Abgrenzung des Intellektuellen vom Sinnlichen vorgenommen wurde, aus welcher die Reinheit der Begriffe hervorgegangen war, die wiederum ein wesentliches Kriterium der Metaphysik ausmacht.

Damit ergibt sich die Möglichkeit, eine neue Transzendentalphilosophie bzw. Ontologie zu etablieren, welche Kant durch eine Auseinandersetzung mit Baumgartens Transzendentalienlehre zu präzisieren versucht. Folgt man den vorigen Ausführungen, dann könnte die erstaunliche Schlussfolgerung gezogen werden, dass die durch Hume inspirierte skeptische Behandlung der Metaphysik das Fundament für Kants ersten Entwurf der Transzendentalphilosophie bildete. Die Essenz dieser These liegt darin, dass sie im Gegensatz zu den gängigen Interpretationen, die Humes Beitrag zur Entwicklung der kritischen Transzendentalphilosophie vor 1770 entweder in dem Kausalitäts- oder in dem Antinomienproblem sehen, davon ausgeht, dass der Einfluss direkt mit der Definition der Transzendentalphilosophie als Wissenschaft von den Gegenständen überhaupt zu tun hat. Eine solche Behauptung macht demnach eine Auseinandersetzung mit denjenigen Deutungen von Kant erforderlich, die die Entstehung und den Umfang der Transzendentalphilosophie eher auf kosmologische Fragen der traditionellen Metaphysik zurückführen.

3.4 Der Ursprung der Transzendentalphilosophie und die Frage nach der Antinomie: eine Diskussion

Wie bereits ausgeführt, stellt die subjektiv orientierte Definition der Metaphysik um 1769 eine wichtige Vorform der späteren Transzendentalphilosophie und des ganzen Systems dar, wofür die Einführung der skeptischen Behandlung der Metaphysik um 1766 maßgeblich war. Alternativ zu der hier vertretenen These könnte man den Ursprung der Transzendentalphilosophie, wie bereits erwähnt, auch aus der Antinomieproblematik herzuleiten versuchen, so wie es Norbert Hinske und Lothar Kreimendahl tun.[283] Norbert Hinske begründet diese Sichtweise mit einer

---

gelassen werden dürfen." Marcus Herz: *Betrachtungen aus der spekulativen Weltweisheit*. Hrsg. von Elfriede Conrad, Heinrich P. Delfosse und Birgit Nehren. Hamburg 1990, S. 8.

283 Eine weitere Interpretation, die im Gegensatz zu der hier vertretenen steht, stammt von Josef Schmucker. Schmucker vertritt die These, dass Kant bereits vor 1770 Überlegungen zur

vermeintlichen Parallele zwischen der neuen Definition der Transzendentalphilosophie in der B-Auflage der *Kritik der reinen Vernunft* und der aufs Ende der siebziger Jahre datierten *Reflexion 5116*.

Die B-Auflage von 1787 führt bekanntermaßen eine kleine Änderung der Definition der Transzendentalphilosophie im Vergleich zu der A-Auflage ein, welche hauptsächlich in der Einführung des Terminus *Erkenntnisart* besteht. Die neue Definition lautet also folgendermaßen: „Ich nenne alle Erkenntnis transzendental, die sich nicht sowohl mit Gegenständen, sondern mit unserer Erkenntnisart von Gegenständen, insofern diese a priori möglich sein soll, überhaupt beschäftigt."[284] Die Gründe für diese Änderung sowie die Absichten, die Kant mit ihr verfolgt haben mochte, wurden in der Kant-Forschung schon breit diskutiert. Benno Erdmann und Hans Vaihinger beispielsweise stimmen darin überein, dass die Einführung von Erkenntnisart als der Versuch Kants anzusehen ist, die „transzendentale Ästhetik" in die Transzendentalphilosophie einzubeziehen, denn die Definition der A-Auflage habe die „transzendentale Ästhetik" zugunsten der „transzendentalen Analytik" ausgeschlossen. Demnach solle unter Erkenntnisart nach der vorgenommenen Änderung so viel wie Begriffe und Anschauungen verstanden werden. Entgegen dieser Auffassung Erdmanns und Vaihingers interpretiert Hinske das Wort Erkenntnisart in Anlehnung an die *Reflexion* 5116. Hinske macht zurecht darauf aufmerksam, dass hierin die Benennung Erkenntnisart ganz anders zu deuten ist als Begriff und Anschauung. Daraus geht nach Ansicht Hinskes der folgende überraschende Befund hervor: Der Erkenntnisart habe Kant 1787 dieselbe Bedeutung zugeschrieben wie in der *Reflexion* 5116, nämlich *metaphysica specialis*. Vorausgesetzt Erkenntnisart sei mit *metaphysica specialis* gleichzusetzen, kommt man leicht zu der Einsicht, dass Kants in der B Definition eingeführte Änderung darauf gerichtet sei, die Objekte der „transzendentalen Dialektik" in die Transzendentalphilosophie einzubeziehen.[285] Somit liege auf der Hand, dass die A-Definition von 1781 vermutlich deshalb einer Bearbeitung bedurfte, weil sich ihr Umfang lediglich auf den Bereich der trans-

---

Antinomieproblematik anstellte, betrachtet diese aber nicht als das bewegende Motiv der subjektiven Lehre von Raum und Zeit, wie es die älteren Kant-Forscher postulierten. Zudem kritisiert er den Versuch Klaus Reichs, die Antinomieproblematik als eine aus dem Deduktionsproblem entstandene Frage zu verstehen. Bezeichnend für diese Interpretation Schmuckers ist, dass er der skeptischen Methode, welche Reich als entscheidend für die Jahre vor 1770 beurteilt, jeglichen Einfluss auf Kants Denken abspricht. Siehe dazu Josef Schmucker: „Was entzündete in Kant das große Licht von 1769?". In: *Archiv für Geschichte der Philosophie* 58 (1976), S. 393–434.
284 KrV B 25.
285 „Kant scheint bei der Änderung der Einleitungsdefinition vornehmlich die Probleme der transzendentalen Dialektik im Blick gehabt zu haben." Hinske: *Kants Weg zur Transzendentalphilosophie*, a.a.O., S 39.

zendentalen Analytik (und somit auf den der Ontologie) beschränkte. Das Besondere der neuen Definition von 1787 besteht also darin, dass die Transzendentalphilosophie die Objekte der transzendentalen Dialektik bzw. der *metaphysica specialis* einbezieht. Die folgenreichste Konsequenz daraus zeige sich schließlich in einer Rückkehr zur Wolffschen Tradition der Kosmologie, die der Ansicht Hinskes nach eine der Quellen der kantischen Transzendentalphilosophie ausmache. Die genannte *Reflexion*, auf der Hinske seine Argumente basiert, lautet wie folgt:

> Es dauerte lange, daß ich auf solche Weise die ganze dogmatische theorie dialectisch fand. Aber ich suchte was Gewisses, wenn nicht in Ansehung des Gegenstandes, doch in ansehung der Natur und der Grenzen dieser Erkenntnisart.[286]

Dabei kann man eindeutig erkennen, dass die Bedeutung des Wortes Erkenntnisart keine andere als dogmatische Theorie bzw. *metaphysica specialis* sein kann, worauf Hinske richtigerweise hinweist. Dennoch ergibt sich aus einer näheren Betrachtung, dass die angenommene Parallele zu der Definition der B-Auflage in mehrerlei Hinsicht fraglich ist. Ein erster Hinweis darauf lässt sich aus einer systematischen Perspektive finden: Hinskes Deutung führt unumgänglich dazu, Transzendentalphilosophie und Metaphysik einfach gleichzusetzen. Im Rahmen der neuen Definition würde dies bedeuten, dass Kant beansprucht, die Transzendentalphilosophie sowohl auf den Bereich der allgemeinen als auch der besonderen Metaphysik zu beziehen und damit die Gesamtheit der metaphysischen Objekte in einer einzigen Disziplin zu umfassen. Diese Deutung deckt sich jedoch weder mit der Systementwicklung im Laufe der siebziger Jahre, die darauf abzielt, die Transzendentalphilosophie von der Metaphysik zu unterscheiden, noch mit dem Systementwurf im Architektonik-Kapitel der *Kritik der reinen Vernunft*, der in beiden Auflagen unverändert bleibt und genau dieselbe Unterscheidung beider Disziplin als wesentlich annimmt. Ebenfalls wichtig zu erwähnen ist an dieser Stelle, dass Kant in den *Vorlesungen über Metaphysik* nach dem Erscheinen der *Kritik der reinen Vernunft* sowie auch in der Preisschrift über die *Fortschritte* aus den neunziger Jahren von derselben Idee eines Unterschieds zwischen Transzendentalphilosophie und Metaphysik ausgeht.[287] All diese Stellen tragen also der beabsichtigten Unterscheidung Kants zwischen Transzendentalphilosophie und Metaphysik Rechnung, während sich Hinskes These nur auf eine Textstelle aus den fünfziger Jahren stützt.

---

286 Refl. 5116, AA XVIII, S. 95. Datierung um 1776–1778.
287 Vgl. z. B. KrV A 841/B 869; FM, AA XX, S. 265. Dazu auch Prol, AA IV, S. 279.

Der zweite Hinweis gegen Hinskes Deutung ist von eher entwicklungsgeschichtlichem Charakter: Er übersieht, dass an anderen Stellen des kantischen Werks dem Wort Erkenntnisart ohne Zweifel ein gänzlich anderes Verständnis unterliegt als das von ihm angenommene.[288] Die diesbezüglich aussagekräftigste Stelle ist in den *Prolegomena* zu finden. Der besondere Belang dieser Textstelle ergibt sich dadurch, dass sie zeitlich gesehen der B-Auflage der *Kritik der reinen Vernunft* viel näher steht als die von Hinske herangezogene, vermutlich aus den Jahren 1776–1778 stammende *Reflexion* 5116 und von daher auch als beweiskräftiger zu erachten ist. Wenden wir uns also der Frage zu, wie das Wort Erkenntnisart in den *Prolegomena* behandelt wurde. In der „Vorerinnerung" stellt Kant die grundlegende Charakteristik dar, die der metaphysischen Erkenntnis zukommt, und erläutert, auf welche Weise sie bestimmt werden kann. Die metaphysische Erkenntnis lässt sich den *Prolegomena* nach gemäß ihren Quellen, der Natur ihrer Gegenstände und der Erkenntnisart klassifizieren.[289] Von den Quellen her betrachtet, muss die Metaphysik mit reinen Begriffen des Verstandes und der Vernunft zu tun haben. Was die Erkenntnisart betrifft, legt der Titel des § 2 („Von der Erkenntnißart, die allein metaphysisch heißen kann") die Vermutung nahe, dass Erkenntnisart nicht zwingend nur auf die Metaphysik bezogen ist. Als Erkenntnisarten können folglich auch solche Formen der Erkenntnis bezeichnet werden, die nicht metaphysisch sind, wie z. B. die der Mathematik oder Naturwissenschaft. Dafür spricht die Tatsache, dass im angeführten Titel des § 2 die adjektivierte Form *metaphysisch* gebraucht wird. Von hier aus lässt sich annehmen, dass die Verwendung des Begriffs Erkenntnisart nicht unbedingt auf die Disziplinen der *metaphysica specialis* zu beschränken sei, insofern das Wort sowohl mit dem Attribut metaphysisch, mathematisch, als auch naturwissenschaftlich vorkommt.

Noch ein weiteres Argument ergibt sich aus dem genannten § 2. Hierin wird hauptsächlich die Frage nach den unterschiedlichen Arten von Urteilen behandelt, die in analytische, synthetische und synthetische a priori aufgeteilt werden.

---

[288] So z. B. die *Reflexion* 4440: „Drey Erkentnisarten und obiective unterschiede: 1. Empfindung, 2. Form der Erscheinung, 3. Begrif." Refl. 4440, AA XVII, S. 547. Datierung um 1771. Wie man deutlich sieht, kommt dem Begriff Erkenntnisart in dieser *Reflexion* eine Bedeutung zu, die derjenigen Erdmanns und Vaihingers viel näher kommt. Für eine ausführliche Kritik an Hinskes Standpunkt siehe Tillmann Pinder: „Kants Begriff der transzendentalen Erkenntnis. Zur Interpretation der Definition des Begriffs ‚transzendental' in der Einleitung zur Kritik der reinen Vernunft (A 11 f./B 25)". In: *Kant-Studien* 77 (1986), S. 1–40.

[289] „Dieses Eigenthümliche [scil. der metaphysischen Erkenntnis] mag nun in dem Unterschiede des Objects oder Erkenntnißquellen oder auch der Erkenntnißart oder einiger, wo nicht aller dieser Stücke zusammen bestehen, so beruht darauf zuerst die Idee der möglichen Wissenschaft und ihres Territorium." Prol, AA IV, S. 265.

Es lässt sich aus dieser Tatsache folgern, dass unter Erkenntnisart grundsätzlich bestimmte Formen des Urteilens begriffen werden. Ausgehend von der Auffassung, dass Kant in diesem Paragraphen die unterschiedlichen Arten von Urteilen erklärt, lässt sich also schließen, dass mit Erkenntnisart die Urteile angedeutet werden. Im spezifischen Fall der Metaphysik gründet ihre Möglichkeit auf denjenigen Urteilen, die synthetisch sind und zugleich a priori gelten. Die Darlegung des Problems des Urteils in § 2 bestätigt also die bereits geäußerte Vermutung, dass in den *Prolegomena* von einer Bedeutung von Erkenntnisart ausgegangen wird, die sich mit der *metaphysica specialis* keineswegs deckt. Die eigentliche Bedeutung des Begriffs ist eine viel umfassendere als die von Hinske angenommene: Erkenntnisart bezieht sich einerseits auf andere Wissenschaften – wie Naturwissenschaft und Mathematik – sowie andererseits auf die unterschiedlichen Weisen, auf die in den Wissenschaften über bestimmte Gegenstände geurteilt wird, sei es analytisch, synthetisch oder synthetisch a priori.

Überträgt man diese Deutung von Erkenntnisart auf die Definition der B-Auflage, dann bedeutet dies, dass sich *transzendental* mit einer Art von Urteilen über Gegenstände befasst, deren Gültigkeit und Anwendung a priori bewiesen werden kann. Von hier aus lässt sich annehmen, dass mit dem Begriff transzendental letztendlich die Frage verbunden ist, wie synthetische Urteile a priori möglich sind; anders gesagt: wie die Urteile der metaphysischen Erkenntnis möglich sind. Die „Einleitung" zur *Kritik der reinen Vernunft* gibt einen weiteren Hinweis darauf. Denn bei näherem Hinsehen zeigt sich, dass Kant dem Abschnitt über die „Unterscheidung zwischen analytische[m] und synthetische[m] Urteilen" die folgenden einleitenden Worte voranstellt: „Ich will daher gleich anfangs von dem Unterschiede dieser zweifachen Erkenntnisart handeln." Es ist naheliegend, dass sich Kant mit Erkenntnisart ganz allgemein auf die Art des Urteilens bezieht und nicht dezidiert auf die *metaphysica specialis*, wie Hinske annimmt.[290]

Die hier vorgenommene Interpretation macht auch klarer, was Kant mit der neuen Definition der Transzendentalphilosophie in der B-Auflage bezweckt. Dementsprechend ist die Neudefinition weniger als Korrektur zu verstehen, die Hinske zufolge einen Rückschritt in die alte Tradition bedeuten würde, sondern

---

[290] Bemerkenswert ist in diesem Kontext die Definition der Metaphysik, die Jakob 1786 in seinem kritischen Buch gegen Mendelssohn zum Ausdruck bringt. Er schreibt diesbezüglich: „Metaphysik also beschäftigt sich nicht mit Gegenständen, sondern nur mit Sätzen, wodurch Gegenstände (Erscheinungen) möglich werden." Ludwig Heinrich Jakob: *Prüfung der Mendelssohnschen Morgenstunden oder aller spekulativen Beweise für das Dasein Gottes*. In: *Aetas Kantiana*. Brüssel (1786) 1968, S. XXXIII. Die Ähnlichkeiten zwischen dieser Definition und derjenigen aus Kants B-Auflage sind offenkundig. Dabei ist der Ausdruck *Sätze* wohl durch *Erkenntnisart* im Sinne von Urteil zu ersetzen.

viel als Weiterentwicklung des kantischen Denkens. Wie bereits erwähnt, zeigt sich diese Position Kants aufgrund der zeitlichen Nähe zu der B-Auflage wesentlich deutlicher in den *Prolegomena* als in der herangezogenen *Reflexion* von 1776–1778. Darüber hinaus lässt sich aus der von Hinske eingenommenen Perspektive nicht erklären, warum Kant bereits zwischen 1776 und 1778 von einer Idee der Transzendentalphilosophie ausgeht, die nicht schon 1781, sondern erst 1787 zum Ausdruck gebracht wird. Bezeichnend dafür ist in dieser Hinsicht auch, dass Hinskes Analyse der *Reflexion* 5116 nur auf einen kleinen Teil derselben beschränkt wird. Nach der von Hinske diskutierten Textpassage fügt Kant das Folgende hinzu: „Ich fand allmählich, daß viele von den sätzen, die wir als objectiv ansehen, in der That subjectiv seyen, d.i. die *conditiones* enthalten, unter denen wir allein den Gegenstand einsehen oder begreifen."[291] Kant greift bei dieser Beschreibung seiner Denkentwicklung die Unterscheidung zwischen objektiven und subjektiven Gesetzen der Vernunft auf, womit allerdings keine Antinomieproblematik im eigentlichen Sinne dargestellt wird, wie im Vorigen erläutert wurde. Maßgeblich ist dabei eher die Idee, dass unsere Vernunft subjektiven Gesetzen unterliegt, die irrtümlicherweise als objektiv angesehen werden. Dies wurde durch die Anwendung der skeptischen Methode erst klar gemacht.

Der andere Interpretationsansatz über den Ursprung der kantischen Transzendentalphilosophie kommt aus der schon erwähnten Deutung Kreimendahls. Im Unterschied zu Hinske geht Kreimendahl von der Annahme aus, dass Kant 1768 über eine Auffassung der Antinomieproblematik verfügt, die derjenigen aus der *Kritik der reinen Vernunft* grundsätzlich sehr nahe steht.[292] Wie oben erläutert,

---

[291] Refl. 5116, a.a.O.
[292] Im Gegenteil dazu geht Hinske von der Annahme aus, dass im Laufe der kantischen Denkentwicklung unterschiedliche Bedeutungen der Antinomielehre zu finden sind. Diese Behauptung stützt sich hauptsächlich darauf, dass der Begriff Antinomie in der „transzendentalen Dialektik" der *Kritik der reinen Vernunft* sowohl im Singular (Antinomie) als auch im Plural (Antinomien) vorkommt. Die Antinomie im Singular bezieht sich auf den Widerstreit der Vernunft mit sich selbst, während das Wort Antinomien hauptsächlich auf die Existenz von gegensätzlichen Sätzen hindeutet. Die erste Bedeutung ist der Ansicht Hinskes nach auf eine spätere, reifere Phase der Antinomieproblematik zu datieren, die erst nach 1770 zum Ausdruck kommt. Kreimendahl übernimmt Hinskes Datierung der Entwicklungsphasen nicht und sieht die letzte Etappe der Antinomieproblematik bereits um 1769 als abgeschlossen an. Dabei beanstandet Kreimendahl, dass Hinske die *Reflexionen* der Phase κ bei seiner Auseinandersetzung mit der Antinomieproblematik außer Acht ließ. „Vermutlich hat ihn [scil. Hinske] der Umstand irritiert und von einem solchen Unternehmen absehen lassen, dass in einigen Reflexionen der Phase κ der Antinomiegedanke schon als Widerspruch von Vernunftgesetzen, also in der Gestalt der dritten Etappe formuliert ist – vorausgesetzt, ihre Datierung durch Adickes sei einwandfrei. Hinske meldet zwar ganz allgemein Vorbehalte gegen Adickes' Datierung an, ohne ihre Unrichtigkeit für die hier einschlägigen Reflexionen jedoch zu erweisen." Kreimendahl: *Kant. Der*

stützt Kreimendahl seine Argumentation auf eine mutmaßliche Hume-Lektüre Kants um 1768, nämlich auf den Schluss des ersten Buchs (1.4.7.) des *Traktats*, in dem ein Widerstreit der Vernunft mit sich selbst angedeutet wird. Die entscheidenden entwicklungsgeschichtlichen Schritte, die Kant zu seiner Transzendentalphilosophie bewegt haben könnten, lassen sich nach der Ansicht Kreimendahls folgendermaßen benennen: a) Wende zum Empirismus, b) Entdeckung der Antinomie, c) subjektive Auffassung des Raumes (als Lösung für die Antinomie). Dafür liefert der Autor direkte und indirekte Beweise. Einer der wichtigsten indirekten Belege, auf welche sich Kreimendahls Deutung stützt, ist die in der Kant-Forschung breit diskutierte *Reflexion 5037*.[293] Hier berichtet Kant auf autobiographische Weise folgendes:

> Wenn ich so viel erreiche, dass ich überzeuge, man müsse die Bearbeitung dieser Wissenschaft so lange aussetzen, bis man diesen Punkt ausgemacht hat, so hat diese Schrift ihren Zweck erreicht. Ich sahe anfenglich diesen Lehrbegriff wie in einer Dämmerung. Ich versuchte es gantz ernstlich, Satze zu beweisen und ihr Gegentheil, nicht um eine Zweifellehre

---

Durchbruch, a.a.O., S 157. Eine ähnliche Kritik skizziert Josef Schmucker: „Was entzündete in Kant das große Licht von 1769?", a.a.O. S. 408. Dazu Norbert Hinske: „Kants Begriff der Antinomie und die Etappen seiner Ausarbeitung". In: *Kant-Studien* 56 (1965), S. 485–496. Siehe auch die Antwort Hinskes auf Kreimendahls Einwand: Norbert Hinske: „Prolegomena zu einer Entwicklungsgeschichte des Kantischen Denkens. Erwiderung auf Lothar Kreimendahl". In: Robert Theis und Claude Weber (Hrsg.): *De Christian Wolff à Louis Lavalle. Métaphysique et histoire de la philosophie/Von Christian Wolff bis Louis Lavalle. Geschichte der Philosophie und Metaphysik*. Hildesheim/Zürich/New York 1995, S. 102–121

293 Für eine Kritik an den von Kreimendahl angeführten indirekten Beweisen siehe Klemme: *Kants Philosophie des Subjekts*, a.a.O., S. 38–46. Klemme kritisiert insbesondere die Bezugnahme auf die *Vorlesungen über Logik* (*Logik Philippi* und *Logik Blomberg*), derer sich Kreimendahl bedient, um den Einfluss Humes nachzuweisen. Im Gegensatz zu Kreimendahl behauptet Klemme die systematisch und entwicklungsgeschichtlich vorrangige Bedeutung der Raum Zeit-Lehre und verschiebt damit die Problematik der Antinomien auf eine spätere Phase des Denkens Kants. „Die transzendentale Ästhetik steht in der Schrift von 1781 nicht nur systematisch, sondern auch entwicklungsgeschichtlich an erster Stelle." Klemme: *Kants Philosophie des Subjekts*, a.a.O., S. 42. Klemme interpretiert die subjektive Lehre von Raum und Zeit als den Beginn der kritischen Philosophie und stellt sie als Voraussetzung für die Entdeckung und Auflösung der Antinomieproblematik dar: „Der Beginn der Kritischen Philosophie fällt zusammen mit der Entwicklung der neuen Raum-Zeittheorie, die Kant 1770 in seiner Inauguraldissertation De mundi sensibilis atque intelligibilis forma et principiis publiziert. Ohne diese Theorie wird es ihm schwerlich möglich gewesen sein, die später sogenannte ‚Antinomie der reinen Vernunft' zu formulieren und aufzulösen." Heiner F. Klemme: „Kants Wende zum Ich. Zum Einfluß von Herz und Mendelssohn auf die Entwicklung der kritischen Subjekttheorie". In: *Zeitschrift für philosophische Forschung* 53 (1999), S. 507.

3.4 Der Ursprung der Transzendentalphilosophie und die Frage nach der Antinomie — 117

zu errichten, sondern weil ich eine Illusion des Verstandes vermuthete, zu entdecken, worin sie stäke. Das Jahr 69 gab mir grosses Licht.[294]

Bezüglich des ersten Satzes dieser *Reflexion* herrscht unter den Interpreten eine gewisse Übereinstimmung darüber, was Kant hier zu sagen beabsichtigte. Demnach sei die „Wissenschaft", die ausgesetzt werden sollte, keine andere als die Metaphysik, während mit der angesprochenen „Schrift" die schon lang geplante Kritik der reinen Vernunft gemeint sei.

Schwieriger zu deuten ist hingegen der Ausdruck im ersten Satz „bis man diesen Punkt ausgemacht hat". Kreimendahls Ansicht nach werde damit eindeutig Bezug auf die Antinomie genommen.[295] Jedoch erweist sich aus einer näheren Betrachtung, dass mit jenem „Punkt" vermutlich etwas anderes gemeint ist. Kants Rede von der Aussetzung der Metaphysik, d. h. die Aussetzung des dialektischen Teils der *Kritik der reinen Vernunft*, könnte derart interpretiert werden, dass der dialektische Teil so lange beibehalten werden müsse, bis eine vorangehende Kritik durchgeführt wurde, die die Frage nach der Möglichkeit der synthetischen Urteile a priori beantwortet. Erst damit könnten die Gültigkeit und Grenzen der Metaphysik festgesetzt werden. Interpretiert man diese Stelle auf die hier vorgeschlagene Weise, dann lässt sich anhand des zweiten Teils dieser *Reflexion* leicht nachvollziehen, wie Kant weiter vorgeht. Der nächste Satz lautet: „Ich sahe anfenglich diesen Lehrbegriff." Worin der gemeinte „Lehrbegriff" besteht, ist in der Kant-Forschung umstritten. Geht man davon aus, dass mit dem auszumachenden „Punkt" auf die „Kritik" angespielt wurde, dann liegt auf der Hand, dass mit der Bezeichnung „Lehrbegriff" nur eines gemeint sein kann: Kritik der reinen Vernunft.[296] Damit wird allerdings nicht das Werk selbst zur Sprache gebracht,

---

294 Refl. 5037, AA XVIII, S. 69. Datierung um 1776–1778.
295 Vgl. Kreimendahl: *Kant. Der Durchbruch*, a.a.O., S. 193 und 194. Derselben Auffassung ist auch Adickes; siehe Adickes „Anmerkung 18" zu *Reflexionen*, AA XVIII, S. 69. Klaus Reich vertritt dagegen die These, dass mit „Punkt" etwas Ähnliches wie die Frage nach der Möglichkeit der synthetischen Urteile a priori gemeint ist. Derselben Meinung ist Josef Schmucker, wobei er Reichs Auffassung, dass die Antinomieproblematik erst nach dem Problem der Deduktion entstanden sei, sehr kritisch beurteilt. Siehe dazu Reich: „Einleitung", a.a.O., S. XII und Schmucker: „Was entzündete in Kant das große Licht von 1769?", a.a.O, S. 395.
296 Als weitere Beweise dafür könnte man zentrale Stellen der *Kritik der reinen Vernunft* sowie auch der *Prolegomena* heranziehen, an welchen Kant „Lehrbegriff" in einer allgemeineren Bedeutung verwendet und mit „transzendentalem Idealismus" identifiziert. Vgl. KrV A 397, A 409 und Prol., AA IV, S. 289 und 377. Dazu auch den Brief an Herz von 1773: „Allein da ich einmal in meiner Absicht eine so lange von der Hälfte der philosophischen Welt umsonst bearbeitete Wissenschaft umzuschaffen so weit gekommen bin daß ich mich im Besitz eines Lehrbegrifs sehe der das bisherige Rätsel völlig aufschließt und das Verfahren der sich selbst isolirenden

sondern vielmehr die sich schon ab 1766 herausbildende Notwendigkeit, die Vernunft einer Kritik zu unterziehen.

Diese von Klaus Reich und Josef Schmucker vertretene Deutung des „Lehrbegriffs"[297], erklärt in angemessener Weise, wie sich der in der *Reflexion* dargestellte Gedanke logisch aufbaut. Im Gegensatz dazu wird z. B. bei dem von Alois Riehl formulierten und auch von Kreimendahl vertretenen interpretatorischen Ansatz, dem zufolge unter „Lehrbegriff" die kantische Raum-Zeitlehre zu verstehen sei, die *Reflexion* ihrer konsistenten Struktur entledigt.[298] Es liegt auf der Hand, dass das Demonstrativpronomen „diesen" auf den vorigen Satzteil bezogen werden sollte, in welchem eine Kritik der reinen Vernunft („diese Schrift") angedeutet wurde. Stattdessen beharrt Kreimendahl auf einer systematischen Interpretation, mit welcher der vermeintlichen Tatsache Rechnung getragen werden müsse, dass Kant zunächst die Antinomie entdeckt und dann die Raum-Zeitlehre als Lösung dafür abgefasst habe.

In der ebenfalls biographischen *Reflexion* 5015 gibt Kant Auskunft über die Entwicklung seiner Gedanken vor der *Dissertation*, d. h. um 1768–1769. Er schreibt:

> Es hat eine geraume Zeit dazu gehöret, ehe die Begriffe sich bey mir so geordnet hatten, dass ich sie sahe ein gantzes ausmachen und die Grentze der Wissenschaft deutlich zeichnen, die ich vor hatte. Von der disputation hatte ich schon die Idee von dem Einflus der subjectiven Bedingungen der Erkentnis in die obiective, Nachher von dem unterschiede der sensitiven und intellectualen. Aber der letztere war bey mir blos negativ.[299]

Kants Bezugnahme auf die Verwechslung zwischen subjektivem und objektivem Bereich der Erkenntnis macht gerade ersichtlich, dass die in der *Reflexion* 5037 angesprochene „Illusion des Verstandes" in keiner Weise ausschließlich als eine Art von Antinomie interpretiert werden darf. Denn hierbei wird höchstens ein Widerstreit zwischen unterschiedlichen Erkenntnisvermögen zum Ausdruck gebracht, nämlich ein Widerstreit zwischen dem sinnlichen und dem intellektuellen

---

Vernunft unter sichere und in der Anwendung leichte Regeln bringt." Br, AA X, S. 144. Als Beispiel dafür zitiert Reich die Refl. 4953, AA XVIII, S. 40.
297 Vgl. Reich, „Einleitung", a.a.O., S. XII und Schmucker: „Was entzündete in Kant das große Licht von 1769?", a.a.O., S. 395–396.
298 Alois Riehl: *Der philosophische Kritizismus. Geschichte und System.* Leipzig 1924, S. 339. Siehe Kreimendahl: *Der Durchbruch*, a.a.O., S. 194. Ein wichtiges Argument gegen die Interpretationen von Riehl und Kreimendahl wurde von Brandt in seiner Rezension zum Buch Kreimendahls angeführt: „Wenn dort [scil. *Reflexion* 5037] von ‚diese[m] Lehrbegriff' die Rede ist, so darf dieser nicht mit der Raum-Zeitlehre identifiziert werden, [...] denn die Theorie von Raum und Zeit liegt 1770 vor, die Reflexion spricht jedoch von einer neuen Idee der 1776–1778 noch nicht publizierten, sondern geplanten Schrift." Brandt: „Rezension", a.a.O., S. 107.
299 Refl. 5015, AA XVIII, S. 60. Datierung um 1776–1778.

3.4 Der Ursprung der Transzendentalphilosophie und die Frage nach der Antinomie — 119

Vermögen. Daraus entstand, wie in der *Reflexion* erläutert wird, die Unterscheidung zwischen Sinnlichkeit und Verstand („Unterschiede der sensitiven und intellectualen"), welche in und nach der *Dissertation* von 1770 eine zentrale Stellung einnimmt. Diese *Reflexion* bezieht sich ebenfalls auf einen Zeitraum vor der *Dissertation*; insofern die *Reflexion* eher einen Widerstreit zwischen unterschiedlichen Erkenntnisvermögen in den Vordergrund stellt, darf man wohl darauf schließen, dass vor 1770 keine Antinomie in dem von Kreimendahl beanspruchten Sinne zu finden ist.[300] Dementsprechend lassen sich die von Kreimendahl angeführten indirekten Beweise als wenig überzeugend beurteilen.

Für die direkten Beweise beruft sich Kreimendahl grundsätzlich auf die *Reflexionen* der Phase κ. Eine dieser *Reflexionen* lautet wie folgt:

> Von allem was da ist, müßen wir einen Grund erkennen, wenn wir durch die Vernunft erkennen wollen, daß es sey; also können wir das absolut nothwendige nicht erkennen. In allem subordinirten müssen wir ein erstes annehmen, was also an sich nothwendig ist; also ist ein Streit subiectiver Gesetze.[301]

Hierin sind zwei Aspekte enthalten, die Kreimendahls Ansicht bezüglich der Existenz einer Antinomie der Vernunft vordergründig zu bestätigen scheinen: Erstens liefert die ausdrückliche Erwähnung eines Streits subjektiver Gesetze ein bestechendes Argumente dafür, dass bereits um 1769–1770 eine Antinomie vorhanden war. Zweitens deutet die in der *Reflexion* angesprochene, unabweisbare Annahme eines notwendigen, wenngleich nicht erkennbaren Grundes unmissverständlich auf die Existenz einer Antinomie hin. Allerdings zieht Kreimendahl in keiner Weise in Betracht, dass Kant die soeben erwähnte Unterscheidung zwischen Gesetzen der Erkenntnis bereits um 1769 eingeführt hatte. Die Pointe dieser Unterscheidung besteht darin, Gesetze der Sinne und Gesetze der Vernunft zu trennen, ohne dadurch eine Antinomie der Vernunft selbst zu postulieren. Was Kant zu dieser Zeit eher im Blick gehabt haben könnte, ist eine Illusion der Vernunft, welche sich auf eine vorliegende Verwechslung der subjektiven mit den objektiven Prinzipien der Erkenntnis gründet. Das ist, wie schon erwähnt, als das *vitium subreptionis* zu verstehen, das aufgrund der Einbildungskraft – und eben nicht der Vernunft – zustande kommt.[302]

---

300 Dies entspricht Hinskes Interpretation der kantischen Etappen der Antinomie um 1770, wo er in der *Dissertation* von einer Antinomie zwischen Sinnlichkeit und Verstand spricht. Siehe dazu Hinske: „Kants Begriff der Antinomie und die Etappen seiner Ausarbeitung", a.a.O., S. 494.
301 Ref. 4007, AA XVII, S. 383. Datierung um 1769, 1769–1770.
302 Siehe Benno Birken-Bertsch: a.a.O., S 141 ff. Reich interpretiert in dieser Hinsicht den 5. Abschnitt der *Dissertation* als ein „Analogon" der Doktrin der Urteilskraft der *Kritik der reinen Vernunft*. Siehe Reich: a.a.O., S. X.

Betrachtet man den oben besprochenen Fehler der Erschleichung, auf welchen Kreimendahls Deutung nicht eingeht, als Leitgedanken für die Diskussion der Antinomien vor 1770, so lassen sich einige wesentliche Probleme der kantischen Denkentwicklung klären: Erstens sind die von Kreimendahl vorgeschlagenen Entwicklungsphasen (Empirismus – Antinomie – subjektive Raum-Zeit-lehre) nicht stichhaltig, da weder eine Hinwendung zum Empirismus, die angeblich zur Entdeckung des Skeptizismus (objektiv genommen) hätte führen sollen, noch eine echte Problematisierung der Antinomie als Widerstreit der Vernunft mit sich selber um 1768–1769 belegbar sind. Zweitens legt die Problematik der Subreption nahe, wie Kant 1769–1770 zu einer transzendentalen Unterscheidung zwischen Sinnlichkeit und Verstand gelangt war und mit dieser als Propädeutik den Weg für die eigentliche Metaphysik bereitet hatte. Drittens stellt sich heraus, dass die widerstreitenden Gesetze, die Kreimendahl als Antinomie bezeichnet, bloß als ein Produkt der Einbildungskraft anzusehen sind.

Anhand der aus der Mitte der sechziger Jahre stammenden *Reflexionen* lässt sich weiterhin bestätigen, inwiefern Kants Denken wesentlich auf eine Unterscheidung zwischen zwei Gesetzen der menschlichen Erkenntnis fokussiert war (eine der Sinnen, die andere der Vernunft), ohne dass diese als Folge eines antinomischen Streits der Vernunft selber angesehen werden. Aus Kants in den frühen sechziger Jahren geübter Kritik an der rationalistischen Auffassung des Kausalitätsprinzips ergab sich die Notwendigkeit, eine Reihe von Unterscheidungen in die Metaphysik einzuführen, deren Auswirkung auf Kants Denkentwicklung bis 1769 nicht zu unterschätzen ist. Da sich die Realverknüpfung nicht rational, d. h. aus den Prinzipien der Identität und des Widerspruchs ableitbar, erkennen lässt, wird die Unterscheidung zwischen den Gesetzen der Vernunft und den Gesetzen der Sinne notwendig, um einen Ausweg aus dem Konflikt zu finden. Diesbezüglich zeigen die *Reflexionen* aus den Jahren 1763 bis 1769, wie Kant vorging, als er die Unterscheidungen zwischen Vernunft und Erfahrung, objektiv und subjektiv, Materie und Form, analytisch und synthetisch zog. Eine vollständige Einordnung der in den *Reflexionen* dieser Phase bearbeiteten Themen ist an dieser Stelle nicht zu leisten. Jedoch beinhalten viele dieser *Reflexionen* Überlegungen Kants, die für die vorliegende Problematik von besonderer Bedeutung sind. So wird z. B. in vielen *Reflexionen* zwischen *logisch* und *real* unterschieden.[303] Diesem Unterschied gemäß differenziert Kant folglich zwischen denjenigen Begriffen der Metaphysik, die analytisch sind, und den Begriffen von Raum, Zeit und Kraft, denen ein synthetischer Charakter zukommt. Dementsprechend lautet die *Reflexion* 3716: „Die Grundbegriffe der analysis sind: Möglichkeit, Unmöglichkeit,

---

[303] Siehe Refl. 3716, 3717, 3735, 3756, 3814. Dazu vgl. auch NG, AA II.

Nothwendigkeit, Zufälligkeit, Einheit; der synthesis: Raum, Zeit, Kraft."[304] Dies führt dazu, dass Vernunft und Erfahrung sowie Materie und Form notwendigerweise voneinander unterschieden werden müssen. „Denn das Wesentliche der Sache kann nur durch Vernunft erkannt werden; nun aber muß alle Materie der Erkenntnis durch Sinne gegeben seyn; also ist das Wesen der Sachen, so fern sie durch Vernunft erkannt werden, die Form."[305]

Alle diese *Reflexionen* lassen keine Zweifel darüber bestehen, dass es sich in der Zeit zwischen 1768 und 1769 höchstens um eine *Antinomien*problematik (nach der von Hinske gegebenen Bedeutung in der Pluralform) zwischen Erkenntnisvermögen handeln kann. Die Idee der Antinomie im Singular, also im Sinne des Widerstreits der Vernunft mit sich selbst, ist um 1768–1770 demnach noch nicht zu finden.[306] Hierdurch kommt Kant um 1769 zu der Einsicht, dass Metaphysik nur subjektiv zu betrachten ist. Damit bestätigt sich auch, dass die hier bereits angesprochene skeptische Methode, die Kant ab 1765–1766 ermöglichte, eine Gegenüberstellung bestimmter Gesetze in die Metaphysik einzuführen, in enger Verbindung mit der soeben diskutierten Subreption steht.[307] Dementsprechend kommt der hier postulierten Genese der neuen Metaphysikdefinition von 1769, deren Ursprung in Humes Einfluss vor 1770 liegt, eine besondere Relevanz für die weitere Ausarbeitung der neuen Transzendentalphilosophie zu. Dies sollte Kant zu einer entscheidenden Diskussion der Tradition der Ontologie und vornehmlich der Metaphysik Baumgartens veranlassen.

---

304 Refl. 3716, AA XVII, S. 259. Datierung vor 1764–1766, 1764–1768. Die in dieser *Reflexion* verwendete Begrifflichkeit bezüglich der Vernunft und Vernunftgesetze bildet das Zentrum der Diskussion um die Datierung der *Reflexionen*. Nach Hinske ist diese *Reflexion* angesichts ihrer Begrifflichkeiten auf einen späteren Zeitpunkt zu datieren als Adickes annimmt. Die hier dargelegte Idee, es sei die Einführung der skeptischen Behandlung der Metaphysik, welche Kant zu mehreren wesentlichen Unterscheidungen inspiriert hat, spricht für die Korrektheit der Datierung Adickes' und deren Verteidigung durch Schmucker. Siehe dazu Schmucker: „Zur Datierung der Reflexion 3716", a.a.O.
305 Refl. 3850, AA XVII, S. 312. Datierung um 1764–1768, 1769.
306 Dies anerkennt Kreimendahl auch selbst, allerdings beschränkt er diesen Streit zwischen den Erkenntnisvermögen auf den Zeitraum bis 1768. Danach solle Kant diesen Streit als eine Antinomie der Vernunft mit sich selbst konzipiert haben. Siehe Kreimendahl: *Kant. Der Durchbruch*, a.a.O., S. 7.
307 Reich stellt ebenfalls die Wichtigkeit der skeptischen Methode (anstatt der Antinomie) für die Entwicklung Kants Denkens heraus, da eine solche Methode als „*allgemeines* heuristisches Prinzip in Sachen der Metaphysik *überhaupt*" fungiere. Reich: „Einleitung", a.a.O., S. XII.

3.5 Kants Auseinandersetzung mit der Ontologieauffassung Baumgartens

Kants Auseinandersetzung mit der Ontologieauffassung Baumgartens bereitet den Interpreten vielfältige Probleme, da das Material für eine solche Deutung meistens nur aus den *Reflexionen* zur Metaphysik entnommen werden kann. Außerdem umfasst der Begriff der Ontologie einen ganzen Themenkomplex, der im Rahmen des vorliegenden Texts nicht ausführlich diskutiert werden kann. Trotz der erwähnten Schwierigkeiten ist eine solche Auseinandersetzung von besonderer Wichtigkeit für unsere Fragestellung, da sich hierdurch klären lässt, wie Kant durch die Einführung neuer Begriffe im Zeitraum von 1765–1770 zu einer neuen Auffassung der Ontologie und somit der Metaphysik im Allgemeinen gelangte. Einer dieser zentralen Begriffe ist der des *Etwas X* bzw. *Etwas überhaupt*, der Adickes Datierung zufolge bereits in den *Reflexionen* der Phase ζ auftaucht. Welche Funktion diesem Begriff zugeschrieben wird und wie er zustande kommt, sind die zu klärenden Fragen dieses Abschnitts. Es wird entsprechend zu zeigen versucht, dass die schon analysierte subjektive Wende der Metaphysikdefinition die Einführung des Etwas überhaupt notwendig zur Folge hatte, da diesem die grundlegende Funktion zukam, Kritik an der alten Definition der Ontologie zu üben.

Als Ausgangspunkt der folgenden Überlegungen gilt demnach die bereits zitierte *Reflexion* 3959 aus dem Jahr 1769:

> Die metaphysic enthält nichts als die ontologie, welche falschlich als eine Wissenschaft von Dingen uberhaupt qvoad praedicata universalia et disiuntiva betrachtet wird. *(denn es ist keine materie, folglich ein Etwas überhaupt, das obiect.)[308]

In dieser *Reflexion* kommt also die Absicht zum Ausdruck, die überlieferte Tradition der Ontologie einer radikalen Kritik zu unterziehen, wozu die Gegenüberstellung der Begriffe Etwas überhaupt und Ding überhaupt bzw. Materie vorgenommen wird. Mittels dieser Entgegensetzung wurde also Kritik an Baumgarten geübt. Dessen Definition der Ontologie lautet wie folgt:

> ONTOLOGIE (Ontosophie, Metaphysik, Allgemeine Metaphysik, Architektonik, Erste Philosophie) ist die Wissenschaft von den allgemeineren Prädikaten des Dinges. [...] Die Ontologie enthält I) die inneren, 1) allgemeinen Prädikate des Seienden, die in den Einzeldingen sind, 2) die disjunktiven Prädikate, von denen jeweils eines von zweien in den Einzeldinge ist, II) die relativen Prädikate.[309]

---

[308] Refl. 3959, AA XVII, S. 367.
[309] Baumgarten: *Metaphysica/Metaphysik*, a.a.O., §§ 4 und 6.

3.5 Kants Auseinandersetzung mit der Ontologieauffassung Baumgartens — 123

Wenn man von der *Reflexion* 3959 ausgeht und die Datierung Adickes als richtig annimmt, lässt sich Kants Auseinandersetzung mit der Ontologie Baumgartens skizzenhaft in zwei allgemeine Phasen gliedern. Die erste dieser beiden Phasen umfasst die Jahre 1762 bis 1764, in der sich Kant hauptsächlich mit den Prinzipien der Ontologie befasst. Die zweite Phase lässt sich auf die Jahre 1768 und 1769 festlegen. Im Unterschied zu der ersten Phase beschränkt sich die Kritik der letzteren nicht mehr ausschließlich auf die Prinzipien, sondern stellt die Definition und das Objekt der Ontologie von Grund auf in Frage. Betrachten wir zunächst einmal die erstgenannte Phase.

Die *Metaphysik Herder* aus den Jahren 1762–1764 gibt in dieser Hinsicht wichtige Hinweise auf die offenbare Unzufriedenheit Kants mit der Baumgartschen Auffassung der Prinzipien der Ontologie. Zunächst präsentiert Kant allerdings eine Definition dieser Disziplin, welche nahezu wörtlich der von Baumgarten entspricht.

> Die Ontologie ist die Wißenschaft von den allgemeinen (generalium) Prädikaten aller Dinge. Diese Praedikate sind vel vniversalia, die allen Dingen zukommen vel disjunctiva, davon eins allen Dingen zukomt [...] Sie gehört zur Metaphysik da sie die ersten Grundbegriffe in sich enthält.[310]

Es wird auf diese Weise Baumgartens Definition und Aufteilung der Ontologie übernommen; die Ontologie ist demnach für Kant Anfang der sechziger Jahre die Wissenschaft der ersten Prädikate des Dinges und untergliedert diese in solche, die allen einzelnen Dingen zukommen (z. B. das Eine, das Wahre, die Vollkommenheit), und diejenigen, die einem Ding zukommen (z. B. notwendig – zufällig, real – negativ, endlich – unendlich).[311] Was Kant an dieser Stelle außer Betracht lässt, sind die relativen Prädikate der Dinge, die den letzten Teil der Ontologie bei Baumgarten ausmachen. Das besagt in erster Linie, dass sich angesichts der Definition der Ontologie und deren Objekt in dieser Vorlesungsnachschrift keine grundlegende Kritik an Baumgarten erkennen lässt. Der kritische Ton Kants liegt vielmehr in der Beurteilung anderer Aspekte der Ontologie Baumgartens. In Anlehnung an Crusius konzentriert sich Kants Hauptkritik im Wesentlichen auf zwei

---

310 V-Met/Herder, AA XXVIII, S. 7.
311 Siehe dazu Baumgarten: *Metaphysica/Metaphysik*, a.a.O., §§ 7–264. Der Ansicht Mario Casulas nach können die Prädikate so angeordnet werden, dass die allgemeinen die Natur und die disjunktiven die Struktur des Dinges in Betracht ziehen. Das besagt, die allgemeinen Prädikate erklären, was ein Ding sei; die disjunktiven Prädikaten hingegen, wie die Dinge organisiert werden. Siehe dazu Mario Casula: *La metafisica di A.G. Baumgarten*. Mailand 1973, S. 85ff.

Momente: zum einen auf die Bestimmung der Prinzipien der Ontologie, zum anderen auf die Transzendentalienlehre.

Kants erster Einwand besteht darin zu zeigen, dass die Annahme des Prinzips des Widerspruchs als ein einziges, absolutes Prinzip falsch sei,[312] da sich dadurch lediglich das Unmögliche und somit Falsche deduzieren lasse, aber eben nicht das Wahre. „[S]o muß ein anderer Grundsazz bei dem wirklich wahren sich finden."[313] Dementsprechend kritisiert er die Definition des Unmöglichen folgendermaßen:

> Des Autors Definition von unmöglichen: soll es aber die Regel des Widerspruchs werden, so sind eigentlich 2 Säzze implicirt die auch das Wort zugleich anzeigt: etwas waz da ist, kann nicht, nicht seyn – es ist unmöglich daß etwas waz nicht ist, sey. Da unsere Urteile sich gleich im Anfang in die 2 Äste der Bejahung und Verneinung zertheilen: so folgt: Es müßen mehr als ein principium primum seyn auch waz die Form betrifft.[314]

Durch den zweiten Einwand wird darauf hingewiesen, dass es nicht nur Erkenntnisprinzipien formaler, sondern auch materialer Natur geben muss. Diese letzten erklären im Gegensatz zu den ersteren also nicht die *Art* der Verbindung zwischen den Begriffen, sondern zeigen vielmehr den *Grund* einer solchen auf. Die Besonderheit dieser Prinzipien ist nämlich, dass sie eben nicht aus dem Prinzip des Widerspruchs ableitbar und deshalb auch nicht rational beweisbar sind. Crusius' Ausführungen waren in dieser Hinsicht richtungsweisend für Kants Anliegen einer Kritik an Baumgarten und Wolff: „Den es gibt viele indemonstrable Säzze, die nicht aus dem principium identitatis noch contradictionis können demonstriert werden, und doch einleuchtend sind."[315] Wolff habe demnach den Fehler begangen, alles aus einem einzigen, formalen Prinzip beweisen zu wollen, ohne zu beachten, dass die Prinzipien zweifacher Natur sind; die Metaphysik enthält darüber hinaus auch materielle Prinzipien.

Der dritte Einwand bezieht sich auf die Universalität des Prinzips des zureichenden Grundes. Das ist ein Thema, welches auch durch Crusius überliefert wurde. Kant vertritt die These, dass der Baumgartsche Beweis der Allgemeinheit des Satzes vom Grunde auf der falschen Annahme beruhe, dass die Sätze „das

---

312 Siehe Baumgarten: *Metaphysica/Metaphysik*, a.a.O., §7, in welchem er das Prinzip des Widerspruchs als absolutes Prinzip bezeichnet.
313 V-Met/Herder, AA XXVIII, S. 8.
314 V-Met/Herder, AA XXVIII, S. 9. Hier werden Erkenntnisse und Kritik wiedergegeben, die bereits in der *Nova Dilucidatio* gewonnen wurden: „Ein EINZIGEN, unbedingt ersten, allgemeinen Grundsatz für alle Wahrheiten gibt es nicht." Immanuel Kant: *Principiorum primorum cognitionis metaphysicae nova dilucidatio/Neue Erhellung der ersten Grundsätze metaphysischer Erkenntnis.* Werke in sechs Bänden. Bd. 1. Hrsg. von Wilhelm Weischedel. Darmstadt 1960, S. 409.
315 Ebd.

Ding hat keinen Grund" und „das Nichts ist sein Grund" als gleichwertig anzusehen sind.[316] Eine Folge daraus wäre der widersprüchliche Satz, dass Gott einen Schöpfer habe, der die Falschheit dieses Prinzips überzeugend veranschaulicht. „Denn sonst hätte er keinen Schöpfer und als wäre das Nichts sein Schöpfer: welches absurd ist. [...] Der Saz ist also unerwiesen nihil ist sine ratione, ja gar falsch." Es sei also einzusehen, dass nicht alle Dinge einen Grund haben müssen, wie etwa im Fall Gottes. Daraus folgt also: „Da der Saz nicht so vniversell ist, daß alles seinen Grund hat: so ist dieser so einzuschränken: alles waz einen Grund hat einen zureichenden Grund."[317] Durch diese in der *Metaphysik Herder* formulierte Kritik, die hauptsächlich die Prinzipien der Ontologie betrifft, wird erläutert, wie unzufrieden Kant mit dem allgemeinen Gefüge der traditionellen Metaphysik war, obwohl er noch in dieser Vorlesung die gleiche Definition der Ontologie wie Baumgarten beibehält.[318]

Einer der wichtigsten Begriffe, auf den sich Kant weiterhin kritisch bezieht, ist der vom Grund. Dabei ergibt sich eine wesentliche Unterscheidung, welcher zufolge der Begriff sowohl im logischen als auch im realen Sinne verstanden werden kann. Dem logischen Sinn nach ist die Beziehung Grund-Folge so zu erklären, dass die Folge dem Satz der Identität gemäß gesetzt wird. Der reale Sinn hingegen charakterisiert sich dadurch, dass sich eine solche Beziehung aus dem Satz der Identität nicht ableiten lässt. Dies bildet die Grundlage für die Einführung eines weiteren Begriffspaars, nämlich das der logischen und der realen Opposition. Was logisch entgegengesetzt ist, ist als eine Negation zu verstehen, deren Prädikate sich unter demselben Subjekt gegenseitig und damit auch das Subjekt selbst aufheben. Was als real entgegengesetzt verstanden wird, ist dagegen eigentlich nicht als Negation zu begreifen. Das Resultat ist vielmehr die Realität, insofern die Aufhebung der gegensätzlichen Prädikate keine Aufhebung des Subjekts mit sich bringt, sondern seine positive Setzung. „Ens privativum von 2. real oppositionen kann der Grund einer Realitaet seyn. Sezt 2 Gründe die real opponirt sind – hebt den einen auf: so wirkt der andre folgen: realitaet."[319] Die Negation wird also

---

316 V-Met/Herder, AA XXVIII, S. 13. Vgl. dazu auch Baumgarten: *Metaphysica/Metaphysik*, a.a.O., § 20.
317 V-Met/Herder, AA XXVIII, S. 14. Siehe auch V-Met/Herder, AA XXVIII, S. 17: „Das principium rationis ist nicht so catholicon wie das principium contradictionis. Die principia materialia sind nicht catholica." Siehe dazu auch V-Met/Herder, AA XXVIII, S. 55.
318 In der Tat behält Kant auch die Definition der Metaphysik um 1762–1764 bei, die Baumgartscher Herkunft ist.
319 V-Met/Herder, AA XXVIII, S. 20.

anders als in der traditionellen Ontologie konzipiert, da hier das Resultat der Entgegensetzung zweier Prädikate ein *Etwas* ist.[320]

Zwei grundsätzliche Folgen sind daraus zu ziehen: Erstens wird die Notwendigkeit aufgezeigt, dass die Prinzipien des Widerspruchs und der Identität nicht die einzigen sein können, aus welchen die Erkenntnis ableitbar ist; zweitens stellt sich damit heraus, dass die Realgründe bzw. die Verknüpfung der Tatsachen lediglich auf der Basis der Erfahrung erkennbar sind. „Blos durch Erfahrungen, nicht logisch können wir den nexum des real Grundes einsehen."[321] Das besagt unter anderem, dass die Verknüpfung von Ursache und Wirkung nur durch Erfahrung einzusehen ist: „Die Begriffe von Ursache und Wirkung bekommt man blos aus Erfahrung, weil der nexus des real Grundes und Folge kein Urteil des Verstandes ist."[322]

Eine weitere Thematik, der Kant einige Paragraphen jener Vorlesungsnachschrift widmet, ist die der Transzendentalienlehre, d. h. die Lehre von *unum, verum, bonum*. Dabei zeigt sich, dass die diesbezüglichen Ausführungen Kants zu kurz sind, um eine präzise Interpretation zu ermöglichen; dennoch ergeben sich bei näherem Hinsehen einige Punkte, die im Kontext unserer Diskussion von Belang sind. Die Ausführungen machen in gewisser Weise ersichtlich, dass sich Kant zwar nicht durchwegs kritisch, so doch mit gewissen Vorbehalten mit der traditionellen Auffassung der Transzendentalienlehre auseinandersetzt.[323] Von

---

320 Diese aus der genannten Vorlesungsnachschrift stammenden Überlegungen Kants kommen auch in der Schrift von 1763 über die *negativen Größen* zum Ausdruck. Ebenfalls werden in dieser Schrift die gleiche Auffassung des Satzes vom Widerspruch sowie auch der der aus realer Opposition resultierenden Realität vertreten. Vgl. NG, AA II, S 172–175.
321 V-Met/Herder, AA XXVIII, S. 24.
322 V-Met/Herder, AA XXVIII, S. 39. Dies würde eben für einen frühen Kontakt mit Humes Auffassung der Kausalität sprechen und damit zugleich für eine sehr frühe Erweckung um 1762–1764, was tatsächlich nicht mit der kantischen Denkentwicklung zu vereinbaren ist. Damit ist ein weiteres Argument für den oben vorgeschlagenen methodologischen Einfluss Humes gewonnen.
323 Norbert Hinske geht auf die Exposition der Transzendentalienlehre in der *Metaphysik Herder* bedauerlicherweise nicht ein und fokussiert seine Analyse auf die *Reflexion* 3765. Zieht man aber die *Metaphysik Herder* in Betracht, dann erweist sich Hinskes Behauptung, dass Kants intensive Beschäftigung mit der Transzendentalienlehre Baumgartens erst Mitte der sechziger Jahre und dessen kritische Stellungnahme erst auf die siebziger Jahre zu datieren seien, als fraglich. Hinskes Vermutung, Kants Kritik an Baumgartens Konzeption der Transzendentalienlehre sei durch Baumeister inspiriert, weil Kants *Reflexionen* und die Definitionen Baumeisters einige Ähnlichkeiten aufweisen, lässt sich bei genauerem Hinsehen ebenfalls durch die *Metaphysik Herder* in Frage stellen. Durch die hier dargelegten kritischen Punkte lässt sich die Annahme bestätigen, dass Kants Kritik an Baumgarten eher aus seinen neu eingeführten Begriffen des Grundes und den Prinzipien in formaler und materialer Hinsicht entstand als durch Baumeister.

großer Wichtigkeit ist dabei der Begriff der Ordnung, welchen Baumgarten in Abweichung von der Tradition zu den Transzendentalien zählt und der Wahrheitslehre voranstellt.[324] Kant seinerseits lehnt von vornherein entscheidend ab, dass die Ordnung zu der Lehre der Transzendentalien gehören kann. Er behauptet in diesem Sinne kategorisch: „Dies Capitel [scil. Ordnung] gehört gar nicht hieher. Da aber Leibniz die Ordnung zur Wahrheit rechnet; so wird das waz in die Psychologie gehört, voraus gesetzt."[325] Kant erkennt richtigerweise, dass bei Baumgarten die Einbeziehung der Ordnung in die Transzendentalien aus systematischen Gründen stattfand, da dieser Begriff bei Baumgarten einen Teilbegriff der Definition der metaphysischen Wahrheit ausmacht.[326] Allerdings macht die kantische Interpretation darauf aufmerksam, dass mit der Ordnung, sofern man sie zu den Transzendentalien zählt, ein Begriff in die Ontologie eingeführt wird, der eigentlich nicht zu ihr gehört. Insofern die Ontologie keine Begriffe aus der Psychologie entlehnen darf, sondern nur umgekehrt, kann die Einbeziehung des Ordnungsbegriffs also als inkonsequent angesehen werden. Leider befinden sich in dieser Vorlesungsnachschrift keine weiteren Hinweise darauf, welche Konsequenzen diese kritische Haltung gegenüber Baumgarten für das kantische Verständnis der Transzendentalienlehre hatte. Ein entsprechender Schluss aber, den man daraus ziehen könnte, bezieht sich auf die Definition der metaphysischen Wahrheit, die derjenigen der Ordnung folgt. Wenn dieser Begriff, so wie Kant vorschlägt, nicht zu den Transzendentalien gezählt werden darf, dann wird eine von Baumgarten abweichende Definition der metaphysischen Wahrheit notwendig, die den Begriff der Ordnung nicht als Teilbegriff beinhaltet.

Dementsprechend definiert Kant die metaphysische Wahrheit folgendermaßen: „Metaphysische Wahrheit wenn die praedikate der Sache zukommen: sie kommen ihr aber zu wenn sie ihr nicht widersprechen."[327] Dabei lassen sich bereits einige Abweichungen von der Definition Baumgartens erahnen. Kant ist der Auffassung, dass der logische Grund nur der metaphysischen Wahrheit entspricht. Damit reproduziert er zum Teil die Definition Baumgartens, die ebenfalls die metaphysische Wahrheit in Bezug auf die Übereinstimmung der Prädikate mit der Sache („reale, objektive, materiale") bestimmt. Jedoch scheint Kant an dieser Stelle zu suggerieren, dass diese Definition bloß formell, nämlich ausschließlich auf dem Satz des Widerspruchs basierend, zu betrachten sei. So fährt er fort:

---

324 Vgl. Baumgarten: *Metaphysica/Metaphysik*, a.a.O., §§ 78–88.
325 V-Met/Herder, AA XXVIII, S. 16.
326 „Die METAPHYSISCHE (reale, objektive, materiale) WAHRHEIT ist die Ordnung von Mehrerem in Einem." Baumgarten: *Metaphysica/Metaphysik*, a.a.O., § 89
327 V-Met/Herder, AA XXVIII, S. 17.

> Des Autors Definition ist nicht ächt von der Metaphysischen Wahrheit. Zwar wird metaphysisch Wahres den principien contradictionis und rationis gemäß seyn, und ist also eine Coordination – folglich auch Ordnung etc. Aber dies sind Schlüße aus der Definition nicht die Definition selbst.[328]

Eine Kritik an Baumgartens Transzendentalienlehre erfolgt also durch die Betrachtung der kantischen Unterscheidung zwischen logischem und realem Grund.[329]

Was der Begriff des Einen (*unum*) betrifft, äußert sich Kant in der Vorlesungsnachschrift zweideutig. Auf der einen Seite behauptet er, der Begriff sei sehr fruchtbar; was darauf hinweisen würde, dass Kant mit der Behandlung Baumgartens prinzipiell einverstanden war. Auf der anderen Seite aber weist er klar darauf hin, dass auf gewisse Unterscheidungen Rücksicht zu nehmen sei. In diesem Sinne wird behauptet, das Eine „findet sich wo Einheit ist: es ist aber nicht selbst Einheit: der begriff von Einheit ist ganz einfach."[330] Damit wird angedeutet, dass die in dieser Phase der kantischen Denkentwicklung stets präsente Unterscheidung zwischen formal und real auch bei dem Begriff der Einheit gemacht wird. Zudem kommt ein Satz hinzu, der den Anspruch erhebt, dass die Gültigkeit des Begriffs des Einen hypothetisch sei.[331] Dies würde eine harte Kritik an Baumgartens Transzendentalienlehre zum Ausdruck bringen; es sind aber leider keine weiteren Ausführungen in der Vorlesung vorhanden, die eine präzisere Interpretation dessen ermöglichen würden. Dasselbe gilt schließlich auch für den letzten Begriff der Transzendentalienlehre, nämlich den der Vollkommenheit. Kant führt an dieser Stelle eine Unterscheidung zwischen formaler und materialer Vollkommenheit ein. „Vollkommenheit ist etwaz entweder materiales, in Anse-

---

328 Ebd. Kant bezieht sich an dieser Stelle auf den § 92 der *Metaphysica*, in welchem Baumgarten die metaphysische Wahrheit als die Übereinstimmung mit den allgemeinen Prinzipien bestimmt. Es liegt also nahe, dass Kants kritische Position zur Definition Baumgartens konsequenterweise zu dem Ergebnis führt, die metaphysische Wahrheit auf das Prinzip des Widerspruchs zu beschränken.
329 Einen weiteren Hinweis auf einen Einfluss Crusius' in dieser Phase geben Kants Überlegungen zur Aufteilung der Wahrheit in „logische", „metaphysische" und „moralische" Wahrheit. Siehe V-Met/Herder, AA XXVIII, S. 16. Crusius erwähnt diese Aufteilung in seinem *Weg zu Gewißheit und Zuverlässigkeit der menschlichen Erkenntnis. Die philosophischen Hauptwerke.* Hrsg. von Giorgio Tonelli. Hildesheim (1747) 1765, §§ 51–52.
330 V-Met/Herder, AA XXVIII, S. 15.
331 V-Met/Herder, AA XXVIII, S. 16.

hung deßen ein Ding das und kein anderes ist. formale die Uebereinstimmung selbst."[332]

Die soeben dargelegten Einwände gegen Baumgartens Konzeption der Ontologie weisen auf Kants Bestreben in den frühen sechziger Jahre hin, die zentrale Unterscheidung zwischen formalen und materialen Prinzipien der Erkenntnis auf alle Ebenen der Metaphysik anzuwenden. Diese kritische Stellungnahme bedeutet allerdings noch keine radikale Kritik an der rationalistischen Metaphysik im Allgemeinen und der Definition der Ontologie im Besonderen, wie Kant sie später üben wird.

Aber bevor zur Diskussion um die Ontologie in den Jahren kurz vor der *Dissertation* übergegangen wird, ist noch eine Stelle zu erwähnen, deren Relevanz für unsere Fragestellung nicht gering ist: die *Vorlesungsankündigung* von 1765–1766. Dieser Text bestätigt kurz und skizzenhaft, was soeben bezüglich der kantischen Kritik an der Ontologie der metaphysischen Tradition behauptet wurde. Da die Ontologie in dieser Vorlesungsankündigung an die letzte Stelle des Systems gestellt wird, ist sie als ein Erläuterungsprozess zu verstehen. Unter diesem Umstand liegt es nahe, dass Kant Mitte der sechziger Jahre beabsichtigte, die Ontologie auf ein Fundament sicherer Tatsachen zu gründen.

Mit der Entwicklung dieses neuen Verfahrens im Vergleich zu dem der Wolffschen Tradition kündige sich nach Klaus Reich auch die Entstehung einer neuen Ontologie an.[333] Diese neue Ontologie sollte nach Ansicht des Autors als die konsequente Umsetzung eines entscheidenden Einflusses durch Locke gelesen werden.[334] Abgesehen davon, ob die wichtigste Figur dieser Phase Locke oder Hume ist, steht der Hinweis Reichs im Einklang mit dem, was hier bisher behauptet wurde, nämlich dass dem Empirismus eine wichtige methodologische Rolle bezüglich der kantischen Kritik an der Metaphysik in der Mitte der sechziger Jahre zukommt und dadurch eine Neudefinition der Ontologie erfolgen sollte. Hierbei würden die vermutlichen Einflüsse Humes bezüglich der Konzeption der Ontologie bei Kant um 1766–1769 plausibel erscheinen und an Bedeutung gewinnen.

---

332 V-Met/Herder, AA XXVIII, S. 17. In der Schrift *Versuch einiger Betrachtungen über den Optimismus* von 1759 führt Kant bereits eine Unterscheidung zwischen absoluter und respektiver Vollkommenheit ein. Siehe dazu VBO, AA II, S. 30–31.
333 „Dies wäre der Versuch einer neuen ‚Ontologie' von unter her." Reich: „Vorwort und Einleitung in ‚Immanuel Kant: Träume eines Geistersehers, der Unterschied der Gegende im Raume'", a.a.O., S. 359.
334 „Eine vorzüglich Beschreibung der doch wohl an John Locke orientierten Auffassung von Ontologie als einer Disziplin, in der gestützt auf vorher entwickelte Tatsachen ‚das Einfache und Allgemeinste' zuletzt kommen muß, findet man in der >>Vorlesungsankündigung für das Wintersemester 1765/1766<< unter dem Stichwort ‚Metaphysik'." Reich, a.a.O.

Eine weitere Textstelle, mittels derer sich die kantische Auseinandersetzung mit der Transzendentalienlehre Baumgartens analysieren lässt, ist die *Reflexion* 3765. Diese lautet:

> Man hat durch die 4 Sectionen vielleicht nur sagen wollen, daß sich die Begriffe von Einem, Wahrem, Vollkommenen auf alle Dinge überhaupt anwenden lassen. Ein iedes Ding ist nicht viel: bedeutet die transscendentale Einheit. Ein iedes Ding enthält vieles, was doch einerley ist mit einem: die metaphysische (kan größere oder kleinere Einheit seyn). Ein iedes Ding ist wahr, d.i.: es kan unter allen moglichen Begriffen nicht geleugnet werden und stimmt mit andern Dingen: transscendental. Ein iedes Ding enthält warheiten: metaphysisch, das *principium der* elementarsätze. (einige Dinge enthalten zwar Möglichkeit, aber nicht genug metaphysische Warheit, d.i. bedingte Möglichkeit.) Ein iedes Ding ist vollkommen, was es ist: transscendental. Ein iedes hat realitaet: metaphysisch, es ist comparativ vollkommen. Die absolute Einheit, Warheit und Vollkommenheit besteht in der Moglichkeit, welche die Allgnugsamkeit in sich faßt, die Moglichkeit in allem *respectu* und alle realitaet.[335]

Der Zeitpunkt der Entstehung dieser *Reflexion* ist nicht mit Sicherheit zu bestimmen. Laut der Datierung Adickes' sei sie im Zeitraum zwischen 1764 und 1769 verfasst worden. Hinske befürwortet hingegen eine frühere Datierung. Den ausschlaggebenden Grund für diesen Vorschlag findet er in dem vermutlichen Einfluss Friedrich Christian Baumeisters. Infolgedessen argumentiert Hinske, dass besonders Kants Formulierungen zur *Einheit* und *Wahrheit* eine deutliche Ähnlichkeit mit denen Baumeisters aufweisen, dessen *Institutiones Metaphysicae* Kant um 1757–1758 als Grundlage für seine Vorlesung verwendete.[336] Die betreffenden Definitionen Baumeisters finden sich in den §§ 88, 90 und 197 seiner *Institutiones Metaphysicae*. Die Einheit definiert er dort folgendermaßen: „Complexus scilicet eorum omnium, per quae ens aliquod praecise hoc ens est, et non aliud, constituit entis cuiusuis *unitatem* [...] Unum vero *absolute* sumtum et *transcendentale* apellitabant id, quod essentiam indivisam ac minime multiplicem habet."[337] Die Wahrheitsdefinition lautet dem § 197 zufolge: „Hinc est, ut *veritatem metaphysicam* definiamus per ordinem talem, per quem quodlibet habet rationem suff. sui."[338]

---

[335] Refl. 3765, AA XVII, S. 287. Datierung um 1764–1766, 1764–1768, 1769.
[336] „Beide Erklärungen verraten [...] eine auffällige Nähe zu den entsprechenden Ausführungen in Baumeister *Institutiones metaphysicae*, die den Wolffschen Grundgedanken zum mindesten anders akzentuieren." Hinske: *Kants Weg zur Transzendentalphilosophie*, a.a.O., S. 66.
[337] Friedrich Christian Baumeister: *Institutiones metaphysicae*. In: Christian Wolff: *Gesammelte Werke*. Bd. 25, III. Abt. Hrsg. Von Jean École u. a. Hildesheim/Zürich/New York (1749) 1988, S. 83–85.
[338] Baumeister, a.a.O., S. 146.

Der letzte Satz der ersten Definition („id, quod essentiam indivisam ac minime multiplicem habet") macht Hinskes Überzeugung nach evident, dass die kantische Formulierung „Ein jedes Ding ist nicht vieles" seine Inspiration bei Baumeister gefunden haben könnte. Und auch bezüglich Kants Formulierung der Wahrheitsdefinition, die lautet „es kan unter allen moglichen Begriffen nicht geleugnet werden und stimmt mit andern Dingen" sei laut Hinske eine Prägung durch Baumeister und seinen Satz „ordinem talem, per quem quolibet habet rationem suff. sui" nicht von der Hand zu weisen. Abgesehen von etwaigen Ähnlichkeiten in den jeweiligen Formulierungen, die allerdings keineswegs so augenfällig sind wie behauptet, muss auch gefragt werden, ob die bedeutsame Stellung, die Baumeister hier beigemessen wurde, überzeugend belegt werden kann. Die Tatsache, dass Kant seiner Vorlesung von 1757–1758 Baumeisters *Institutiones* zugrunde legte, ist kaum zureichend, um einen wirklichen Einfluss nachzuweisen. Der Name Baumeisters taucht ebenfalls in der *Metaphysik Herder* auf, aber nicht, um die Wichtigkeit seiner Philosophie herauszustellen, sondern im Wortlaut „Baumeister, der elende Verleger Wolffs."[339] Diese Tatsache spricht dafür, dass die besondere Stellung, die Hinske der Transzendentalienlehre Baumeisters zukommen lässt, nicht überzeugend belegt oder zumindest nicht als ausschließliche Quelle der analysierten *Reflexion* herangezogen werden kann.

Auch wenn Hinske die kritische Stellungnahme Kants zu der traditionellen Lehre herausstellt, verfehlt er doch den Kern der in dieser *Reflexion* geübten Kritik, indem er lediglich die formale Ähnlichkeit zwischen der kantischen Definitionen und der Baumeisters betont. Schenkt man hingegen jener Unterscheidung zwischen *transzendental* und *metaphysisch* Beachtung, die Kant in der *Reflexion* zum Ausdruck bringt, erklärt sich auf überzeugende Weise, dass die angeführten Definitionen keineswegs einen Schritt zurück in die Tradition der Wolffschen Metaphysik bedeuten, sondern vielmehr eine entscheidende Etappe auf dem Weg zur eigenen Transzendentalphilosophie darstellen. Es liegt daher nahe, dass transzendental eher im Sinne von *Etwas überhaupt* zu verstehen ist, während mit metaphysisch der Bezug auf ein *Ding überhaupt* bzw. auf den Inbegriff aller Dinge hergestellt wird. Kants Formel bezüglich der metaphysischen bzw. absoluten Einheit „Ein iedes Ding enthält vieles, was doch einerley ist mit einem" deutet nämlich darauf hin, dass sich das Metaphysische auf ein Ganzes bezieht. Stattdessen ist das Transzendentale als eine Art logische Notwendigkeit zu verstehen, die beispielsweise in Bezug auf die Einheit negativ definiert wird: „Ein iedes Ding ist nicht vieles." Damit kommt eine Unterscheidung zum Ausdruck, der in anderen *Reflexionen* der späteren Phasen eine wichtige Bedeutung beigemessen wird. Dies

---

[339] V-Met/Herder, AA XXVIII, S. 14.

ist etwa der Fall in der *Reflexion* 4025: „*[T]ransscendentaliter* wird etwas betrachtet, wenn es beziehungsweise auf sein Wesen als die Folge erwogen wird; *metaphysice*, wenn das Wesen in ansehung seiner Folgen als ein Grund betrachtet wird."[340]

Darüber hinaus setzen die Formulierungen der jeweiligen Definitionen von transzendental und metaphysisch stillschweigend eine weitere Unterscheidung voraus, die später zunehmend an Bedeutung gewinnen wird: die Unterscheidung zwischen distributiver und kollektiver Einheit der Erfahrung. Die distributive Einheit bezieht sich auf die Einheit von Vielen, aber sie *enthält* nicht den Inbegriff aller Gegenstände *in* einem Subjekt. Dies vermag eben die kollektive Einheit, die das Ganze zum Gegenstand hat. Von daher kommt die Behandlung der ersten Einheit der Ontologie zu, während die zweite der Metaphysik zugeschrieben wird.[341] An dieser Stelle muss man darauf aufmerksam machen, dass diese Begriffe auf diejenige des Ganzen und des Teils zurückgeführt werden können, die Baumgarten den disjunktiven Prädikaten zuordnet.[342] Kant seinerseits räumt diesen distributiven und kollektiven Einheiten eine deutlich gewichtigere Stellung ein als Baumgarten, insofern er sie – wie z. B. der *Reflexion* 4169 zu entnehmen ist – den Definitionen der Ontologie, der Kosmologie und der Theologie zugrunde legt.

Das bemerkenswerte Ergebnis der vorigen Ausführungen besteht darin, dass sich eine spätere Datierung der *Reflexion* 3765 um das Jahr 1769 herum im Vergleich zu Hinskes Vorschlag als plausibler erweist. Daraus lässt sich nun schließen, dass das kantische Denken um 1769 die Tendenz aufweist, eine Kritik an der Ontologie Baumgartens durchzuführen, die von radikalerer Natur ist als die oben themati-

---

340 Refl. 4025, AA XVII, S. 389. Datierung um 1769. Dazu auch die Refl. 4027: „Die transcendentale Einheit ist logisch, respective auf das Wesen des Dinges. Die metaphysische Einheit ist real, respective auf die Möglichkeit überhaupt." Ebd. Hans Leisegang interpretiert die vorkritischen *Reflexionen* Kants so, als würde er die Baumgartensche Auffassung der Ontologie bloß reproduzieren. Man muss hierbei aber beachten, dass Kant in den oben genannten Formulierungen eine deutliche Kritik zur Sprache bringt.
341 Siehe dazu die *Reflexion* 4169: „Die Allgemeinheit (Omnitudo) ist entweder die vertheilte oder zusammenfassende allgemeinheit, distributiva oder collectiva. [...] Die collectiva ist entweder der subordination oder der coordination. Die der letzten giebt den Begrif der Welt, die erstere den Begrif des Urwesens als des Grundes aller einander subordinirten Folgen. [...] Die omnitudo distributiva ist entweder universaliter oder disiuntive distributiva. Die Ontologie handelt von den praedicaten der Dinge, welche universaliter oder disiunctive von allen Gelten." Refl. 4169, AA XVII, S. 442. Die besondere Relevanz dieser Unterscheidung und ihrer Nachwirkung in der kritischen Phase zeigt sich deutlich in der *Kritik der reinen Vernunft*. Die häufige Bezugnahme auf diese Unterscheidung in der „transzendentalen Dialektik" bezeugt ihre Wichtigkeit für die Differenzierung zwischen transzendental und metaphysisch.
342 Vgl. Baumgarten: *Metaphysica/Metaphysik*, a.a.O., §§ 155–164.

sierte kritische Stellungnahme der Jahre 1762 bis 1765. Die Transzendentalienlehre Baumgartens, welche in der *Metaphysik Herder* in zwar polemischer, aber nicht radikaler Weise kritisiert wurde, ist um 1769 anders definiert, so dass transzendental nicht mehr die notwendige Einheit der wesentlichen Bestimmungen zum Ausdruck bringt, sondern vielmehr anhand einer bloß logischen Instanz definiert wird.[343] Dies steht im Einklang mit der bereits zitierten *Reflexion* 3959, in welcher eine ausführlichere und pointiertere Kritik an Baumgartens Definition der Ontologie durch den Begriff eines Etwas überhaupt zur Sprache gebracht wird. Denn hierbei werden nicht nur die Prinzipien der Ontologie einer Kritik unterzogen, sondern die Definition der Disziplin und ihre grundlegenden Elemente, nämlich das Ding überhaupt bzw. *ens*, werden schlechthin in Frage gestellt.

Folgt man der hier vorgeschlagenen späteren Datierung der *Reflexion* 3765 um 1769, dann liegt es nahe, dass der Leitgedanke dieser *Reflexion* mit demjenigen der *Reflexion* 3959 im Wesentlichen übereinstimmt. Beide *Reflexionen* weisen darauf hin, dass die Ontologie im Gegensatz zu Baumgartens Auffassung in formaler Hinsicht zu verstehen sei. Das besagt letztendlich, dass das Objekt dieser Disziplin als ein Etwas überhaupt begriffen werden sollte. Diese These bestätigt des Weiteren, dass eine subjektive Auffassung der Metaphysik, die Kant um 1769 vertritt, eine Formalisierung des Gegenstandes der Ontologie notwendig macht. Die Definition der Metaphysik als Wissenschaft des Subjekts bzw. als Wissenschaft ohne Objekte macht es erforderlich, sie auf ein Etwas überhaupt, d. h. auf die Basis einer formalen Instanz, zu gründen.

3.6 Das Etwas X um 1768–1769. Erste Vorform des Begriffs eines Gegenstandes überhaupt

Stellt man sich die Frage nach der Bedeutung der in der *Reflexion* 3957 zum Ausdruck gebrachten Begrifflichkeit eines Etwas überhaupt bzw. Etwas X für Kants weitere Denkentwicklung, erweisen sich zwei Punkte als wesentlich: Zum einen ist festzustellen, auf welche Weise dieser Begriff eine kritische Stellungnahme zur Ontologie ermöglicht; zum anderen ist zu bestimmen, inwiefern er in den späteren Phasen des kantischen Denkens Einfluss auf Konzepte wie die des

---

343 Die *Reflexion* 4415 spricht ebenfalls die angeführte formale Instanz der Ontologie an: „Das logisch parallele von ente summo ist das ens entium logicum (ens in genere)." Refl. 4415, AA XVII, S. 538. Datierung um 1771, 1773–1775, 1769.

Gegenstandes überhaupt und des transzendentalen Gegenstandes gehabt haben mochte.[344]

In den im Folgenden zu analysierenden *Reflexionen* aus der Phase κ klingen bereits einige Grundzüge an, die für die nähere Bestimmung des erst später spezifizierten Begriffs des Gegenstandes überhaupt aufschlussreich sind. Der allgemeine Charakter, der sich aus diesen *Reflexionen* auf den ersten Blick ergibt, verweist auf die Idee, dass ein Etwas überhaupt ein Gegenstand sei, der in keinerlei Weise bestimmt ist. Also besteht eine erste Eigenschaft desselben darin, unbestimmt (d. h. nicht gegeben) zu sein. Daraus lässt sich auf das zweite Charakteristikum schließen, dass es sich im Prinzip als ein Produkt des Verstandes interpretieren lässt, insofern es nicht durch die Sinne gegeben sein kann. Es liegt von daher die Vermutung nahe, dass eine Auffassung dieses Begriffs, die ihn als unbestimmt sowie als Produkt des Verstandes charakterisiert, nur unter der Bedingung möglich sei, dass bereits eine Unterscheidung zwischen Sinnlichkeit und Verstand vorgenommen wurde. Davon ausgehend ließe sich somit annehmen, dass diejenigen *Reflexionen*, in denen das Etwas X zum Ausdruck kommt, gemäß dem Kriterium der transzendentalen Unterscheidung zwischen Sinnlichkeit und Verstand datiert werden können. Das würde bedeuten, die kantische Konzeption eines Etwas überhaupt kann nicht vor 1769–1770 erfolgt sein.

> Alle analytische Urtheile lehren, was in den Begriffen, aber verworren gedacht ist; die synthetische, was mit dem Begriffe soll verbunden gedacht werden. In allen urtheile ist der Begriff von subjekt etwas a das ich an dem Objekte x denke, und das Prädikat wird als ein Merkmal von a in den analytischen Urtheile oder von x in den synthetischen angesehen.[345]

An dieser Stelle, die der Datierung Adickes zufolge in den Jahren 1764–1766 anzusiedeln ist, ist das erste Mal von einem Objekt X die Rede. Eine weitere Stelle, an

---

344 Die meisten Untersuchungen über die ontologische Bedeutung dieser Begriffe fokussieren sich eher auf die Frage nach der Identifizierung oder Differenzierung zwischen Erscheinung, transzendentalem Gegenstand und *Noumenon* und lassen infolgedessen außer Acht, wie sich diese Begriffe – historisch gesehen – zu dem des Etwas überhaupt verhalten. Die entscheidende Relevanz eines solchen historischen Ausgangspunkts, der das Etwas überhaupt als erste Vorlage ansieht, zeigt sich in der Bestimmung der ontologischen Bedeutung des Gegenstandes überhaupt. Was das erste Auftreten des transzendentalen Gegenstandes betrifft, siehe Refl. 5554, AA XVIII, S. 228. Datierung um 1778–1783. Dass die Datierung dieser *Reflexion* frühestens auf 1778 festzulegen ist, lässt sich als Argument gegen die These Norman Smiths heranziehen, dass der transzendentale Gegenstand ein bloß vorkritischer Begriff sei, den Kant in der *Kritik der reinen Vernunft* (1781) einfach unkritisch weiter verwendete. Eine umfangreiche Zusammenfassung der unterschiedlichen Positionen zur Frage nach dem transzendentalen Gegenstand liefert Klemme: *Kants Philosophie des Subjekts*, a.a.O., S. 245–270.
345 Refl. 3738, AA XVII, S. 278.

welcher das Etwas X erneut auftaucht, ist die *Reflexion* 3921, welche mit Sicherheit auf das Jahr 1769 datiert werden kann:

> Das praedicat ist kein Theil des Subjects, sondern eine vorstellung des subjects durch einen theilbegrif. Der Verstand erkennet etwas jederzeit durch ein klares oder dunkles Urtheil, indem er etwas in seinen praedicaten auflöset. Alle unsere Begriffe sind aus der Empfindung gezogene Merkmale. Die Empfindung selbst ist kein object des Verstandes, sondern die Merkmale derselben [...] Daher in jedem Urtheile das subject überhaupt Etwas ist = X, welches, unter dem Merkmale a erkannt, mit einem andern Merkmale verglichen wird.[346]

Die beiden *Reflexionen* stimmen darin überein, dass die Erklärung des Etwas X erst im Rahmen einer Urteilstheorie erfolgt. Zudem ist hierbei darauf hingewiesen worden, dass die Eigenschaften des Subjekts, aufgrund derer die Bestimmung desselben erfolgt, der Bedingung unterworfen sind, dass eine weitere Vorstellung vorhanden sein muss, durch welche erst das Subjekt bestimmt wird. Das Subjekt als solches aber bleibt – und das ist das Entscheidende – unbekannt.

Hierbei sind zwei wesentliche Charakteristika dieses Begriffs zur Sprache gebracht, die von besonderem Belang für unsere Fragestellung sind, da einige Interpretationen von der These ausgehen, dass das Etwas X bzw. der Gegenstand überhaupt nichts anderes sei als die Übertragung des *ens qua ens* bzw. Dinges überhaupt der schulmetaphysischen Tradition. Diese mutmaßlichen Ähnlichkeiten zwischen den beiden Begriffen erweisen sich aber im Lichte der hier dargelegten Denkentwicklung Kants hinsichtlich der System- und Metaphysikkonzeption als fraglich. Der Begriff des *ens* erklärt sich in der metaphysischen Tradition von vornherein als allumfassend, insofern er auf alle Bereiche des Seins angewandt werden kann.[347] Das Etwas X erklärt sich hingegen, da er ja nicht gegeben ist, als ein *unbestimmter Gegenstand*, dessen Anwendung auf die Erfahrung erst möglich ist, wenn er durch eine weitere Vorstellung *a* bestimmt wird.

---

346 Refl. 3921, AA XVII, S. 345.
347 Dies entspricht etwa der Ontologiedefinition Johann Claubergs: „Ontosophia est quaedam scientia, quae contemplatur ens *quatenus ens* est, hoc est, in quantum comunem quandam intelligitur habere naturam vel naturae gradum, que rebus corporeis & incorporeis, Deo & Creaturis, omnibusque adeo & singulis entibur suo modo inest. Ea vulgo *Metaphysica*, sed aptiùs *Ontologia* vel sciencia Chatolica, *eine allgemeine wissenschaft*/& Philosophia universalis nominatur." Johann Clauberg: *Opera omnia philosophica*. Bd. 1. Hildesheim (1691) 1968, S. 283. Ähnliches findet man bereits bei Goclenius: „*Erste Philosophie* ist die Wissenschaft, die *sein* betrachtet, *insofern es nur ist*. Das Beschriebene wird *Erste* Philosophie genannt, weil es eine Allgemeinwissenschaft ist." Rudolf Goclenius: *Isagoge. Einführung in die Metaphysik*. Würzburg (1598) 2005. Wolff gibt die folgende Definition: „*Ontologia* seu *Philosophia prima* est scientia entis in genere, seu quatenus ens est." Christian Wolff: *Philosophia prima sive Ontologia*, a.a.O., § 1.

Das besagt, dass das Etwas X aufgrund seiner Unbestimmtheit grundsätzlich als ein zu bestimmendes Objekt zu verstehen ist, dessen entsprechende Objektivität durch eine weitere Vorstellung definiert wird.

Infolgedessen ist das Subjekt als ein bloß – vom Verstand – Gedachtes zu verstehen. „[...] x heißt der Mogliche Begriff eines Dinges, a die Vorstellung, durch die ich ihn denke."[348] Die Unbestimmtheit dieses Begriffs entspricht dann der in der *Reflexion* 3959 dargelegten Auffassung der Ontologie, der zufolge das Etwas X, welches weder ein gegebenes Objekt noch Materie ist, eine formale Instanz darstellt. Das Etwas X ist in dieser Phase der kantischen Denkentwicklung eine vom Verstand hervorgebrachte Vorstellung, die die einzelnen Vorstellungen der (gegebenen) Objekte antizipiert.[349] Dies kann als eine Folge der subjektiven Auffassung von Raum und Zeit – welche Kant 1769 einführt – angesehen werden. Die subjektiven Vorstellungen, die durch die Bedingungen des Raumes entstehen, stellen nicht die Bedingungen des Dinges selbst dar.

> Diese *conditiones* sind als subiectiv, und ihre Begriffe bedeuten nichts an dem Gegenstande. Alle synthetische Urteile der reinen Vernunft sind demnach subiectiv und die Begriffe selbst bedeuten Verhältnisse der Vernunfthandlungen zu sich selbst.[350]

Wenn dem so ist, findet man um 1769 im Vergleich zu der Mitte der sechziger Jahre eine durchaus neue Konzeption der Ontologie. Die bis in der *Vorlesungsankündigung* vertretene Position, dass die Ontologie von sicheren Erfahrungen ausgehe und im Laufe eines Erläuterungsprozesses ihre Begriffe hervorbringe, ist nach dem Standpunkt der soeben dargelegten *Reflexion* als überholt anzusehen. Die Ontologie muss nun vielmehr von einem Gegenstand ausgehen, der gar nicht gegeben ist und dessen Bestimmung, d. h. seine objektive Gültigkeit, sich erst durch einen weiteren Begriff etablieren lässt. Die hier schon dargestellte skeptische Betrachtung der Metaphysik und die aus ihr resultierende subjektive Charakteristik der

---

348 Refl. 3920, AA XVII, S. 345. Datierung um 1769.
349 Es ist in dieser Hinsicht beachtenswert, dass Kant in der *Reflexion* 3921 darauf aufmerksam macht, dass man durch diese Art von Vorstellungen zu einem intuitiven Begriff des Ich gelangt. „[...] daß kein subiect vor allen Prädikate erkennen, als bloß das Ich, welches gleichwohl kein Begriff, sondern eine Anschauung ist [...] wir konnen das absolute oder subiect nur von uns aus vorstellen." Refl. 3921, AA XVII, S. 346. Diese *Reflexion* gewinnt deutlich an Bedeutung, wenn man die *Anthropologie Collins* von 1772–1773 in Betracht zieht, in welcher Kant die Auffassung vertritt, dass wir durch die Vorstellung des Ich Zugang zu einer intuitiven Erkenntnis desselben und dessen Eigenschaften (Einfachheit, Substantialität, Personalität) haben: „Der erste Gedanke der uns aufstößt, wenn wir uns selbst betrachten drückt das Ich aus." V-Anth/Collins, AA XXV, S. 10.
350 Refl. 3983, AA XVII, S. 355. Datierung um 1769.

Erkenntnis bilden demgemäß die wesentlichen Grundlagen für eine solche Wende der Ontologie. Die Folgen dieser neuen Begrifflichkeiten sind am besten in der *Reflexion* 3884 zu sehen: „Die Grundbegriffe sind nicht Bestimmungen, also auch nicht die wesentliche Stücke."[351] Im Fall von Baumgarten folgt die Ableitung der Bestimmungen aus den formalen Prinzipien der Erkenntnis hingegen derart, dass das Bestimmte entweder so gesetzt wird, dass es A ist, oder dass es nicht A ist.[352] Von daher machen die Bestimmungen, die bejahend sind, die Realität (*realitas*) des Dinges aus. „Was durch Bestimmen in einem Subjekt gesetzt wird (Merkmale und Prädikate), sind BESTIMMUNGEN; die eine ist positiv und bejahend, und wenn zutrifft, ist das eine REALITÄT."[353] Kants Behandlung der metaphysischen Begriffe als subjektive Bedingungen, die nur ein Etwas X antizipieren, schließt von vornherein aus, dass die Grundbegriffe der kantischen Ontologie mit den derart konzipierten Bestimmungen Baumgartens in Übereinstimmung zu bringen seien. Insofern sie nicht aus den formalen Prinzipien abgeleitet werden, können sie ebenso wenig einen wesentlichen Bestandteil der kantischen Ontologie ausmachen.

An dieser Stelle unterscheidet Kant also dezidiert zwischen den antizipierenden Vorstellungen, die dem Verstand zukommen, und denen, die den Sinnen gegeben sind. Die Unterscheidung zwischen analytischen und synthetischen Urteilen verdeutlicht dieses Resultat am eindrücklichsten. Erstere berufen sich auf einen Teil der Vorstellung, der mit dem Subjekt identisch ist; die synthetischen Urteile hingegen bringen durch die Erfahrung einen Teil der Vorstellungen zum Ausdruck, deren wesentlichen Eigenschaften gerade nicht a priori synthetisiert werden können. Es bleibt also nur die Möglichkeit, die Grundbegriffe der Ontologie als eine Vorstellung *x* eines unbekannten Gegenstandes anzunehmen, der durch eine empirische Vorstellung zwar bestimmt ist, dessen wesentliche Eigenschaften jedoch nicht ersichtlich gemacht werden können.[354] „Daher erkennen wir durch den Verstand an den Korpern nicht die eigentlichen subiecten, sondern die Prädicat der Ausdehnung, solidität, Ruhe, Bewegung etc."[355]

---

351 Refl. 3884, AA XVII, S. 326. Datierung um 1766–1768, 1769.
352 Baumgarten: *Metaphysica/Metaphysik*, a.a.O., § 34.
353 Baumgarten: *Metaphysica/Metaphysik*, a.a.O., § 36.
354 Gotz schreibt diesbezüglich: „Die Erscheinungen sind nicht in logischen Wesenheiten begründet, die unser Denken unmittelbar oder durch die Erfahrung vermittelt erfassen könnte. Das Objekt selbst, an dem wir die Eigenschaften synthetisch feststellen, bleibt ein unbekanntes x, seine von uns erkannten Merkmale sind nicht Teile seines eigentlichen Wesens." Gotz: *Letztbegründung und systematische Einheit*, a.a.O., S. 152.
355 Refl. 3921, AA XVII, S. 346. Zum unbestimmten Charakter der Gegenstände der Vernunft ist in der *Reflexion* 3975 weiterhin zu lesen: „Weil durch die Vernunft, d.i. durch die Erkenntnis, welche keine Empfindung ist, nur Begriffe entspringen, durch welche es unbestimmt bleibt, ob

Demzufolge sei laut Kant ein neues Verständnis der Ontologie und ihres Gegenstandes zu gewinnen, welches weder mit der Auffassung der Transzendentalienlehre Baumgartens, noch mit seiner eigenen Auffassung von 1765 übereinstimmen kann. Die kantischen Grundbegriffe um 1768–1769 drücken demnach weder die wesentlichen Bestimmungen eines Dinges im metaphysischen Sinne aus noch bringen sie als unauflösliche Begriffe die Eigenschaften der Realität zum Ausdruck. Was die Metaphysik bzw. die Ontologie in Anbetracht der synthetischen Form der Urteile beanspruchen kann, gilt also nur subjektiv; deswegen ist es notwendig, einen weiteren Schritt zur Objektivität zu machen, wodurch die gegebenen Gegenstände in Betracht gezogen werden. Das erklärt zugleich, was für einen Sinn es hat, mit der Physiologie der reinen Vernunft, die den objektiven Teil des Systems ausmacht, eine weitere Disziplin in die Metaphysik einzubeziehen, wie Kant es Anfang der siebziger Jahr tut.

> Allein da die metaphysische Begriffe von Grund, substanz etc. nicht eigentlich vorstellungen der obiecten seyn, indem auch der Vollkommenste Sinne diese an keinem Dinge empfinden kann und ohne diese Verhaltnisse die Dinge insgesammt, obzwar nicht durch unsere Vernunft, können vorgestellt werden: so sind diese Begriffe nicht obiectiv; also ist in den axiomen derselben alles subiectiv.[356]

Aufgrund der vorigen Ausführungen hinsichtlich der kantischen Denkentwicklung ab 1766, denen zufolge Kant um 1769 nach und nach zu der Einsicht gelangt, dass die Metaphysik subjektiv zu bestimmen sei und daher von keinem gegebenen Gegenstand ausgehen darf, lässt sich die hier aufgestellte Behauptung, dass die um 1769 geltende Auffassung der Ontologie grundlegend mit dem sogenannten Begriff eines Etwas X bzw. eines Gegenstandes überhaupt in Verbindung steht, plausibler machen. Im Laufe jener Jahre hat sich gezeigt, dass die skeptische Behandlung der Metaphysik, die Kant 1766 Mendelssohn gegenüber erwähnt hatte, den Weg für viele neue Ansichten geebnet hatte. Hierdurch kommt man leicht zu der Einsicht, dass das Projekt einer Formalisierung des Gegenstandes der Ontologie zu diesem Zeitpunkt der kantischen Denkentwicklung notwendig war. Die soeben diskutierte *Reflexion 3765*, die eine kritische Stellungnahme zu der ontologischen Tradition suggeriert, hat weiterhin gezeigt, dass die Kritik an der Ontologie Baumgartens von einer weitaus radikaleren Natur ist als die aus der Mitte der sechziger.

---

das Ding gesetzt sey oder nicht, so gehöret etwas dazu, welche uns nöthigt, etwas zu setzen." Refl. 3975, AA XVII, S. 372. Datierung um 1769.
356 Refl. 3942, AA XVII, S. 357. Datierung um 1769, 1764–1768.

4 Kants Denkentwicklung zwischen 1770 und 1772

4.1 Die *Dissertation* von 1770 und der Ort der Ontologie

Die im Vorigen dargestellte Entwicklung der kantischen Metaphysikkonzeption zwischen 1766 und 1769 würde dafür sprechen, dass Kants Denkens um 1769 aus der Perspektive von 1781 her gesehen gewissermaßen in eine kritische Richtung orientiert war. Allerdings ist es so, dass jede entwicklungsgeschichtliche Interpretation, die sich hauptsächlich mit Kants Denken vor 1770 befasst, notwendigerweise mit der Tatsache konfrontiert wird, dass der zwischen 1766 und 1769 ausgereifte kritische Standpunkt durch eine eher dogmatische Schrift plötzlich aufgegeben wurde. Kants Inauguraldissertation von 1770 bringt in dieser Hinsicht einige die Auffassung der Metaphysik betreffende Überlegungen zur Sprache, die sich prinzipiell schwer mit dem bis dahin vertretenen Standpunkt vereinbaren lassen. Eröffnet Kants Inauguraldissertation von 1770 aber tatsächlich die Möglichkeit, die vorher kritisierte metaphysische Tradition wiederaufleben zu lassen?[357] In Bezug auf die Ontologie ist die Antwort auf diese Frage entscheidend, da eine erste Folge dieser Ansicht Kants darin bestünde, dass die soeben dargestellte Konzeption der Metaphysik als subjektive Wissenschaft nicht mehr gültig wäre.

---

357 Die Mutmaßungen über die Motive der dogmatischen Züge der *Dissertation* sind sehr unterschiedlich. Hans Vaihinger sieht Leibniz' *Nouveaux Essais* (1765 erschienen) als möglichen Einfluss an: „Ende der 60er Jahre gerät K. unter den übermächtigen Einfluss der 1765 erschienenen *Nouveaux Essais* von Leibniz; die direkte Folge dieses Einflusses ist die Dissertation [...] Kant fällt im Jahre 1770 auf den Standpunkt des allerdings durch ihn bedeutend modificirten Dogmatismus zurück." Hans Vaihinger: *Kommentar zu Kants Kritik der reinen Vernunft*. Aalen 1970, S. 46. Friedrich Paulsen, der der *Dissertation* eine besondere Bedeutung für die kritische Philosophie zuschreibt, interpretiert die Schrift als rationalistisch: „[D]er Rationalismus der Dissertation ist die Reaktion gegen den ‚Skeptizismus' der Träume." Friedrich Paulsen: *Immanuel Kant. Sein Leben und seine Lehre*. Stuttgart 1920, S. 93. Lewis White Beck führt die Wende zum Dogmatismus auf das Interesse Kants zurück, zum Ordinarius berufen zu werden. Seine echte Lehre habe Kant in diesem akademischen Kontext keineswegs öffentlich äußern können. So wie Paulsen vermutet auch er einen Einfluss Leibniz' auf den kantischen Standpunkt von 1770. Siehe dazu Beck: „Lambert and Hume in Kant's development", a.a.O, S 103. Kreimendahl macht hingegen darauf aufmerksam, dass die *Dissertation* sowohl regressive als auch progressive Elemente beinhaltet, woraus sich schließen lässt, dass die *Dissertation* als keine „adäquate Repräsentation des Kantischen Reflexionsstandes dieser Zeit genommen werden darf." Kreimendahl: *Kant. Der Durchbruch*, a.a.O, S 224–225. Der Auffassung Martial Gueroults zufolge bestehen die dogmatischen Züge der *Dissertation* darin, dass der Ausgangspunkt Kants in dieser Schrift kosmologischer Natur sei und deswegen eine Kritik im Sinne der menschlichen Vermögen fehle. Deshalb vertrete Kant um 1770 eine noch leibnizianische Position. Siehe Martial Gueroult: „La dissertation kantienne de 1770": In: *Archives de Philosophie* 41 (1978), S. 3–25.

Insofern in Kants *Dissertation* neuerdings von einem *usus realis* des Verstandes die Rede ist, der die Objektivität und die Erkenntnis des Dings an sich möglich macht, steht der Standpunkt von 1770 gewissermaßen im Widerspruch mit der vorher dargestellten kantischen Stellungnahme zur Ontologie Baumgartens von 1768– 1769.[358] Es muss jedenfalls von vornherein die Tatsache berücksichtigt werden, dass die *Dissertation* eine Schrift ist, die viele Elemente beinhaltet, die keineswegs als dogmatisch zu beurteilen sind. Kants eigener Ansicht nach treibt die *Dissertation* das kritische Unternehmen vielmehr voran.[359] Die subjektive Lehre von Raum und Zeit sowie auch die transzendentale Unterscheidung zwischen Sinnlichkeit und Verstand stellen in diesem Sinne herausragende Beispiele dar.

Die *Dissertation* ist in fünf Sektionen gegliedert, wobei die Kerngedanken – wie Kant in einem Brief an Lambert ausdrücklich bekundet – im zweiten, dritten und fünften Abschnitt zu finden seien.[360] In der zweiten Sektion stellt Kant den Unterschied zwischen dem Sinnlichen und dem Intelligiblen dar. Während in der dritten Sektion die Form der Sinnenwelt thematisiert wird, ist die fünfte der Methode in Bezug auf das Sinnliche und das Intelligible gewidmet. Bemerkenswert ist dabei, dass Kant der vierten Sektion, welche die Form der Verstandeswelt behandelt, gar keine besondere Relevanz zuschreibt.[361] Noch weitere Bemerkungen in dem Brief an Lambert von 1770 legen Zeugnis davon ab, wie Kant selbst

---

358 Vgl. in dieser Hinsicht Herman de Vleeschauwer, der von einer Ontologie in der *Dissertation* spricht: „Allors que, dans les *Träume*, la métaphysique ne pouvait plus avoir de contenu positif et était réduite à être la science formelle de la raison, Kant réaffirme plus décidé que jamais, la possibilité d'une ontologie." Herman de Vleeschauwer: *La deduction transcendentale dans l'œuvre de Kant*. Paris, 1934, S. 154.
359 Vgl. Brief an Herz von 1781: „Dieses Buch enthält den Ausschlag aller mannigfaltigen Untersuchungen, die von den Begriffen anfingen, welche wir zusammen, unter der Benennung des mundi sensibilis und intelligib:, abdisputirten." Br, AA X, S. 266.
360 Vgl. Br, AA X, S. 98. Marcus Herz, der als Respondent der *Dissertation* fungierte und mit der Schrift sehr gut vertraut war, scheint in seinen *Betrachtungen* ebenfalls drei Abschnitte anzunehmen, denn er befasst sich hauptsächlich mit der Unterscheidung zwischen Sinnlichkeit und Verstand, der subjektiven Raum- und Zeitlehre und der Subreption der Begriffe. Siehe Marcus Herz: *Betrachtungen aus der spekulativen Weltweisheit*. Hrsg. von Elfriede Conrad, Heinrich P. Delfosse und Birgit Nehren. Hamburg (1771) 1990.
361 „Die erste u. vierte section können als unerheblich übergangen werden." Br, AA X, S 98. Das würde dafür sprechen, dass Kant um 1770 mit seiner Darstellung der Prinzipien der Verstandeswelt zufrieden war. Dies wird sich bald ändern, wie die Briefe an Herz von 1771 und 1772 zeigen. Nach 1771 ist die Bestimmung des Intellektuellen folglich Kants wichtigstes Problem. Siehe auch den Brief an Bernoulli von 1781: „Aber nunmehr machte mir der Ursprung des Intellectuellen von unserem Erkenntnis neue und unvorhergesehene Schwierigkeit." Br, AA X, S. 278. Kant bezieht sich auf die Unterbrechung des Briefwechsels um 1770 mit Lambert. Von daher ist das Problem des Intellektuellen auf einen Zeitraum nach 1770 festzulegen.

die Aufgaben und Tragweite seiner *Dissertation* beurteilte. Sie machen in diesem Sinne evident, dass aus Kants eigener Sicht die Unterscheidung zwischen Sinnlichkeit und Verstand eine der größten Errungenschaften der *Dissertation* darstellte.[362] Der andere wichtige Aspekt sei in der subjektiven Raum-Zeitlehre zu sehen.[363]

In dieser Hinsicht äußert sich Kant im Brief an Lambert wie folgt: „Die allgemeinsten Gesetze der Sinnlichkeit spielen fälschlich in der Metaphysic, wo es doch blos auf Begriffe und Grundsätze der reinen Vernunft ankömt, eine große Rolle."[364] Das ist eines der Hauptthemen der zweiten Sektion der *Dissertation*, in welcher zunächst die Sinnlichkeit vom Verstand unterschieden und dann der Verstand selbst in zwei Anwendungsbereiche untergliedert wird, nämlich in einen logischen und einen realen Verstandesgebrauch.[365] Die Folge dieser Unterscheidung hinsichtlich der Metaphysik wird in der fünften Sektion beschrieben und – wie schon gezeigt – wird dabei deutlich, dass die falsche Anwendung der sinnlichen Bedingungen auf Gegenstände des Verstandes zu der Subreption bzw. dem Fehler der Erschleichung führt.[366] Demnach lässt sich wohl annehmen, dass Kant 1770 die methodischen Bestimmungen der bereits 1769 herausgearbeiteten Idee im Allgemeinen übernimmt, wonach der Ursprung der metaphysischen Begriffe bloß

---

[362] Tonelli betrachtet die Unterscheidung zwischen Sinnlichkeit und Verstand als das „große Licht" des Jahres 1769 und stellt die These auf, dass die *Dissertation* angesichts der Unterschiede zwischen dem kantischen Standpunkt um 1769 und dem um 1770 als keine unmittelbare Folge der kantischen Lehre von 1769 angesehen werden kann. Siehe Giorgio Tonelli: „Die Umwälzung von 1769 bei Kant". In: *Kant-Studien* 54 (1963), S. 375.

[363] Josef Schmucker macht den Versuch, die Leistung der *Dissertation* nicht nur auf die soeben erwähnten Aspekte zu begrenzen, sondern vielmehr als Grundlage der *Kritik der reinen Vernunft* zu betrachten. „Grob gesprochen geht es darum, ob und in welchem Sinn man die *Dissertation* schon der eigentlichen Ebene des Kritizismus zuzurechnen, als nicht etwa nur irgendwie als eine Vorstufe desselben und damit als eine Art Zwischenphase zu betrachten habe, die streng genommen noch dem vorkritischen, dogmatischen Philosophieren Kants angehöre. [...] Für Kant bildet also die in der *Dissertation* erstmals dargebotene subjektive Raum-Zeitlehre nicht nur irgendwie eine Vorbereitung oder Vorstufe, sondern nicht mehr und nicht weniger als den einen tragenden Grundpfeiler des ganzen Kritizismus bzw. der durch ihn ermöglichten Metaphysik." Schmucker: „Zur entwicklungsgeschichtliche Bedeutung der Inauguraldissertation von 1770", a.a.O., S. 263 und 279. Einen ähnlichen Standpunkt vertritt Schmucker bezüglich des realen Gebrauchs des Verstandes um 1770, indem er die dogmatische Auffassung desselben zu relativieren und mit der späten *Kritik der reinen Vernunft* in Verbindung zu setzen versucht.

[364] Br, AA X, S. 98.

[365] Vgl. Immanuel Kant: *Von der Form*, a.a.O., §§ 3–5 und 26–27.

[366] „Wenn aber etwas gar nicht als ein Gegenstand der Sinne, sondern durch einen allgemeinen u. reinen Vernunftbegrif, als ein Ding oder eine substantz überhaupt, etc. gedacht wird so kommen sehr falsche positionen heraus, wenn man sie den gedachten Grundbegriffen der Sinnlichkeit unterwerfen will." Br, AA X, S. 98.

in Bezug auf den Verstand ermittelt werden kann, ohne die Sinnlichkeit zu berücksichtigen.

Ein weiterer Punkt, auf den Kant im Brief an Lambert aufmerksam macht, ist die Tatsache, dass eine negative Disziplin, die der eigentlichen Metaphysik vorangeht und die notwendige Unterscheidung zwischen Sinnlichkeit und Verstand vornimmt, notwendig ist. „Es scheinet eine ganz besondere, obzwar blos negative Wissenschaft *(phaenomologia generalis)* vor der Metaphysic vorher gehen zu müssen, darinn denen principien der Sinnlichkeit ihre Gültigkeit und Schranken bestimmt werden."[367] Obwohl die Sinnlichkeit als eine unabhängige Erkenntnisquelle anerkannt wird, liefert sie nur eine subjektive Erkenntnis, die lediglich innerhalb der Erfahrung gültig ist. Die Grenzen der Sinnlichkeit müssen also durch eine negative Wissenschaft richtig bestimmt werden. Auf diese Weise zeigt sich, dass ein erstes, grundlegendes Charakteristikum der *Dissertation* darin besteht, dass sie einer methodologischen Aufgabe gewidmet ist. Die Darstellung einer dogmatischen Lehre ist hingegen keineswegs ihr wesentliches Ziel. So gesehen ist die Schrift im Wesentlichen als propädeutisch einzuordnen und steht von daher mit der vorigen Phase von 1768–1769 prinzipiell nicht im Widerspruch.

Die Begriffe der Metaphysik, welche der Ansicht Kants nach rein sein müssen, unterscheiden sich von denjenigen, die auf einer logischen Funktion beruhen. Der logische Verstandesgebrauch ist das Resultat der Abstraktion und seine Begriffe bleiben dementsprechend immer empirisch. Der reale Gebrauch leitet seine Begriffe dagegen aus der Natur des Verstandes selbst her, woraus sich die Reinheit ihres Ursprungs ergibt. Auf diese Weise ist die Unterscheidung zwischen dem *usus logicus* und dem *usus realis* des Verstandes gemacht und der Zugang zum Intellektuellen gesichert; denn durch nicht empirisch bestimmte Begriffe können die Dinge erkannt werden, wie sie sind. Bezüglich der Lehre des reinen Verstandes, die in der *Dissertation* dargelegt wird und das ganze Werke auf die Bahnen des Dogmatismus zu führen scheint, ist Folgendes anzumerken: Obwohl der reale Gebrauch des Verstandes die Möglichkeit eröffnet, die Dinge an sich und somit die unkritisch metaphysische Perspektive zu rechtfertigen, gibt es in der Kant-Forschung dennoch einige Interpretationen, die die Lehre des reinen Verstandes als eher undogmatisch begreifen. Dies ist z. B. bei Giovanni Sala der Fall. Er geht in seiner Interpretation davon aus, dass die kantische Konzeption des reinen Ver-

---

367 Br, AA X, S. 98. Dass Kant die negative Wissenschaft *Phaenomenologia generalis* nennt, weist tatsächlich darauf hin, dass dieser Wissenschaft eine ähnliche Aufgabe zukommt, wie der Phänomenologie Lamberts, nämlich das Wahre vom Schein zu unterscheiden. Demnach ist jedenfalls nicht zu übersehen, dass zwischen den beiden Wissenschaften ein Unterschied besteht, wenngleich die Intention auch sehr ähnlich ist. Eine weitere Definition der vorangehenden, negativen Disziplin gibt Kant auch im § 8 der *Dissertation*.

standes als funktionalistisch angesehen werden sollte. Dies wird damit begründet, dass die reinen Begriffe als erworben anstatt als angeboren konzipiert werden. Dementsprechend ließen sich die vermeintlich dogmatischen Züge des *usus realis* derart interpretieren, dass die reinen Begriffe als das Resultat der Spontaneität der Verstandesaktivität zu sehen wären. Der Autor meint, dass Kant hier bereits die Lehre von der Apperzeption und ihrem spontanen Charakter antizipiert.[368] Allerdings muss beachtet werden, dass in der *Dissertation* keine kritische Lehre der Psychologie und des Ichs entwickelt wird und deswegen keine Kritik im Sinne der Vermögenstheorie vorkommt; das scheint Sala nicht berücksichtigt zu haben.[369]

In Bezug auf die intellektuelle Erkenntnis ist noch ein anderer Faktor von entscheidender Bedeutung, wenn es darum geht, die dogmatischen Züge der *Dissertation* zu thematisieren. Kant macht nachdrücklich darauf aufmerksam, dass eine intellektuelle Erkenntnis in Form einer intuitiven Erkenntnis gar nicht möglich sei, insofern der Verstand keinen Zugang zu intellektuellen Vorstellungen *in concreto* habe.[370] Im Einklang mit dieser Restriktion der intellektuellen Erkenntnis führt Kant in § 9 zum einem die Unterscheidung zwischen elenktischen und dogmatischen Zwecken der Erkenntnis ein; zum anderen übt er Kritik an Platon, indem er das „Ideal" von der „Idee" abgrenzt.[371] Damit distanziert sich Kant von den herkömmlichen Metaphysiksystemen. Anstatt die konkrete betont Kant die Existenz einer bloß symbolischen Erkenntnis des Intellektuellen.[372]

---

368 Siehe Giovanni B. Sala: „Der ‚reale Verstandesgebrauch' in der Inauguraldissertation Kants von 1770". In: *Kant-Studien* 69 (1978), S. 1–16.
369 Siehe Martial Gueroult: „La dissertation kantienne de 1770", a.a.O., S. 4–5. Vgl. dazu auch die Ausführungen Heiner F. Klemmes bezüglich der Ich-Auffassung Kants zwischen 1770 und 1772, aufgrund derer die These Salas in Frage zu stellen ist. Zur Vermögenstheorie siehe Antonino Falduto: *The Faculties of the Human Mind and the Case of Moral Feeling in Kant's Philosophy*. Berlin/Boston 2014.
370 „Eine Anschauung des Intellektuellen gibt es (für den Menschen) nicht, sondern nur eine symbolische Erkenntnis, und die Verstandestätigkeit ist uns nur durch allgemeine Begriffe in abstracto verstattet, nicht durch einen einzelnen in concreto." Siehe Kant: *Von der Form*, a.a.O., § 10.
371 Dazu Heinz Heimsoeth: „Kant und Platon". In: *Kant-Studien* 56 (1965), S. 349–372.
372 Über die Frage, was unter dieser zu verstehen sei, gibt Kants Definition in der *Dissertation* jedoch keine genauere Auskunft. Eine nähere Bestimmung der symbolischen Erkenntnis nimmt Kant im Zusammenhang mit der Analogie vor, und beabsichtigt damit, einen gültigen Zugang zur Erkenntnis des Übersinnlichen zu finden. Siehe dazu FM, AA XX, S. 279. Vgl. auch § 59 der *Kritik der Urteilskraft*, in welchem Kant darauf hinweist, dass die symbolische Erkenntnis eine andere Art der intuitiven Erkenntnis bezeichne. Von daher müsse man die intuitive zwar der diskursiven, aber eben nicht der symbolischen Erkenntnis entgegensetzen: „Es ist ein von den neuern Logikern zwar angenommener, aber sinnverkehrender, unrechter Gebrauch des Worts symbolisch, wenn man es der intuitiven Vorstellungsart entgegensetzt; denn die symbolische ist

Was in der *Dissertation* jedenfalls ersichtlich wird, ist, dass die Begrenzung der intellektuellen Erkenntnis nur in Anbetracht der Sinnlichkeit bestimmt werden kann.

> Denn alle unsere Anschauung ist an einen gewissen Grund einer Form gebunden, unter der allein etwas unmittelbar, oder als Einzelnes, von der Erkenntniskraft geschaut und nicht nur diskursiv durch allgemeine Begriffe erfaßt werden kann. [...] und [scil. die Anschauung] ist so, als Bedingung der sinnlichen Erkenntnis, kein Mittel zu einer intellektuellen Anschauung.[373]

Dies besagt, dass in der *Dissertation* selbst die Sinnlichkeit die begrenzende Funktion in Bezug auf die intellektuelle Erkenntnis übernimmt, indem diese letztere indirekt bzw. negativ – durch ihren nicht-intuitiven Charakter – definiert und begrenzt wird. Es lässt sich deshalb behaupten, dass die dogmatischen Züge der Inauguraldissertation, die durch den *usus realis* begründet werden, nicht direkt mit einer absoluten, direkten Erkenntnis der Dinge an sich zu verwechseln sind. Die intellektuelle Erkenntnis kennzeichnet sich also durch ihren abstrakten Charakter, insofern sie in Abgrenzung zur Sinnlichkeit *negativ* bestimmt wird. Demgemäß kommt ein weiteres Argument zustande, womit gewissermaßen die dogmatischen Tendenzen der *Dissertation* ohne Zweifel abgeschwächt werden sollten.

Vor dem Hintergrund dieser Erklärung der symbolischen Erkenntnis zeigt sich eine weitere Unterscheidung hinsichtlich der Zwecke der Verstandeserkenntnis. So heißt es in § 9 der *Dissertation*, dass die Verstandeserkenntnisse in elenktische und dogmatische zu unterscheiden sind. Die erste Erkenntnisart lässt sich durch die negative Funktion bestimmen, die reine, intellektuelle Erkenntnis von der sinnlichen, empirischen Erkenntnis abzugrenzen und damit die Vernunft vor Irrtümern zu bewahren. Insofern enthält sie keine positive Lehre von irgendwelchen Gegenständen. Die zweite Art von Erkenntnis hingegen hat das *noumenon*

---

nur eine Art der intuitiven." KU, AA V, S. 351. In der metaphysischen Tradition ist der Begriff der symbolischen Erkenntnis ebenfalls von besonderem Belang. Baumgarten definiert sie im Rahmen des Bezeichnungsvermögens: „Wenn Zeichen und Bezeichnetes in der Vorstellung verbunden werden und die Vorstellung des Zeichens größer ist als die des Bezeichneten, spricht man von SYMBOLISCHER ERKENNTNIS." Der symbolischen Erkenntnis wird die intuitive entgegengesetzt, über die Baumgarten das Folgende schreibt: „[W]enn die Vorstellung des Bezeichneten größer ist als die des Zeichens, handelt es sich um ANSCHAUENDE (intuitive) ERKENNTNIS." Baumgarten: *Metaphysica/Metaphysik*, a.a.O., § 620. Über Wolffs Auffassung der symbolischen Erkenntnis und deren Quellen siehe Matteo Favaretti Camposampiero: *Conoscenza simbolica: Pensiero e linguaggio in Christian Wolff e nella prima età moderna*. In: Christian Wolff: *Gesammelte Werke*. III. Abt., Bd. 119. Hrsg. von J. École, H.W. Arndt, R. Theis, W. Schneiders und S. Carboncini-Gavanelli. Hildesheim/Zürich/New York 2009.
373 Kant: *Von der Form*, a.a.O., § 10.

in positiver Hinsicht zum Zweck. Hierbei verweist Kant auf den Begriff der Vollkommenheit, die er in eine theoretische und eine praktische untergliedert, wobei unter ersterer Gott und unter letzterer die moralische Vollkommenheit zu verstehen ist.

Dies ist auch die Stelle, an der sich Kant auf die Ontologie bezieht. Gemäß dem Zweck des dogmatischen Gebrauchs der Verstandeserkenntnis laufen die Begriffe der Ontologie und der rationalen Psychologie auf ein Urbild hinaus, nämlich auf die angeführte Vollkommenheit im Sinne von Gott und Moral. In dieser Hinsicht schreibt Kant in § 9: „[I]hm [scil. dem dogmatischen Gebrauch] gemäß laufen die allgemeinen Grundsätze des reinen Verstandes, wie die Ontologie oder die rationale Psychologie sie liefern, auf irgendein Urbild hinaus, das nur mit dem reinen Verstande begriffen werden kann."[374] Bemerkenswert ist, dass hier vornehmlich von Gebrauch die Rede ist, d. h. es geht darum zu zeigen, auf welche Weise die Vernunft bestimmte Begriffe gebraucht, um im dogmatischen Sinne zur metaphysischen Erkenntnis zu gelangen. Welche Funktion übernimmt aber die Ontologie? Zunächst lässt sich darauf antworten, dass sie als Grundlage für die dogmatische, symbolische Erkenntnis fungiert. Die Ontologie liefert also die allgemeinen Grundsätze, aus denen andere Erkenntnisse abgeleitet werden.

Kant lässt aber an dieser Stelle offen, wie genau die Ontologie innerhalb des Systems einzuordnen sei. Es wird lediglich behauptet, sie liefere die Grundsätze, auf welchen der Gebrauch des Verstandes im dogmatischen Sinne angewiesen sei, um sich einen Begriff von Gott bilden zu können. Gleichermaßen werden laut § 9 durch die rationale Psychologie die Begriffe erworben, durch welche sich die moralische Vollkommenheit begreifen lässt. Die Parallele, die Kant hiermit zu ziehen beabsichtigt, ist offenkundig: Während die Ontologie als diejenige Disziplin dargestellt wird, aufgrund derer die Erkenntnis über Gott erworben wird, ist die rationale Psychologie die Disziplin, mit welcher die Moralphilosophie die Idee einer moralischen Vollkommenheit rechtfertigen kann.

Es wird in § 9 allerdings nicht behauptet, dass die Ontologie selbst einem dogmatischen Gebrauch der Prinzipien unterliege. Wie sich diese Begriffe zum gesamten System der Metaphysik verhalten, wird hier also prinzipiell nicht beleuchtet. Die Ontologie liefert, wie schon gezeigt, nur die allgemeinen Grundsätze des Verstandes. In § 8 wird diejenige Eigenschaft zur Sprache gebracht, die diesen Grundsätzen als wesentlich zugeschrieben wird, nämlich die Reinheit. Dafür wird die Unterscheidung eingeführt, mittels derer die Begriffe in abstrahierte und abstrahierende eingeteilt werden.[375] Da die Begriffe der Metaphysik in keinem Fall

---

374 Kant: *Von der Form*, a.a.O., § 9.
375 Vgl. Kant: *Von der Form*, a.a.O., § 6 und Lambert: *Neues Organon*, a.a.O., § 17.

aus der Erfahrung abgeleitet werden können, werden diese als nicht abstrahierte Begriffe bezeichnet und insofern als rein konzipiert. Unter diesen reinen Begriffen erwähnt Kant diejenigen, die in den metaphysischen Handbüchern seiner Zeit üblicherweise bereits vorhanden waren: Möglichkeit, Dasein, Notwendigkeit, Substanz und Ursache. Es fällt jedoch auf, dass die Aufzählung dieser Begriffe in § 8 auf eine eher chaotische Weise erfolgt. Es bleibt ebenfalls unklar, inwiefern sie als objektiv zu bezeichnen sind und welche Funktion ihnen innerhalb des Systems letztendlich zukommt.

Die vierte Sektion der *Dissertation*, die der Frage nach der Form der Verstandeswelt gewidmet ist und von welcher im Prinzip zu erwarten wäre, dass sie die Ontologie eingehender präzisiere, liefert bedauerlicherweise keine weiteren Hinweise. Kant beschränkt seine Erklärung auf die Feststellung eines notwendigen Grundes, mittels dessen der in der Sinnenwelt wechselseitigen Beiordnung der Gegenstände eine Letztbegründung gegeben wird. Das, was in der Sinnenwelt durch die Koordination der Gegenstände in der subjektiven, sinnlichen Form des Raumes bestimmt wird, ist durch eine erste Ursache (Subordination) objektiv begründet. Genau darin besteht eben die Form der sogenannten Verstandeswelt. „[A]uf welche Art und Weise es denn möglich sei, daß mehrere Substanzen in wechselseitiger Gemeinschaft sind und auf diese Art zu demselben Ganzen gehören, dass man Welt nennt."[376] Kant beabsichtigt damit zu zeigen, dass ein solches Ganzes nicht durch Instanzen aus der Sinnenwelt begründet werden kann. „Die Weltsubstanzen sind von einem anderen her Seiende, aber nicht von verschiedenen, sondern alle von Einem. [...] Daher zeugt die Form des Alls von einer Ursache des Stoffs."[377] Die Verstandeswelt also liefert die Gründe dafür, die Einheit der Welt rechtfertigen zu können. Dies ist folglich nur möglich, wenn man davon ausgeht, dass die koordinierten Substanzen im Raum, d. h. in der Sinnenwelt, zufällig sind und in einem abhängigen Verhältnis zu einer einzigen Ursache stehen, nämlich zu Gott.[378] Es liegt nun nahe, aus welchen Gründen die intellektuelle

---

376 Kant: *Von der Form*, a.a.O., § 16.
377 Kant: *Von der Form*, a.a.O., § 20.
378 Eine Erläuterung der kantischen Antwort auf die in § 16 gestellte Frage liefert Herz in den *Betrachtungen*: „Worauf beruht eigentlich das objektive *Principium* desjenigen Verhältnisses unter den Substanzen, die in der anschauenden Erkenntnis vermittels des Raums und der Zeit verbunden werden? Herr Kant zeigt in seiner Abhandlung, daß der objektive Grund der allgemeinen Verknüpfung, welche diese Menge Substanzen zu einem einzigen Ganzen macht, bloß darin zu finden sei, weil sie alle Folgen einer einzigen Ursache sind, und folglich wir den Beweis von der Zufälligkeit dieser Substanzen und der Einheit Gottes vorausgehen müssen, um durch die reine Vernunft den Begriff einer Welt festsetzen zu können." Herz: *Betrachtungen*, a.a.O., S. 41.

Erkenntnis in § 10 als symbolisch bezeichnet wurde. Die *Reflexion* 4208 bringt am deutlichsten zum Ausdruck, was diese symbolische Erkenntnis bedeutet:

> Die Wirkungen sind symbole der Ursachen, also der Raum (durch den doch wirkliche Dinge als nothwendig vermittelst eines gemeinschaftlichen Grundes verknüpft vorgestellt werden) ein *symbolum* der gotlichen allgegenwart oder das *phaenomenon* der gotlichen causalitaet. Im Raume ist Moglichkeit nicht von der Wirklichkeit unterschieden. Alle sinnliche Vorstellung ist ein *symbolum* des intellectualen.[379]

Die Metaphysik ist also eine Erkenntnis über den richtigen Gebrauch der Prinzipien des Verstandes und wird in der *Dissertation* zum einen als negative Wissenschaft bzw. als *phaenomenologia generalis* konzipiert, die eine propädeutische Funktion erfüllt.[380] Die Metaphysik liefert zum anderen durch die Form der Verstandeswelt eine symbolische Erkenntnis, anhand derer die Begriffe von Gott, Welt und moralischer Vollkommenheit gebildet und die Gemeinschaft, Subordination und Einheit der Substanzen gesichert werden können. Man könnte sich an dieser Stelle fragen, in welchem Verhältnis die Begriffe der Ontologie und der symbolischen Erkenntnis zueinander stehen. Eine eindeutige Antwort darauf ist in der *Dissertation* allerdings nicht zu finden.

Man versteht aber auf diese Weise, warum Kant in den Briefen an Herz von 1771 und 1772 seine Unzufriedenheit mit der Bestimmung der reinen, ontologischen Begriffe zum Ausdruck bringt, denn es kommt keine Stelle in der *Dissertation* vor, aufgrund derer es möglich wäre, diese Begriffe richtig einzuordnen. Es bleibt wohl eine Art Kluft bestehen zwischen den Begriffen der Sinnenwelt, die der Koordination der Phänomene dienen, und der symbolischen Erkenntnis, die mittels Begriffe der Verstandeswelt als Begründungsinstanz der Einheit der koordinierten Phänomene fungiert. Die sinnlichen Begriffe zeigen, wie die Dinge durch die raum-zeitliche Koordination *subjektiv* erscheinen; mittels der intellektuellen, ontologischen Begriffe soll gezeigt werden, in welchen realen Verhältnissen der Gemeinschaft, der Subordination und der Einheit die Dinge *objektiv* zueinander stehen; das ist letztlich, was in der *Dissertation* unter dem Ausdruck „Dinge zu erkennen, wie sie erscheinen und wie sie sind" verstanden werden sollte. Die reinen, intellektuellen Begriffe sollten dabei der Vermittlung dienen; es bleibt aber ohne Zweifel noch erklärungsbedürftig, wie diese Vermittlung anzusehen ist. Dass die *Dissertation* wirklich die Grundzüge einer dogmatischen Ontologie darlegt, ist

---

[379] Refl. 4208, AA XVII, S. 456. Datierung um 1769–1770. Siehe dazu auch die *Reflexion* 4207: „Der oberste Grund der Verbindung ist auch der formale Grund der Moglichkeit des *commercii*. Sinnlich ausgedrückt ist es der Raum." Refl. 4207, AA XVII, S. 456. Datierung um 1769–1770.
[380] „Metaphysica est organon intellectus puri, primo critica." Refl. 4164, AA XVII, S. 440. Datierung um 1769–1770.

– wie sich aus den vorigen Ausführungen schließen lässt – indes nicht eindeutig.[381]

Was die *Dissertation* lehrt, ist, dass das System der Metaphysik aus einer Propädeutik, Ontologie, rationalen Psychologie, Kosmologie, Theologie und Moral besteht. Entscheidend ist, dass die Moral auf Begriffe der rationalen Psychologie verweist und somit in das System der Metaphysik einbezogen wird, sprich einen Teil der reinen Philosophie darstellt.[382]

Fragt man sich vor dem Hintergrund der symbolischen Erkenntnis, inwieweit die Begriffe von Gott und moralischer Vollkommenheit eine dogmatische Erkenntnis ermöglichen, ist die Antwort jedoch eindeutig: Sie sind nicht im Sinne einer intellektuellen Anschauung zu verstehen. Wie die Ontologie aber zwischen subjektiver und objektiver Erkenntnis vermittelt, wird in der *Dissertation* nicht eindeutig geklärt.

4.2 Die unmittelbare Rezeption der Inauguraldissertation: Lambert, Mendelssohn, Herz

Kants Inauguraldissertation stieß, trotz ihrer kurzfristigen Abfassung und der Unzufriedenheit ihres Autors, auf Resonanz unter den Gelehrten. Sowohl Lambert, Mendelssohn, Sulzer als auch Herz haben sich brieflich über die Abhandlung Kants geäußert. Diese Briefe stellen wichtige Quellen für die Betrachtung der kantischen Denkentwicklung zwischen 1770 und 1772 dar. Noch wichtiger ist in dieser Hinsicht die Beurteilung Marcus Herz', der sich in seiner Schrift *Betrachtungen aus der spekulativen Weltweisheit* von 1771 ausführlich mit der *Dissertation* Kants auseinandersetzt. In Anbetracht dieses brieflichen Austauschs wird im Folgenden erläutert, wie die kantische Auffassung der Ontologie zu einer präziseren Position gelangt, welche als eine Antwort auf die in der *Dissertation* noch vorhandene Kluft zwischen dem Sinnlichen und dem Intellektuellen anzusehen ist.

---

381 Die *Reflexion* 4166 bringt eine Konzeption der Ontologie zur Sprache, die sich eher als Erkenntnistheorie verstehen lässt: „Der erste Theil von den ersten Gründen unserer reinen Vernunferkenntnis aller Dinge (oberstem principio cognoscendi). Ontologie." Refl. 4166, AA XVII, S. 441. Datierung um 1770.

382 „Die Moralphilosophie wird mithin, sofern sie die ersten Grundsätze der Beurteilung an die Hand gibt, nur durch den reinen Verstand erkannt und gehört selber zur reinen Philosophie". Kant: *Von der Form*, a.a.O., § 9. Über die Rolle der Moral in der Inauguraldissertation siehe Manfred Kuehn: „The moral dimension of Kant's Inaugural Dissertation: A new perspective on the ‚Great Light of 1769'?". In: Hoke Robinson (Hrsg.): *Proceedings of the 8th International Kant Congress*. Milwaukee 1995, S. 373–392.

Am 13. Oktober 1770 schreibt Lambert einen Brief an Kant, in welchem er eine Beurteilung der *Dissertation* abgibt. Lambert beginnt zunächst mit einer positiven Bewertung der kantischen Abhandlung und behauptet dementsprechend, die *Dissertation* trage im Allgemeinen zur Verbesserung sowohl der Metaphysik als auch der Moral bei. Danach geht er jedoch zu seiner Kritik über. Die zentralen Entdeckungen Kants in der *Dissertation*, nämlich die Unterscheidung zwischen Sinnlichkeit und Verstand auf der einen und zwischen *phaenomenon* und *noumenon* auf der anderen Seite, scheint Lambert – wenngleich mit Vorbehalten – gebilligt zu haben. Dass aber die Quelle und die Objekte der Erkenntnis unterschiedlicher Art seien, derart, dass sie sich nicht aufeinander beziehen können, ist für Lambert nicht einleuchtend.[383] Er ist mit Kant insofern einverstanden, dass die sinnliche von der intellektuellen Erkenntnis getrennt werden muss, weist jedoch darauf hin, dass diese Lehre eines Beweises bedarf, der entweder a priori oder a posteriori durchzuführen ist. Ein apriorischer Beweis würde Bezug auf die Erkenntnisvermögen nehmen, während der zweite hinsichtlich der Objekte erfolgen würde, d.h. a posteriori. Bezüglich der ersten Möglichkeit äußert sich Lambert eher skeptisch und hält infolgedessen eine Klassifizierung jener Unterscheidungen nach dem Objekt der Erkenntnis für richtig.

> Soll dieses a priori bewiesen werden, so muß es aus der Natur der Sinnen und des Verstandes geschehen. Dafern wir aber diese a posteriori erst müssen kennen lernen, so wird die Sache auf die Classification und Vorzählung der Obiecte ankommen.[384]

Von daher muss die Einordnung und Unterscheidung des Sinnlichen von dem Intellektuellen nach dem Maßstab der Objekte erfolgen, d.h. gemäß dem Unterschied zwischen den vergänglichen und den ewigen, unveränderlichen Objekten.[385]

Nimmt man die Denkentwicklung Kants bis 1772 in den Blick, erweist sich diese Anmerkung Lamberts in zweierlei Hinsicht von großer Wichtigkeit: Erstens scheint er Kant darauf aufmerksam zu machen, dass die Trennung zwischen Erkenntnisvermögen bzw. Erkenntnisarten ausführlicher dargestellt werden muss. Zweitens hebt er hervor, dass ein möglicher Beweis der Heterogenität der Erkenntnisquellen und ihrer Gegenstände auf zweierlei Weisen durchgeführt wer-

---

[383] „Bey diesem Satze ist es meines Erachtens fürnehmlich um die Allgemeinheit zu thun, wiefern nemlich diese beyden Erkenntnisarten so durchaus Separirt sind, daß sie nirgends zusammentreffen." Br, AA X, S. 105.
[384] Br, AA X, S. 105.
[385] Lambert verweist an dieser Stelle auf die §§ 81–87 der *Alethiologie*, in welcher er die an Raum und Zeit gebundene sinnliche Erkenntnis erklärt.

den kann: Der apriorische Beweis erfolgt in Bezug auf das Wesen der Erkenntnisvermögen, während der aposteriorische sich auf die Objekte derselben beziehen.[386] Die Verbindung zwischen Einordnung und Aufteilung der Objekte einerseits und Erkenntnisvermögen andererseits, die Lambert hier anhand des apriorischen Beweises ins Zentrum der Diskussion stellt, ist von großer Wichtigkeit. Denn dadurch wird herausgestellt, dass die metaphysische Frage nach der Natur der Gegenstände mit Rücksicht auf die Erkenntnisvermögen a priori beantwortet werden kann.

Es folgt ein zweiter Einwand Lamberts, der sich nun auf Kants Ausführungen über die Zeit im dritten Abschnitt konzentriert. Im Allgemeinen betrachtet Lambert die ersten vier dargestellten Punkte des § 14 als gültig.[387] Was er aber als grundsätzlich problematisch ansieht, ist der fünfte Punkt: „Euer Hochedelgeb. geben zwar den Satz: Tempus est subiectiva condicio usw. nicht als eine Definition an. Er soll aber doch etwas der Zeit Eigenes und Wesentliches anzeigen."[388] Die Kritik zielt letztendlich darauf ab, die idealistische Auffassung der Zeit zurückzuweisen und stattdessen eine *reale* darzulegen, die auf der Realität der Veränderungen beruht. „Alle Veränderungen sind an die Zeit gebunden und lassen sich ohne Zeit nicht gedenken. Sind die Veränderungen real, so ist die Zeit real, was sie auch immer sein mag."[389] In direktem Anschluss daran definiert Lambert Raum und Zeit nach seiner eigenen Vorstellung und stellt dafür die folgende Gleichung

---

386 Der Ansicht Lambert nach übernimmt Kant im dritten Abschnitt der *Dissertation*, in welchem die Form der Sinnenwelt behandelt wird, die Unterscheidung zwischen *phaenomena* und *noumena*. „Dieses scheint auch der Weg zu sein, den Eure Hochedlgeb. In dem 3ten Abschnitte genommen. In dieser Absicht scheint es mir ganz richtig zu sein, daß, was an Zeit und Ort gebunden ist, Wahrheiten von ganz anderer Art darbietet, als diejenige sind, die ewig und unveränderlich angesehen werden müssen." Br, AA X, S. 105–106.
387 Diese vier sich auf die Zeit beziehenden Punkte lauten: dass die Zeit nicht aus den Sinnen entspringt, dass sie eine einzelne Vorstellung und nicht eine allgemeine sei, dass Zeit als eine Anschauung zu konzipieren ist und dass sie eine stetige Größe ist.
388 Br, AA X, S. 106. Der fünfte Punkt des dritten Abschnitts der *Dissertation* lautet: „Die Zeit ist nicht etwas Objektives und Reales, weder ein Substanz, noch ein Akzidenz, noch ein Verhältnis, sondern eine, durch die Natur der menschlichen Erkenntniskraft notwendige, subjektive Bedingung." *Von der Form*, § 14, S. 53.
389 Br, AA X, S. 107. Diese Kritik Lamberts ist ohne Zweifel von besonderer Wichtigkeit für Kant gewesen. Eine endgültige Antwort Kants auf diesen Einwand findet sich in der *Kritik der reinen Vernunft* § 7: „[…] habe ich einsehende Männern einen Einwurf so einstimmig vernommen." KrV A 36/B 53. Im Brief an Bernoulli äußert sich Kant darüber folgendermaßen: „Der vortreffliche Mann [scil.Lambert] hatte mir einen Einwurf wieder meine damals geäußerte Begriffe von Raum und Zeit gemacht, den ich in der Critik der reinen Vernunft Seite 36–38 beantwortet habe." Br, AA X, S. 277.

auf: Zeit: Dauer = Ort: Raum. Demgemäß richtet sich der erste Kritikpunkt gegen die von Kant eingeführte Subjektivität der Raum-Zeitlehre.

Mit dieser Kritik am kantischen Begriff der Zeit nimmt sich Lambert metaphysische Probleme vor. Diesbezüglich fügt er einige Überlegungen hinzu, die sicherlich nicht ohne Belang für Kant waren, insofern er sowohl auf Fragen der Methode der Metaphysik sowie auch der Anwendung der reinen, ontologischen Begriffe aufmerksam machte.

> Ich lasse es ganz wohl geschehen, wenn man Zeit und Raum als bloße Bilder und Erscheinungen ansieht. Denn außer daß beständiger Schein für uns Wahrheit ist, wobei das zum Grunde Liegende entweder gar nie oder nur künftig entdeckt wird; so ist es in der Ontologie nützlich, auch die vom Schein geborgte Begriffe vorzunehmen, weil ihre Theorie zuletzt doch wieder bei den *Phaenomenis* angewandt werden muß.[390]

Diese nahezu beiläufige Anmerkung Lamberts über die Natur der ontologischen Begriffe gewinnt im Kontext unserer Fragestellung deshalb an Bedeutung, weil Kant hier offenbar zum ersten Mal darauf aufmerksam gemacht wird, dass die Anwendung auf die Phänomene wesentlich für die ontologischen Begriffe ist. Die diesbezüglichen Ausführungen in der *Dissertation* sind, wie bereits gezeigt wurde, wenig aufschlussreich. Lamberts Kritik bringt demnach also einen zweiten entscheidenden Punkt zur Sprache, der trotz seiner Bedeutsamkeit in der *Dissertation* nicht behandelt wurde, nämlich die Anwendung der Begriffe auf die Erscheinungen.

Den dritten Einwand leitet Lambert ebenfalls aus seiner kritischen Stellungnahme zu der Idealität der Zeit ab, dieses Mal aber unter Berücksichtigung des fünften Abschnitts der Dissertation.

> Denn sind die Veränderungen und damit auch die Zeit und Dauer etwas Reelles, so scheint zu folgen, daß die im 5ten Abschnitt vorgeschlagene Absönderung andere und teils näher bestimmte Absichten haben müsse, und diesen gemäß dürfte sodann auch die Klassifikation anders zu treffen sein.[391]

---

390 Br, AA X, S. 108.
391 Br, AA X, S. 109. Die positiven Einschätzungen Lamberts beschränken sich im Brief auf Kants Behandlung des mathematisch Unendlichen und der symbolischen Erkenntnis. „Wir haben an der Symbolischen Kenntnis noch ein Mittelding zwischen dem empfinden und wirklichen reinen Denken. Wenn wir bey Bezeichnung des einfachen und der Zusammensetzungsart richtig verfahren, so erhalten wir dadurch sichere Regeln, Zeichen von so sehr zusammengesetzten Dingen heraus zu bringen, daß wir sie nicht mehr überdenken können, und doch versichert sind, daß die Bezeichnung Wahrheit vorstellt. [...] Was man gewöhnlich als Proben des reinen Verstandes ansieht, wird meistens nur als Proben der symbolischen Erkenntnis anzusehen seyn. Dieses sagte ich § 122. *Phaenomenol.* bey Anlaß der Frage § 119. Und ich habe nichts

Ist die Raum und Zeit Theorie Kants nicht haltbar, dann gilt es, die transzendentale Unterscheidung zwischen Sinnlichkeit und Verstand anders darzulegen. Es liegt von daher nahe, dass Lambert die kantische Unterscheidung zwischen objektiven Gesetzen der Vernunft und subjektiven Gesetzen der Sinnlichkeit ablehnt. Er geht auf die von ihm angemerkte Problematik bedauerlicherweise nicht näher ein und es bleibt deshalb schwierig zu verstehen, was an dieser Stelle gemeint ist. Er verweist auf die §§ 26 – 27 der *Dissertation*, wo Kant die unterschiedlichen Arten der erschlichenen Axiome darlegt. Wie man also leicht erkennen kann, spricht sich Lambert gegen zwei wesentliche Aspekte der *Dissertation* aus, die Kant selbst als besonders wichtig einschätzt: Erstens die im dritten Abschnitt dargelegte subjektive Raum-Zeitlehre und zweitens die im fünften Abschnitt angeführte Klassifizierung der sinnlichen und intellektuellen Erkenntnis.

Andere Korrespondenten Kants, die sich kritisch über die *Dissertation* geäußert haben, waren Sulzer und Mendelssohn. Sulzer schreibt Kant am 8. Dezember 1770, Mendelssohn am 25. Dezember desselben Jahres. Der Brief Sulzers ist recht kurz und enthält entsprechend nur zwei allgemeine Anmerkungen: Die eine geht auf die skizzenhafte Struktur der *Dissertation* ein und bedauert Kants wenig ausführliche Behandlung der Anwendung der methodologischen Vorschriften.[392] Die andere bezieht sich auf die Auffassung von Raum und Zeit. Sulzer erhebt den Anspruch, dass diese Konzepte nach dem Leibnizschen Verständnis und eben deshalb als zusammengesetzte Begriffe zu begreifen seien, die erst nach der Ordnung der realen Substanzen möglich werden.[393]

Mendelssohns Vorbehalte fokussieren sich ebenfalls auf die kantische Lehre von Raum und Zeit und wie schon bei Lambert und Sulzer wird auch hier die subjektive Auffassung der sinnlichen Bedingungen ins Zentrum der Kritik gestellt.[394] Zunächst bezieht sich Mendelssohn auf den ersten Punkt des § 14 und insbesondere auf Kants Behauptung, dass sich das Wort *nach* nur verstehen lässt,

---

dawider, daß Euer HochEdelgeb. § 10 die Anmerkung ganz allgemein machen." Br, AA X, S. 109–110.

[392] „Ich glaube, daß Sie der Philosophie mit diesen Begriffen einen neuen Schwung geben würden, wenn Sie sich die Mühe geben wollten, jeden besonders völlig zu entwickeln und seine Anwendung etwas ausführlich zu zeigen." Br, AA X, S. 111–112.

[393] „Dauer und Ausdähnung sind schlechterdings einfache Begriffe, die sich nicht erklären lassen, aber meines Erachtens eine wahre Realität haben; Zeit und Raum aber sind zusammengesetzte Begriffe, die man sich ohne den Begriff der Ordnung zugleich zu haben, nicht denken kann." Ebd.

[394] Bemerkenswert ist dabei auch Mendelssohns Interpretation der *Dissertation* als Teil eines ganzen Systems: „Man siehet, diese kleine Schrift ist die Frucht von sehr langen Meditationen und muß als ein Theil eines ganzen Lehrgebäudes angesehen werden, das dem Verf. eigen ist." Br, AA X, S. 113.

wenn der Begriff der Zeit vorausgesetzt ist.[395] Nach Mendelssohn bezeichnet dieses Wort ursprünglich eine Zeitfolge und damit die Art und Weise, wie zwei wirkliche, vorhandene Dinge miteinander in Verbindung stehen.[396] Nimmt man eine solche Ordnung an, dann ergibt sich Mendelssohn zufolge, dass die Zeit den Dingen nicht vorangehen muss und infolgedessen die zeitliche Vorstellung nicht nur als subjektiv zu erachten ist. Weiterhin wird das Argument Kants in § 14 kritisiert und zwar in Bezug auf den fünften Punkt. Kant geht an der Stelle davon aus, dass die Leibnizsche Auffassung der Zeit als die „Aufeinanderfolge der inneren Zustände abgezogenes Reales"[397] unumgänglich zu einem Zirkel führe. Daraufhin antwortet Mendelssohn Folgendes:

> Die Zeit ist (nach Leibnitzen) ein Phaenomenon und hat, wie alle Erscheinungen, etwas Objektives und etwas Subjektives. Das Subjektive davon ist die Continuität, die man sich dabey vorstellet; das Objektive hingegen, ist die Folge der Veränderungen, die von einem Grunde gleichweit entfernte rationata sind.[398]

Dies sind die grundsätzlichen Einwände gegen die *Dissertation*, die Kant im brieflichen Austausch bis Ende des Jahres 1770 kundgetan wurden. Laut den in den Briefen gemachten Äußerungen sind sich also alle Korrespondenten darüber einig, dass die subjektive Lehre von Raum und Zeit einer Kritik zu unterziehen sei, welche hauptsächlich auf der Objektivität dieser Vorstellung zu beruhen habe. Grund dafür ist die Idee, dass die Zeitvorstellungen bloß unter der Bedingung der Realität der Folgen möglich sind. Darüber hinaus ist die Anmerkung Lamberts hervorzuheben, der eine Anwendung der reinen, ontologischen Begriffe auf den Bereich der Metaphysik fordert und damit die Verbindung zwischen den Erscheinungen und den reinen, vernünftigen Begriffen der Metaphysik als notwendig postuliert. Die herausragende Bedeutung dieser beiden Einwände wird sich in Anbetracht der späteren Denkentwicklung Kants um 1772 zeigen. Aber bevor zu diesem Thema übergegangen wird, soll Herz' Schrift von 1771, deren Wichtigkeit für Kant um 1772 ebenfalls nicht gering gewesen sein mag, einer näheren Betrachtung unterzogen werden.

Herz, Respondent der kantischen Dissertation von 1770, verfasste eine Schrift, die sich mit den Hauptthemen des kantischen Werks auseinandersetzt. Am 9. Juli 1771 schreibt Herz an Kant und kündigt die Zusendung der Schrift an, die – wie der

---

395 Vgl. Kant: *Von der Form*, a.a.O., § 14.
396 Br, AA X, S. 115.
397 Kant: *Von der Form*, a.a.O., § 14.
398 Br, AA X, S. 115–116.

Autor selbst betont – von keiner besonderen Originalität sei.[399] Trotz der kantischen Richtlinien, die die Schrift offensichtlich leiten, betont Herz ausdrücklich, dass er einige „Digressionen" gemacht habe, die ihm beim Schreiben des Werks eingefallen seien. Diese beiden Digressionen werden im Brief kurz erwähnt. Der einen kommt im Prinzip keine große Bedeutung für die spätere kantische Denkentwicklung zu und kann daher außer Acht gelassen werden.[400] Die andere hingegen verdient besondere Aufmerksamkeit, da in dieser das Dasein der Seele und ihre Beziehung zu den raum-zeitlichen Verhältnissen der Dinge behandelt werden. „Bei der Untersuchung der Verhältniße bin ich auf einen Beweis für das Daseyn der Seele geführt worden."[401] Dieser Hinweis sowie ein anderer, der in dem Brief nicht geäußert wird, aber von zentraler Bedeutung ist, machen Herz' Schrift relevant. Durch den ersten wird Kant darauf aufmerksam gemacht, dass ein Ich-Begriff als Einheit aller Verhältnisse nötig ist, während durch den zweiten darauf hingewiesen wird, dass die reinen, intellektuellen Begriffe notwendigerweise eine unmittelbare Beziehung zu äußeren Gegenständen haben müssen.

In der ersten Abteilung seiner Schrift stellt Herz die subjektive Lehre von Raum und Zeit dar und vergleicht die kantische Theorie mit der Wolffschen. Bei seiner Darlegung der Raum-Zeitlehre scheint er der kantischen Abhandlung nicht nur gefolgt, sondern ihr darüber hinaus ein weiteres Argument für die Objektivität von Raum und Zeit hinzugefügt zu haben:

> Wenn Raum und Zeit notwendige Grundgesetze in unserer Seele sind, so haben sie in derselben eine objektive Realität, und ein allwissender Geist, der sich die Seele samt allen ihren Prädikaten vorstellt, muß zugleich diese in ihr inhärierenden Gesetze als objektive Bestimmungen erkennen.[402] Weil sie aber von uns nicht anders gedacht werden können als in

---

[399] „Mit fahrenden Post empfangen Sie meine Schrift. [...] wie klein mein ganz Verdienst in dieser Schrift ist. Ich habe bloß Ihre Schrift vor gehabt, den Fand Ihrer Gedanken gefolgt." Br, AA X, S. 125.

[400] Herz bezieht sich damit auf die Begriffe von Raum und Zeit und einen Exkurs, den er in diesem Kontext zu den Grundsätzen des Schönen anbringt. Vgl. Br, AA X, S. 126. Siehe auch dazu Herz, *Betrachtungen*, a.a.O., S. 20 – 24.

[401] Br, AA X, S. 126.

[402] Das ist auch das Argument, das Mendelssohn im Brief von 1770 gegen die Subjektivität der Raum- und Zeitlehre anführt: „Die Succeßion ist doch wenigstens eine nothwendige Bedingung der Vorstellungen endlicher Geister. Nun sind die endlichen Geister nicht nur Subjekte, sondern auch Objekte der Vorstellungen, so wohl Gottes, als ihrer Mitgeister. Mithin ist die Folge auf einander, auch als etwas objektives anzusehen." Br, AA X, S. 115. Die Objektivität der Vorstellungen beruht also auf der Existenz unendlicher Wesen und infolgedessen wird das, was für menschliche Wesen als subjektiv gilt, „objektiv" von Gott repräsentiert.

Beziehung auf sinnliche Gegenstände, sind sie als subjektive Begriffe derjenigen Art anzusehen, die eine subjektive Realität aufweisen."[403]

Das entscheidende Merkmal der kantischen Lehre bestehe nach Herz also darin, dass Kant Raum und Zeit eben nicht als bloß ideell auffasst, wie es etwa von der Wolffschen Schule postuliert wurde. Geht man also von der Konzeption Kants aus, ergebe sich Herz' Überzeugung zufolge, dass Raum und Zeit zwar etwas Subjektives, aber doch im Wesen „unserer Seele gegründete Realitäten" seien.[404]

Der vorigen Argumentation wird im Anhang der Schrift das Folgende hinzugefügt: „Alle Augenblicke erfahre ich, daß ich äußere Gegenstände empfinde, sie untereinander vergleiche und ihre Verhältnisse gegeneinander beobachte [...] kein Verhältnis findet statt, wenn nicht ein Subjekt vorhanden ist, das es wahrnimmt." Also setzen alle Verhältnisse, abgesehen davon, ob sie reell oder ideell sind, ursprünglich ein Subjekt voraus, auf dem ihre Möglichkeit schlechthin beruht. Der entscheidende Gedanke Herz' ist hierbei, dass jedes Verhältnis einer notwendigen, einheitlichen Voraussetzung bedarf, aufgrund derer der Vergleich der Vorstellungen erst umgesetzt bzw. ermöglicht werden kann. Das sollte notwendig zum Beweis einer zugrunde liegenden einfachen Substanz führen, wie Herz im Brief ankündigte.[405] Davon ausgehend lässt sich prinzipiell annehmen, dass die Funktion eines einheitsstiftenden Ich hier zur Voraussetzung der Einheit der Erfahrung gemacht und damit eines der wichtigsten Elemente der kantischen Fragestellung von 1772 zur Sprache gebracht wird.[406] Somit unternimmt Herz den

---

403 Herz, *Betrachtungen*, a.a.O., S. 37–38.
404 Herz: *Betrachtungen*, a.a.O., S. 36. Nach Herz führen die Definitionen Wolffs von Raum und Zeit – „Ordnung der nacheinander seienden" und „Ordnung der aufeinanderfolgenden" – dazu, dass diese Begriffe bloß in der Vorstellung zu begründen seien. Im Gegensatz dazu ermöglicht die kantische Auffassung, dass sie auf eine Realität gegründet werden können, obwohl sie als subjektiv gelten.
405 Ebenfalls in den *Betrachtungen*: „[...] so würde man auf das deutlichste innegeworden sein, daß dieses Subjekt, welches die Vergleichung anstellt, notwendig eine einfache Substanz sein müsse." Herz: *Betrachtungen*, a.a.O., S. 40.
406 Klemme geht diesbezüglich davon aus, dass die *Dissertation* von 1770 keine Theorie des Ich darstellt. „Die Inauguraldissertation belegt nämlich auf eindrucksvolle Weise, dass Kant um 1770 noch nicht über eine Konzeption des denkenden Ich verfügt, ohne die beispielsweise die Problematik einer Deduktion der reinen Verstandesbegriffe überhaupt nicht formuliert werden kann." Siehe Klemme: „Kants Wende zum Ich", a.a.O., S. 508. Erst in der Anthropologienachschrift von 1772–1773 sei eine Ich-Theorie zu finden, die sich als eine Art einheitlichen Punkt verstehen lässt. Aufgrund dieser Tatsachen stellt Klemme einen Gegensatz zwischen der Ich-Auffassung in der *Dissertation* und der aus der Anthropologievorlesung fest und leitet davon ab, dass Herz' Konzeption des Subjekts ein entscheidender Einfluss gewesen sein muss. So kann die folgende Behauptung Klemmes als gültig angenommen werden: „Geht man nun wie Kant seit

Versuch, von den sinnlichen Bedingungen von Raum und Zeit auf einen Beweis der Einfachheit zu schließen.

Genau wie Kant sucht Herz hier nach einer Grundlage, auf der die Einheit des Alls bzw. die allgemeine Verknüpfung (§ 13 der *Dissertation*) in Anbetracht der sinnlichen Phänomene möglich wird. In § 13 der *Dissertation* deutet Kant auch an, dass die Einheit der sinnlichen Erfahrung in einem subjektiven Gesetz des Gemüts zu suchen ist. Das besagt letztendlich, dass Kant in gewissem Sinne auch anerkennt, dass die Einheit der sinnlichen Erfahrung auf dem Gemüt beruht und von diesem abhängt.

> Sofern man die Welt aber als Phaenomenon betrachtet, d.i. in Bezug auf die Sinnlichkeit der menschlichen Erkenntniskraft, kennt sie keinen anderen Grund der Form als nur einen subjektiven, d.i. ein bestimmtes Gesetz des Gemüts.[407]

Der andere wichtige Hinweis, der sich im Rahmen unserer Fragestellung als relevant erweist, taucht auf den ersten Seiten der ersten Abteilung von Herz' Schrift auf. An dieser Stelle erklärt der Autor merkwürdigerweise, dass die reinen Begriffe in einer unmittelbaren Beziehung zu äußeren Gegenständen stehen. Somit scheint Herz eine Konzeption des Intellektuellen zu vertreten, die der kantischen grundsätzlich widerspricht. Zunächst definiert er das Intellektuelle als „das Vermögen, sich [...] Dinge vorzustellen, denen ihrer Beschaffenheit wegen durch die Sinne kein Eingang verstattet wird."[408] Allerdings ist nach dieser Definition, die der kantischen Bestimmung folgt, die intellektuelle Erkenntnis der sinnlichen folgendermaßen entgegensetzt:

> Hingegen ist bei den Vernunfterkenntnissen kein Mittel zwischen den äußeren Gegenständen und der Erkenntnis von ihnen, daher sind jene das unmittelbare Objekt von dieser. [...] da die reine Vernunfterkenntnis sich unmittelbar auf äußere Gegenstände bezieht, so kann sie nur

---

seiner Inauguraldissertation davon aus, dass uns alles Mannigfaltige in Raum und Zeit in Gestalt von Empfindungen gegeben wird, und verknüpft hiermit die Herz-Mendelssohnsche Idee, dass alle Verhältnisse zwischen Vorstellungen ein denkendes Subjekt voraussetzen, dann hat man erstens ein einfaches denkendes Subjekt als Autor aller Verbindungsleistungen und zweitens ist der Übergang gestiftet zum Problem der Deduktion der reinen Verstandesbegriffe." Klemme: „Kants Wende zum Ich", a.a.O., S. 521. Einige nicht eindeutig datierbare *Reflexionen* aus der Phase λ würden diese These bestätigen, da Kant sich hier vermehrt auf den Ich-Begriff bezieht. Siehe Refl. 4225, 4230, 4234. Dass der Ich-Begriff in der *Dissertation* noch nicht im Zentrum steht und eine Beeinflussung durch Herz' Schrift erst nach 1771 zu belegen ist, spricht dabei für eine spätere Datierung dieser *Reflexionen*.
407 Kant: *Von der Form*, a.a.O., § 13.
408 Herz: *Betrachtungen*, a.a.O., S. 17.

alsdann einer Veränderung unterworfen sein, wenn die äußeren Objekte selbst eine verschiedene Gestalt annehmen.[409]

Was die kantische Auffassung der intellektuellen Erkenntnis betrifft, findet sich in der *Dissertation* keine Stelle, an welcher Kant wie Herz von einer unmittelbaren Beziehung zu äußeren Gegenständen spricht. Vielmehr scheint bei Kant jedwede Bezugnahme auf das Sinnliche ausgeschlossen zu sein. Was Herz genau damit meinte, mag für Kant ein Rätsel gewesen sein, das ihn direkt mit der Frage konfrontierte, inwiefern sich die reine Vernunfterkenntnis – als reine Erkenntnis, die aus keiner Erfahrung entsteht – auf äußere Gegenstände beziehen kann. Ohne Zweifel stellt dies eine erste Problematisierung Kants Fragestellung von 1772 dar.

4.3 Kants Briefe an Herz von 1771 und 1772

Die kritische Rezeption der *Dissertation*, die unmittelbar nach ihrem Erscheinen in den brieflichen Korrespondenzen zum Ausdruck gebracht wurde, konfrontiert Kant also hauptsächlich mit zwei Problemen: 1) Die subjektive Lehre von Raum und Zeit bedarf allem Anschein nach einer fundierten Begründung. 2) Die reinen Begriffe sollten, den soeben erwähnten Bemerkungen Lamberts und Herz' zufolge, eine Anwendbarkeit aufweisen, die darin besteht, dass ein Bezug auf äußere Gegenstände möglich ist. Betrachtet man beide Probleme zusammen, kommt man leicht zu der Einsicht, dass die Objektivität der reinen Begriffe, d.i. der Ontologie, ins Zentrum Kants Denkens geraten musste.

Der erste Beleg für Kants Reaktion auf diese Einwände findet sich im Brief an Herz von 1771. Hierin bezieht sich Kant auf die Briefe Lamberts und Mendelssohns und spricht sich über diese folgendermaßen aus: „Solche Briefe, als dieienige sind, mit denen ich von diesen beyden Gelehrten bin beehret worden flechten mich in eine lange Reihe von Untersuchungen ein."[410] Bemerkenswert ist diesbezüglich, dass Kant weder Lambert noch Mendelssohn eine direkte schriftliche Antwort gibt, obwohl die beiden Denker den Anstoß für diese von Kant erwähnten Untersuchungen gegeben hatten.[411] Stattdessen wählt er einen neutralen Korre-

---

409 Herz: *Betrachtungen*, a.a.O., S. 17–18.
410 Br, AA X, S. 122.
411 „Was dencken Sie von meiner Nachläßigkeit im Correspondiren? Was denkt Ihr Mentor, HE Mendelsson und HE Pr: Lambert davon. Gewiß diese wackere Leute müssen sich vorstellen daß ich sehr unfein seyn müsse die Bemühung welche sie sich in ihren Briefen an mich geben so schlecht zu erwiedern und verdenken könte ich es ihnen freylich nicht wenn sie sich aufs

spondenten aus, der auf direktem Wege keinen nennenswerten Einwand gegen die *Dissertation* erhoben hatte. Diese Tatsache würde hauptsächlich dafür sprechen, dass Kant 1771 keine ausführliche, überzeugende Antwort auf die Kritik Lamberts und Mendelssohns geben konnte. Die skizzenhafte Struktur des Briefs von 1771 ist somit bezeichnend dafür, dass sich Kant angeregt durch diese Einwände mit neuen Problemen befasste, für die er noch keine befriedigende Lösung gefunden hatte. Abgesehen von der Kürze und der geringen Ausführlichkeit, sind zwei Bemerkungen in Kants Brief auch von inhaltlichem Belang. Zum einen überträgt er die Subjektivität, welche 1770 bloß für die Sinnlichkeit geltend gemacht wurde, ebenfalls auf die Prinzipien des Verstandes.[412] Zum anderen äußert Kant, dass er an einem neuen Werk arbeite, das den Titel „die Grenzen der Sinnlichkeit und der Vernunft" tragen solle. Allein vom Titel her gesehen lässt sich zunächst keine grundlegende Neuerung im Verhältnis zum Jahr 1770 erkennen, da in der *Dissertation* ebenfalls der Versuch unternommen wird, jene Grenze zu ziehen. Hinsichtlich der zu erfüllenden Aufgabe lässt sich diese Untersuchung von 1771 allerdings deutlich von der vorherigen abgrenzen. Kant schreibt bezüglich des Inhalts seines neuen Werkes:

> [D]as Verhältnis der vor die Sinnenwelt bestimten Grundbegriffe und Gesetze zusammt dem Entwurfe dessen was die Natur der Geschmackslehre, Metaphysick u. Moral ausmacht enthalten soll etwas ausführlich auszuarbeiten.[413]

Dabei stellt sich heraus, dass mit dieser Untersuchung – im Vergleich zur *Dissertation*, in der lediglich die unterschiedlichen Gesetze der menschlichen Erkenntnis dargelegt wurden – zu klären beabsichtigt wird, in welchem Verhältnis die Grundbegriffe zur Sinnenwelt stehen. Diese letzte Behauptung gewinnt an Bedeutung, wenn man berücksichtigt, dass dem Standpunkt von 1771 zufolge den Prinzipien des Verstandes selbst ein subjektiver Charakter zukommt.[414] Sind die Grundbegriffe und Prinzipien des Verstandes subjektiver Natur, dann muss unumgänglich auch nach ihrer Objektivität gefragt werden, was wiederum notwendigerweise zur Frage nach dem Verhältnis zwischen den Verstandesprinzipien und der Sinnenwelt führt.

---

künftige vorsetzten sich niemals mehr durch meine Zuschrift diese Bemühung ablocken zu lassen." Br, AA X, S. 121.

412 Kreimendahl vertritt die These, dass die Prinzipien der intellektuellen Erkenntnis bereits in § 30 der *Dissertation* als subjektiv angesehen werden. Siehe dazu Kreimendahl: *Kant. Der Durchbruch*, a.a.O., S. 222–223.
413 Br, AA X, S. 123.
414 Br, AA X, S. 123.

Nimmt man die vorigen Ausführungen als gültig an, so ist der neue Standpunkt von 1771 auf einen direkten Einfluss Lamberts und Mendelssohns zurückzuführen; denn diese formulierten den Ausgangspunkt einer Fragestellung, die um 1772 von entscheidender Bedeutung sein wird. Lamberts Unzufriedenheit mit der von Kant dargelegten Unterscheidung zwischen Sinnlichkeit und Verstand und die im fünften Abschnitt angeführte Methode bezüglich der Metaphysik mag wohl den Anstoß dazu gegeben haben, die Prinzipien des Verstandes anders zu konzipieren. Sind die Prinzipien des Verstandes subjektiv, muss auch nach der Objektivität seiner Begriffe gefragt werden. Auf diese Weise ist die Frage nach der Ontologie, die in der *Dissertation* nicht thematisiert worden war, wieder ins Zentrum der kantischen Überlegungen geraten. Der Brief von 1771 stellt also eine Brücke zwischen 1770 und 1772 dar und ist in diesem Sinne von erheblicher Tragweite.

Der Brief an Herz vom Februar 1772 ist bekanntlich in vielerlei Hinsichten von besonderem Belang. In der Forschungsliteratur ist es üblich, diesen Brief aus zwei Perspektiven zu betrachten: erstens als eine zusammenfassende Beschreibung der bis dahin entwickelten Standpunkte Kants; zweitens als ein programmatischer Entwurf neuer Ideen, der sich vom alten Programm stark unterscheidet.[415] Die Tatsache, dass der Brief meist entweder als Bilanz oder als Entwurf einer neuen Idee interpretiert wird, ist von herausragender Bedeutung für das dabei dargelegte Hauptproblem, nämlich die Bestimmung des Gegenstandsbezugs der Vorstellungen.

Kant beginnt den Brief mit der Beschreibung eines Planes, den er sich bereits früher vorgenommen hatte. Dieser Plan besteht aus einem theoretischen und einem praktischen Teil, die jeweils wiederum in zwei Unterteile gegliedert sind. Die theoretische Abteilung dieses Planes beinhaltet die Phänomenologie überhaupt sowie die Metaphysik.[416] Bemerkenswert ist, dass Kant damit nun in gewissem Sinne das bereits 1770 im Brief an Lambert angekündigte Programm in die Tat umsetzt. Die Phänomenologie überhaupt aber, der 1770 die Funktion zugeschrieben wurde, die Unterscheidung zwischen sinnlicher und intellektueller

---

[415] Zu diesem Brief siehe unter anderem: Jennifer Mensch: „The key to all metaphysics: Kants letter to Herz, 1772". In: *Kantian Review* 12 (2007), S. 109–127; Frederick C. Beiser: „Kant's intellectual development: 1746–1781". In: Paul Guyer (Hrsg.): *The Cambridge Companion to Kant*. Cambridge 1992, S. 26–61; Alison Laywine: „Kant in reply to Lambert on the ancestry of metaphysical concepts". In: *Kantian Review* 5 (2001), S. 1–48; Wolfgang Carl: *Der schweigende Kant*, a.a.O., S. 16 ff.; Robert Theis: „Le silence de Kant", a.a.O.; Lewis White Beck: *Early German Philosophy. Kant and his Predecessors*. Cambridge 1969, S. 463–467. Herman de Vleeschauwer: *La déduction*, a.a.O., S. 255.
[416] Siehe Br, AA X, S. 129.

Erkenntnis vorzunehmen, wird um 1772 durch eine „Kritik der reinen Vernunft" ersetzt. Diese neue negative Disziplin zeigt also nicht nur den Unterschied zwischen dem Sinnlichen und dem Intellektuellen auf, die aller wahren Metaphysik propädeutisch vorangehen muss. Sie stellt vielmehr die Frage nach dem Gegenstandsbezug der intellektuellen Vorstellungen im Allgemeinen. Daraus ergibt sich somit eine der Grundlagen, auf der ein weiterer Aspekt Kants Entwicklung zwischen 1770 und 1771 gründet. Denn es wird nun nicht weiter gefragt, welche Grenze zwischen der Sinnlichkeit und dem Verstand zu ziehen ist, sondern ob die Möglichkeit eines Gegenstandsbezug der intellektuellen Erkenntnis überhaupt besteht.[417]

Allerdings bleibt noch unbeantwortet, auf welche Art von Gegenständen die Vorstellung bezogen werden sollte. Geht es hier darum, für die Vorstellungen einen Bezug auf empirische oder auf intellektuelle Gegenstände herzustellen? Viele Interpreten behandeln Kants Frage so, als ginge es ausschließlich darum, die intellektuellen Vorstellungen auf empirische Objekte zu beziehen. Daraus ergäbe sich, dass die Restriktionsthese des Bezugs der Kategorien auf Gegenstände der Erfahrung bereits 1772 angewandt wurde.[418] Geht man von dieser Annahme aus, dann scheint ein direkter Zusammenhang zwischen dem Brief von 1772, der *Dissertation* und dem Brief von 1771 ausgeschlossen. Dementsprechend wird das kantische Programm von 1772 als ein von den Positionen um 1770 grundverschiedener Standpunkt interpretiert.

Allerdings ist das Resultat dieses Vergleichs in einer anderen Weise zu beurteilen, wenn der Brief von 1771 aus einer anderen Perspektive als der üblichen betrachtet wird. Der Plan, den Kant zu Beginn des Briefs von 1772 zum Ausdruck bringt, stimmt augenscheinlich mit demjenigen überein, den er bereits 1771 ge-

---

417 Dazu siehe Carl, *Der schweigende Kant*, a.a.O., der bei der Interpretation des Briefs von 1772 von dieser Unterscheidung ausgeht.

418 So z. B. Carl: „The key question of the Herz letter thus concerns an explanation of how certain concepts a priori, which are not causally related to their objects, can refer to things accessible by experience in such a way these things correspond necessarily to those concepts." Wolfgang Carl: „Kant's first drafts of the deduction of the categories". In: Eckart Förster (Hrsg.): *Kants Transcendental Deductions. The Three Critiques and the Opus postumum.* Standford 1989, S. 6. Siehe auch ders.: *Der schweigende Kant*, a.a.O., S. 17 ff. Eine Kritik dafür liefert Lewis White Beck, der der Auffassung ist, Kant thematisiere nur den Bezug auf intellektuelle Objekte. Im Gegensatz zu Carl behauptet Beck, dass hieran kein erster Entwurf der Deduktion zu erkennen ist, die später in der *Kritik der reinen Vernunft* dargelegt wird. „I cannot see any clear evidence that in 1772 Kant's problem was how a priori concepts must be applicable to sensible objects (the problem of the *Critique*) rather than the problem of how there can be a priori knowledge of *intelligibilia* without intellectual intuition." Lewis White Beck: „Two ways of reading Kant's letter to Herz: Comments on Carl". In: *Kants Transcendental Deductions*, a.a.O., S. 22.

genüber Herz ankündigt hatte: „Den Winter hindurch bin ich alle Materialien dazu durchgegangen, habe alles gesichtet gewogen an einander gepaßt bin aber mit dem Plane dazu nur erst kürzlich fertig geworden."[419] Geht man von einer solchen Verbindung zwischen dem 1771 angeführten Plan und dem Brief von 1772 aus, lässt sich die Entstehung der Frage nach den reinen Vorstellungen und deren Gegenstandsbezug anders erklären.

Im Herz-Brief von 1772 beschreibt Kant seine Denkentwicklung in der Zwischenzeit von 1771–1772 wie folgt:

> Indem ich den theoretischen Theil in seinem gantzen Umfange und mit den wechselseitigen Beziehungen aller Theile durchdachte, so bemerkte ich: daß mir noch etwas wesentliches mangele, welches ich bey meinen langen metaphysischen Untersuchungen, sowie andre, aus der Acht gelassen hatte.[420]

Hier wird also darauf hingewiesen, dass bei der Bearbeitung des theoretischen Teils dieses Plans die entscheidende Frage nach dem Gegenstandsbezug der Vorstellungen als ein noch immer nicht behobener Mangel erachtet wird. Daraus erklärt sich, dass der Gegenstandsbezug der Vorstellungen tatsächlich erst problematisch wurde, als Kant die „Beziehungen aller Theile [des theoretischen Programms] durchdachte". Welche Teile des theoretischen Programms meint Kant an dieser Stelle genau? Der Gegenstandsbezug konnte erst ein entscheidendes Problem werden, als Kant die Beziehung zwischen Phänomenologie überhaupt (d.h. Propädeutik, negativem Teil) und Metaphysik (positivem Teil) herzustellen versuchte. Mit den Worten der *Dissertation* lässt sich das Vorige so umformulieren: Die Frage nach den Vorstellungen und deren Bezug auf Gegenstände konnte erst dann zum grundsätzlichen Problem werden, als der elenktische, propädeutische Gebrauch der Verstandeserkenntnis mit dem dogmatischen Gebrauch in Verbindung gebracht wurde. Darüber hatte die *Dissertation* zwar keine ausführliche Darlegung geliefert, implizit ist sie von diesem Problem dennoch ausgegangen.

Unter Berücksichtigung dieser Tatsache lässt sich dann annehmen, dass Kant zu erklären versucht, welcher Gebrauch des reinen Verstandes in Bezug auf die Metaphysik gültig ist. Die kantische Frage ist letztendlich, auf welche *Art* von Objekten ontologische Begriffe berechtigterweise *angewandt* werden können: auf solche von empirischer Natur oder von intellektueller? Ist die Anwendung, von welcher Kant spricht, also bereits um 1772 auf die empirische Erfahrung be-

---

419 Br, AA X, S. 123.
420 Br, AA X, S. 129–130.

schränkt, wie es z. B. in der Interpretation Carls angenommen wird?[421] Die Frage nach der Anwendung der reinen Begriffe, insofern sie aus der herzustellenden Verbindung zwischen der Phänomenologie und der Metaphysik entstanden ist, lässt sich nicht auf die Phänomene beschränken, sondern schließt zugleich die metaphysischen Gegenständen, d. h. die reinen Gegenständen der *Dissertation*, mit ein.[422] Der Verweis Lamberts darauf, dass die ontologischen Begriffe nur auf Phänomene anzuwenden seien, nimmt bei Kant eine andere Bedeutung an, die als Schlüssel für die *ganze* Metaphysik fungiert. Denn die Frage nach der Anwendung dieser Vorstellungen auf Gegenstände kann einzig und allein durch eine „Kritik der reinen Vernunft" entschieden werden.

> Es ist die Frage: was kann man durch blosse Vernunft ohne alle Erfahrung erkennen (mathematik, Moral)? welches sind die Quelle, die Bedingungen und grenzen. Die transzendentalphilosophie ist critick der reinen Vernunft.[423]

Somit wird die dogmatische Ontologie endgültig durch eine Transzendentalphilosophie ersetzt. Sie unterzieht die metaphysischen Begriffe einer kritischen Behandlung und bestimmt damit sowohl deren Anwendung auf Gegenstände der Sinne als auch auf die des Verstandes. Die im Brief dargelegte Idee einer „Kritik der reinen Vernunft" bringt in dieser Hinsicht den ersten Entwurf eines zukünftigen Programms zur Sprache, wie viele Interpreten zu Recht betonen; es muss aber auch eine gewisse Kontinuität in der Behandlung derjenigen metaphysischen Probleme anerkannt werden, die Kant bereits 1770 vorgebracht hatte und hiermit zu lösen versuchte.

Von daher gerät die Ontologie 1772 erneut ins Zentrum der Fragestellung Kants. Die Transzendentalphilosophie wird zu diesem Zeitpunkt mit der Ontologie

---

421 Carl betrachtet die *Reflexion* 4634 als Beleg für seine These, dass 1772 bereits ein erster Entwurf der objektiven Deduktion vorlag. Siehe Carl: *Der schweigende Kant*, a.a.O., S. 65–68. Hier stellt sich Kant z. B. die Frage: „Es giebt aber doch Urtheile, deren Gültigkeit a priori festzustehen scheint, die gleichwohl synthetisch seyn, z.E. Alles Veränderliche hat eine Ursache; woher kommt man zu diesen Urtheile?" Er behauptet weiterhin, dass die Begriffe nur für erfahrungsgegebene Gegenstände und nicht für Dinge überhaupt gelten. Daraus zieht Kant die Konsequenz: „Dinge [...], die durch keine Erfahrung uns können gegeben werden, sind vor uns nichts." Refl. 4634, AA XVII, S. 617 und 618. Datierung um 1772–1775. Für eine Kritik an Carls und Becks Auffassungen siehe Predrag Cicovacki: „An aporia of a priori knowledge. On Carl's and Beck's interpretation of Kant's letter to Marcus Herz". In: *Kant-Studien* 82 (1991), S. 349–360.
422 Die *Reflexion* 4154 stellt diesbezüglich die folgende Frage: „Da es beym sinnlichen materie und Form giebt, soll nicht auch im intellectualen materie und Form seyn?" Refl. 4154, AA XVII, S. 436. Datierung um 1770.
423 *Reflexion* 4455, AA XVII, S. 558. Datierung um 1772.

gleichgesetzt, aber im Unterschied zur *Dissertation* von 1770 wird sie nun kritisch behandelt. Die neue Transzendentalphilosophie besteht wesentlich darin, den Gebrauch des Verstandes bzw. seine Anwendung auf unterschiedliche Arten von Gegenständen auf eine kritische Weise zu bestimmen. Die Funktion der sogenannten Phänomenologie von 1770 – 1771, deren Aufgabe die Unterscheidung von Schein und Wahrheit war, übernimmt nun die „Kritik der reinen Vernunft". Diese fasst Kant um 1772 zwar noch immer als negative Disziplin auf, er geht jedoch nicht mehr davon aus, dass diese Unterscheidung zwischen Schein und Wahrheit durch eine bloß methodologische Differenzierung von Sinnlichem und Intellektuellem gezogen werden kann. Mit der Frage nach dem Gegenstandsbezug stellt das kantische Programm zum ersten Mal einen kritischen Standpunkt heraus. Die Möglichkeit, zwischen Schein und Wahrheit zu unterscheiden, hängt von der Bestimmung des Anwendungsbereichs der Vorstellungen ab – wie auch Lambert im Brief suggeriert hatte. „Es ist die Frage, wie wir Dinge vollig a priori, d.i. unabhängig von aller Erfahrung [...] uns vorstellen können und wie wir Grundsatze, die aus keiner Erfahrung entlehnt sind, folglich a priori, fassen können."[424] Das gilt sowohl für sinnliche als auch für intellektuelle Gegenstände der Vorstellung. Von daher ist die Kritik von 1772 deutlich von der allgemeinen Phänomenologie von 1770 – 1771 zu unterscheiden.

Mit der hier angenommenen Kontinuität in der Entwicklung der Fragestellung zwischen der *Dissertation* und den beiden Briefen wird nahe gelegt, dass die Objektivitätsfrage in enger Verbindung mit der dadurch ausgelösten Frage nach der Ontologie anzusehen ist. Diese hatte Kant in der *Dissertation* von 1770 noch nicht hinlänglich beantwortet und rückte sie daher – veranlasst durch Lamberts und Herz' Kritik – mit den Briefen von 1771 und 1772 erneut ins Zentrum seines Denkens.

Kehrt man zu der anfänglichen Frage zurück, von welchen Vorstellungen und Gegenständen im Herz-Brief von 1772 die Rede ist, lässt sich aus dem Vorigen schließen, dass der in Frage gestellte Gegenstandsbezug sowohl auf Gegenstände der Sinne als auch auf die der intellektuellen Erkenntnis bezogen ist. Denn zum ersten Mal wird hierdurch das Vorhaben einer „Kritik der reinen Vernunft" in Angriff genommen, durch die der Gebrauch der Verstandeserkenntnis bestimmt werden soll.

Im Laufe dieses zweiten Teils wurde herausgestellt, inwieweit die Frage nach der Ontologie die unterschiedlichen Phasen der Denkentwicklung Kants geprägt hat. Entscheidend war dabei die 1766 eingeführte skeptische Behandlung der Metaphysik, welche die Unterscheidung zwischen Materie und Form ermöglichte

---

[424] Refl. 4473, AA XVII, S. 564. Datierung um 1772. Dazu auch die *Reflexion* 4470.

und aufgrund derer die Begriffspaare *metaphysisch* und *transzendental* sowie *Ding überhaupt* und *Etwas überhaupt* gebildet werden konnten. Diesbezüglich hat sich zudem gezeigt, in welchem Sinne diese Begriffe ein grundlegendes Element der Kritik Kants an der Ontologie Baumgartens darstellten.

3. Teil: **Die Kritik und das System
der reinen Vernunft**

5 Die Entwicklung der Ontologie ab 1772

5.1 Der Gegenstand überhaupt: Seine Entwicklung in drei Etappen von 1772 bis 1781

Im vorhergehenden Teil wurde erklärt, inwiefern die skeptische Behandlung der Metaphysik, die Kant Mitte der sechziger Jahre einführt, die historische Vorlage für die zu Beginn der Siebziger vorgebrachte Definition der Transzendentalphilosophie als reine Disziplin von Gegenständen überhaupt darstellt. Der Schnittpunkt zwischen diesen beiden Momenten der kantischen Denkentwicklung ist das Jahr 1769, in welchem Kant jene neue Definition der Metaphysik ausarbeitete. Die *Reflexionen* der Phase κ zeigen zwei besondere Aspekte der seinerzeitigen kantischen Ontologieauffassung auf: zum einen eine Kritik an Baumgartens Definition der Ontologie, zum anderen die herausragende Funktion des Begriffs eines Etwas überhaupt bezüglich der erwähnten Kritik an der traditionellen Ontologie. Ist das Etwas überhaupt ein grundlegendes Element des kritischen Standpunkts Kants in Bezug auf die herkömmliche Konzeption der Ontologie, dann erweist sich die Weiterentwicklung jenes Begriffs als leitend für unsere Fragestellung. Unter Berücksichtigung dieses letzten Aspekts wird in diesem dritten Teil der Versuch unternommen, die Entwicklung der kantischen Auffassung des Etwas X bzw. Gegenstandes überhaupt ab 1772 darzustellen.

In den metaphysischen, ontologischen Interpretationen von Kants Transzendentalphilosophie wird zumeist davon ausgegangen, dass mit dem Gebrauch dieser Begriffe eine Verbindung zur traditionellen Metaphysik hergestellt wird. Entsprechend vertritt man wie selbstverständlich die These, dass die kantische Einführung des Gegenstandes überhaupt (bzw. des transzendentalen Objekts)[425] in die kritische Transzendentalphilosophie in einem derart engen Zusammenhang mit der Tradition stehe, dass sie als Rückgriff auf die Problemstellung der klassischen Ontologie – oder gar als deren Übernahme – zu interpretieren sei.[426] Bei

---

[425] Diese Bezeichnungen können als unterschiedliche Ausdrücke eines einzigen Begriffs angesehen werden. Siehe dazu Gerold Prauss: *Kant und das Problem der Dinge an sich.* Bonn 1977, S. 108. Prauss nimmt den Gegenstand überhaupt zum Ausgangspunkt seiner Interpretation der Transzendentalphilosophie als Deutungstheorie.

[426] Vgl. z.B. Ficara: *Die Ontologie*, a.a.O., S 29–30 und Hinske: *Kants Weg zur Transzendentalphilosophie*, a.a.O., S. 31. Hinske behauptet zu Recht, dass die Beziehung zwischen Transzendentalphilosophie und Dingen überhaupt schon lange vor Kant dargelegt worden war. Zudem bezieht er diese Beziehung nicht nur auf die metaphysische Tradition des Rationalismus, sondern auch auf Tetens. Die Pointe und das Ziel der neu eingeführten Begrifflichkeit, deren Ursprung weniger auf Baumgarten und die Tradition des Rationalismus zurückzuführen ist,

näherem Hinsehen erweist sich aber, dass Kants Denken im Laufe der siebziger Jahre zunehmend dazu übergeht, dieser Begrifflichkeit eine andere Bedeutung zu geben, die mit der Tradition nicht mehr viel gemein hat. Der vermeintliche Zusammenhang mit der traditionellen Ontologie erweist sich dadurch als fraglich.

Es wird in diesem letzten Teil also die These aufgestellt, dass die Transzendentalphilosophie im Laufe der siebziger Jahre eine Doppelbedeutung erhält, die sowohl die *Kritik* als auch die *Ontologie* umfassen wird. In Anbetracht der Entwicklung dieser Idee, die sich in einigen *Reflexionen* aus der Mitte der siebziger Jahre abzeichnet, wird verständlicher, wie Kant im Rahmen seiner Transzendentalphilosophie von Ontologie sprechen kann, ohne deswegen in Widerspruch zu seinem eigenen Programm der kritischen Philosophie zu geraten.

Im vorhergehenden Abschnitt wurde aufgezeigt, wie sich die Problematik des Gegenstandsbezugs um 1772 im Vergleich zur *Dissertation* von 1770 weiterentwickelt hatte. Leitend war dabei die Idee, dass mit der 1772 wieder aufgenommenen Frage nach dem Gegenstandsbezug der Vorstellungen eine grundsätzliche Antwort auf die Frage nach der Ontologie gegeben wurde, die 1770 noch unberührt blieb. Das Verhältnis zwischen der anschaulichen und der symbolischen bzw. intellektuellen Erkenntnis ist für Kant – nach eigener Auskunft im Brief an Herz von 1772 – problematisch geworden. Als Lösung für dieses Problem – sowie als Schlüssel für die gesamte Metaphysik – betrachtet er zu diesem Zeitpunkt seiner Denkentwicklung die bisher versäumte Frage nach dem *Grund*, auf welchem die Beziehung zwischen der Vorstellung und ihrem Gegenstand beruht. Ist die hier vertretene Auffassung, dass diese Frage aus der kantischen Auseinandersetzung mit dem Problem des Verhältnisses zwischen anschaulicher und intellektueller Erkenntnis entstanden war, haltbar, dann wäre auch der Ontologie bzw. allgemeinen Metaphysik wieder Aufmerksamkeit zu schenken; denn sie ist gemäß der

---

sondern vielmehr auf die schon erwähnte skeptische Behandlung der Metaphysik und den Einfluss Humes, werden von Hinske hierbei aber nicht berücksichtigt. J.N. Findlay versucht hinsichtlich der Konzeption des transzendentalen Gegenstandes einen Zusammenhang zwischen Kant und Leibniz herzustellen. Siehe J.N. Findlay: *Kant and the transcendental Object*. Oxford 1981. Honnefelder vertritt die Auffassung, dass Kants Begriff des transzendentalen Objekts in Verbindung mit der scholastischen Tradition von Duns Scotus zu interpretieren sei. Siehe Honnefelder: „Die ‚Transzendentaphilosophie der Alten'", a.a.O., S. 393–407. Auch Heidegger stützt seine ontologische Interpretation Kants darauf, dass ein transzendentaler Gegenstand als ein nicht empirisch bestimmbarer Begriff, der der Erfahrung zugrunde liegt, zu verstehen ist – wenngleich er dabei auch keine Verbindung mit der schulmetaphysischen Tradition herstellt. Infolgedessen *transzendiere* ein transzendentaler Gegenstand alle empirischen Bestimmungen der Erfahrung. Darin liegt nach Heideggers die Möglichkeit, Kants Transzendentalphilosophie im Lichte der ontisch-ontologischen Differenz zu deuten. Siehe dazu Heidegger: *Kant und das Problem der Metaphysik*, a.a.O., S. 112–116.

Tradition eben diejenige Disziplin, die eine Vermittlung zwischen den beiden Arten der Erkenntnis erst ermöglicht. Es liegt daher die Vermutung nahe, dass das Jahr 1772 notwendigerweise zu einer neuerlichen Auseinandersetzung mit der Ontologie führen sollte. Doch worauf läuft diese erneute Frage nach der Ontologie hinaus? Wie ändert sich die kantische Konzeption derselben in Anbetracht der neuen Problematik der Kategorien und ihrer Objektivität?

Kants Problemstellung hängt dieses Mal mit zwei neuen Aspekten zusammen, die er zuvor nicht miteinander in Verbindung gesetzt hatte: zum einen mit der Frage nach dem Grund der Objektivität der Kategorien, zum anderen mit der Idee einer Kritik der reinen Vernunft, die zugleich die Antwort auf die erste Frage darstellt. Die nach dem Erscheinen der *Dissertation* verfassten *Reflexionen* zeigen darüber hinaus, dass sowohl der Begriff des Ich als auch der der Erkenntnis a priori und ihrer Objektivität zu diesem Zeitpunkt eine herausragende Stellung im Denken Kants einnehmen. Im Jahr 1770 spielen diese beiden Begriffe noch kaum eine Rolle. Was ist unter dem Gegenstand überhaupt zu verstehen, wenn man ihn im Lichte der um 1772 neu eingeführten Begrifflichkeiten betrachtet, nämlich der Objektivität der Kategorien und der synthetischen Urteile a priori?

1772 liefert Kant eine Definition der Transzendentalphilosophie, welche die Kategorien zu einem wesentlichen Element dieser Disziplin erklärt. Man kann also berechtigterweise davon ausgehen, dass die Transzendentalphilosophie zu diesem Zeitpunkt der kantischen Denkentwicklung zwar die Begriffe a priori bzw. die Kategorien einschließt, die reine Anschauung jedoch nicht.[427] Die Kategorien werden dabei in zweierlei Hinsicht bestimmt: zum einem als Begriffe, durch die ein Gegenstand überhaupt gedacht wird, zum anderen als Handlungen der Vernunft. Diese beiden Eigenschaften der Kategorien werden in der *Reflexion* 4276, die Adickes auf das Jahr 1770–1771 datiert, folgendermaßen zum Ausdruck gebracht: „Categorien sind die allgemeinen handlungen der Vernunft, wodurch wir einen Gegenstand überhaupt (zu den Vorstellungen, Erscheinungen) denken."[428]

Was die Natur eines Gegenstandes überhaupt ausmacht, wird in dieser *Reflexion* nicht näher erklärt. Es wird nur der Hinweis gegeben, dass er durch die Kategorien zu den Erscheinungen gedacht wird. Die weiteren Ausführungen Kants konzentrieren sich eher auf die Definition der Handlungen der Vernunft, von denen es zweierlei Arten gibt: Die einen werden in Bezug auf Begriffe selbst bestimmt, die anderen beziehen sich auf einen Gegenstand. Bei den ersten handelt

---

427 Siehe dazu Hinske: *Kants Weg zur Transzendentalphilosophie*, a.a.O., S. 36.
428 Ref. 4276, AA XVII, S. 492. Datierung um 1770–1771. Thematisch gesehen müsste diese *Reflexion* auf einen späteren Zeitpunkt datiert werden. Aufgrund der von Kant verwendeten Begrifflichkeit lässt sich mit gutem Grund behaupten, dass das Jahr 1770 nicht als Entstehungsjahr in Frage kommen kann.

es sich offensichtlich um *logische* Beziehungen zwischen Begriffen; die zweite Art von Handlungen wird dadurch charakterisiert, dass sie die Verhältnisse zwischen Vorstellungen und Gegenstand darlegen, also als *reale* Verhältnisse verstanden werden. In derselben *Reflexion* werden diese beiden Handlungen nochmals näher bestimmt:

> Die handlungen des Verstandes sind entweder in Ansehung der Begriffe [...] oder in Ansehung der Sachen, da sich der Verstand einen Gegenstand überhaupt gedenkt und die Art, etwas überhaupt und dessen Verhaltnisse zu setzen. Beide sind darin nur unterschieden, daß in den ersten die Vorstellungen, in den andern durch die Vorstellungen die Sachen gesetzt werden.[429]

Diese Ausführungen sind aus mehreren Gründen von besonderem Belang. Bemerkenswert ist zunächst die ausdrückliche Verbindung zwischen den Kategorien und dem Gegenstand überhaupt, die Kant an dieser Stelle zur Sprache bringt. Dieser Definition nach sind die Kategorien Begriffe, durch welche ein Gegenstand überhaupt gedacht und in unterschiedliche Verhältnisse zu den Erscheinungen gesetzt wird – diese Verhältnisse werden später mit dem Titel der Relationskategorien bezeichnet. Wie wird aber dieses Denken der Kategorien vollzogen? Eine Antwort darauf liefert Kants Begründung der Objektivität der Erkenntnis. Die Objektivität ist auf besondere Handlungen des Verstandes zurückzuführen, durch welche die zuerst bloß logisch verstandenen Positionen („Stellenanweisungen") in reale verwandelt werden.

> Objekt wird nur genant, was eine logische qualitaet hat [...] Wenn einer Erscheinung parallel eine logische position, welche auf die data der Erscheinung geht und nicht auf das Verhaltnis einer Vorstellung zu andern, so ist dieses objektiv. e. g. Grund, Ursache.[430]

Unter logischen Qualitäten lassen sich an dieser Stelle die im Urteil vorhandenen Verhältnisse zwischen Begriffen verstehen. Vorausgesetzt, mit diesen Handlungen seien die später eingeführten Relationskategorien gemeint, besteht die zuerst logisch verstandene Position in dem Verhältnis von *Subjekt* und *Prädikat*. Wenn aber dieses Verhältnis nicht nur bloß begrifflicher Art ist, dann lässt sich ein Objekt als Beziehung zwischen *Substanz* und den *inhärierenden Eigenschaften* derselben bestimmen. Dem liegt zugrunde, dass die zuerst als logisch bestimmten Handlungen der Vernunft, durch welche den Vorstellungen eine Position zugewiesen wird, dann als reale qualifiziert werden können. Daraus ergibt sich schließlich die Möglichkeit, sie als objektiv zu betrachten. Durch diese Handlung

---

429 Ref. 4276, AA XVII, S. 493.
430 Refl. 4285, AA XVII, S. 496. Datierung um 1770–1771, 1773, 1770–1771.

werden die logischen Positionen als objektbezogene Vorstellungen der Substanz, des Grundes und der Totalität begriffen. Daraus geht letztlich hervor, dass sich die Kategorien aufgrund bestimmender *Stellenanweisungen* grundsätzlich von den logischen Verhältnissen zwischen Begriffen unterscheiden lassen.

Daran ist leicht zu erkennen, dass es sich hierbei um eine Umdeutung und Kritik der 1770 vertretenen Position des logischen und realen Gebrauchs des Verstandes handelt. Im Unterschied zu 1770 wird nun genauer bestimmt, wie die Kategorien als Begriffe des Gegenstandes überhaupt objektiv definiert werden können. Der Unterschied zwischen den Vorstellungen, die bloß logisch zu verstehen sind, und denjenigen, die als real definiert werden, besteht also im Gegenstandsbezug. Die Objektivität lässt sich dann bestimmen, wenn durch die Kategorien die Möglichkeit entsteht, den bloß logischen Relationen zwischen Begriffen eine reale bzw. absolute Position zuzuweisen. Demzufolge vertritt Kant die These, dass die logischen Verhältnisse zwischen Begriffen eine ähnliche Struktur aufweisen wie die realen Verhältnisse zwischen Vorstellungen und Objekt. Denn es wird in dieser Hinsicht darauf hingewiesen, dass der Unterschied zwischen den Vorstellungen nur angesichts ihres Bezugs auf Objekte etabliert werden kann. Diese Tatsache ist nicht ohne Belang für die Rekonstruktion der kantischen Denkentwicklung hin zur Entdeckung der Kategorien, da hierdurch erklärt sich, wie früh Kant bereits die Idee einer logischen und realen Struktur des Denkens im Sinn gehabt haben musste.[431]

Wird die Gültigkeit der Kategorien bereits zu diesem Zeitpunkt auf die Erfahrung beschränkt? Einige Hinweise aus den *Reflexionen* dieser Zeitspanne würden genau diese These bestätigen. Es lässt sich nun aber zugleich zeigen, dass Kant um 1771–1772 auf dem in der *Dissertation* entwickelten doppelten Schema der *Form der Vernunft* und *Form der Sinnlichkeit* beharrt. Zu diesem Gesichtspunkt äußert sich Kant um 1771 folgendermaßen:

---

431 Zu diesem Problem siehe Till Hoeppner, der die Frage nach dem Leitfaden aus einer systematischen Perspektive behandelt. Till Hoeppner: „Kants Begriff der Funktion und die Vollständigkeit der Urteils- und Kategorientafel". In: *Zeitschrift für philosophische Forschung* 65. (2011), S. 193–216. Für diesbezügliche historische Aspekte siehe Peter Schulthess: *Relation und Funktion. Eine systematische und entwicklungsgeschichtliche Untersuchung zur theoretischen Philosophie Kants*. Berlin/New York 1981. Zur entwicklungsgeschichtlichen Diskussion über den Leitfaden der Entdeckung der Kategorien siehe auch De Vleeschauwer: *La déduction*, a.a.O., S. 210; Carl: *Der schweigende Kant*, a.a.O., S. 55 ff und Robert Theis: „Après la *Dissertation*, avant la *Critique*. Remarques sur les lettres de Kant à Marcus Herz juin 1771 et de février 1772". In: Luc Langlois (Hrsg.): *Années 1747–1781. Kant avant la critique de la raison pure*. Paris 2009, S. 145–153.

> Das reale Verhaltnis ist das der Zusammenordnungen nach, und die Regeln derselben sind entweder die der Vernunft oder der Sinnlichkeit. Zu den ersten Gehört substanz und accidens, dagegen das logische Verhältnis nur subiect und praedicat hat.[432]

Hiermit weist Kant auf die Tatsache hin, dass die realen Verhältnisse bloß auf die Form der Vernunft und nicht auf die der Sinnlichkeit zurückzuführen sind. Die von Adickes datierten *Reflexionen* von 1771 zeigen des Weiteren die Tatsache auf, dass die Relationskategorien den Ausgangspunkt der angeführten Handlungen der Vernunft darstellen. Die realen Funktionen werden also in Bezug auf die Einheit des Grundes, des Ganzen und des Subjekts ersichtlich.

> Alle (real) Verhaltnisse sind entweder der Verknüpfung oder des Widerstreits. Die erste sind entweder eines durch das andere (ratio et rationatum) oder zu dem andern (partium ad totum) oder in einander (accidens et substantia). Die Einheit in allem diesen ist die größeste Verknüpfung.[433]

In diesem Fall wird die bloß logische Beziehung (wie z. B. Subjekt-Prädikat) zu einem Verhältnis von Substanz-Inhärenz umgewandelt und somit real im Sinne einer objektiven Beziehung, die Gegenstände berücksichtigt.[434] Dasselbe gilt für die Beziehungen der Ursache und Wirkung und für die der Wechselwirkung. Durch die Zuweisung einer absoluten Position dürfen die Begriffe also nur auf eine *einzige* Weise benutzt werden und infolgedessen ist ihre Position klar definiert: „z.E. Etwas, was ich jederzeit nur als subiect brauchen kann; Etwas, wovon ich hypothetisch auf ein conseqvens schließen muß."[435]

Diese nach dem Erscheinen der *Dissertation* verfassten *Reflexionen* führen also leicht zu der Einsicht, dass Kant die Kategorien mit den Handlungen der Vernunft in Verbindung setzt, wodurch die Begriffe auf eine bestimmte Position festgelegt werden. Diese Handlungen seien objektiv zu nennen, wenn ihnen eine absolute Position zugewiesen wird; daher liegt die Vermutung nahe, dass die logischen und die realen Vorstellungen isomorph sind.[436] Die Kategorien sind deshalb, isoliert betrachtet, allem Anschein nach die bloßen Formen des Denkens

---

432 Refl. 4371, AA XVII, S. 523. Datierung um 1771.
433 Refl. 4415, AA XVII, S. 537. Datierung um 1771, 1773–1775. Siehe dazu u. a. auch die *Reflexionen* 4413 und 4493.
434 Vgl. dazu *Reflexion* 4286: „Logisch ist, was in der Vergleichung besteht; real, was an sich selbst gesetzt wird." Refl. 4286, AA XVII, S. 496. Datierung um 1770–1771, 1773–1775, 1771.
435 Refl. 4629, AA XVII, S. 614. Datierung 1772–1775.
436 „Die Unterscheidung zwischen logischen und realen Funktionen von Vorstellungen ist daher keine Einteilung in verschiedenartige Funktionen." Carl: *Der schweigende Kant*, a.a.O., S. 60.

bzw. Urteilens überhaupt. Dabei ist anzumerken, dass die Sinnlichkeit zu diesem Zeitpunkt der kantischen Denkentwicklung noch immer bloß als eine Form der Anschauung konzipiert ist, deren Hauptfunktion darin besteht, den *actus* der Koordination zu vollziehen. Die Trennung zwischen Form der Vernunft und Form der Anschauung wird in dieser Hinsicht beibehalten und zeigt gewisse Ähnlichkeiten mit den diesbezüglichen Ausführungen in der *Dissertation*. Damit wäre Kants Auffassung der Kategorien zwischen 1771 und 1772 skizzenhaft dargelegt. Diese sind, wie Carl zu Recht schreibt, „mögliche Typen von Vorstellungen von Objekten."[437] Im Gegensatz zu Carls Interpretationsversuch ist allerdings zu diesem Zeitpunkt des kantischen Denkens noch nicht ausgemacht, von welcher Art die Gegenstände sind, in Bezug auf welche die Kategorien tatsächlich objektiv werden.[438] Davon ausgehend lässt sich behaupten, dass die Restriktionsthese noch nicht thematisiert wurde, da ein Bezug der Form der Vernunft auf die Sinnlichkeit noch ausgeschlossen blieb. Insofern der Form der Vernunft die Eigenschaft zugeschrieben wird, von alleine objektiv werden zu können, ist die Frage nach der Beziehung zwischen Vernunft und Sinnlichkeit zu diesem Zeitpunkt des kantischen Denkens noch von keiner besonderen Dringlichkeit. Zu dieser Zeit befasste sich Kant eher mit der Frage, inwiefern die Vernunft, als ein von der Sinnlichkeit unabhängiges Vermögen, Begriffe a priori erzeugen kann, die zwar nicht sinnlicher Natur sind, aber trotzdem als objektiv gelten. Die Objektivität der Begriffe selbst wird also vorerst durch eine andere Frage, nämlich die nach dem reinen subjektiven Ursprung der Begriffe und deren Übereinstimmung mit Objekten, erörtert; von daher ist die Behandlung der Objektivität nicht so vordringlich, wie man auf den ersten Blick vermuten könnte. Dies bedeutet letztendlich, dass die Frage nach der Objektivität und ihrer Deduktion in einem transzenden-

---

[437] Carl: *Der schweigende Kant*, a.a.O., S. 62.
[438] Vgl. Carl: *Der schweigende Kant*, a.a.O., S. 26–27. Carl stellt die These auf, dass Kant im Brief an Herz von 1772 sowohl die Restriktion des Anwendungsbereichs der reinen Verstandesbegriffe als auch die Idee, dass reine Verstandesbegriffe nicht leer sind, im Sinn hatte. Es leuchtet allerdings nicht besonders ein, dass Carl daraus die folgende Konsequenz zieht: „Im Lichte der Entdeckung von 1772 mußte Kant sich daher die Frage stellen, wie die Beziehung der metaphysischen Begriffe auf Gegenstände der empirischen Erkenntnis zu erklären sei." Carl: a.a.O., S. 48. Die Gültigkeit und entsprechende Begründung der empirischen Erkenntnis als solche erschien Kant jedenfalls nicht als problematisch. Kants Problem um 1772 bestand vielmehr in der Frage, auf welche Instanz bzw. Grundlage die Einheit (Einstimmung) von Vorstellung und Gegenstand zu gründen sei, d.h. wie reine, subjektive Begriffe objektiv werden können. Deshalb fragt sich Kant, auf welchem *Grund* eine solche Beziehung letztlich beruhe; er behauptet aber gerade nicht, dass diese Beziehung ausschließlich zwischen reinen Vorstellungen und empirischen Objekten herzustellen sei, um die angebliche Problematik der Begründung der empirischen Erkenntnis zu lösen.

talen Sinne noch nicht klar formuliert wurde, denn es wird nicht vorrangig danach gefragt, wie die Erfahrung durch Kategorien möglich sei, sondern vielmehr danach, wie unsere reinen Begriffe, deren Entstehung unabhängig von den Gegenständen ist, auf Objekte zu beziehen sind. Ferner ist hervorzuheben, dass die Grenze zwischen Verstand und Vernunft zu diesem Zeitpunkt des kantischen Denkens ebenfalls noch nicht deutlich gezogen war. Das stellt einen wesentlichen Punkt dar, der die Möglichkeit einer objektiven Deduktion der reinen Begriffe entscheidend determiniert.

Wie ist also der Gegenstand überhaupt in diesem Kontext zu verstehen? Die *Reflexionen* dieser Phase bringen die Idee zum Ausdruck, dass ein Gegenstand überhaupt durch Kategorien gedacht wird; es wird aber erstens nicht präzise gesagt, von welcher Natur er ist; zweitens wird nicht dargelegt, dass die Kategorien keinen Bezug auf intellektuelle Objekte nehmen können.[439] Wenn man davon ausgeht, dass Sinnlichkeit und Verstand um 1772 noch als zwei getrennte Vermögen angesehen werden, deren Verbindung noch nicht als Bedingung der objektiven Erkenntnis thematisiert wurde[440], dann lässt sich annehmen, dass unter dem Begriff des Gegenstandes überhaupt ein bloß gedachter Gegenstand, also ein *intellektueller Begriff* eines Gegenstandes, verstanden wird, wie bereits im vorigen Teil angedeutet wurde. So verstanden ist er als Begriff eines Gegenstands ohne Anschauung zu bezeichnen.

Allerdings ist der Begriff eines Gegenstandes überhaupt nicht auf das bloß Gedachte zu reduzieren. Bei näherem Hinsehen lässt sich nämlich feststellen, dass ihm eine wesentliche Zweideutigkeit zugrunde liegt, die um 1775, wie zu zeigen ist, entscheidend sein wird. Ein Gegenstand überhaupt lässt sich zum einen als ein allgemeiner Begriff verstehen, der ohne bestimmte Anschauung ist, und zum anderen als ein Gegenstand der Anschauung im Allgemeinen, der nicht vom Begriff bestimmt ist. Im ersten Fall handelt es sich um ein bloß Gedachtes (Begriff ohne Gegenstand), während es im zweiten Fall um ein Gegebenes im Allgemeinen

---

[439] Kants Idee der Anwendung der Kategorien auf reale Funktionen schließt nicht aus, dass denselben Kategorien um 1772 keine Funktion für das Intellektuelle zukam. Die intellektuelle Erkenntnis bedarf dem Standpunkt von 1770 nach, insofern sie nur von symbolischer Natur ist, auch der Erfahrung, um die (symbolische) Erkenntnis des Dinges an sich zu ermöglichen. Das Argument, dass die Kategorien 1772 nur in Bezug auf die Erfahrung einen Sinn haben, kann daher nicht überzeugend sein. Siehe dazu Beck: „Two ways of reading Kant's letter to Herz", a.a.O., S. 22.

[440] Die zu untersuchende Beziehung zwischen Sinnlichkeit und Verstand stellt derweil die Grundlage für die Unterscheidung zwischen Verstand und Vernunft dar. Ist die erste Unterscheidung vollzogen, sind zugleich die Bedingungen für die Durchführung der anderen gegeben.

(eine Anschauung ohne Gegenstand) geht.[441] In diesem Sinne schreibt Kant Folgendes:

> Da zu unsern Erkenntnissen gehorige, wodurch die Gegenstände gedacht werden (denn der Raum ist nur die Art, wie sie uns gegeben werden), ist entweder das denken eines gegenstandes überhaupt: possibile, oder wie er von uns selbst überhaupt kann gegeben werden: quantitas, oder wie er uns durch Erfahrung gegeben werden muß.[442]

Das Jahr 1775 ist von besonderem Interesse, da zu dieser Zeit eine andere Auffassung des Verhältnisses zwischen Sinnlichkeit und Vernunft und damit konsequenterweise eine präzisere Bestimmung des Gegenstandes überhaupt zur Sprache gebracht wird. Die um 1772 eingeführte Form der Vernunft wird um 1775 nicht mehr gänzlich von der Form der Sinnlichkeit isoliert. Eine weitreichende Folge davon ist, dass der Form der Sinnlichkeit nicht mehr – wie noch 1770 – im Sinne eines *actus mentis* die Funktion der Koordination der Erscheinungen zukommt. Vielmehr konzipiert Kant sie als die bloße *Bedingung* für die Zuordnung der Anschauungen, die letztendlich durch den Verstand bestimmt wird.[443] Kant scheint dementsprechend um 1775 zu einer Auffassung der menschlichen Vermögen gelangt zu sein, die deutlich zwischen *Sinnlichkeit* (als Bedingung der möglichen Anschauungen), *Verstand* (als Vermögen der Bestimmungen des Denkens des sinnlich Gegebenen) und *Vernunft* (als Vermögen des bloßen a priori) unterscheidet. Der Verstand fungiert also als Verbindung zwischen den sinnlich gegebenen Bedingungen der Erkenntnis und den reinen, apriorischen Bedingungen der Vernunft und ermöglicht entsprechend die empirische Erkenntnis.[444] Die Trennung zwischen Sinnlichkeit und Verstand, die Kant bereits 1770 eingeführt hatte, nimmt damit eine neue Form an. Darüber hinaus tritt die Vernunft als

---

441 Diese Idee wird weiter unten ausführlicher diskutiert. Aus dieser subtilen Zweideutigkeit sind einige metaphysische Interpretationen Kants Transzendentalphilosophie entstanden. Aus dem Versäumnis, diese Doppeldeutigkeit herauszuarbeiten, wurden falsche Konsequenzen bezüglich des kantischen Ontologiebegriffs gezogen worden. Anhand dieser Unterscheidung lassen sich aber wichtige Elemente der kantischen Transzendentalphilosophie ersichtlich machen, wie z.B. das Ding an sich, Erscheinung, transzendentales Objekt.
442 Refl. 4673, AA XVII, S. 620. Datierung zwischen 1772–1775. Dazu auch *Reflexion* 4656.
443 „Die Zeit ist selber nicht mehr Actus coordinationis, sondern bloße *Bedingung* der Koordination." Siehe Schulthess: *Relation und Funktion*, a.a.O., S 241.
444 „Anschauung Denken a priori Sinnlichkeit Verstand Vernunft. Der Verstand verbindet also beyde Äußerste dadurch, daß er die data a posteriori mit Bedingungen a priori verknüpft, aber doch nur in concreto, folglich zu einer empirischen Erkenntnis [...] Das Vermogen der Anschauung ist sinnlichkeit, des Denkens ist Verstand (des Denkens a priori, ohne daß der Gegenstand gegeben ist, Vernunft)." Refl. 4675, AA XVII, S. 649 und 651. Siehe dazu auch *Reflexion* 4687.

das Vermögen des a priori hervor, d. h. als reine Vernunft, deren Begriffe der Verstand in Bezug auf die Sinnlichkeit vermittelt. Wie aber ist dann der Begriff des Gegenstandes überhaupt im Rahmen dieser neuen Ausführungen zu verstehen?

Der *Duisburg'sche Nachlass* stellt die möglichen Formen der Vorstellungen in einer dreiteiligen Verbindung dar, die aus den „Data der Sinnlichkeit", dem „Begriff", und dem „Exponent" bestehen. Diese versieht Kant mit den Bezeichnungen x, a und b: „x ist das Bestimmbare (obiect), welches ich durch den Begriff a denke, und b ist dessen Bestimmung (oder Art es zu bestimmen)."[445] Dieses x bzw. der Gegenstand wird als etwas bestimmt, das auf unterschiedliche Weisen sowohl in der Mathematik, in der Erfahrung als auch „in Ansehung einer inhärierenden Vorstellung" gedacht wird.[446] Im ersten Fall ist das x als eine *Konstruktion* (Mathematik), im zweiten als das *Konkretum* der Erfahrung (empirische Erkenntnis) und im dritten letztlich als die *Funktion des Denkens im Subjekt* (Metaphysik) zu verstehen.[447] Im letzteren Falle ist bemerkenswert, dass Kant den Gegenstand (x) als die Funktion des Denkens *im Subjekt* definiert. Es geht hierbei also darum, ein Subjekt durch Begriffe in einer bestimmten Position zu bestimmen. Kant greift an dieser Stelle die Relationskategorien auf. Das x im dritten Fall wird also entweder als *Subjekt*, als *Grund* oder als *Komposition* gedacht. In diesem Kontext ist die Tatsache hervorzuheben, dass das x als etwas Gegebenes, nämlich in der Sinnlichkeit, bestimmt wird. Es repräsentiert also ein Datum der Sinnlichkeit, die noch nicht durch Funktionen des Verstandes definiert wurde. Das besagt, das x ist das Bestimmbare überhaupt, das auf unterschiedliche Weisen zu definieren ist. Dies lässt sich wohl als eine neue Auffassung des Etwas X interpretieren, die als Folge der angeführten Konzeption der transzendentalen Unterscheidung zwischen Sinnlichkeit und Verstand angesehen werden kann, in welcher die Sinnlichkeit bloß als die *Bedingung* für die objektive Bestimmung des Verstandes konzipiert wird.

Die Begriffe des Verstandes werden ihrerseits als Funktionen bezeichnet. Diese Bezeichnung ist zwar nicht neu, gewinnt aber um 1775 an Bedeutung, so dass die Auffassung des Verstandes präzisiert wird. In den *Reflexionen* der vorigen Etappen seiner Denkentwicklung verweist Kant auf die Begriffe bzw. Kategorien als Handlungen der Vernunft und nennt Letztere reale Verhältnisse. Das Besondere des neuen Ansatzes von 1775 zeigt sich darin, dass diese Funktionen lediglich

---

445 Refl. 4674, AA XVII, S. 645.
446 Refl. 4674, AA XVII, S. 645.
447 Siehe dazu Lewis White Beck: „(i) X may be a schema of an object in general (of a thing, cause, etc.). (ii) X may be a determinable intuition of space or time or both, which A and B both refer to and make determinate. (iii) X may be a datum or *concretum* of experience." Beck: „Can Kant's synthetic judgments be made analytic?". In: *Kant-Studien* 47 (1955–56), S. 168–181.

dem Verstand als eigenständigem Vermögen – und eben nicht der Vernunft – zugeschrieben werden. Darüber hinaus wird nun betont, dass ihnen nur in Bezug auf die Sinnlichkeit, durch eine *bestimmende* Position, ein Sinn zukommen kann. Das ist sicherlich einer der wichtigsten Schritte in Anbetracht der Deduktion der Kategorien, der vorher um 1772 beim Herz-Brief nicht vorhanden war. Die Funktionen, so die Konzeption von 1775, genügen nicht, um ein Objekt real zu bestimmen. Fehlt der Bezug auf die Sinnlichkeit, fehlt es den Funktionen konsequenterweise an jeglicher Bedeutung. Von daher lässt sich prinzipiell annehmen, dass eine präzise Unterscheidung zwischen *Form* (der Sinnlichkeit) und *Funktion* (des Verstandes) erst um 1775 gezogen wurde.[448]

> Hie ist also Einheit, nicht vermöge desienigen: worin, sondern: wodurch das Manigfaltige in eines gebracht wird, mithin allgemeingültigkeit. Daher sind es nicht formen, sondern functionen, worauf die relationes der Erscheinungen beruhen.[449]

Diesen Funktionen der Einheit charakterisiert Kant zum ersten Mal im *Duisburg'schen Nachlass* als Funktionen der Apperzeption. Es wird konsequenterweise behauptet, dass jeder *actus* der Apprehension zugleich ein *actus* der Apperzeption sei. Das Ich ist dann, wie Kant es beschreibt, das „Original aller Vorstellungen". Diese Idee der Apperzeption als Ursprung aller Vorstellungen hat in der Kant-Forschung vielfältige Diskussionen hervorgerufen, die hier aber nicht thematisiert werden sollen.[450] Im Rahmen unserer Fragestellung ist vielmehr die Unterscheidung zwischen Form und Funktion von Interesse, da diese für die Auffassung des Gegenstandes überhaupt von maßgeblicher Bedeutung ist.

Die soeben erwähnte Zweideutigkeit des Gegenstandes überhaupt kommt im *Duisburg'schen Nachlass* zustande. Sie kann als die Konsequenz angesehen werden, dass im Jahr 1775 eine deutlichere Konzeption der menschlichen Vermögen (Sinnlichkeit, Verstand, Vernunft) und deren Leistungen zur Sprache ge-

---

448 Siehe dazu KrV A 68/B 93 und A 79/B 105.
449 Refl. 4674, AA XVII, 643.
450 Bezüglich dieses Punkts wird in der Forschungsliteratur hauptsächlich diskutiert, ob Kant mit der Apperzeption bzw. mit dem Begriff des Ich noch immer die Bedeutung der rationalen Psychologie im Sinn hatte. Diese These wird von Wolfgang Carl vertreten, der behauptet, Kant habe die Paralogismen um 1775 noch nicht entdeckt und sei von daher bei einer Konzeption des Ich verblieben, die sich als dogmatisch bezeichnen lässt. Davon ausgehend spricht Carl von einer Begründung der Einheit der Erfahrung, die sowohl epistemologisch als auch ontologisch zu verstehen ist. Siehe dazu Carl: *Der schweigende Kant* a.a.O, S. 89–92. Eine Kritik an dieser Auffassung findet sich bei Klemme: *Kants Philosophie des Subjekts*, a.a.O., S 126–138. Klemme nimmt Carls These, dass die Paralogismen um 1775 noch nicht entdeckt waren, zwar als gültig an, bestreitet aber Carls Folgerung, dass diese Tatsache eine ontologische Begründung der Erfahrung notwendig macht.

bracht wird. Das x der Vorstellung bzw. der Gegenstand der Vorstellung bedeutet das Bestimmbare, das gegeben ist.[451] Die Funktionen des Verstandes gelten, wenn sie nicht auf das Gegebene der Erfahrung angewiesen sind, als bloße Formen des Denkens überhaupt. Unter dem *Gegebenen* versteht man hier das Bestimmbare überhaupt und nicht bloß den existierenden, einzelnen Gegenstand in der (bzw. für die) Funktion des Denkens; d. h. das Bestimmbare ist nicht die konkrete Erfahrung eines einzelnen Gegebenen, sondern die Form der Sinnlichkeit selbst bzw. das Objekt im Allgemeinen, das durch die Begriffe bzw. Funktionen des Verstandes absolut bestimmt wird. Auf diese Tatsache verweist Kant, um den Gegenstand der Vorstellung zu charakterisieren:

> Das x enthält also iederzeit die Bedingung. Entweder eine obiective der Erscheinung oder subiective der reinen Anschauungen, beydes in Urtheilen, wo das praedicat sinnlich ist, oder eine obiective des Verstandes in Ansehung der intellection oder subiective der Vernunft in Ansehung der conception, beyde bey intellektuelen praedicaten.[452]

Der Gegenstand gilt als das Objektive für die Anschauung, wenn es sich um die konkrete Erfahrung handelt; zugleich aber auch als das Objektive für die Funktion des Verstandes, indem er das Objekt konkret bestimmt. Subjektiv ist dieses Objekt x, wenn die Anschauung a priori als bloße Form betrachtet wird; das gilt ebenfalls für die Form der Vernunft, welche durch bloße Formen a priori charakterisiert ist.

In Anbetracht der vorigen Überlegungen lässt sich schließen, dass unter dem Gegenstand überhaupt kein bloß Gedachtes, kein intellektueller Begriff des Verstandes zu verstehen ist. Ausgehend von der kantischen Ansicht um 1775 lässt sich vielmehr annehmen, dass er auch als etwas Gegebenes überhaupt, d. h. als reine Sinnlichkeit ohne Bestimmung der Begriffe, zu begreifen ist. Dieses Etwas wird jeweils nach den Funktionen des Verstandes definiert und erhält infolgedessen – wie bereits angedeutet – eine entsprechende Bedeutung: die der konkreten Erfahrung, der Konstruktion oder der Funktion des Denkens im Subjekt. Das x ist also auch die unbestimmte Erfahrung bzw. die Erfahrung überhaupt, die unter der Form der reinen Sinnlichkeit (Raum und Zeit) antizipierend gegeben ist.[453]

---

451 „x die (sinnliche) Bedingung des subiects (substratum), darin diese Wahrnehmung ihre Stelle bekommen soll." Refl. 4676, AA XVII, 655.
452 Refl. 4677, AA XVII, S. 659.
453 „Wir stellen uns also das obiect durch ein analogon der construction vor, daß es sich nehmlich vor den inneren sinn construiren lasse, nemlich daß, so wie etwas auf etwas anderem folgt, iederzeit, wenn etwas geschieht, es worauf anderes folgt, oder daß diese Vorstellung eine von den allgemeinen Handlungen der Bestimmung der Erscheinungen sey, welche darum eine Regel geben." Refl. 4682, AA XVII, S. 670.

Wenn man im Hinblick auf die hier dargestellte Zweideutigkeit des Etwas X bzw. Gegenstandes überhaupt die Konsequenz zieht, dass eine einseitige Interpretation desselben als das bloß Gedachte nicht möglich ist, dann lassen sich entscheidende Konsequenzen hinsichtlich der vermeinten Ontologie Kants ziehen. Diese Zweideutigkeit wird von einigen Interpreten jedoch übergangen, was sowohl eine falsche Deutung des Begriffs des Gegenstandes überhaupt als auch des später eingeführten transzendentalen Gegenstandes zu Folge hat. Das ist beispielsweise bei Elena Ficara und Alison Laywine der Fall: Ficara nimmt an, dass ein Gegenstand überhaupt ein unbestimmter Begriff des Verstandes sei, der sowohl auf die sinnlichen als auch auf die intellektuellen Vorstellungen bezogen werde und infolgedessen alle Erfahrung transzendiere. Von daher gelte er als das Seiende im Allgemeinen, was der Tradition der Metaphysik entspräche. Unter diesen Umständen liegt es nahe, Kants Transzendentalphilosophie als Ontologie zu deuten. Laywine vertritt eine ganz ähnliche Position wie Ficara und deutet den *Duisburg'schen Nachlass* unter Berücksichtigung der *Dissertation* von 1770. Insbesondere versucht die Autorin, Kants Ausführungen von 1775 auf das Problem der allgemeinen Metaphysik und dessen Zusammenhang mit der Kosmologie zurückzuführen.[454] Diese Interpretationsansätze setzen voraus, dass die Metaphysik Kants ausschließlich anhand des Intelligiblen bzw. Gedachten definiert werden kann, sodass die Ontologie (Transzendentalphilosophie) schlechthin mit den reinen Verstandesbegriffen gleichzusetzen wäre. Indem man die Transzendentalphilosophie nur im Zusammenhang mit den unschematisierten Kategorien versteht, lässt sich der Zusammenhang mit dem traditionellen Begriff des Seienden im Allgemeinen leicht herstellen.[455]

Eine historisch orientierte Betrachtung des Begriffs des Gegenstandes überhaupt macht aber ersichtlich, wie die soeben genannte Auffassung kritisiert werden kann. Wie schon im vorigen Teil angedeutet wurde, geht man hier von der

---

[454] Vgl. Ficara: *Die Ontologie*, a.a.O. Alison Laywine: „Kant's metaphysical reflections in the Duisburg Nachlaß". In: *Kant-Studien* 97 (2006), S. 79–113.

[455] Für eine Kritik an Positionen, die Kants Transzendentalphilosophie im Zusammenhang mit der scholastischen Tradition interpretieren, siehe Jocelyn Benoist: „Sur une prétendue ontologie kantienne: Kant et la néo-scolastique". In: Charles Ramond (Hrsg.): *Kant et la pensée moderne: alternatives critiques*. Bordeaux 1996, S. 137–163. Die von Benoist geübte Kritik ist in zweierlei Hinsicht bemerkenswert: Erstens zeigt er mit Rekurs auf Clauberg, inwiefern einige ontologische Interpretationen Kants irreführend verfahren. Clauberg unterscheidet drei Aspekte des Seienden im Allgemeinen, nämlich das, was gedacht werden kann (das Intelligible), das Etwas im Gegensatz zum Nichts und das Ding. Viele Interpreten sind der Auffassung, Kant bahandle die Kategorien als etwas Intelligibles und unterstellen ihm deswegen eine ontologische Prägung, die in der metaphysischen Tradition verankert sei. Zweitens gründet Benoist seine Kritik auf den bereits hervorgehobenen Unterschied zwischen Gegenstand überhaupt und Ding überhaupt.

Annahme aus, dass der schon früh angeführte Begriff des Etwas X als Vorform des Begriffs des Gegenstandes überhaupt und transzendentalen Objekts angesehen werden kann. Dieser Tatsache ist in der Kant-Forschung nicht ausreichend Beachtung geschenkt worden. Die meisten entwicklungsgeschichtlichen Interpretationen stellen deswegen die These auf, dass der Begriff des transzendentalen Objekts erstmals 1778 auftritt. Angesichts dieser Datierung wird jedoch versäumt, den Begriff einer näheren entwicklungsgeschichtlichen Betrachtung zu unterziehen. Nimmt man nämlich an, dass das Etwas X die historische Vorform des transzendentalen Gegenstandes darstellt, wird letzterer indirekt bereits vor 1778 zum Ausdruck gebracht. Im *Duisburg'schen Nachlass* schreibt Kant Folgendes:

> Nun giebt es drey Fälle, wo ein transcendentales Subiekt sinnlich ist und ein Verhaltnis von Begriffen an die Hand gibt: entweder daß es die Anschauung von a ist oder die Erscheinung von a oder die Erscheinung von a (oder die empirische Erkenntnis).[456]

Wie man leicht erkennen kann, verwendet Kant hier den Ausdruck transzendentales Subjekt und eben nicht transzendentales Objekt. Jedoch handelt es sich nicht um den Begriff eines transzendentalen Subjekts im Sinne des „Ich-denke" der „transzendentalen Analytik" der *Kritik der reinen Vernunft* und ebenso wenig um das transzendentale Subjekt der Apperzeption im Sinne der rationalen Psychologie.[457] Es geht hierbei vielmehr darum, das Objekt einer gegebenen Vorstellung, welche im Prinzip nicht bestimmt wurde, auf eine bestimmte Weise sinnlich zu machen, nämlich in der Form der (reinen) Anschauung, der (unbestimmten) Erscheinung und der konkreten Erfahrung. Bei den ersten beiden findet eine Synthesis a priori statt.[458] Dieses Subjekt (Objekt) lässt sich als transzendental bezeichnen, sofern die Bestimmungen der Begriffe noch nicht auf das konkrete Objekt bezogen wurden.

Vergleicht man diese Stelle des *Duisburg'schen Nachlasses* mit der aus dem Jahre 1778 datierten *Reflexion* 5554, in welcher der Begriff des transzendentalen Objekts verwendet wird, bestätigt sich die zuvor aufgestellte Behauptung, dass Kant diesen in zweierlei Hinsicht gebraucht. Dabei wird nicht die unbestimmte Gegebenheit der Erscheinung, sondern das Intellektuelle in der Form eines Begriffs, welcher keinen Bezug auf die Erfahrung haben kann, angedeutet.

---

456 Refl. 4676, AA XVII, S. 655.
457 Jeweils im Sinne des § 16 der *Kritik der reinen Vernunft* und KrV A 346/B 404.
458 „Die zwey ersten synthesis sind a priori (alle drey obiectiv)." Refl. 4676, AA XVII, S. 655.

> Noumenon bedeutet (eigentlich) allerwerst Einerley, namlich das transzendentale Object der sinnlichen Anschauung (Dieses ist aber kein reales obiect oder gegeben Ding, sondern ein Begrif, auf den in Beziehung Erscheinungen Einheit haben.) [459]

Mit dem transzendentalen Objekt ist an dieser Stelle das *noumenon* gemeint, welchem keine positive Bestimmung und deshalb keine gültige theoretische Erkenntnis zukommen. Ist das transzendentale Objekt also nur etwas durch die Kategorien Gedachtes? Kant geht in derselben *Reflexion* weiter auf dieses Objekt ein und bringt wiederum dessen Zweideutigkeit zur Sprache:

> Wir könen aber nicht sagen, daß die (reine) Categorien obiecte haben; sondern sie bestimmen bloß das transzendentale obiect in Beziehung auf unsere Sinnlichkeit durch die Synthesis des Manigfaltigen der Anschauung. Also Correspondirt ihnen kein noumenon.[460]

Hiermit wird wiederum behauptet, die Kategorien seien diejenigen Begriffe, die das transzendentale Objekt bestimmen. Deswegen drücken sie nur die Art und Weise aus, wie es bestimmt wird. Eine funktionale und inhaltliche Definition der Kategorien kann also nicht gegeben werden.[461] Somit sind sie zwar dazu imstande, durch einen Akt des *Bestimmens* das (gegebene) transzendentale Objekt der Form nach zu definieren; allerdings – so die weiteren Ausführungen in dieser *Reflexion* – bestimmen sie durch das bloße Denken selbst kein Objekt. Wie aber lässt sich diese Zweideutigkeit des transzendentalen Objekts erklären?[462] Eine Erklärung

---

459 Refl. 5554, AA XVIII, S. 230. Datierung um 1778–1783.
460 Ebd.
461 „Daher bedürfen die Kategorien [...] Bestimmungen ihrer Anwendung auf Sinnlichkeit überhaupt (Schema) und sind ohne diese keine Begriffe, wodurch ein Gegenstand erkannt, und von anderen unterschieden würde [...] selbst können sie also nicht definiert werden." KrV A 245. Siehe dazu auch die Anmerkung auf der Seite A 242 der *Kritik der reinen Vernunft*.
462 Die angesprochene Zweideutigkeit ist von Allison herausgestellt worden, so dass ihre Interpretation als eine dritte Option angesehen werden kann, die das transzendentale Objekt weder absolut mit dem *noumenon* identifiziert noch eine solche Identifizierung grundsätzlich ablehnt. Um diese Zweideutigkeit belegen, weist Allison zu Recht darauf hin, dass das transzendentale Objekt sowohl als die *Ursache* als auch als das *Objekt unserer Vorstellung* zu verstehen ist. „Since the whole empirical world is transcendentally ideal this could not bet he empirical object, and it must therefore bet he transcendental object. Thus, as a direct consequence of his transcendental idealism, Kant was led to regard the transcendental object *both* as the *cause* and the *object* of our representations." Henry Allison: „Kants concept of the transcendental object". In: *Kant-Studien* 59 (1968), S. 172. Siehe auch ders.: *Kant's Transcendental Idealism. An Interpretation and Defense.* Yale 1983, S. 237–254. Eine Darstellung der unterschiedlichen Positionen zu dieser Problematik und eine Kritik an der Zwei-Perspektiven-Interpretation finden sich bei Klemme: *Kants Philosophie des Subjekts*, a.a.O., S. 245–270. Die These einer Zweideutigkeit des transzendentalen Objekts vertritt auch Rolf George. Siehe dazu George:

dafür kann anhand der Passage A 290–292/B 346–349 der *Kritik der reinen Vernunft* gegeben werden. An dieser Stelle schreibt Kant:

> Der höchste Begriff, von dem man eine Transzendentalphilosophie anzufangen pflegt, ist gemeiniglich die Einteilung in das Mögliche und Unmögliche. Da aber alle Einteilung einen eingeteilten Begriff voraussetzt, so muß noch ein höherer angegeben werden, und dieser ist der Begriff von einem Gegenstande überhaupt (problematisch genommen, und unausgemacht, ob er Etwas oder Nichts sei.)"[463]

Die Bestimmung, ob etwas sei oder nicht sei, leitet Kant von der Tafel der Kategorien ab und gibt in diesem Sinne vier Momente an, durch die das Etwas/Nichts in unterschiedlicher Weise bestimmt wird. Zwei dieser Momente sind hier von besonderem Interesse. Im ersten definiert sich das Nichts als ein „Leerer Begriff ohne Gegenstand", im zweiten hingegen als „Leere Anschauung ohne Gegenstand". Im ersten Fall handelt sich um ein *ens rationis*; im zweiten um ein *ens imaginarium*. Von hier aus liegt die Vermutung nahe, dass das transzendentale Objekt bzw. der Gegenstand überhaupt in zweierlei Weise zu verstehen ist. Zum

---

„Transcendental object and thing in itself". In: Gerhard Funke (Hrsg.): *Akten des 4. Internationalen Kant-Kongresses*. Berlin/New York 1974, S. 186–195. Der Autor ist der Auffassung, dass bei dem Begriff des transzendentalen Objekts zwischen zwei Arten von Relationen zu unterscheiden ist, nämlich eine „Relation der Affektion" (*relation of affecting*) und eine andere „des sich beziehen auf" (*being-referred-to*"). Beim ersten Fall handelt es sich um einen realisierten Bezug (*successful reference*), beim zweiten um einen intentionalen Bezug (*purported*). Siehe dazu insbesondere S. 189–192. Zur Problematik des transzendentalen Gegenstandes siehe auch Herbert Herring: *Das Problem der Affektion bei Kant: die Frage nach der Gegebenheitsweise des Gegenstandes in der Kritik der reinen Vernunft und die Kant-Interpretation*. Köln 1953, insbesondere S. 83–87ff. Herring schreibt dem transzendentalen Gegenstand eine umfassende Bedeutung zu und stellt infolgedessen die These auf, dass die wichtigen kantischen Unterscheidungen zwischen Ding an sich und Erscheinung sowie *noumenon* und *phaenomenon* erst durch diesen Begriff möglich und verständlich werden. In dieser Hinsicht schreibt er, „daß die Begriffe ‚Ding an sich' und ‚Erscheinung' von Kant als transzendentalphilosophische Bestimmungen ein und desselben, nämlich des transzendentalen Gegenstandes, Gegenstandes überhaupt, gemeint sind [...] Als transzendentaler Gegenstand ist er das der Erscheinung zu Grunde Liegende. Als solcher ist er nicht nur das unserer Vorstellung zu Grunde Liegende, das Reale, sondern auch dasjenige, was die transzendentalphilosophische Unterscheidung von Erscheinung und Ding an sich allererst ermöglicht." Herring: *Das Problem der Affektion*, a.a.O., S. 83. Damit weist er darauf hin, dass der transzendentale Gegenstand weder als Erscheinung noch als Ding an sich zu verstehen sei. Vielmehr seien diese beiden Begriffe nicht mehr als die Folge bestimmter Vorstellungen eines einzigen transzendentalen Gegenstandes, der in unterschiedlichen Hinsichten betrachtet wird. Demzufolge sei ein Ding an sich bloß ein *Gedanke*, die Erscheinung hingegen eine *Vorstellung* des transzendentalen Gegenstandes. Auf diese Weise kann Herring von einer Affektion des transzendentalen Gegenstandes sprechen.

463 KrV A 290/B 346.

einen als ein bloß Gedachtes („leerer Begriff ohne Gegenstand"), dessen Produkt ein *ens rationis* bzw. ein Gedankending ist (das wäre das *noumenon* im positiven Sinne, welches keine Erkenntnis liefert). Zum anderen als ein Gegebenes („leere Anschauung ohne Gegenstand"), dessen Gegenstand zwar nicht konkret gegeben, aber doch antizipiert ist, wie es bei den räumlich-zeitlichen Vorstellungen a priori der Fall ist – in diesem Fall wäre ein Verständnis des transzendentalen Gegenstandes gemeint, das sich von demjenigen des *noumenon* unterscheidet und dem eine Funktion hinsichtlich der Objektivität der Erkenntnis zuzuschreiben ist. Welche sind die daraus zu ziehenden Konsequenzen?

Dass die Transzendentalphilosophie von einem Gegenstand überhaupt ausgehen muss, wie Kant in der soeben genannten Textpassage der *Kritik der reinen Vernunft* behauptet, bedeutet letztendlich, dass der Ausgangspunkt einer kritischen Transzendentalphilosophie eine Erfahrung überhaupt ist; und darüber hinaus, dass kein Gegenstand aufgrund bloß logischer Bestimmungen des Seienden – in der traditionellen Metaphysik des Wolffianismus entspricht dies dem Begriffspaar des Möglichen/Unmöglichen – definiert werden kann. Deshalb vertritt Kant die Auffassung, dass die höchsten Begriffe der neuen Transzendentalphilosophie keineswegs mehr diejenigen des Etwas und Nichts (des Möglichen und Unmöglichen) sein können, weil diese nur leere Vorstellungen sind.[464] Im Gegensatz zu den alten transzendentalen Systemen ist die Transzendentalphilosophie Kants also eine auf die Erfahrung überhaupt bezogene Theorie, die durch Kategorien bestimmt wird.

Eine weitere Konsequenz daraus besteht in den unterschiedlichen Verwendungen des Begriffs Etwas X. Die Bedeutungen dieser Verwendungen lassen sich

---

[464] Der Ausgangspunkt der Ontologie Wolffs und Baumgartens ist eben das Unmögliche. Zu dieser Thematik vgl. École: „La notion d'être", a.a.O., 157–160. Dass Kant den Begriff des Gegenstandes überhaupt als Gegenteil der traditionellen Begriffe des Unmöglichen/Möglichen verstanden hat, ist in der *Metaphysik L$_2$* deutlich einzusehen. „Der oberste Begriff der ganzen menschlichen Erkenntnis ist der Begriff von einem Objekte überhaupt, nicht von einem Ding und Unding, oder von etwas Möglichen und Unmöglichen." V-Me/L$_2$, AA XXVIII, S. 543. Dazu äußert sich Kant auch in der *Metaphysik der Sitten*: „So wie die Lehrer der Ontologie vom Etwas und Nichts zu oberst anfangen, ohne inne zu werden, daß dieses schon Glieder einer Eintheilung sind, dazu noch der eingetheilte Begriff fehlt, der kein anderer, als der Begriff von einem Gegenstande überhaupt sein kann." MS, AA VI, S. 218. Mit derselben Absicht argumentiert Kant in B 308: „Nun kann aber die Möglichkeit eines Dinges nicht bloß aus dem Nichtwidersprechen eines Begriffs desselben, sondern nur dadurch, daß man diesen dadurch eine ihm korrespondierende Anschauung belegt, bewiesen werden." Zum Begriff des Gegenstandes überhaupt und dessen Tragweite für die Idee kantischen Ontologie siehe Hans Friedrich Fulda: „Ontologie nach Kant und Hegel". In: Dieter Henrich und Rolf-Peter Horstmann (Hrsg.): *Metaphysik nach Kant*, a.a.O., S. 44–82.

prinzipiell in zwei Gruppen einteilen: Bei der einen geht es um die Bestimmung der Funktion eines Etwas X in Bezug auf die Möglichkeit des synthetischen Urteilens a priori und die Objektivität der Erkenntnis. Bei der anderen geht es eher darum zu zeigen, wie sich ein Etwas X als bloßes Produkt des Denkens in einen dialektischen Schlüssel verwickelt, wenn es ohne die grundlegende Restriktion der Erfahrung angewandt wird. In der „Einleitung" zu beiden Auflagen der *Kritik der reinen Vernunft* stellt sich Kant die Frage: „Was ist hier das X, worauf sich der Verstand stützt, wenn er außer dem Begriff von A ein demselben fremdes Prädikat aufzufinden glaubt, *das gleichwohl damit verknüpft sei.*"[465] An dieser Stelle greift Kant die Terminologie des *Duisburg'schen Nachlasses* wieder auf und stellt x und a als die grundlegenden Elemente einer möglichen Erfahrung dar. Was die Bezeichnung x angeht, lässt sich mit ziemlicher Sicherheit annehmen, dass es sich keineswegs um das transzendentale Objekt im Sinne eines bloßen Gedachten handelt. Vielmehr ist mit dem x eine Instanz gemeint, durch die die Verknüpfung von Begriffen ermöglicht wird und somit gültige synthetische Urteile a priori formuliert werden können. Die Möglichkeit, dass diese Instanz in der empirischen, konkreten Erfahrung gefunden werden könnte, schließt Kant zunächst aus.[466] Doch was ist denn dieses x, worauf sich der Verstand stützt und die Möglichkeit der synthetischen Urteile a priori gründet? Eine mögliche Antwort darauf erfolgt aus dem § 14 der *Kritik der reinen Vernunft*. An dieser Stelle schreibt Kant das Folgende:

> Nun enthält aber alle Erfahrung außer der Anschauung der Sinne, wodurch etwas gegeben wird, noch einen Begriff von einem Gegenstande, der in der Anschauung gegeben wird, oder erscheint: demnach werden Begriffe von Gegenständen überhaupt zum Grund liegen. [...] Ohne diese ursprüngliche Beziehung auf mögliche Erfahrung, in welcher alle Gegenstände der Erkenntnis vorkommen, würde die Beziehung derselben auf irgendein Objekt gar nicht begriffen werden können.[467]

Die Erwägung der Erfahrung überhaupt als Grundlage, für einen möglichen Bezug auf Objekte, weist darauf hin, dass mit dem x grundsätzlich etwas Ähnliches wie das *Gegebene überhaupt* gemeint ist. Von daher liegt die Vermutung nahe, was Kant mit dem x den Inbegriff der Erscheinungen im Sinne hat, d. h. die *zeitliche Bedingung aller* möglichen Erscheinungen. Daraus ergibt sich schlussendlich die

---

[465] KrV A 9. Die etwas veränderte Stelle der B-Auflage lautet wie folgt: „Was heißt hier das *Unbekannte=X*, worauf sich der Verstand stützt, wenn er außer dem Begriff von A ein demselben fremdes Prädikat B aufzufinden glaubt, *welches er gleichwohl damit verknüpft zu sein erachtet.*" KrV B 13.
[466] „Erfahrung kann es nicht sein". Ebd.
[467] KrV A 93–94/B 126–127.

Möglichkeit, dass die Kategorien den Gegenstand überhaupt durch die Stellenanweisungen bzw. Funktionen bestimmen.

Führt man die vorigen Überlegungen fort, dann erklärt sich, was Kant unter den Kategorien in B 128 versteht. Die Definition lautet wie folgt: „Sie sind Begriffe von einem Gegenstande überhaupt, dadurch dessen Anschauung in Ansehung einer der logischen Funktionen zu Urteilen als bestimmt angesehen wird."[468] Die Anschauung überhaupt stellt einen noch unbestimmten Gegenstand vor (in diesem Sinne eines Gegenstandes überhaupt) und wird also durch die Kategorien auf eine bestimmte Weise (absolute Position) definiert: „Begriffe [...] beziehen sich, als Prädikate möglicher Urteile, auf irgendeine Vorstellung von einem noch unbestimmten Gegenstande."[469] Demgemäß erhalten die Kategorien eine Position im Urteilen, die nach der Kategorientafel entweder als Substanz, Grund oder Totalität bestimmt wird.

Eine solche Deutung des x lässt sich auch anhand des Abschnitts über „die transzendentale Doktrin der Urteilskraft" belegen, in welchem grundsätzlich thematisiert wird, wie zwischen den reinen Kategorien und der empirischen Erfahrung vermittelt wird. Die kantische Lösung dafür beruht auf der Einführung eines Drittens, welches die Vermittlung zwischen den reinen Begriffen und der empirischen Erfahrung ermöglicht. Doch inwiefern? Als das Dritte, welches die Objektivität der Kategorien möglich macht, fungiert die Zeit, die als Inbegriff aller möglichen Erscheinungen zu definieren ist.

> [...] So ist ein Drittes nötig, worin allein die Synthesis zweier Begriffe entstehen kann. Was ist nun aber dieses Dritte, als das Medium, aller synthetischen Urteile? Es ist nur ein Inbegriff darin alle unseren Vorstellungen enthalten sind, nämlich der innere Sinn, und die Form desselben a priori, die Zeit.[470]

Das ist eine der hier vorgeschlagenen Möglichkeiten, den Terminus x zu deuten. Im Rahmen dieser Deutung des x erweist sich seine Funktion als unentbehrlich für die Erkenntnis und von daher auch für die Begründung der Objektivität der Kategorien. Das Etwas X lässt sich in dieser Hinsicht in keiner Weise als das bloße Ge-

---

468 KrV B 128.
469 KrV A 69/B 94.
470 KrV A 155/B 194. Weitere Stellen, an welchen die Zeit als Inbegriff aller Erscheinungen dargestellt wird, lassen sich dem Abschnitt über die „transzendentale Ästhetik" sowie auch dem der „Analytik der Grundsätze" entnehmen. Demgemäß wird die Zeit in A 242/B 300 als „Inbegriff von allem Sein" definiert und in Verbindung mit der Beharrlichkeit gebracht. Fehlt der Bezug auf die Beharrlichkeit, d.h. die Bestimmung des Daseins „zu aller Zeit", dann besteht keine Möglichkeit, ein Objekt für die Kategorie der Substanz anzuweisen. Die Zeit als formale Bedingungen *aller* Erscheinungen kommt auch in A 34/B 50 zum Ausdruck.

dachte interpretieren, sondern es wird vielmehr als das Unbestimmte einer zeitlichen, apriorischen Erfahrung überhaupt verstanden, die durch die logischen Funktionen des Urteilens unter die Einheit der reinen Kategorien gebracht wird. Von hier aus lässt sich eine Verbindung zum transzendentalen Objekt herstellen, sodass deutlicher wird, wie die beiden Begriffe miteinander in Zusammenhang stehen. In der A-Auflage der *Kritik der reinen Vernunft* erläutert Kant dies folgendermaßen:

> Dieses transzendentale Objekt läßt sich gar nicht von den sinnlichen Datis absondern, weil alsdann nichts übrig bleibt, wodurch es gedacht würde. Es ist also kein Gegenstand der Erkenntnis an sich selbst, sondern nur die Vorstellung der Erscheinungen, unter dem Begriffe eines Gegenstandes überhaupt, der durch das Mannigfaltige derselben bestimmbar ist.[471]

Hierin zeigt sich, dass das transzendentale Objekt, welches Kant ausdrücklich auch Etwas X nennt[472], keine abgesonderte Instanz des bloßen Denkens darstellt, die prinzipiell auch von den isolierten Kategorien selbst hervorgebracht werden könnte. Das transzendentale Objekt ist vielmehr die antizipierende Vorstellung der Erscheinungen überhaupt. Hierbei ist die Pluralform Erscheinungen als Inbegriff derselben zu verstehen. Diese formale Vorstellung der Totalität der Erscheinungen wird danach in Form der konkreten Erfahrung *spezifiziert*, indem die Kategorien sie durch Handlungen des Verstandes bestimmen. „Diesem transzendentalen Objekt können wir allen Umfang und Zusammenhang unserer möglichen Wahrnehmungen zuschreiben, und sagen: daß es vor aller Erfahrung an sich selbst gegeben sei."[473]

---

[471] KrV A 251. Als Beleg für diese Interpretation des transzendentalen Objekts und dessen notwendigen Bezug auf die Sinnlichkeit sind die Textpassagen A 251 und A 253 heranzuziehen. „Eben um deswillen stellen nun auch die Kategorien kein besonders, dem Verstande allein gegebenes Objekt vor, sondern dienen nur dazu, das transzendentale Objekt (den Begriff von etwas überhaupt) durch das, was in der Sinnlichkeit gegeben wird, zu bestimmen, um dadurch Erscheinungen unter Begriffen von Gegenständen empirisch zu erkennen. [...] Dieser [scil. der transzendentale Gegenstand] kann ich nicht das Noumenon heißen; denn ich weiß von ihm nicht, was er an sich selbst sei, und habe gar keinen Begriff von ihm, als bloß von dem Gegenstande einer sinnlichen Anschauung überhaupt, der also für alle Erscheinungen einerlei ist. Ich kann ihn durch keine Kategorien denken." Siehe auch dazu KrV A 109.
[472] KrV A 250.
[473] KrV A 494/B 522–523. Ist der Begriff eines transzendentalen Objekts in Zusammenhang mit dem Inbegriff aller möglichen Erscheinungen (d.h. mit der zeitlichen Bestimmungen der Anschauung a priori) zu betrachten, dann ergibt sich die Möglichkeit, diesen Begriff mit dem der Beharrlichkeit in Verbindung zu setzen und somit als logische Folge der Prinzipien des transzendentalen Idealismus anzusehen, wie es z.B. Allison in seiner Interpretation tut. Angesichts der vorliegenden Ausführungen erscheint der Ansatz Allisons, dass das transzendentale Objekt

Dass Kant in der soeben zitierten Stelle das transzendentale Objekt der Erfahrung als etwas Gegebenes bezeichnet, mag auf den ersten Blick erstaunlich erscheinen. Betrachtet man das transzendentale Objekt gemäß der hier vorgeschlagenen Deutung als einen in Verbindung mit der leeren Anschauung vorgestellten Gegenstand, dann wird klarer, in welchem Sinne ein solches Objekt als gegeben angesehen werden kann. Daraus lässt sich folgern, dass das transzendentale Objekt bzw. der Gegenstand überhaupt – formal und der distributiven Einheit der Erfahrung entsprechend – als der *Inbegriff* bzw. die Totalität der möglichen Erscheinungen bzw. Erfahrung überhaupt zu verstehen ist. Mit dieser Bedeutung ist der transzendentale Gegenstand also keineswegs mit dem *noumenon* gleichzusetzen.

Bei der zweiten möglichen Bedeutung des Terminus x wird hingegen nicht mehr von einem grundlegenden Bezug auf die Erfahrung überhaupt (d.h. als „Anschauung ohne Gegenstand") ausgegangen. Leitend ist bei dieser Deutung vielmehr die bloße Form eines Begriffs ohne Gegenstand, die in Bezug auf die Erfahrung allerdings keine konstitutive Einheit herstellt. Ein transzendentaler Gegenstand ist in diesem Sinne nicht als Vorstellung der Erscheinungen überhaupt, sondern als Ursache derselben anzusehen. Diese zweite Bedeutung des transzendentalen Objekts unterscheidet sich in drei wesentlichen Punkten von der ersten. Der erste Unterschied zeigt sich in dessen Funktion für die Erfahrung. Die bei der ersten Deutung angenommene Einheit stiftende Funktion der Referenz auf alle möglichen Erscheinungen ist im Rahmen dieses Begriffs nicht mehr von Belang; so wird das transzendentale Objekt gemäß der zweiten Bedeutung nämlich als die Ursache der Erscheinungen konzipiert. Zweitens fehlt im Gegensatz zur ersten Bedeutung die Bestimmung durch die Kategorien, da das transzendentale Objekt gänzlich außerhalb der Erfahrung steht. Daraus lässt sich auf das dritte Charakteristikum dieser Deutung schließen: Das transzendentalen Objekts und das *noumenon* sind als identisch zu betrachten.

Angesichts dieser drei Besonderheiten der zweiten Deutung ist anzunehmen, dass diese in Verbindung mit der dialektischen Instanz der Vernunft anzusehen ist. Bei näherem Hinsehen ergibt sich, dass Kant hier eine Bedeutung vor Augen hat, die sich mit der eines transzendentalen Objekts im Sinne einer für die Erfahrung antizipierenden *distributiven* Einheit (Allgemeinheit) nicht deckt. Bei der zweiten ist eben eine *kollektive* Einheit (Allheit) gemeint, welche die reale, ab-

---

im Lichte der in der B-Auflage durchgeführten „Widerlegung des Idealismus" zu interpretieren sei, in systematischer Hinsicht plausibler. Die historische Vorlage für einen solchen Erklärungsversuch kann Allison allerdings nicht liefern, da eine entwicklungsgeschichtliche Untersuchung des Etwas X ganz fehlt. Der Verweis auf Lockes Auffassung der Substanz als das ausschlaggebende Motiv der kantischen Begrifflichkeit erweist sich dadurch als fraglich.

solute Vollständigkeit aller Bedingungen fordert.⁴⁷⁴ Daraus folgt: „Die nichtsinnliche Ursache dieser Vorstellungen ist uns gänzlich unbekannt, und diese können wir daher nicht als Objekt anschauen."⁴⁷⁵

Die drei transzendentalen Objekte werden also in der Psychologie, in der Kosmologie und in der Theologie eine Funktion haben, die über die Bestimmungen der Kategorien hinausgehen. Dabei wird nicht die Bedeutung eines Gegenstandes überhaupt, sondern vielmehr die eines Dinges überhaupt in den Blick genommen, welches von allen Bedingungen der Sinnlichkeit abstrahiert. Die Funktion dieser Objekte ist deswegen als regulativ anzusehen. Die hier vorgenommene Entgegensetzung von Gegenstand überhaupt und Ding überhaupt bringt also zur Sprache, in welchem Sinne dem Ausdruck transzendentales Objekt eine Zweideutigkeit zugrunde liegt, die grundsätzlich auf die unterschiedlichen Verwendungen des Etwas X zurückgeführt werden kann.⁴⁷⁶ Das Etwas X bedeutet in dieser Hinsicht keine auf die Erfahrung zu beziehende Instanz.

> Man kann zwar auf die Frage, was ein transzendentaler Gegenstand für eine Beschaffenheit habe, keine Antwort geben, nämlich was er sei, aber wohl, daß die Frage selbst nichts sei, darum, weil kein Gegenstand derselben gegeben worden. Daher sind alle Fragen der transzendentalen Seelenlehre auch beantwortlich und wirklich beantwortet; denn sie betreffen das transz. Subjekt aller inneren Erscheinungen, welches selbst nicht Erscheinung ist und also nicht als Gegenstand gegeben ist, und worauf keine der Kategorien [...] Bedingungen ihrer Anwendung antreffen. Also ist hier der Fall, da der gemeine Ausdruck gilt, daß keine Antwort auch eine Antwort sei, nämlich daß eine Frage nach der Beschaffenheit desjenigen Etwas, was durch kein bestimmtes Prädikat gedacht werden kann, weil es gänzlich außer der Sphäre der Gegenstände gesetzt wird, die uns gegeben werden können, gänzlich nichtig und leer sei.⁴⁷⁷

---

474 Vgl. KrV A 582–583/B 610–611. Zur kollektiven und absoluten Synthesis äußert sich Kant beispielsweise in der *Reflexion* 5093: „Grundsatze der reinen Vernunft sind: daß eine absolute Vollstandigkeit der Voraussetzungen der synthesis angenommen werde. [...] Sie enthalten die Bedingung der absoluten collectiven Einheit (systematisch) des Erkenntnisses überhaupt." Refl. 5093, AA XVIII, S. 85. Datierung um 1776–1778.
475 A 494/B 522–523.
476 Zur Bestimmung des Begriffs des Dinges überhaupt siehe beispielsweise KrV A 35/B 52. An dieser Stelle wird der Gegensatz zwischen Gegenstand überhaupt und Ding überhaupt in Bezug auf die Objektivität der reinen Anschauung der Zeit mit Klarheit dargelegt. „Sie [scil. die Zeit] ist nur von objektiver Gültigkeit in Ansehung der Erscheinungen, weil dieses schon Dinge sind, die wir als Gegenstände unserer Sinne annehmen; aber sie nicht mehr objektiv, wenn man von der Sinnlichkeit unserer Anschauung [...] abstrahiert, und von Dingen überhaupt redet."
477 KrV A 479/B 507.

Es liegt die Vermutung nahe, dass sich Kant damit auf das *Substantiale* im Sinne Baumgartens bezieht.[478] Hierdurch wird eine Art von Gegenstand thematisiert, der aller Erfahrung als Ursache zugrunde liegt. Diese Objekte (verstanden als das Substantiale) sind demnach nicht durch Kategorien zu bestimmen und deshalb als bloß intelligibel zu betrachten: „Wenn wir unter bloß intelligiblen Gegenständen diejenigen Dinge verstehen, die durch reine Kategorien, ohne alles Schema der Sinnlichkeit, gedacht werden, so sind dergleichen unmöglich."[479]

Der hier vorgeschlagene historische Zusammenhang zwischen diesem Begriff und der späteren Einführung des transzendentalen Objekts ist in dieser Hinsicht von besonderem Belang, um die Funktion der Ontologie innerhalb der kritischen Transzendentalphilosophie zu bestimmen. Es hat sich aus dem Vorigen gezeigt, dass der transzendentale Gegenstand auf der einen Seite als die transzendente Ursache der Erscheinung verstanden wird. Auf der anderen Seite ließ sich nachweisen, dass dem transzendentalen Gegenstand als Bezug aller Erscheinungen, d.h. – formal betrachtet – als Inbegriff aller möglichen Erfahrung, eine wesentliche Funktion zukommt, die sich für die Objektivität der Kategorien als unentbehrlich erweist.

5.2 Die Bestimmung der Ontologie in den Reflexionen 4851, 4973, 5130, 5131, 5552 und 5644

Aus der soeben dargelegten Zweideutigkeit des Begriffs des Gegenstandes überhaupt lassen sich weitere Schlüsse bezüglich des Inhalts der Ontologie Kants ziehen, welche ein differenzierteres Verständnis derselben ermöglichen. Es wird also nicht nur die allgemeine Funktion dieser Disziplin für das ganze System der Metaphysik besser verständlich, sondern es lassen sich darüber hinaus auch einige inhaltliche Elemente der kantischen Ontologie umreißen. Es wird daher die These aufgestellt, dass Kant ab der Mitte der siebziger Jahre eine präzisere Definition der Ontologie einführt, die auf die bereits erläuterte Zweideutigkeit des Gegenstandes überhaupt zurückgeführt werden kann. Um dies zu belegen, sind eine Reihe von *Reflexionen* nützlich, die der Datierung Adickes' zufolge aus der Mitte der siebziger Jahre stammen. Sie zeigen zum einen mit besonderer Klarheit, auf welche Weise sich Kant mit der Ontologie beschäftigte und zum anderen, dass er dieser Disziplin im Vergleich zur Tradition der Schulmetaphysik eine ganz andere Bedeutung zuschrieb.

---

478 Baumgarten: *Metaphysica/Metaphysik*, a.a.O., § 196.
479 KrV A 286/B 342.

Bemerkenswert ist, dass sich die genannten *Reflexionen* in zwei Gruppen einordnen lassen; anhand der ersten kann gezeigt werden, dass die Ontologie einerseits ganz und gar mit der neuen Transzendentalphilosophie gleichgesetzt wird. Aus der zweiten Gruppe der *Reflexionen* ergibt sich hingegen, dass die Ontologie eher nur als ein Teil der Transzendentalphilosophie betrachtet wird, jedoch nicht als das Ganze derselben.

Die erste Gruppe der *Reflexionen* setzt die Ontologie ausdrücklich mit einem Teil der *Kritik der reinen Vernunft* gleich, nämlich mit der „Analytik der Begriffe" und den „Grundsätzen". Ersichtlich wird dies z. B. in der *Reflexion* 5131: „Ontologie ist die Wissenschaft von den ersten erkentnissen des reinen Verstandes: 1. der Begriffe, analytic. 2. der Urtheile."[480] Dieselbe Identifizierung findet sich in der *Reflexion* 5644. Hier werden die Elemente des reinen Denkens mit der Ontologie gleichgesetzt, wobei wiederum auf die Tatsache aufmerksam gemacht wird, dass in der Ontologie eine Abstraktion aller empirischen Bestimmungen vorgenommen werden muss. Daraus ergibt sich die Möglichkeit, die Ontologie als reine Metaphysik zu begreifen, deren Aufgabe darin besteht, das System der reinen Prinzipien darzustellen. Dementsprechend schreibt Kant: „[...] alle Elemente und Grundsatze des reinen Denkens mit abstraction von allen Gegenstanden (ontologie). [...] *Metaphysica pura. Ontologia* ist das System der reinen Principien a priori."[481]

Der kantische Unterschied zwischen der Kritik und der Transzendentalphilosophie (als Ontologie) geht ebenfalls aus den *Reflexionen* der ersten Gruppe hervor, in denen Kant den Unterschied zwischen der *Wissenschaft über* und dem *System der* Prinzipien der Erkenntnis a priori einführt. Die Kritik ist also eine vorangehende Disziplin, die die Möglichkeit der synthetischen Erkenntnis a priori untersucht (deshalb ist sie eine Wissenschaft *über* die Prinzipien), während die vollständige Darstellung der Prinzipien in einem System die Transzendentalphilosophie als Ontologie bildet. Dabei könnte man annehmen, dass Kant von einer traditionellen Deutung der Transzendentalphilosophie als allgemeiner Metaphysik ausgeht; allerdings ist – wie im ersten und zweiten Teil dieser Arbeit nachgewiesen wurde – eine bloße Übernahme der traditionellen Systeme mit Sicherheit auszuschließen.

Die zweite Gruppe von *Reflexionen* ist von besonderem Interesse für unsere Diskussion, da die Ontologie hier lediglich *als Teil* der Transzendentalphilosophie dargestellt wird. Die in der ersten Gruppe der *Reflexionen* vorgenommene Gleichsetzung dieser Disziplinen kann deshalb nicht als Bestimmung des ganzen

---

[480] Refl. 5131, AA XVIII, S. 100. Datierung um 1776–1778/1778–1783.
[481] Refl. 5644, AA XVIII, S. 285. Datierung um 1783–1784.

Umfangs der Transzendentalphilosophie angesehen werden, denn gemäß der zweiten Gruppe der *Reflexionen* ist die Transzendentalphilosophie sowohl als Kritik als auch als Ontologie zu begreifen. Damit wird die Bestimmung der Transzendentalphilosophie im Allgemeinen verkompliziert, die Definition der Ontologie im Besonderen hingegen spezifiziert. Mit der neuen, zweiteiligen Auffassung der Transzendentalphilosophie, die zum einen aus Kritik und zum anderen aus Ontologie besteht, distanziert sich Kant deutlich von der Tradition der Schulmetaphysik. In den *Reflexionen* 4851, 4973 und 5130 bringt er dieses neue Verständnis mit besonderer Klarheit zum Ausdruck. Was durch diese *Reflexionen* verständlich wird, ist ein Schema der Metaphysik, das auf einer prinzipiellen Gleichsetzung von Metaphysik und allgemeiner Transzendentalphilosophie beruht. Über die Ontologie wird wiederum ausgesagt, dass sie nur einen Teil der Transzendentalphilosophie ausmache. Dieser besondere Teil der Transzendentalphilosophie muss infolgedessen der Kritik der reinen Vernunft nachgestellt werden. Diesbezügliche Ausführungen finden sich beispielsweise in der *Reflexion* 4851:

„Metaphysik der Natur und Sitten
Metaphysica

(*Generalis*)	(*Specialis*)	
allgemeine:	Besondere:	
Die Vernunft und ihre Begriffe machen das Objekt aus	auf von der Vernunft unterschiedene Obiecte angewandt	
(Transcendental-Philosophie)	(in der Welt)	(Welt selbst und ausser ihr)
Critik der reinen Vernunft	Ontologie	
	Der Erfahrung	Ideen
	(*physiologia rationalis* immanent)	(transcendent)
	Physica rationalis	*Cosmologia*
	Psychologia rationalis	*Theologia*" [482]

Bedauerlicherweise geht Kant an dieser Stelle nicht näher darauf ein, was er inhaltlich unter Ontologie versteht. Allerdings sprechen die ausführliche Darstellung des Systems der Metaphysik und ihrer zugehörigen Disziplinen prinzipiell dafür, dass die Zergliederung der Transzendentalphilosophie in Kritik und On-

---

482 Refl. 4851, AA XVIII, S. 9. Datierung um 1776–1778. Ebenfalls kommt die Zweiteilung der Transzendentalphilosophie in der *Reflexion* 5130 vor: „Transscendentalphilosophie hat 2 Theile: Critik der reinen Vernunft und Ontologie." Refl. 5130, AA XVIII, S. 100. Datierung um 1776–1778 und 1778–1783.

tologie nicht zufällig geschieht. Mit welcher Absicht mag Kant diese Zweiteilung vorgenommen haben? Eine ausführliche Antwort auf diese Frage erlauben die genannten *Reflexionen* nicht, einige Hinweise sind jedoch in der *Reflexion 4973* zu finden. In dieser stellt Kant sich die Frage, wie der Übergang vom problematischen zum assertorischen Urteil in der Ontologie zu verstehen ist: „In den hypothetischen und disiunctiven Vernunftschlüssen ist die subsumtion eine Veränderung des problematischen ins assertorische. Wie ist dieser übergang in der Ontologie?"[483] Die Tatsache, dass hier von Vernunftschlüssen die Rede ist und davon, wie von einem möglichen (problematischen) zu einem wirklichen (assertorischen) Urteil übergegangen wird, legt die Vermutung nahe, dass es auch bei der kritischen Ontologie darum gehen sollte zu bestimmen, wie die Realisierung bzw. Spezifizierung eines möglichen Gegenstandes zustande kommt, d. h. wie man von dem problematischen Begriff eines Etwas X zu dessen Realisierung gelangen kann. In den ersten beiden Fällen, nämlich bei den hypothetischen und disjunktiven Schlüssen, ist das Resultat von dialektischer Natur – obwohl dieses Ergebnis in der diskutierten *Reflexion* nicht explizit formuliert wird. Welche sind dann die möglichen Gegenstände der Ontologie? Ist die Ontologie, ihren Schlüssen entsprechend, auch von dialektischer Natur? Es wurde bereits darauf hingewiesen, dass in der kantischen Transzendentalphilosophie die Möglichkeit eines objektiven Bezugs auf Dinge überhaupt von vornherein ausgeschlossen ist. Die Gegenstände der kritischen Ontologie sollten demzufolge im Einklang mit den Ausführungen einer Kritik der reinen Vernunft stehen. In der bereits erwähnten *Reflexion 5552* beschließt Kant seine Darstellung des Schemas von Etwas und Nichts mit den folgenden Worten: „Die synthetische Sätze *a priori* sind principien möglicher Erfahrung, gehen also nur auf Gegenstände der Sinne. Schlus der ontologie."[484] Hierbei wird wiederum herausgestellt, dass man es in der Ontologie mit Gegenständen einer möglichen Erfahrung zu tun hat. Stellt man sich nun die Frage, wie der Übergang von möglichen zu realen Gegenständen in der Ontologie vollzogen wird, dann muss die kantische Antwort lauten: Die Ontologie ist eine den Kriterien der Kritik der reinen Vernunft nach auf das Sinnliche zu beschränkende Disziplin. Nur aus dieser Perspektive lässt sich ein Übergang zu den wirklichen Gegenständen ermöglichen, ohne wie im Falle der Dialektik in Widersprüche zu geraten. Die Ontologie muss also den Gültigkeitsbereich ihrer Urteile auf die mögliche Erfahrung beschränken. Dadurch zeigt sich, dass Kant Mitte der siebziger Jahre einen präziseren Begriff der Ontologie einführt, der nichts mit dem *Seienden als solches*, sondern vielmehr mit dem *Sinnlichen überhaupt* zu tun

---

483 Siehe Refl. 4973, AA XVIII, S. 46. Datierung um 1776–1778.
484 Refl. 5552, AA XVIII, S. 219. Datierung um 1778–1779.

haben kann. In dieser Hinsicht ist die Ontologie nicht nur mit der „Analytik der Begriffe" und „Grundsätze" zu identifizieren. Selbst in der *Reflexion* 5644, wo Kant von der bloßen Gleichsetzung von Ontologie und Transzendentalphilosophie im Allgemeinen ausgeht, wird die Ontologie als Teil der Transzendentalphilosophie aufgefasst. Demgemäß schreibt Kant in dieser *Reflexion* Folgendes: „transcendentalphilosophie (reine Vernunft ganz), ontologie (*conceptus dabiles*)."[485] Daraus lässt sich schließen, dass die kritische Ontologie Kants, die sich nur auf Gegenstände überhaupt beziehen kann, nur im Bereich der sinnlichen Gegenstände realisiert werden kann. Dabei ist die Idee der *Spezifizierung* von Gegenständen überhaupt schließlich von besonderer Bedeutsamkeit.[486]

Aufgrund des vorher Gesagten lässt sich annehmen, dass der kantische Ontologiebegriff letztlich keine Parallelen zur Tradition der Schulmetaphysik aufweist. Mit der ontologischen Frage nach dem Sein (problematisch genommen) wird im Rahmen der *Reflexionen* aus der zweiten Gruppe nach derjenigen Instanz gefragt, die es möglich macht, dass die noch unbestimmten Gegenstände der Erfahrung überhaupt real werden; d. h. real im Sinne der auf die Funktionen der Kategorien gebrachten Anschauungen.

Auch andere Ontologiekonzeptionen der metaphysischen Tradition erweisen sich bei näherer Betrachtung als unerheblich für die Mitte der siebziger Jahre vertretene Auffassung Kants; es hatten nämlich weder Baumgarten, Crusius, Lambert noch Tetens die Ontologie als eine auf die Erfahrung überhaupt bezogene Disziplin definiert. Die kantische Auffassung, die von Begriff eines Gegenstandes überhaupt ausgeht und anschließend eine Spezifizierung desselben in der Erfahrung vornimmt, ist also durchaus neu und nicht mit der traditionellen Definition vergleichbar. Diese Differenz spiegelt sich in der Tatsache wider, dass Kants Transzendentalphilosophie die Gegenstände überhaupt anstatt die Dinge überhaupt als Ausgangspunkt annimmt. Im Gegensatz dazu stellen die erwähnten Autoren der metaphysischen Tradition in unterschiedlicher Form die These auf, dass der Ontologie die Aufgabe zukommt, zwischen sinnlichen und übersinnli-

---

485 Refl. 5644, AA XVIII, S. 286. Datierung um 1783–1784.
486 „Denn die Kantische Ontologie beginnt nicht mit dem Begriff eines Gegenstandes, [...] sondern mit dem Begriff eines Gegenstandes überhaupt. [...] Damit deutet sich bereits der Aufbau dieser neuen Ontologie von ferne an. Sein wichtiges Prinzip ist die Spezifikation des allgemeinen Begriffs eines Gegenstandes überhaupt zum Begriff eines Gegenstandes von Erkenntnis." Fulda: „Ontologie nach Kant und Hegel", a.a.O., S. 52. Fulda umreißt die Grundzüge einer solchen Ontologie bei Kant und merkt richtigerweise an, dass die Pointe einer möglichen kritischen Ontologie in der Spezifizierung der Gegenstände überhaupt zu Gegenständen der Sinne besteht. Eine nähere Bestimmung des Inhalts dieser Ontologie findet sich in den von Fulda nicht analysierten Briefen, die Kant nach dem Erscheinen der *Kritik der reinen Vernunft* an Jakob und Beck schrieb.

chen Prädikaten zu unterscheiden. So vertritt Crusius die Position, dass eine Wissenschaft von Dingen überhaupt ermögliche, zwischen notwendigen und zufälligen Wahrheiten zu unterscheiden.[487] Lambert seinerseits definiert den Begriff transcendent als die kategoriale Bestimmung, welche sowohl für sinnliche als auch für intellektuelle Gegenstände gilt. Transzendent ist bei ihm folglich eine begriffliche Bestimmung, deren Gültigkeitsbereich sowohl die sinnliche als auch die intellektuelle Welt umfasst.[488] Von einer ähnlichen Auffassung der Ontologie ist Tetens, der sie als eine Wissenschaft der sinnlichen und intellektuellen Prädikate definiert.[489]

---

[487] „**Die Metaphysik ist die Wissenschaft derjenigen nothwendigen Vernunftwahrheiten, welche etwas anderes sind, als die Bestimmungen der ausgedehnten Grössen.** […] Sie muß erstlich das allgemeine Wesen der Dinge nebst denenjenigen Eigenschaften derselben, welche sich a priori daraus erkennen lassen, erklären. Dieser Theil heißt die **Ontologie.**" Crusius: *Entwurf*, a.a.O., §§ 4–5.

[488] „Die Benennungen der Dinge der Intellectualwelt sind von den Dingen der Körperwelt hergenommen, so fern sie nach unserer Vorstellungsart eine Aehnlichkeit damit haben, und wenn wir beyde mit einerley Namen benennen, so ist der abstracte Begriff, den wir mit dem Worte verbinden, *transcendent.*" Als Beispiel dafür lässt sich z.B. der Begriff der Kraft heranziehen. Siehe Lambert: *Anlage zur Architectonic, oder Theorie des Einfachen und des Ersten in der philosophischen und mathematischen Erkenntnis*. In: Ders.: *Philosophische Schriften*. Bd. III, Teilband 1. Hrsg. von Hans-Werner Arndt. Hildesheim (1771) 1965, § 29.

[489] „Die allgemeine transcendente Philosophie, die man Grundwissenschaft, Ontologie, nennet, und die sich nur auf solche Grundsätze einlässet, welche höher und allgemeiner sind, als die Begriffe von körperlichen Dingen auf einer Seite, und als die Begriffe von immateriellen Gegenständen, die uns allein durch die innere Empfindung zukommen, auf der andern, ist eine eigne Wissenschaft für sich." Tetens: *Über die allgemeine speculativische Philosophie*, a.a.O., S. 17. Siehe dazu Alexei N. Krouglov: „Die Ontologie von Tetens und seiner Zeit". In: Costantino Esposito und Pasquale Porro (Hrsg.): *Quaestio* 9. Turnhout 2009, S. 269–283. Die Ontologie bezieht sich auf die allgemeinsten Begriffe, welche sowohl den sinnlichen als auch den intellektuellen Objekten zukommen. In einem früheren Aufsatz weist Krouglov darauf hin, dass Tetens Bestimmung des Transzendentalen sowie auch seine Definition der Ontologie einen entscheidenden Einfluss auf die Herausbildung der kantischen Idee der Transzendentalphilosophie hatte. Siehe Alexei N. Krouglov: „Der Begriff *transzendental* bei J. N. Tetens", a.a.O. Die hier dargelegte historische Entwicklung des kantischen Denkens sowie auch die systematische Bedeutung der Ontologie zeigen allerdings, dass Tetens 1775 eine Position vertrat, die Kant schon viel früher in Frage gestellt hatte. Von daher sind Tetens Ausführungen in der Schrift von 1775 für die Diskussion über die Ontologie bzw. Transzendentalphilosophie kaum von Interesse. Wie im ersten und zweiten Teil der vorliegenden Arbeit gezeigt wurde, lässt sich Kants Idee der Transzendentalphilosophie auf Autoren und Ideen zurückführen, mit denen er bereits vor dem Erscheinen von Tetens Buch vertraut war. Die Unterschiede zwischen den Programmen von Kant und Tetens wurden auch von Pinder herausgehoben. Siehe dazu Pinder: „Kants Begriff der transzendentalen Erkenntnis", a.a.O., S. 14–16.

Die Grundzüge des kantischen Verständnisses der Ontologie lassen sich auf der Basis der bisherigen Ausführungen folgendermaßen umreißen: Ontologie im kantischen Sinne bezieht demzufolge also auf 1) Gegenstände überhaupt (im Unterschied zu der traditionellen Metaphysik, in der von Dingen überhaupt die Rede ist). 2) Ein Gegenstand überhaupt ist eine noch unbestimmte Gegebenheit der zeitlichen Bedingung, die unter die Einheit der Kategorien gebracht werden muss. Das Produkt dieser Einheit ist ein transzendentales Objekt, dessen Funktion für die objektive Bestimmung der Kategorien in Bezug auf die Erfahrung unentbehrlich ist. 3) Daraus ergibt sich im Gegensatz zur traditionellen Auffassung der Ontologie, dass das Seiende im Allgemeinen nicht als das Objekt einer kritischen Ontologie angesehen werden kann; das Objekt der Ontologie im kantischen Sinne ist das Sinnliche überhaupt.

5.3 Das System der Metaphysik und die Funktion der Ontologie in der Transzendentalphilosophie. Ihre Darstellung in der *Kritik der reinen Vernunft*

Geht man davon aus, dass die Ontologie einerseits mit der Transzendentalphilosophie gleichgesetzt, andererseits aber auch nur als Teil derselben betrachtet werden kann, dann stellt sich unweigerlich die Frage, inwiefern die Transzendentalphilosophie die Ontologie einbeziehen kann und wie sie sich zu der Kritik verhält. Lediglich drei Textstellen der *Kritik der reinen Vernunft* nehmen ausdrücklich Bezug auf die Ontologie: Die eine ist die bekannte Textpassage in A 247/B 303, die anderen zwei finden sich in den bereits erwähnten Stellen des Architektonik-Kapitels. Die erste Textstelle macht diesbezüglich nur eine negative Aussage:

> Die transzendentale Analytik hat [...] dieses wichtige Resultat: daß der Verstand niemals mehr leisten könne, als die Form einer möglichen Erfahrung überhaupt zu antizipieren [...]. Seine Grundsätze sind bloß Prinzipien der Exposition der Erscheinungen, und der stolze Name einer Ontologie, welche sich anmaßt, von Dingen überhaupt synthetische Erkenntnisse a priori in einer systematischen Doktrin zu geben (z.E. den Grundsatz der Kausalität) muß dem bescheidenen, einer bloßen Analytik des reinen Verstandes, Platz machen.[490]

Hier greift Kant die bereits erläuterte Gegenüberstellung von Erfahrung bzw. Gegenstand überhaupt und Dingen überhaupt wieder auf, um die Unmöglichkeit der Ontologie im Sinne der überlieferten Tradition der Metaphysik zum Ausdruck zu

---

[490] KrV A 247/B 303.

bringen. Da von den Kategorien keine reale Definition gegeben werden kann, ermöglichen diese dementsprechend nur die Erkenntnis der *Form* einer Erfahrung überhaupt. Daraus lässt sich weiterhin schließen, dass die „Analytik der Begriffe" und „Grundsätze" nicht als Ontologie im klassischen Sinne betrachtet werden kann. Mit den an dieser Textstelle gemachten negativen Aussagen zur Ontologie wird also eine *Ersetzungsthese* ausgedrückt, die besagt, dass eine neue, kritische Analytik des Verstandes die Funktion Ontologie zu erfüllen habe. Dass die Analytik des Verstandes, so wie sie Kant beschreibt, wesentlich *bescheidener* ist, folgt aus der Feststellung, dass sich ihr Gültigkeitsbereich bloß auf die mögliche Erfahrung beschränkt.

Welche Folge hat der Ersatz einer Disziplin durch eine andere? Diesbezüglich wurde im ersten Teil dieser Arbeit nachgewiesen, dass Kant bereits in den siebziger Jahren der Ansicht war, dass die Transzendentalphilosophie keine leitende Funktion im Sinne der Architektonik erfüllen kann, wie in der traditionellen Auffassung der Ontologie angenommen wird. Dem kantischen Standpunkt nach wird in der Tradition irrigerweise der Anspruch erhoben, mittels der Ontologie ließen sich synthetische Erkenntnisse a priori von Dingen überhaupt gewinnen. Damit bezieht sich Kant im Wesentlichen auf die Doktrin der „transzendentalen Dialektik der reinen Vernunft", welche eine absolute Synthesis der Erkenntnis fordert. Wenn dem so ist, dann heißt dies zugleich, dass Kant an der hier diskutierten Stelle die *metaphysica specialis* (d. h. die Metaphysik von Objekten) kritisiert und eben nicht die Ontologie als spezifische Disziplin der Metaphysik. Man kann deshalb annehmen, dass Kant sich in dieser Textpassage gegen keine bestimmte Konzeption der Ontologie als Disziplin wendet, die in der traditionellen Metaphysik zu finden wäre.[491] Die entscheidende Kritik ist vielmehr gegen die Anwendung der ontologischen Begriffe auf bestimmte Objekte gerichtet, insofern bei dieser eine Erkenntnis von Dingen überhaupt beansprucht wird, die synthetisch und ohne Bezug auf die Erfahrung (d. h. a priori) zu gewinnen wäre. Demnach lässt sich annehmen, dass Kant die Ontologie hier nicht schlechthin kritisiert, sondern lediglich verlangt, dass die Anwendung ihrer Begriffe auf Gegenstände überhaupt beschränkt wird. Eine kategoriale Begründung der Erkenntnis über eine Erfahrung überhaupt kann durch eine Analytik des Verstandes sehr wohl geleistet werden; eine solche, die eine absolute Synthesis der Bedin-

---

[491] Kant greift in der Tat auf keine (präzise) Definition der Ontologie zurück, die in der Tradition des Wolffianismus oder gar in der des Antiwolffianismus zu finden wäre. Das will nicht besagen, dass dabei keine Kritik an der klassischen Ontologie geübt wurde, sondern vielmehr, dass an dieser Stelle die Begrenzung des Gültigkeitsbereichs der Metaphysik als das Entscheidende anzusehen ist.

gungen fordern würde, ist aber ausgeschlossen. Somit begrenzt sich die Aufgabe der Ontologie auf die Begründung der Erfahrung überhaupt.

Die anderen Textstellen der *Kritik der reinen Vernunft*, an denen der Begriff Ontologie auftaucht, sind im Architektonik-Kapitel zu finden. Die Ontologie wird hier in Zusammenhang mit dem kritischen System der Metaphysik thematisiert, das Kant in diesem Abschnitt ausführlich darlegt. Die These, die hier bezüglich der Ontologie aufgestellt wird, unterscheidet sich insofern von der vorigen Textstelle, dass sie nicht von einer Ersetzung, sondern von Komplementarität ausgeht. Diese Textpassagen des Architektonik-Kapitels bedürfen einer ausführlichen Darstellung, da sie nicht nur die Ontologie, sondern auch die Metaphysik als System zum Gegenstand haben. Da die Ontologie diesmal im Kontext des gesamten metaphysischen Systems betrachtet wird, darf der komplexere Zusammenhang der unterschiedlichen Disziplinen selbstverständlich nicht außer Acht gelassen werden. In diesem Sinne ist es angebracht, Kants Auffassung der Metaphysik im Allgemeinen zu berücksichtigen. Dadurch wird schließlich ersichtlich, dass die im Architektonik-Kapitel aufgestellte *Komplementaritätsthese* keineswegs der *Ersetzungsthese* widerspricht, wenngleich dies auf den ersten Blick so scheinen mag.

Die Besonderheiten der kantischen Darstellung des Systems der Metaphysik und die Einbeziehung der Transzendentalphilosophie als Ontologie ins Architektonik-Kapitel wurden merkwürdigerweise in der Forschungsliteratur kaum beachtet. Kants unklare Ausführungen zum Verhältnis zwischen Kritik und System der Metaphysik können wohl als eine der Ursachen dafür erachtet werden, dass einige Interpreten hierin nur eine unkritische bzw. inkonsequente Darlegung der kritischen Transzendentalphilosophie gesehen haben. Dies steht zweifellos in Zusammenhang mit den paradoxen Äußerungen Kants über das System der Metaphysik, welche im Allgemeinen als eine Art versteckter Wolffianismus interpretiert wurden. Seit den Arbeiten von Heinz Heimsoeth und Giorgio Tonelli ist diese vereinfachte Betrachtung der Architektonik jedoch nicht mehr haltbar, wie im ersten Teil dieser Arbeit gezeigt worden ist.

Im Gegensatz dazu zeigt sich bei näherem Hinsehen, dass die Definition der Metaphysik in drei Stufen erfolgt, und dabei schrittweise an Präzision und kritischerem Charakter zunimmt. Trotzdem zeigt es sich, dass die dritte Definition einige Elemente zur Sprache bringt, die im Rahmen einer kritischen Philosophie prinzipiell problematisch zu interpretieren sind. In Anbetracht dieser Tatsache sollte man also nach dem Charakter der Definitionen, ihrer Gemeinsamkeit und Verschiedenheit sowie auch ihrer Vereinbarkeit zur kritischen Philosophie fragen. Eine mögliche Strategie, um die in Frage gestellten kritischen Aspekte dieser Definition herauszuarbeiten, besteht darin, sie vor dem Hintergrund ihrer historischen Vorlagen zu beleuchten. Dadurch würde sich grundsätzlich erklären lassen, warum die Präsenz des Begriffs Ontologie im Architektonik-Kapitel keine Widersprüchlichkeit darstellt.

Zu Beginn des Kapitels wird die Architektonik als die „Kunst der Systeme" definiert.[492] Damit macht Kant darauf aufmerksam, dass die Erkenntnis einer systematischen Einheit bedarf, durch welche Wissenschaft erst möglich wird. Deshalb, behauptet er, „ist Architektonik die Lehre des *Scientifischen* in unserer Erkenntnis überhaupt."[493] Diese architektonische Strukturierung der Erkenntnis erfolgt gemäß zwei Grundannahmen, durch die sich die kantische Architektonik – wie im ersten Teil gezeigt wurde – grundsätzlich von der Tradition Wolffs unterscheidet: erstens das Primat des Ganzen gegenüber seinen Teilen und zweitens die Idee eines Endzwecks.[494] Der einheitliche Charakter der kantischen Architektonikauffassung gründet darauf, dass die Vernunft dem System durch eine Idee Form und Zweck vorschreibt. Das System wird grundlegend von einem Vermögen abgeleitet, nämlich von der Vernunft, und von einer praktischen Instanz angeführt.

> Alle reine Erkenntnis a priori macht also, vermöge des besonderen Erkenntnisvermögens, darin es allein seinen Sitz haben kann, eine besondere Einheit aus, und Metaphysik ist diejenige Philosophie, welche jene Erkenntnis in dieser systematischen Einheit darstellen soll.[495]

Daraus geht hervor, dass Metaphysik und Erkenntnisvermögen voneinander abhängig sind. Unter diesen Umständen liegt es somit nahe, dass die Einbeziehung der Ontologie in das System der Metaphysik im Architektonik-Kapitel keineswegs auf eine bloß dogmatische Weise erfolgen kann, die der Elementarlehre entgegengesetzt wäre.

5.3.1 Kants erste Definition in A 841/B 869

Nachdem Kant die Philosophie in Erkenntnis aus reiner Vernunft und aus empirischen Prinzipien aufteilt, führt er die erste Definition der Metaphysik ein. Sie lautet:

> Die Philosophie der reinen Vernunft ist nun entweder Propädeutik (Vorübung), welche das Vermögen der Vernunft in Ansehung aller reinen Erkenntnis a priori untersucht, und heißt

---

492 KrV A 832/B 860.
493 Ebd.
494 Siehe den ersten Teil der vorliegenden Arbeit.
495 KrV A 845/B 873.

5.3 Das System der Metaphysik und die Funktion der Ontologie — 199

Kritik, oder zweitens das System der reinen Vernunft (Wissenschaft), die ganze (wahre sowohl als scheinbare) philosophische Erkenntnis aus reiner Vernunft im systematischen Zusammenhange, und heißt Metaphysik; wiewohl dieser Name auch der ganzen reinen Philosophie mit Inbegriff der Kritik gegeben werden kann.[496]

Diese Definition kann als die allgemeinste der insgesamt drei Definitionen bezeichnet werden und zeichnet sich dadurch aus, dass sie sowohl die Kritik als auch die Metaphysik bzw. das System enthält. Sie ist dann eine Art von Untersuchung „alles dessen, was jemals a priori erkannt werden kann, als auch die Darstellung desjenigen, was ein System reiner philosophischer Erkenntnisse dieser Art ausmacht, von allem empirischen aber, imgleichen dem mathematischen Vernunftgebrauche unterschieden ist."[497] Daraus geht hervor, dass das leitende Kriterium dieser Metaphysikdefinition besteht darin, das Reine grundlegend von dem Empirischen zu trennen. Metaphysik ist also das System der reinen Philosophie, d. h. der Inbegriff aller nicht-empirisch bestimmten Begriffe und Grundsätze, das selbst schon eine Kritik beinhaltet. Dadurch wird auch verständlich, warum die Kritik widerspruchsfrei Bestandteil der Metaphysik sein kann. Bemerkenswert ist bei dieser ersten Definition außerdem, dass die Metaphysik sowohl die wahre als auch die scheinbare Erkenntnis zum Gegenstand hat. Unter der Bezeichnung der „scheinbaren Erkenntnis" ist offensichtlich der dialektische Teil der Metaphysik und dessen Logik des Scheins gemeint. Unter der wahren Erkenntnis versteht man wiederum die Analytik des Verstandes (Begriffe und Grundsätze) und ihre Logik der Wahrheit.

Als historische Vorlage dieser Definition, wonach die Metaphysik von dem Empirischen abstrahiert und ihre Begriffe aus der reinen Vernunft erwirbt, ist die 1769–1770 angeführte Bestimmung der Metaphysik anzusehen. Die Folgen dieser neuen Definition für die Herausbildung des ganzen Systems der Metaphysik und dessen Aufteilung gemäß den empirischen und reinen Kriterien wurden bereits im ersten Teil dieser Arbeit dargelegt. Es genügt daher an dieser Stelle an die folgende Definition zu erinnern: „Die Philosophie über die Begriffe des *intellectus puri* ist die Metaphysik."[498] Die Aufgabe der Kritik der reinen Vernunft, die der Metaphysik als kritische, propädeutische Disziplin vorangehen muss, um ihre Erkenntnis zu sichern, wurde unter der Bezeichnung *phaenomenologia generalis* ebenfalls bereits in den siebziger Jahren umrissen, wie Kants Brief an Lambert von 1770 zu entnehmen ist.

---

[496] KrV A 841/B 869.
[497] KrV A 841/B 869.
[498] Refl. 3930, AA XVII, S. 352. Datierung um 1769.

5.3.2 Kants zweite Definition in A 841–842/B 869–870

Wendet man sich der zweiten Definition zu, dann zeigt sich, dass diese im Vergleich zur ersten spezifischer ist, insofern die *Kritik* außer Betracht gelassen und demnach allein auf das *System* der Vernunft fokussiert wird. Die beiden Disziplinen, aus welchen sich dieses System zusammensetzt, sind die Metaphysik der Natur und die Metaphysik der Sitten. Diese Definition ist im Unterschied zur ersten nach dem Kriterium der Objekte bestimmt, nämlich Natur und Freiheit, und nicht nur aufgrund des Unterschieds zwischen empirischen und reinen Begriffen. Von daher ist in dieser zweiten Definition die Kritik nicht miteinzubeziehen. Kant macht an dieser Stelle zudem darauf aufmerksam, dass mit Metaphysik üblicherweise nur die Metaphysik der Natur gemeint ist, er aber auch für die Metaphysik der Sitten die Bezeichnung Metaphysik beibehalten will, weil sie zu „dem besonderen Stamme menschlicher und zwar philosophischer Erkenntnis aus reiner Vernunft gehört."[499] Wie man leicht einsehen kann, ist das Kriterium für die Zugehörigkeit zur Metaphysik, wie vorher angedeutet wurde, also der Bezug auf die reine Vernunft. Der entwicklungsgeschichtliche Ausgangspunkt dieser zweiten Definition ist schon in der Mitte der sechziger Jahre zu verorten. Kant schreibt 1765 an Lambert, dass er die richtige Methode für die Metaphysik gefunden habe und dass dieser eine Metaphysik der Natur und der Sitten vorangeschickt werden müsse, um sie deutlicher zu machen:

> Daher um nicht etwa einer neuen philosophischen Proiektmacherey beschuldigt zu werden, ich einige kleinere Ausarbeitungen voranschicken muß, deren Stoff vor mir fertig liegt, worunter die metaphysische Anfangsgründe der natürlichen Weltweisheit, und die metaph: Anfangsgr: der praktischen Weltweisheit die ersten seyn werden.[500]

5.3.3 Kants dritte Definition in A 845/B 873

Im Vergleich zu den beiden ersten stellt die dritte Definition einige Aspekte in den Vordergrund, die manche Interpreten zu der Vermutung verleiteten, Kants Programm der Metaphysik habe die Ergebnisse der vorangehenden Kritik nur inkonsequent umgesetzt. Bei dieser dritten Definition handelt es sich um eine noch präzisere Bestimmung vom Umfang und den Objekten der Metaphysik der Natur. Kant schreibt in dieser Hinsicht Folgendes:

---

499 KrV A 842/B 870.
500 Br, AA X, S. 56.

> Die im engeren Verstande so genannte Metaphysik besteht aus der Transzendentalphilosophie und der Physiologie der reinen Vernunft. Die erstere betrachtet nur den Verstand, und Vernunft selbst in einem System aller Begriffe und Grundsätze, die sich auf Gegenstände überhaupt beziehen, ohne Objekte anzunehmen, die gegeben wären (*ontologia*); die zweite betrachtet Natur, d.i. den Inbegriff gegebener Gegenstände [...] und ist also Physiologie (obgleich nur *rationalis*).[501]

Die Physiologie wird zugleich in einen physischen und einen hyperphysischen Bereich untergliedert und in die Disziplinen der Physik, Psychologie, Kosmologie und Theologie eingeteilt. „Demnach besteht das ganze System der Metaphysik aus vier Hauptteilen. 1. Der Ontologie. 2. Der rationalen Physiologie. 3. Der rationalen Kosmologie. 4. Der rationalen Theologie."[502]

Was die vorgenommene Gleichsetzung von Transzendentalphilosophie und Ontologie betrifft, sind unterschiedliche Interpretationsansätze zu finden. In diesem Zusammenhang wäre zunächst der Versuch Otfried Höffes zu erwähnen. Höffe ist der Auffassung, dass durch die Einführung der Ontologie keinerlei Widerspruch entstehe, da diese als eine immanente Disziplin bestimmt werde und deshalb durchaus im Einklang mit der „Analytik der Begriffe und Grundsätze" stehe.[503] Weitere Argumente aber, die diese These belegen würden, werden von Höffe nicht angeführt.

Ein ausführlicherer Erklärungsversuch ist bei Ina Goy zu finden. Goy schlägt zwei Alternativen vor, um diese Textstelle der Architektonik zu deuten, und weist dafür zunächst auf die Dichotomie von „System der Prinzipien" und „System der Wissenschaften" hin, die jeweils der Elementar- und der Methodenlehre entsprechen. Aufgrund dessen kommt Goy zu dem offenen Ergebnis, dass entweder dem „System der Prinzipien" kein „System der Wissenschaften" im Sinne der Architektonik folgen könne oder dass die in das kritische System eingeführte Ontologie selbst über die „transzendentale Elementarlehre" hinausgehe.[504] Die Autorin macht darauf aufmerksam, dass entgegen jeder Erwartung die Transzendentalphilosophie nicht als übergeordnete Disziplin dargelegt wird, die alle

---

501 KrV A 845/B 873.
502 KrV A 846/B 874.
503 „Dass die *Architektonik* den Namen der Ontologie positiv aufgreift, ist trotzdem kein Widerspruch, da ihm Kant eine neue, der transzendentalen Analytik entsprechende Bestimmung gibt." Otfried Höffe: „Architektonik und Geschichte der reinen Vernunft". In: Georg Mohr und Marcus Willaschek (Hrsg.): *Immanuel Kant. Kritik der reinen Vernunft*. Berlin 1998, S. 617–645.
504 „Das System der Wissenschaften, das man aus der ersten *Kritik* insgesamt erwartet hätte, unterscheidet sich auffällig vom System der Wissenschaften, das Kant im Architektonik-Kapitel darstellt." Goy: *Architektonik*, a.a.O., S 139.

Bereiche der Erkenntnis – samt der Metaphysik der Sitten – einschließen würde.[505] Daher fragt sich die Autorin, wie die Transzendentalphilosophie als Ontologie zu bestimmen sei, d. h. welcher Inhalt ihr entsprechen würde. Sie stellt diesbezüglich die These auf, dass der Ontologie im kantischen Sinne entweder die reine Mathematik und die reine Naturwissenschaft entsprechen – da beide Wissenschaften sich auf Objekte beziehen – oder dass sie als eine übergeordnete Disziplin zu verstehen sei.[506]

Elena Ficara stellt in Bezug auf die inhaltliche Bestimmung der Ontologie die These auf, dass die Gleichsetzung von Transzendentalphilosophie und Ontologie darauf hinauslaufe, Kants System auf die alte Tradition des Rationalismus zu beziehen. Kants Transzendentalphilosophie sei demnach als Ontologie im Sinne einer übergeordneten Disziplin zu interpretieren, deren Aufgabe – wie schon herausgestellt – darin bestehe, die Bereiche des Sinnlichen und des Übersinnlichen zu unterscheiden. Nach diesen Interpretationsansätzen ist diese Textstelle der Architektonik also entweder in einem kritischen Sinne (Höffe), als eine über die „transzendentale Analytik" hinausgehende Alternative (Goy), oder als eine transzendental-ontologische Instanz des kritischen Systems (Ficara) zu betrachten.

Versucht man, den Charakter dieser dritten Definition historisch zu erklären, erweist sich die gewöhnlich vorgenommene entwicklungsgeschichtliche Rekonstruktion der Kritik und doppelten Metaphysik als weniger aussichtsreich. Eine historische Erörterung dieser Definition ist dann möglich, wenn die Entwicklung der kantischen Auffassung der Metaphysik nicht nur nach dem erwähnten üblichen Schema betrachtet, sondern auch im Lichte der zweigeteilten Metaphysik thematisiert wird, die eben sowohl die Transzendentalphilosophie als auch die Physiologie zum Gegenstand hat. Wie diese Einteilung im Laufe des kantischen Denkens entstanden ist, wurde bereits im ersten Teil der vorliegenden Arbeit untersucht. Dabei hat sich die 1769 vorgenommene Neudefinition der Metaphysik als wesentlich erwiesen. Dieser neuen Ansicht zufolge geht es in der Metaphysik darum, die Gesetze der Vernunft und nicht die Objekte zu bestimmen. Diese subjektive Metaphysik wird zu diesem Zeitpunkt mit der Ontologie identifiziert.

---

505 Konsequenterweise schließt Kant mit der Bestimmung des Transzendentalen in der „Einleitung" der *Kritik der reinen Vernunft* die Möglichkeit aus, dass die Moral Teil der Transzendentalphilosophie sein kann, insofern erstere sich auf das Gefühl und dessen empirische Bestimmung bezieht. Goy betont zu Recht die praktische Bestimmung des kantischen Systems und fordert von daher die Einbeziehung der Moral in die Transzendentalphilosophie. Siehe Goy: *Architektonik*, a.a.O., S. 141–142.
506 Siehe Goy: *Architektonik*, a.a.O., S. 147.

„Die Eigentliche metaphysic oder die reine philosophie besteht aus der ontologie."[507]

Von der subjektiven Bestimmung der Metaphysik um 1769 kann auf die spätere Definition der Transzendentalphilosophie als Disziplin von Gegenständen überhaupt geschlossen werden, insofern sie als eine Disziplin der reinen, intellektuellen Begriffe verstanden wird. Ist die Ontologie bzw. die Transzendentalphilosophie subjektiv zu bestimmen, muss ihr ein anderer Teil nachfolgen, der objektiv ist. Die Funktion, den objektiven Teil des Systems zu liefern, erfüllt dann die Physiologie der reinen Vernunft.[508] In der *Metaphysik Volckmann* richtet sich Kant mit derselben Einteilung der Metaphysik ausdrücklich gegen die Wolffsche Ordnung: „Wolff theilt die Metaphysic in die Ontologie, Kosmologie, Psychologie und Theologie. Wir hingegen theilen sie in 2 Theile, in die transcendentale Philosophie oder Ontologie, und in die Metaphysic im stricten Verstande."[509] Damit erklärt sich, warum die Zweiteilung der Metaphysik der Natur im Architektonik-Kapitel vorgenommen wird.

Aus den vorigen Überlegungen lässt sich zunächst schließen, dass der Transzendentalphilosophie eine Doppelbedeutung zukommt, nämlich die der *Kritik* einerseits und die der *Ontologie* andererseits: Während erstere eine *Vorübung* zur Metaphysik darstellt – der ersten Definition zufolge –, bei der Untersuchungen zur Möglichkeit der Erkenntnis durchgeführt werden, ist letztere – gemäß der dritten Definition – als *Teil* der Metaphysik im engeren Sinne zu verstehen, anhand dessen das System der Begriffe und Prinzipien dargelegt wird. Diese Ontologie steht nicht in Widerspruch mit dem System der kritischen Philosophie, denn sie folgt dem Plan der Kritik der reinen Vernunft. Deshalb gilt sie im Unterschied zu den rationalistischen Systemen nur für das Sinnliche und bereitet bloß das Feld für die eigentliche Metaphysik, nämlich die des Übersinnlichen – wie Kant später in der Preisschrift über die *Fortschritte der Metaphysik* herausstellen wird. Die Einführung der Ontologie im Architektonik-Kapitel kann keineswegs als das Resultat einer inkonsequenten Argumentation Kants angesehen werden, wie es Ina Goy darstellt. Im Gegensatz dazu lässt sich wohl annehmen, dass die kritische Ontologie als ein nicht ausgeführter Teil des Systems aufzufassen sei, der nicht über die „Analytik der Begriffe und Grundsätze" hinausgeht, sondern einen

---

507 Refl. 3931, AA XVII, S. 353. Datierung um 1769. Dazu auch Refl. 3930.
508 „Die obiective reine philosophie hat entweder analytische principia ohne alle Erfahrungsaxiomen oder synthetische. Die erstere beruhet auf allgemeinen Urtheilen nach der Regel der identitaet und auf der unterordnung des besonderen unter das allgemeine [...] Die zweyte hat zum obiect das allgemeinste des äusseren und inneren Sinnes." Refl. 3952, AA XVII, S. 362. Datierung um 1769.
509 V-Met/Volckmann, AA XXVIII, S. 366–367.

notwendigen Teil der Metaphysik der Natur ausmacht. Weder die Mathematik noch die reine Physik (Goy) entsprechen also dem Inhalt der so verstandenen Ontologie; und auch die Konzeption der Ontologie als übergeordnete Disziplin (Ficara) ist demnach zu verwerfen.

Die der Metaphysik vorangehende Kritik lässt sich demnach also folgendermaßen definieren: Die *Kritik der reinen Vernunft* hat die Darstellung und Begründung der Möglichkeit der synthetischen Prinzipien a priori zum Ziel, wodurch metaphysische Erkenntnis schlechthin erst möglich wird. Die Kritik als solche bringt also alle Elemente der Transzendentalphilosophie zur Sprache, führt diese aber nicht vollständig aus.[510] Kant weist in diesem Sinne in der „Einleitung" beider Auflagen der *Kritik der reinen Vernunft* darauf hin, dass die Transzendentalphilosophie auch einen analytischen Teil enthalte, der die *Kritik* selbst nicht thematisiert, weil es dabei lediglich um die Rechtfertigung, nicht aber um die vollständige Darlegung der Prinzipien in einem System geht.[511]

Bei der Frage nach der Vollständigkeit der Transzendentalphilosophie und ihrem Unterschied zur Kritik scheint die Existenz eines analytischen Teils, dem hinsichtlich des Systems eine wesentliche Funktion zukommt, von entscheidendem Interesse zu sein. Worin besteht dieser analytische Teil? Das Element, durch das die Vollständigkeit der Transzendentalphilosophie erreicht werden kann, stellen die Prädikabilien dar, wie der Textstelle A 82/B 108 deutlich zu entnehmen ist. Unter den Prädikabilien versteht Kant abgeleitete Begriffe, denen ein apriorischer Charakter zukommt. Die Ableitung dieser untergeordneten Begriffe erfolgt entweder aus einer Verbindung zwischen den Begriffen selbst, den Begriffen und

---

510 „Zur Kritik der reinen Vernunft gehört demnach alles, was die Transzendental-Philosophie ausmacht, und sie ist die vollständige Idee der Transzendental-Philosophie, aber diese Wissenschaft noch nicht selbst, weil sie in der Analysis nur so weit geht, als es zur vollständigen Beurteilung der synthetischen Erkenntnis a priori erforderlich ist." KrV A 14/B 28.
511 „Ein System solcher Begriffe [scil. Kategorien] würde Transzendental-Philosophie heißen. Diese ist aber wiederum für den Anfang zu viel. Denn weil eine solche Wissenschaft sowohl die analytische Erkenntnis, als die synthetische a priori vollständig enthalten müßte." KrV A 12. Diese Stelle ist in der B-Auflage etwas geändert worden. Siehe dazu auch A 82/B 108. Es ist bemerkenswert, dass Kants Hinweis auf die Notwendigkeit, einen analytischen Teil in die Transzendentalphilosophie einzubeziehen, kaum beachtet wurde, obwohl die Diskussionen über die Definition, den Inhalt und Umfang der Transzendentalphilosophie sehr ausführlich thematisiert worden sind. So wird diese Aufteilung z.B. in Konrad Cramers Kommentar zur „Einleitung" der *Kritik der reinen Vernunft* nicht einmal erwähnt. Siehe Cramer: „Die Einleitung (A1/B1– A16/B30)". In: *Immanuel Kant. Kritik der reinen Vernunft*, Hrsg. von Georg Mohr und Marcus Willaschek. Berlin 1998, S. 53–79. Dasselbe gilt für den Kommentar von Georg Mohr: *Kants Grundlegung der kritischen Philosophie. Werkkommentar und Stellenkommentar zur Kritik der reinen Vernunft, zu den Prolegomena und zu den Fortschritten der Metaphysik.* Frankfurt am Main 2004.

den Anschauungen von Raum und Zeit, oder den Begriffen und der Empfindung überhaupt.[512] Wenn die Kritik vollzogen ist, d. h. wenn bestimmt worden ist, wie synthetische Urteile a priori möglich sind, dann ergibt sich – durch die Betrachtung und Hinzufügung des analytischen Teils der Transzendentalphilosophie – die Möglichkeit einer vollständigen Deduktion der möglichen Inhalte von Erfahrung, die sowohl auf den ursprünglichen Kategorien als auch auf den abgeleiteten Prädikabilien beruht.

Die Vermutung, dass der analytische Teil der Transzendentalphilosophie im Sinne der vollständigen Deduktion der Prädikabilien zu verstehen ist, wird in den *Prolegomena* weitgehend bestätigt:

> Zählt man überdem alle Prädicabilien auf, die man ziemlich vollständig aus jeder guten Ontologie (z. e. Baumgartens) ziehen kann, und ordnet sie classenweise unter die Kategorien, wobei man nicht versäumen muß, eine so vollständige Zergliederung aller dieser Begriffe als möglich hinzuzufügen, so wird ein blos analytischer Theil der Metaphysik entspringen, der noch gar keinen synthetischen Satz enthält und vor dem zweiten (dem synthetischen) vorhergehen könnte und durch seine Bestimmtheit und Vollständigkeit nicht allein Nutzen, sondern vermöge des Systematischen in ihm noch überdem eine gewisse Schönheit enthalten würde.[513]

Hiermit werden mehrere Hinweise gegeben, die eine nähere Bestimmung des analytischen Teils der Transzendentalphilosophie sowie auch der Ontologie im Sinne der oben thematisierten zweiten Gruppe der *Reflexionen* ermöglichen. Zunächst ist der Verweis auf die Ontologie Baumgartens als jenes Werk, in welchem die Prädikabilien ausführlich erläutert werden, von großer Tragweite, da sich damit begründen lässt, warum Kant die Ontologie in Verbindung mit den Prädikabilien und einem analytischen Verfahren verwendet, wie es in den Briefen an Jakob und Beck der Fall ist. Dieser Verweis findet sich nicht nur in den *Prolegomena*, sondern auch an anderen Stellen der kantischen Werke.[514] Der andere wichtige Hinweis aus den *Prolegomena* bezieht sich auf das Verhältnis zwischen dem analytischen und dem synthetischen Teil der Transzendentalphilosophie. Wie im Brief an Jakob von 1787, hebt Kant auch hier hervor, dass der erstere dem

---

512 „Die Kategorien mit den *modis* der reinen Sinnlichkeit oder auch untereinander verbunden, geben eine große Menge abgeleiteter Begriffe a priori." KrV A 82/B 108. „Ich nannte sie wie billig nach ihrem alten Namen Kategorien, wobei ich mir vorbehielt, alle von diesen abzuleitende Begriffe, es sei durch Verknüpfung unter einander, oder mit der reinen Form der Erscheinung (Raum und Zeit), oder mit ihrer Materie, so fern sie noch nicht empirisch bestimmt ist (Gegenstand der Empfindung überhaupt), unter der Benennung der Prädikabilien vollständig hinzuzufügen." Prol, AA IV, S. 324.
513 Prol, AA IV, S. 325.
514 Siehe z. B. die schon zitierte Stelle der *Kritik der reinen Vernunft* A 82/B 108.

zweiten vorangehen kann. In diesem Brief wird dieser Teil entsprechend Ontologie genannt. Es ist daher zu vermuten, dass die analytische Form der Transzendentalphilosophie, insofern sie auf die Prädikabilien eingeht, den Inhalt der im Sinne der zweiten Gruppe der *Reflexionen* verstandenen Ontologie ausmachen muss. Dies entspricht letztlich auch der Mitte der siebziger Jahre eingeführten Aufteilung der Transzendentalphilosophie in Kritik und Ontologie.

Daraus folgt, dass die Ontologie immer eine auf das Sinnliche bezogene Disziplin sein muss und demgemäß die Grundlage für die eigentliche Metaphysik bereitet; im Unterschied zu den traditionellen Systemen liefert die Ontologie jedoch keine direkte Begründung für die eigentliche Metaphysik, denn diese basiert durchweg auf praktischen Gründen. Kant gliedert die Metaphysik auf diese Weise in zwei Teile, deren Prinzipien schließlich unterschiedlicher Art sind: Der eine Teil besteht aus der Metaphysik der Natur, der andere aus der Metaphysik der Sitten. In dieser Hinsicht lässt sich annehmen, dass die Aufteilung der Metaphysik in zwei Bereiche erst vollzogen wurde, nachdem Kant zu einer Auffassung der Ontologie gelangt war, der zufolge ihr eine mögliche Erkenntnis des Übersinnlichen grundsätzlich abgesprochen wird. Die wesentliche Folge dieser Konzeption besteht darin, dass die Metaphysik der Sitten unabhängig von der Ontologie begründet wird.

Die Frage, warum die Einbeziehung der Ontologie in die kritische Philosophie überhaupt nötig sei, beantwortet sich aus der anzustrebenden Vollständigkeit der Metaphysik der Natur und eben nicht aus der Funktion der Ontologie als allgemeine Disziplin des Systems. Ontologie ist folglich nicht mehr die Lehre von Dingen überhaupt, sondern definiert sich konsequenterweise nur als diejenige Lehre von Gegenständen überhaupt in Bezug auf das Sinnliche.

Stimmt man diesen Ausführungen zu, dann lösen sich die scheinbaren Widersprüche zwischen jener dritten Definition und dem im Architektonik-Kapitel dargelegten kritischen System auf. Notwendig dafür ist aber, die Transzendentalphilosophie in ihren zwei Bedeutungen anzuerkennen.

5.4 Kants Konzeption der Ontologie nach der Veröffentlichung der *Kritik der reinen Vernunft*. Ihre Darstellung in den *Briefen* an Jakob und Beck, den *Fortschritten der Metaphysik* und der *Vorlesungen über Metaphysik*

In einem Brief von 1787 teilt Jakob Kant seine Absicht mit, ein Lehrbuch der Metaphysik zu schreiben und bittet ihn um Rat, wie das System dieser Wissenschaft aufzubauen sei. Das Bemerkenswerte an diesem Brief und der darauffolgenden Antwort Kants sind die unterschiedlichen Auffassungen, die sowohl bezüglich der Ordnung und Bestandteile des Systems der Metaphysik als auch der dabei anzuwendenden Methode vertreten werden. Den in Jakobs Brief gemachten Ausführungen nach sollte das Lehrbuch der Metaphysik folgendermaßen aufgebaut werden: An den Anfang sei eine kurze, kritische Einführung in die Ästhetik und Logik zu stellen, die die üblichen Prolegomena zur Metaphysik ersetzen solle. Hierauf müsse dann die Ontologie, eine Kritik der Psychologie, der Kosmologie und der Theologie folgen. Bezüglich der Darstellung der Ontologie sieht sich Jakob mit konkreten Schwierigkeiten konfrontiert, die er im Brief an Kant wie folgt thematisiert:

> Die Ontologie richtig u. vollständig zu erbauen scheint mir immer noch sehr schwer, ohnerachtet ihrer in der Critik gegebnen Winke. Da Baumgarten u. andre ihre Begriffe auf die οντως οντα bezogen; so sind auch ihre Erklärungen nur logisch u. ich weiß nicht ob ich diese logische Erklärungen in der Ontologie mitgeben soll – ferner weis ich noch nicht recht, wie ich mich der Vollständigkeit der Tabelle versichern soll. Muß jede Kategorie so viel untergeordnete Begriffe haben als die andre, u. wie muß ich die Kategorien selbst untereinander verbinden?[515]

Dabei ist zunächst hervorzuheben, dass Jakob die Meinung vertritt, die *Kritik der reinen Vernunft* gebe „Winke" für den richtigen und vollständigen Aufbau der Ontologie. Zweitens lässt sich aus Jakobs Kritik an Baumgarten schließen, dass er eine Konzeption der Ontologie favorisiert, die sich im Unterschied zu Baumgarten nicht auf bloß logische Erklärungen zu beschränken habe. Drittens weist Jakob mit besonderem Nachdruck auf das Problem der Vollständigkeit der Kategorientafel sowie der abgeleiteten Prädikabilien hin, das im Rahmen der Ontologie zu behandeln wäre. Damit deutet er also an, dass die Ontologie diejenige Disziplin sei, die sich mit der Beziehung zwischen Kategorien und untergeordneten Begriffen zu beschäftigen habe. Das besagt, die Frage nach der Ontologie muss der Ansicht Jakobs nach mit dem Problem der Vollständigkeit der Transzendentalphilosophie und somit auch mit der entsprechenden Ableitung der Prädikabilien in Verbindung gesetzt werden. Außerdem ist festzuhalten, dass Jakob den Bezug auf das Problem des Übersinnlichen hinsichtlich der Ontologie nicht für nötig hält.

Kants Antwort auf diesen Brief ließ nicht lange auf sich warten und erfolgte am 11. September 1787. Obwohl Kant sich nur kurz zu Jakobs Anliegen äußert, lassen

---

515 Br, AA X. S. 492. Interesse an der genaueren Bestimmung der ontologischen Begriffe zeigt Jakob bereits in einem Brief an Kant vom Juli 1786: „Besonders schien mir es zum Zwecke nothwendig, den Unterschied der Erscheinungen u. der Dinge an sich recht begreiflich zu machen, weil davon die Untersuchung aller ontologischen Begriffe abhängt, wenn man ihre Ausdehnung oder Einschränkung bestimmen will." Br., AA X, S. 459

sich einige Hinweise auf seine eigenen Vorstellungen hinsichtlich des Inhalts der Ontologie finden.[516] So ist Kants Brief etwa zu entnehmen, dass sich die Ontologie aus den folgenden Bestandteilen zusammensetze:

> Die Ontologie würde, ohne alle critische Einleitung, mit den Begriffen von Raum und Zeit, nur so fern sie allen Erfahrungen (als reine Anschauungen) zu Grunde liegen, anfangen. Nachher folgen vier Hauptstücke, welche die Verstandesbegriffe enthalten, nach den 4 Classen der Categorien, deren jede ihren Abschnitt ausmacht: alle blos analytisch nach Baumgarten behandelt, samt den Prädicabilien, ja den Verbindungen derselben mit Zeit und Raum, ingleichen, so wie sie fortgehen, unter einander, wie man sie im Baumgarten aufsuchen kan. Zu jeder Categorie wird der synthetische Grundsatz (wie ihn die Critik 2te Edition vorträgt nur so vorgetragen, wie die Erfahrung ihm immer gemäß seyn muß und so die ganze Ontologie durchgeführt.[517]

Es liegt aber auf der Hand, dass Kant im Gegensatz zu dem von Jakob vorgelegten Plan eher der Auffassung ist, die Ontologie solle ohne „critische Einleitung" beginnen. Wie ist diese rätselhafte Anweisung zu verstehen? Wie oben bereits erwähnt, war es Jakobs ausdrückliche Absicht, seinem Lehrbuch anstelle der gewöhnlichen Prolegomena eine kurze Einführung in die Ästhetik und Logik voranzustellen („In der Metaph. würde ich statt der Proleg. e. kurzen Abris der transscend. Aesthetik u. Logik geben"[518]). Das besagt, dass Jakobs Darstellung der Metaphysik mit einer kritischen Betrachtung beginnen und erst danach die Ontologie folgen sollte. Aus Kants Antwortschreiben geht hervor, dass er Jakob entschieden von dieser Anordnung abraten wollte und stattdessen eine umgekehrt verfahrende Ordnung vorschlug. Die Ontologie soll also ohne „critische Einleitung" dargelegt werden. Was den kritischen Teil angeht, wird darauf hingewiesen, dass er an zweite Stelle zu stellen ist: „Nun kommt allererst die critische Be-

---

[516] Dieser Brief ist nicht nur von Bedeutung für die Ontologie, sondern auch in Bezug auf Kants Pläne für die Metaphysik im Allgemeinen. Damit kündigt er sowohl die Absicht an, eine Kritik des Geschmacks zu schreiben, als auch den Plan – sobald die kritischen Werke fertig seien – zu einem *dogmatischen Teil* des Systems überzugehen. Siehe Br, AA X, S. 494. Außerdem macht Kant im Brief an Jakob emphatisch darauf aufmerksam, dass er bisher noch keine Metaphysik geschrieben habe. „Eine Metaphysik habe nie geschrieben". Ebd.

[517] Ebd. In der Forschungsliteratur zur Ontologie Kants fehlt eine ausführliche Auseinandersetzung mit diesem und dem späteren Brief an Beck von 1792, in denen Kant die Ontologie thematisiert. Eine kurze Bezugnahme darauf findet sich bei Ficara: *Die Ontologie*, a.a.O., S. 125 – 126 und Manfred Baum: „Transzendentalphilosophie und Ontologie bei Kant". In: Antonino Falduto, Caroline Kolisang und Gabriel Rivero (Hrsg.): *Metaphysik-Ästhetik-Ethik. Beiträge zur Interpretation der Philosophie Kants*. Würzburg 2012, S. 13 – 27. Obwohl die Interpretationen dieser beiden Autoren hilfreich sind, sind die Schlussfolgerungen im Hinblick auf die beiden Briefe kaum genügend.

[518] Br, AA X, S. 492.

trachtung von Raum und Zeit als Form der Sinnlichkeit und der Categorien, nach ihrer Deduction."[519]

Fragt man sich, warum das Lehrbuch ohne „critische Einleitung" beginnen solle, ist eine mögliche Antwort in zweierlei Hinsichten zu geben. Zunächst muss der Tatsache Rechnung getragen werden, dass sich die Frage Jakobs auf die Struktur eines Lehrbuches der Metaphysik bezog. Von daher kann man wohl die These vertreten, dass sich Kants Antwort bloß auf die Ordnung des Systems richtet, anhand derer die Grundlagen für ein besseres Verständnis der kritischen Philosophie geschaffen werden können. Die Einführung in die Ontologie hätte deshalb nur die Funktion, eine leichtere Exposition des kritischen Systems zu ermöglichen und dieses im Unterricht besser vermitteln zu können.[520]

Es ließe sich allerdings auch die These vertreten, dass Kant hier sehr wohl ein systematisches Interesse verfolgt und damit tatsächlich beabsichtigt, die Ontologie zum Bestandteil der kritisch orientierten Transzendentalphilosophie zu machen. Aus einer isolierten Betrachtung des Briefes lässt sich aber keine nähere Bestimmung dessen, was hier mit Ontologie gemeint sein könnte, gewinnen; ebenso wenig lässt sich die Frage beantworten, warum sie in systematischer Hinsicht der kritischen Einleitung voranzuschicken sei. Wiederum ist unter Berücksichtigung der kantischen Ausführungen in den *Prolegomena* eine mögliche Lösung dazu zu finden, denn Kant führt hier den Unterschied zwischen „zur Metaphysik gehörigen" und „eigentlich metaphysischen Urteilen" ein.[521] Er hebt damit hervor, dass es, obwohl die metaphysischen Urteile eigentlich synthetischer Natur seien, eine andere Art von Urteilen gebe, die durch Zergliederung metaphysischer Begriffe ebenfalls analytische, metaphysische Sätze hervorbringen. Sie betreffen eher die Materialen der Metaphysik und dürfen, solange sie analytisch sind, keineswegs als das Wesentliche der Metaphysik angesehen werden.

> Unter jenen [scil. zur Metaphysik gehörige Urteil] sind sehr viele analytisch, aber sie machen nur die Mittel zu metaphysischen Urteilen aus, auf die der Zweck der Wissenschaft ganz und gar gerichtet ist, und die allemal synthetisch sind. Denn wenn Begriffe zur Metaphysik gehören, z. B. der von Substanz, so gehören die Urteile, die aus der bloßen Zergliederung

---

519 Br, AA X, S. 494.
520 Es ist sicherlich nicht auszuschließen, dass Kant Interesse daran hatte, denn er selbst betont: „[D]enn diese [scil. Anschauungen] sowohl als jene [scil. Kategorien] kan nun allererst [scil. nach der Darstellung der Ontologie] ganz wohl verstanden und die einzig mögliche Art, die Grundsätze, wie schon geschehen, zu beweisen, begriffen werden." Br, AA X, S. 494.
521 „Man muß zur Metaphysik gehörige von eigentlich metaphysischen Urtheilen unterscheiden." Prol, AA IV, S. 273.

derselben entspringen, auch nothwendig zur Metaphysik, z. B. Substanz ist dasjenige, was nur als Subject existirt etc.[522]

Diese Urteile, die das Material der Metaphysik ausmachen bzw. vorbereiten, nennt Kant *philosophia definitiva*.[523] Vergleicht man diese Stelle aus den *Prolegomena* mit dem Brief an Jakob, fallen einige Ähnlichkeiten zwischen den beiden Passagen auf, die für ein systematisches Interesse Kants an der Ontologie sprechen. So gilt im Brief etwa die Annahme, dass die Ontologie analytisch verfahren muss („alle blos analytisch nach Baumgarten behandelt") und auch in den *Prolegomena* wird darauf hingewiesen, dass die zur Metaphysik gehörigen Urteile das Produkt eines analytischen Verfahrens sind. Eine weitere Ähnlichkeit zeigt sich in der Funktion dieser Disziplin für die Entdeckung der eigentlichen metaphysischen Urteile, denn an beiden Stellen fungiert die Einführung der Analysis als eine der Grundlagen dafür, dass synthetische Urteile a priori gefällt werden können. Demnach wird in diesem Teil der Metaphysik zwar auch analytisch vorgegangen, dies bringt aber keine Erweiterung der Erkenntnis hervor. Deswegen ist dieses Verfahren bloß ein Mittel, um die synthetischen Sätze, die die Metaphysik im eigentlichen Sinne ausmachen, näher zu bestimmen. Kant illustriert diesen analytischen Teil der Metaphysik am Beispiel des Begriffs der Substanz. Dabei zeigt er zunächst, dass dieser Terminus in der Tat der Metaphysik zugeschrieben werden muss; jedoch lässt sich aus dessen Zergliederung dennoch eine Art von Erkenntnis erwerben, die nicht ausschließlich für die Metaphysik, sondern auch für die empirischen Wissenschaften von Interesse ist.[524] Daraus ergibt sich, dass diese Urteile, obwohl sie gewissermaßen zur Metaphysik gehören, nicht das Besondere bzw. kein Definitionskriterium dieser Wissenschaft ausmachen können; die Metaphysik im strikten Sinne besteht aus synthetischen Urteilen a priori.

Weiterhin wird ersichtlich, inwiefern die Ontologie keiner kritischen Darstellung bedarf, oder anders gesagt, warum sie einer kritischen Darstellung vor-

---

522 Ebd.
523 „Wenn man die Begriffe a priori, welche die Materie der Metaphysik und ihr Bauzeug ausmachen, zuvor nach gewissen Principien gesammelt hat, so ist die Zergliederung dieser Begriffe von großem Werthe; auch kann dieselbe als ein besonderer Theil (gleichsam als *philosophia definitiva*), der lauter analytische, zur Metaphysik gehörige Sätze enthält, von allen synthetischen Sätzen, die die Metaphysik selbst ausmachen, abgesondert vorgetragen werden." Prol, AA IV, S. 273–274.
524 „Da aber die Analysis eines reinen Verstandesbegriffs (dergleichen die Metaphysik enthält) nicht auf andere Art vor sich geht, als die Zergliederung jedes andern, auch empirischen Begriffs, der nicht in die Metaphysik gehört (z. B. Luft ist eine elastische Flüssigkeit, deren Elasticität durch keinen bekannten Grad der Kälte aufgehoben wird), so ist zwar der Begriff, aber nicht das analytische Urtheil eigenthümlich metaphysisch." Ebd.

angehen kann, ohne in Widerspruch mit deren kritischen Prinzipien zu geraten. Das besagt eben nicht, dass die Ontologie über die Grenzen der synthetischen Erkenntnis hinausgeht oder dass sie gar im Gegensatz zur Kritik steht.[525] Dass Kant keine unkritische Position im Hinblick auf die Ontologie vertritt, zeigt sich deutlich darin, dass diese von den Anschauungen von Raum und Zeit und von den darauf bezogenen Kategorien auszugehen habe. Auch ihre Begriffe sind also ausschließlich auf die Erfahrung restringierter Erkenntnis zu beziehen. Dementsprechend stehen die Sätze der Ontologie in Einklang mit den Ergebnissen der kritischen Philosophie: „Zu jeder Categorie wird der synthetische Grundsatz [...] nur so vorgetragen, wie die Erfahrung ihm immer gemäß seyn muß."[526]

Dass Kant selbst eine solche Ordnung vorsieht, lässt sich am Beispiel der *Metaphysik Dohna* (1791–1792) sehen, wo bei der Darstellung der Ontologie zwei widersprüchliche Äußerungen gemacht werden: Zum einen wird behauptet, die Ontologie handele nur von den Prinzipien der Dinge und beziehe sich infolgedessen keineswegs auf die Anschauungen. In einer anderen Textstelle wird die Ontologie hingegen als eine Disziplin aufgefasst, die sowohl Begriffe als auch Anschauungen berücksichtigt.[527] Es lässt sich von daher annehmen, dass Kant hier den Versuch unternimmt, zwei Konzeptionen der Ontologie einander entgegenzusetzen, nämlich diejenige Baumgartens, bei der die reinen Begriffe ohne Restriktion auf Gegenstände der Erfahrung behandelt werden, und Kants eigene, welche die Begriffe bzw. Kategorien einer erfahrungsmäßigen Restriktion unterwirft. Wie im vorigen Abschnitt dargelegt, führt Kant damit eine kritische Konzeption der Ontologie ein, die nicht bloß in der „Analytik der Begriffe und Grundsätze" besteht und eine Berücksichtigung der Anschauungen verlangt.

Kant präsentiert in dieser Vorlesungsnachschrift also zunächst Baumgartens Auffassung der Ontologie und beschließt diese Ausführung mit den Worten: „Wir haben die Ontologie bisher dogmatisch vorgetragen, d. h. ohne darauf zu sehn woher diese Sätze a priori entstehn – wir wollen sie jetzt kritisch abhandeln."[528] Es liegt daher die Frage nahe, wie diese kritische Ontologie von der zuerst dargestellten dogmatischen zu unterscheiden sei. Die Antwort darauf lautet, dass eine kritisch orientierte Abhandlung aus einer Darstellung der transzendentalen Logik

---

525 Ficara vertritt solche Position. „In diesem Abschnitt setzt Kant die Durchführung der Ontologie dem kritischen Vorhaben entgegen." Ficara: *Die Ontologie*, a.a.O., S. 126.
526 Br, AA X, S. 494.
527 „Wir verstehen darunter [Ontologie] den Innbegriff aller Principien des reinen Denkens und nicht der reinen Anschauung." Im Gegensatz dazu steht unmittelbar darunter Folgendes: „In der Ontologie werden wir also von reinen Begriffen a priori, und von der reinen Anschauung a priori handeln." V-Met/Dohna, AA XXVIII, S. 622.
528 V-Met/Dohna, AA XXVIII, S. 650–651.

und der transzendentalen Ästhetik bestehen muss, anhand derer erhellt wird, wie die in der (unkritischen) Ontologie dargelegten Begriffe a priori sowie die Grundsätze möglich sind.[529] Daran zeigt sich, dass Kant hier die gleiche Auffassung wie im Brief an Jakob vertritt. Die Darstellung in der *Metaphysik Dohna* spricht daher für die Möglichkeit einer dogmatischen Auffassung der Ontologie, die sich mit den kritischen Prinzipien nicht widerspricht. Die dogmatische Darstellung der Ontologie geht aber ebenso wie die kritische Philosophie von der Möglichkeit einer raum-zeitlichen Erfahrung aus und eben nicht von Dingen überhaupt. Obwohl die Ontologie im Brief an Jakob von der kritischen Darstellung unterschieden wird, ist dennoch leicht zu sehen, dass die Grundannahmen der beiden Disziplinen identisch sind. Denn in der Tat ist sowohl in der dogmatischen als auch in der kritischen Darstellung die Rede von Anschauungen von Raum und Zeit und von den Kategorien; der Unterschied zwischen den beiden Wissenschaften muss allem Anschein nach also aus der Form des Verfahrens und nicht aus ihrem Inhalt abgeleitet werden.

Im Brief an Beck vom 20. Januar 1792 äußert sich Kant erneut positiv zur Möglichkeit einer Ontologie im Rahmen der transzendentalkritischen Philosophie. Wie im Brief an Jakob geht auch aus den hier gemachten Ausführungen hervor, dass die angenommene kritische Ontologie in Zusammenhang mit den Komponenten der „transzendentalen Elementarlehre" (und nicht nur mit denjenigen der „transzendentalen Analytik"), nämlich mit den Anschauungen von Raum und Zeit, den Kategorien und den Prädikabilien, entsteht:

> Sie haben mir Ihre gründliche Untersuchung von demjenigen vorgelegt, was gerade das schwerste von der ganzen Critik ist, nämlich die Analysis einer Erfahrung überhaupt und die Principien der Möglichkeit der letzteren. Ich habe mir sonst schon einen Entwurf gemacht in einem System der Metaphysik diese Schwierigkeit umzugehen und von den Categorien nach ihrer Ordnung anzufangen (nachdem ich vorher blos die reine Anschauungen von Raum und Zeit, in welchen ihnen Objecte allein gegeben werden, vorher exponirt habe, ohne noch die Möglichkeit derselben zu untersuchen) und zum Schlusse der Exposition jeder Categorie, z. B. der Qvantität und aller darunter enthaltenen Pradicabilien, sammt den Beyspielen ihres Gebrauchs, nun beweise: daß von Gegenständen der Sinne keine Erfahrung moglich sey, als nur, so fern ich a priori voraussetze, daß sie ingesammt als Größen gedacht werden müssen und so mit allen übrigen; wobey dann immer bemerkt wird, daß sie uns nur als in Raum und Zeit gegeben vorgestellt werden. Woraus dann eine ganze Wissenschaft der Ontologie als immanenten Denkens d. i. desjenigen, dessen Begriffen man ihre objective Realität sichern kan, entspringt.[530]

---

529 Es ist an dieser Stelle wichtig zu betonen, dass in dieser Vorlesung erneut eine Aufteilung in Kritik der reinen Vernunft und Ontologie vorgenommen wird, wie es bereits in den *Reflexionen* aus den siebziger Jahren der Fall war. Siehe dazu V-Met/Dohna, AA XXVIII, S. 656.
530 Br, AA XII, S. 313–314.

Der Brief stellt zunächst heraus, dass die noch zu überwindende Schwierigkeit der *Kritik der reinen Vernunft* darin besteht, eine „Analyse der Erfahrung überhaupt" liefern zu können. Dabei muss vornehmlich die Frage gestellt werden, ob Kant hierbei die bereits in der *Kritik der reinen Vernunft* dargestellte „transzendentale Analytik" des reinen Verstandes in Erwägung zieht oder ob er auf etwas anderes abzielt. Der Verweis auf die „Analysis" anstatt auf die „Analytik" ist also im Rahmen unserer Fragestellung von besonderem Belang. Denn bei näherem Hinsehen erhärtet sich der Verdacht, dass die „Analysis der Erfahrung überhaupt" die Funktion der soeben erklärten analytischen Abteilung der Metaphysik übernehmen soll.

Diese Interpretation lässt sich durch die Äußerung Kants belegen, er habe sich für diese Schwierigkeit eine Lösung überlegt, die im Rahmen eines Systems der Metaphysik – und eben nicht im Kontext der *Kritik der reinen Vernunft* – realisiert werde. Die Analyse der Erfahrung bezeichnet Kant zudem als ein ganz neues Problem, für dessen Lösung er bereits einen Entwurf gemacht habe. Wenn dem so ist, dann kann jedenfalls nicht die Analytik des Verstandes im Sinne der *Kritik der reinen Vernunft* gemeint sein, sondern vielmehr eine aus dieser Analytik entstandene Problemstellung. Hierbei gerät wieder das Problem der Vollständigkeit der Transzendentalphilosophie in den Vordergrund, was schließlich dazu führt, den im Brief angeführten Ausdruck „Analysis der Erfahrung" im Sinne einer kritischen Ontologie zu deuten.

Was die inhaltliche Bestimmung der Ontologie angeht, ist in diesem Brief von 1792 keine Änderung gegenüber der diesbezüglichen Auffassung von 1787 zu finden.[531] Die Ontologie wird auch hier wieder als das Resultat einer Analyse angesehen, die sich der Anschauungen von Raum und Zeit, der Kategorien und der Ableitung der Prädikabilien bedient. Vergleicht man diese beiden Briefe hinsichtlich der von Kant vertretenen Positionen zur Ontologie, zeigt sich, dass diese

---

[531] Manfred Baum bemerkt im Brief an Beck hingegen sehr wohl Änderungen in der Konzeption der Ontologie, die im Vergleich zur Definition im Brief an Jakob nun bloß auf Gegenstände der Sinne eingeht. „Diese kritische Ontologie handelt also weder von Gegenständen überhaupt noch von der Erkenntnisart *a priori* von Gegenständen überhaupt, sondern als Wissenschaft des immanenten (im Gegensatz zum transzendenten, über die mögliche Erfahrung hinausgehenden) Denkens von solchen Begriffen von Objekten überhaupt." Baum: „Transzendentalphilosophie und Ontologie", a.a.O., S. 20. Eine solche Änderung der kantischen Ansicht gegenüber dem Brief an Jakob lässt sich allerdings nicht ausreichend bestätigen, da Kants Stellungnahme von 1787 deutlich dafür spricht, dass sich die Ontologie im engeren Sinne bereits zu diesem Zeitpunkt auf Gegenstände der Sinne bezieht. Baum übersieht die Pointe der hier dargelegten Doppelbedeutung der Transzendentalphilosophie (nämlich als Kritik und als Ontologie) sowie auch der angeführten Unterscheidung zwischen analytischem und synthetischem Teil derselben.

identisch sind. Denn die Ontologie wird sowohl 1787 als auch 1792 als eine auf die Erfahrung bezogene Disziplin verstanden und entsprechend als eine immanente Wissenschaft des Denkens definiert.

Eine weitere Stellungnahme zur Ontologie, auf die in der Forschungsliteratur häufig verwiesen wird, ist in der in den neunziger Jahren entstandenen Preisschrift über die *Fortschritte der Metaphysik* zu finden.[532] Bemerkenswert an dieser Preisschrift ist vor allem die von Kant gegebene Definition der Metaphysik. Das Besondere dieser neuen Definition besteht darin, das Übersinnliche derart miteinbezogen wird, dass die metaphysische Erkenntnis im Hinblick auf den Übergang des Sinnlichen hin zum Übersinnlichen zu definieren ist.[533] Wenn man diese Definition mit früheren vergleicht, stellt man fest, dass sich in der kantischen Denkentwicklung keine Vorformen dieser Auffassung finden lassen.

Wie die Einführung des Übersinnlichen zu verstehen ist, erklärt sich am besten durch eine historische Analyse desselben. Das aufschlussreiche Resultat einer solchen zeigt, dass die Einführung des Übersinnlichen im Rahmen einer Kontroverse mit Gegnern der kritischen Philosophie erfolgte. Mit der Annahme dieser These lässt sich dann erweisen, dass die Metaphysikdefinition in den *Fortschritten* als keine neue anzusehen ist. Sie fungiert in erster Linie als eine Verteidigung der Transzendentalphilosophie gegen ihre Gegner und infolgedessen als eine Präzisierung der kritischen Prinzipien. Damit hat Kant hauptsächlich beabsichtigt, auf einige Rezensionen und Schriften zu reagieren, die kritisch zur Transzendentalphilosophie Stellung bezogen, und die dabei entstandenen Missverständnisse zu beseitigen.

In dieser Hinsicht ist zunächst Jakobs 1786 publizierte *Prüfung der Mendelssohnschen Morgenstunden* zu erwähnen, in der dieser im Zusammenhang mit einer

---

[532] Anlässlich der von der Berliner Akademie gestellten Frage nach den Fortschritten der Metaphysik verfasste Kant einen Text, den er aber nicht selbst publizierte. Die Publikation erfolgte erst 1803 unter der Herausgabe Rinks, der drei Handschriften Kants zusammenstellte. Bezüglich der Datierung des Textes wird in der Kant-Forschung angenommen, dass Kant vermutlich 1793 mit der Redaktion begonnen habe. Zur Datierung und Entstehung des Textes siehe Georg Mohr: *Kants Grundlegung der kritischen Philosophie. Werkkommentar und Stellenkommentar zur Kritik der reinen Vernunft, zu den Prolegomena und zu den Fortschritten der Metaphysik*. Frankfurt am Main 2004, S. 557 ff. Dazu auch Herman de Vleeschauwer: „La Composition du *Preisschrift* d'Immanuel Kant sur les progrès de la métaphysique". In: *Journal of the History of Philosophy* 17 (1979), S. 143–196.

[533] „Dieser Endzweck, auf den die ganze Metaphysik angelegt ist, ist leicht zu entdecken, und kann in dieser Rücksicht eine Definition derselben begründen: sie ist die Wissenschaft, von der Erkenntnis des Sinnlichen zu der des Übersinnlichen durch die Vernunft fortzuschreiten." FM, AA XX, S. 260. Siehe dazu Schwaiger: „Das Denken des ‚Übersinnlichen'", a.a.O., S. 331 ff.

Kritik an Mendelssohn auf den Begriff des Übersinnlichen zurückgreift.[534] Kant selbst wendet sich diesem Begriff in seinen *Bemerkungen* zur Schrift Jakobs zu. Aus diesen zeigt sich, dass auch Kant auf den Terminus Übersinnliche verweist, um Kritik an Mendelssohns Versuch einer Erweiterung der Erkenntnis über die Grenzen des Sinnlichen zu üben.[535] Eine weitere Stelle, an welcher Kant in Verbindung mit einer Kritik an Mendelssohn Bezug auf das Übersinnliche nimmt, ist in der Schrift *Was heißt: Sich im Denken orientieren?* von 1786 zu finden. Kant beteiligt sich hier am Pantheismusstreit zwischen Mendelssohn und Jacobi und setzt sich kritisch mit Mendelssohns Positionen zu den übersinnlichen Gegenständen auseinander. Diesbezüglich geht er davon aus, dass das *sich im Denken orientieren* dem subjektiven Bedürfnis der Vernunft entspreche, übersinnliche Gegenstände zu denken:

> Nun aber tritt das Recht des Bedürfnisses der Vernunft ein, als eines subjectiven Grundes etwas vorauszusetzen und anzunehmen, was sie durch objective Gründe zu wissen sich nicht anmaßen darf; und folglich sich im Denken, im Unermeßlichen und für uns mit dicker Nacht erfüllten Raume des Übersinnlichen, lediglich durch ihr eigenes Bedürfniß zu orientiren.[536]

Dieses Bedürfnis wird in einen theoretischen und einen praktischen Gebrauch unterteilt, wobei Kant den letzten im Zusammenhang mit dem Vernunftglauben konzipiert, der nur als eine subjektive Maxime der Vernunft (d.h. als keine objektive Einsicht) in Ansehung von Gegenständen übersinnlicher Natur zu bestimmen ist. Ausgehend von diesen Ausführungen lässt sich die Schlussfolgerung ziehen, dass der auf 1786–1787 zu datierende Ursprung des kantischen Begriffs

---

534 „Es ist wahr, die Wissenschaft der übersinnlichen Gegenstände hat abgenommen. [...] Freilich zerfallen nun alle die schönen Demonstrationen a priori für das Dasein der einfachen Substanzen und andrer übersinnlichen Dinge." Ludwig Heinrich Jakob: *Prüfung der Mendelssohnschen Morgenstunden oder aller spekulativen Beweise für das Dasein Gottes*. In: *Aetas Kantiana*. Brüssel (1786) 1968, S. XX und XXV. Einige weitere Stellen, an welchen das Übersinnliche zur Sprache kommt, sind die folgenden: S. XXII, XXXI, XXXIV, XXXV, XLVI, 13, 16.
535 „[...] statt dessen, wenn diesem [scil. Dogmatismus] in Ansehung des Uebersinnlichen durch strenge Kritik die Flügel beschnitten werden, jener Glaube in einer praktisch-wohlgegründeten, theoretisch aber unwiderleglichen Voraussetzung gesichert sein kann." Immanuel Kant: „Einige Bemerkungen von Herrn Professor Kant". In: Jakob: *Prüfung der Mendelssohnschen Morgenstunden*, a.a.O., S. LI.
536 „Mendelssohn dachte wohl nicht daran, daß das Dogmatisiren mit der reinen Vernunft im Felde des Übersinnlichen der gerade Weg zur philosophischen Schwärmerei sei." WDO, AA VIII, S. 137.

des Übersinnlichen vorrangig mit einer gegen Mendelssohn gerichteten polemischen Absicht zu erklären ist, die durch Jakob inspiriert sein könnte.[537]

Die „Vorrede" zur B-Auflage der *Kritik der reinen Vernunft* stellt eine weitere Stelle im Korpus der kantischen Werke dar, an welcher der Terminus des Übersinnlichen verwendet wird. Dabei wird ähnlich wie in den *Fortschritten* eine Unterscheidung zwischen Sinnlichem und Übersinnlichem zur Sprache gebracht, wobei hier allerdings von keinem *Übergang* die Rede ist.[538] Das Wichtige an dieser Textpassage ist zum einen die Aufteilung der Metaphysik in zwei Bereiche, also in einen, der sich auf das Sinnliche und einen, der sich auf das Übersinnliche beziehen lässt; zum anderen die Tatsache, dass der Begriff des Übersinnlichen überhaupt im Kontext der *Kritik der reinen Vernunft* auftritt. Noch bemerkenswerter ist allerdings der Zusammenhang zwischen dem Begriff des Übersinnlichen und der praktischen Erkenntnis, den Kant an dieser Stelle anführt:

---

[537] Hinsichtlich der historischen Quellen des Begriffs des Übersinnlichen ist zu beachten, dass Eberhard bereits 1781 in seiner *Vorbereitung zur natürlichen Theologie* das Adjektiv übersinnlich und den Ausdruck übersinnliche Erkenntnis in Bezug auf den Gottesbegriff verwendet. Siehe dazu Johann August Eberhard: *Vorbereitung zur natürlichen Theologie*. Reprint in: AA XVIII, S. 520 und 547. Allerdings ist der Begriff des Übersinnlichen bei Eberhard selbst schon früher zu finden, nämlich in seiner Antrittsvorlesung von 1778 an der Universität Halle, die mit dem Titel *Von dem Begriffe der Philosophie und ihren Theilen* publiziert wurde. Dementsprechend definiert er die Metaphysik folgendermaßen: „Diese Gleichartigkeit und wesentliche Verbindung der übersinnlichen und aussersinnlichen Wahrheiten macht es daher nicht allein bequem sondern auch nothwendig, daß beyde Arten in Eine Wissenschaft zusammengefaßt werden und diese Wissenschaft ist die Metaphysik." Eberhard: *Von dem Begriffe der Philosophie und ihren Theilen*. Berlin 1778, S. 39–40. Laut Eberhards Definition der Ontologie sind die ontologischen Begriffe ausschließlich auf den Bereich des Übersinnlichen zurückzuführen. Siehe dazu Eberhard: *Von dem Begriffe*, a.a.O., S. 40. Vgl. auch den Aufsatz von Clemens Schwaiger, der die Rolle des Übersinnlichen bei Eberhard ausführlich behandelt. Schwaiger: „Denken des ‚Übersinnlichen' bei Kant. Zu Herkunft und Verwendung einer Schlüsselkategorie seiner praktischen Metaphysik". In: Norbert Fischer (Hrsg.): *Kants Metaphysik und Religionsphilosophie*. Hamburg 2004, S. 331–345. Es lässt sich aber nicht nachweisen, dass Eberhards Schrift die Quelle des kantischen Begriffs des Übersinnlichen darstellt. Angesichts dessen, dass der Begriff in der A-Auflage der *Kritik der reinen Vernunft* überhaupt nicht vorkommt, lässt sich vermuten, dass die Einführung des Übersinnlichen eher auf eine Auseinandersetzung mit Mendelssohn und dessen *Morgenstunden* sowie auch auf die dementsprechende Kritik Jakobs zurückzuführen ist. Dies steht im Gegensatz zur These Schwaigers, der keinen Bezug zur *Prüfung* Jakobs hergestellt hat.
[538] Vgl. KrV B XIX-XXII. Obwohl Kant den Begriff des Übersinnlichen bereits in seinen *Bemerkungen* von 1786 gebraucht, stellt das Architektonik-Kapitel der *Kritik der reinen Vernunft* – wie oben gezeigt – eine Auffassung der Metaphysik dar, welche vornehmlich auf der Unterscheidung zwischen dem Empirischen und dem Reinen beruht. Vom Übergang des Sinnlichen zum Übersinnlichen ist aber nicht die Rede. Eine derartige Bestimmung der Metaphysik und ihrer wesentlichen Funktion des Übergangs zum Übersinnlichen wird in der *Metaphysik Dohna* vorgenommen, wenn auch nur sehr kurz. Siehe dazu V-Met/Dohna, AA XXVIII, S. 618.

> Nun bleibt uns immer noch übrig, nachdem der spekulativen Vernunft alles Fortkommen in diesem Felde des Übersinnlichen abgesprochen worden, zu versuchen, ob sie nicht in ihrer praktischen Erkenntnis Data finden, jenen transzendenten Vernunftbegriff des Unbedingten zu bestimmen.[539]

Von hier aus liegt die Vermutung nahe, dass Kant um 1786–1787 zwei Aspekte seiner Philosophie ausformuliert, die bis dahin nicht aufgetreten waren, nämlich das Übersinnliche einerseits und die damit verbundene praktische Erkenntnis andererseits. Mit welcher Absicht führt er diese neuen Aspekte ein? Diese Präzisierungen hinsichtlich der Metaphysikdefinition erfolgen, wie schon angedeutet, aus der Reaktion Kants gegen die Kritik der Rezensenten der ersten Auflage der *Kritik der reinen Vernunft*. Unter diesen Rezensenten ist Hermann Andreas Pistorius eine besondere Stellung einzuräumen, der sich 1786 in seiner Rezension zu Schultz' Kant-Buch kritisch mit den Grundzügen der Transzendentalphilosophie auseinandersetzte.[540]

Einer der grundlegenden Einwände Pistorius' zielt auf das Verhältnis zwischen Sinnen- und Verstandeswelt ab, denn dieses Verhältnis führt seiner Ansicht nach zu Widersprüchen. Dies hat zur Folge, dass eine falsche Unterscheidung zwischen Schein und Wahrheit und eine dementsprechend fehlerhafte Konzeption der objektiven, realen Einheit der Erfahrung vorgenommen werde. Wie sich im Folgenden zeigen wird, ergeben sich aus diesen Einwänden wichtige Hinweise in Anbetracht der Frage nach dem Übersinnlichen und dessen Bezug auf die praktische Erkenntnis. Die Problematik des Verhältnisses zwischen Sinnen- und Verstandeswelt bzw. zwischen Erscheinungen und reellen Objekten lässt sich Pistorius zufolge auf zweierlei Weisen begreifen: Entweder sei das Verhältnis subjektiv oder objektiv zu verstehen.[541] Die erste Möglichkeit stellt eine skeptische Bestimmung der Erkenntnis dar. Nur in Form des objektiven Verhältnisses lässt sich die Erkenntnis der Dinge gewährleisten. Diesbezüglich fordert Pistorius eine andere Auffassung von Raum und Zeit, die zu einer anderen Konzeption der übersinnlichen Objekte führen solle, wie sich am Beispiel der Seele zeigen lässt: „Was wir nach gemeinem Sprachgebrauche unsere Seele nennen, ist nach diesem System [scil. dem kritischen] nur ein logisches, d.i. scheinbares Subject, nicht eine wahre für sich bestehende Substanz, eigentlich blos eine Reihe fließender Vor-

---

539 KrV B XXI.
540 Es handelt sich um die Rezension zu Johann Schultz' Buch *Erläuterungen über des Herrn Professor Kant Critik der reinen Vernunft*, das 1784 erschien.
541 Landau, Albert (Hrsg.): *Rezensionen zur Kantischen Philosophie 1781–1787*. Bebra 1991, S. 331–332.

stellungen."[542] Das Besondere an Pistorius' Verständnis von Raum und Zeit besteht darin, dass er sie als eine Art von Vermittlung zwischen dem Sinnlichen und dem Übersinnlichen betrachtet, insofern sie nicht als Anschauungen, sondern als Begriffe konzipiert werden. Demnach sind sie im Unterschied zu Kant als Mittelbegriffe zu verstehen, woraus sich die folgende Konsequenz ergibt: „Das wirkliche Daseyn einer objectiven intelligibeln Welt würde nicht mehr so problematisch, sondern zuverlässig und gewiß seyn. Und was noch wichtiger und interessanter für uns ist, auch unserer innerern Empfindung, daß wir nicht blos logisch und scheinbar, sondern *wirklich* individuelle denkende Subjecte, oder Substanzen sind, würden wir alsdann trauen können, wenn wir uns überzeugen dürften, daß Vorstellungen und Gedanken wahre Wirkungen einer gleichartigen, d.i. denkenden Kraft sind."[543] Anders gesagt, sei das Verhältnis zwischen der Erscheinung und dem Ding an sich, das Kant als durchwegs problematisch betrachtet, Pistorius zufolge so zu begreifen, dass die Objektivität der Dinge an sich erkennbar werde.[544] Pistorius' Rezension bringt also drei Grundprobleme zur Sprache, die eine wichtige Rolle für Kants Metaphysik spielen werden, nämlich das ontologische Problem der Vermittlung zwischen dem Sinnlichen und dem Übersinnlichen, die Kritik an der subjektiven Raum- und Zeitkonzeption sowie die Frage nach dem Zugang zur Erkenntnis übersinnlicher Objekte.

Die 1787 publizierte *Kritik der praktischen Vernunft* wird von Kant als Schlüssel für die Lösung dieser Probleme angesehen.[545] Denn zum einen sichert sie der

---

542 Landau: *Rezensionen*, a.a.O., S. 327–328. Siehe dazu auch Heiner F. Klemme: „The origin and aim of Kant's Critique of Practical Reason". In: Andrews Reath und Jens Timmermann (Hrsg.): *Kant's Critique of Practical Reason. A Critical Guide.* Cambridge 2010, S. 11–30. Auf einen radikalen und entscheidenden Einfluss Pistorius' auf Kant weist Bernd Ludwig hin. Ludwig vertritt die These, dass Kants zwischen der *Grundlegung* und der *Kritik der praktischen Vernunft* vollzogene Wandlung der Freiheitslehre von einem theoretischen zu einem praktischen Standpunkt durch die Kritik Pistorius' inspiriert sei. Siehe dazu Bernd Ludwig: „Die ‚consequente Denkungsart der speculativen Kritik'. Kants radikale Umgestaltung seiner Freiheitslehre um Jahre 1786 und die Folgen für die Kritische Philosophie als Ganze". In: *Deutsche Zeitschrift für Philosophie* 58 (2010), S. 595–628.
543 Landau: *Rezensionen*, a.a.O., S. 339.
544 „Zweitens würden nach unsern Begriffen von Raum und Zeit die Erscheinungen und die *Dinge an sich*, die subjective Sinnenwelt, und die objective intelligible Welt in eine wirkliche und wahre Verbindung gebracht, und so der wichtigste, und nach meiner Einsicht wesentliche Fehler, der in dem ganzen System des Verfassers herrscht, vermieden werden können." Landau: *Rezensionen*, a.a.O., S. 344. Zur Problematik der Affektion bei Kant und Pistorius siehe Bernward Gesang: *Kants vergessener Rezensent. Die Kritik der theoretischen und praktischen Philosophie Kant in fünf frühen Rezensionen von Hermann Andreas Pistorius.* Hamburg 2007, S. XIII-XVIII.
545 „Nur eine ausführliche Kritik der praktischen Vernunft kann alle diese Mißdeutung heben." KpV, AA V, S. 6–7.

kantischen Ansicht nach im praktischen Sinne den Zugang zur Erkenntnis übersinnlicher Objekte, wie von Pistorius gefordert wurde; zum anderen bestätigt sie in indirekter Weise, dass die in der *Kritik der reinen Vernunft* dargelegte Raum- und Zeitlehre, die Pistorius ebenfalls kritisiert hatte, richtig war. Die Änderung der von Kant bearbeiteten „Vorrede" zur B-Auflage der *Kritik der reinen Vernunft* sollte im Lichte dieser neuen Überlegungen interpretiert werden. Da erst die Auflage von 1787 eine Verbindung zwischen der praktischen Absicht und dem Übersinnlichen herzustellen versucht, lässt sich der Einfluss durch Pistorius schwer leugnen. Was die *Kritik der praktischen Vernunft* betrifft, spielen die transzendentale Freiheit und die neue Lehre des Faktums der Vernunft[546] eine besondere Rolle, denn durch diese ergibt sich die Möglichkeit eines Zugangs zur Erkenntnis des Übersinnlichen, ohne die in der *Kritik der reinen Vernunft* dargelegten Grenzen der menschlichen Erkenntnis ausweiten zu müssen. Der Kategorie der Kausalität scheint dadurch eine neue Bedeutung zuzukommen, denn sie wird nun *aus Freiheit* (d. h. durch eine übersinnliche Instanz) begründet und somit als objektiv verstanden. Die Pointe dieser neuen Auffassung, die einen übersinnlichen Gegenstand objektiver Realität annimmt, zeigt sich darin, dass die Kausalität aus Freiheit lediglich durch das Faktum des moralischen Gesetzes erkannt werden kann.[547] Dies bedeutet, der Zugang zu der Bestimmung eines übersinnlichen Gegenstandes führt keineswegs zu einer theoretischen Erkenntnis, da die Freiheit ihrer Möglichkeit nach lediglich indirekt – nämlich mittels des moralischen Gesetzes (als *ratio cognoscendi*) – durch einen Akt der Willensbestimmung anerkannt wird. Die Freiheit ist demnach als ein übersinnlicher Begriff zu verstehen, aufgrund dessen die weiteren übersinnlichen Begriffe von Unsterblichkeit und Gott

---

546 „Man kann das Bewußtsein dieses Grundgesetzes ein Factum der Vernunft nennen, weil man es nicht aus vorhergehenden Datis der Vernunft, z. B. dem Bewußtsein der Freiheit (denn dieses ist uns nicht vorher gegeben), herausvernünfteln kann, sondern weil es sich für sich selbst uns aufdringt als synthetischer Satz a priori, der auf keiner, weder reinen noch empirischen, Anschauung gegründet ist." KpV, AA V, S. 31.

547 Diese entscheidende Auffassung des Faktums der Vernunft sei Kant, so die Interpretation Ludwigs, erst 1786 gelungen, als er die Unterscheidung zwischen Freiheit als *ratio essendi* und moralischem Gesetz als *ratio cognoscendi* getroffen hat. In den Ausführungen der ersten Auflage der *Kritik der reinen Vernunft* sowie auch der *Grundlegung* sei die Frage nach der Möglichkeit der Freiheit laut Ludwig im Sinne der theoretischen Philosophie gelöst: „Die Frage nach der *Möglichkeit* der Voraussetzung der Freiheit wird nämlich in *beiden* Schriften unmissverständlich als eine ‚speculative' bezeichnet und dementsprechend im Rahmen des *Transszendentalen Idealismus* jeweils mit Verweis auf Ideen beziehungsweise Apperzeption beantwortet. *Dieser Teil* der Freiheitsdeduktion findet 1781 wie 1785 also ausdrücklich auf dem Felde der *theoretischen* Philosophie statt – und *genau das* sollte sich 1786 ändern." Ludwig: „Die ‚consequente Denkungsart' der speculativen Kritik", a.a.O., S. 609.

ermöglicht werden. Dafür muss sie aber in der Form des Faktums des moralischen Gesetzes als *gegeben* angesehen werden.[548] Die Besonderheit der kantischen Argumentation besteht nun darin, dass bei der metaphysischen Erkenntnis widerspruchsfrei auf eine intelligible Ursache verwiesen wird, die inkonsequenterweise theoretisch zu bestimmen wäre. Durch die Bestimmung des Willens, welche aufgrund des moralischen Gesetzes die Kausalität aus Freiheit offenbart, wird keine theoretisch-dogmatische Erkenntnis begründet. Die aus der Freiheit gewonnene Erkenntnis führt schlussendlich zu einer praktischen Bestimmung von Unsterblichkeit und Gott als notwendig mit der Freiheit verbundene Objekte. Dadurch werden aber keine übersinnlichen Objekte im herkömmlichen Sinne konzipiert, sondern vielmehr in einem einzigen, praktisch verstandenen Begriff vereinigt: dem des höchsten Guts.[549] Daraus schließt Kant das Folgende:

> Hier erklärt sich auch allererst das Räthsel der Kritik, wie man dem übersinnlichen Gebrauche der Kategorien in der Speculation objective Realität absprechen und ihnen doch in Ansehung der Objecte der reinen praktischen Vernunft diese Realität zugestehen könne. [...] also nicht alles Übersinnliche für Erdichtung und dessen Begriff für leer an Inhalt zu halten einschärfte: praktische Vernunft jetzt für sich selbst, und ohne mit der speculativen Verabredung getroffen zu haben, einem übersinnlichen Gegenstand der Kategorie der Causalität, nämlich der Freiheit, Realität verschafft (obgleich als praktischem Begriff auch nur zum praktischen Gebrauche), also dasjenige, was dort bloß gedacht werden konnte, durch ein Factum bestätigt.[550]

Damit wird einerseits die Inkohärenz des kantischen Systems behoben, auf die Pistorius aufmerksam gemacht hatte; andererseits ergibt sich daraus die Möglichkeit, die Raum- und Zeitlehre sowie die Unterscheidung zwischen Ding an sich und Erscheinung, die Pistorius ebenfalls als falsch bezeichnet hatte, zu belegen. Pistorius' Forderung, man solle Raum und Zeit als vermittelnde Begriffe konzipieren, damit der Unterschied zwischen einem sinnlichen und einem übersinn-

---

548 „Freiheit ist aber auch die einzige unter allen Ideen der speculativen Vernunft, wovon wir die Möglichkeit a priori wissen, ohne sie doch einzusehen, weil sie die Bedingung des moralischen Gesetzes ist, welches wir wissen." KpV, AA V, S. 4. „Die objektive Realität eines reinen Willens oder, welches einerlei ist, einer reinen praktischen Vernunft ist im moralischen Gesetz a priori gleichsam durch ein Factum gegeben. [...] Im Begriffe eines Willens aber ist der Begriff der Causalität schon enthalten, mithin in dem eines reinen Willen der Begriff einer Causalität mit Freiheit." KpV, AA V, S. 55.
549 „Denn wir erkennen zwar dadurch weder unserer Seele Natur, noch die intelligibele Welt, noch das höchste Wesen nach dem, was sie an sich selbst sind, sondern haben nur die Begriffe von ihnen im praktischen Begriffe des höchsten Guts vereinigt, als dem Objecte unseres Willens, und völlig a priori durch reine Vernunft, aber nur vermittelts des moralischen Gesetzes." KpV, AA V, S. 133.
550 KpV, AA V, S. 5–6.

lichen Gebrauch der Kategorien widerspruchsfrei aufrechterhalten werden kann, wird von Kant durch eine weitere, stärkere Trennung von theoretischem und praktischem Gebrauch der Vernunft sowie die damit verbundene Unterscheidung zwischen Sinnlichem und Übersinnlichem zurückgewiesen.

Ist aber die Freiheit als eine Kategorie des Übersinnlichen zu verstehen, liegt die Frage nahe, ob sie – wie Pistorius im Fall von Raum und Zeit verlangte – als ein vermittelnder Begriff aufgefasst werden müsste. Wäre damit eine *Erweiterung der Transzendentalphilosophie* vollzogen, in der nun der Begriff der Freiheit als Kategorie einzubeziehen sei? Dies würde bedeuten, dass tatsächlich auf die schulmetaphysische Tradition zurückgegriffen und damit eine Konzeption der Kategorien als *Mittelbegriffe* ermöglicht würde, die vom Sinnlichen (Erscheinung) zum Übersinnlichen (Ding an sich) übergehen. Den Kategorien wären folglich sowohl eine transzendentale Bedeutung als auch ein transzendentaler Gebrauch beizumessen, um so letztendlich zum Bestandteil einer transzendenten Metaphysik zu werden. Es ist aber hervorzuheben, dass die Freiheit als solche keine Vermittlung in theoretischer Hinsicht ermöglichen kann, da sie – insofern sie selbst nicht *kategorial* bestimmt ist – nicht als Kategorie, sondern als Postulat zu verstehen ist. Mit „Kategorien der Freiheit" wird darauf hingewiesen, dass das moralische Gesetz eine Kausalität ausdrückt, die nur als Kausalität *aus* der reinen Vernunft möglich ist.[551] Das bedeutet, die Freiheit ist kein Objekt, auf das die Kategorie der Kausalität anwendbar wäre, und sie kann dementsprechend auch nicht als Gegenstand theoretischer Erkenntnis erachtet werden. Folglich ist die Freiheit auch nicht als Mittelbegriff zu verstehen, anhand dessen die Kategorien (insbesondere die der Kausalität) auf das Übersinnliche anwendbar gemacht werden können.

Die eigentliche Funktion der Freiheit wird von Kant in der „Einleitung" zur *Kritik der Urteilskraft* zum Ausdruck gebracht. Dort wird der Unterschied zwischen *transzendentalen* und *metaphysischen* Prinzipien ausgeführt:

> Ein transcendentales Princip ist dasjenige, durch welches die allgemeine Bedingung a priori vorgestellt wird, unter der allein Dinge Objecte unserer Erkenntniß überhaupt werden können. Dagegen heißt ein Princip metaphysisch, wenn es die Bedingung a priori vorstellt, unter der allein Objecte, deren Begriff empirisch gegeben sein muß, a prori weiter bestimmt werden können.[552]

---

[551] KpV, AA V, S. 65–66. Dementsprechend verweist Kant auf die Begriffe des Guten und Bösen als *modi* einer einzigen Kategorie, nämlich der Kausalität (aus Freiheit): „[S]ie sind insgesammt *modi* einer einzigen Kategorie, nämlich der der Causalität, so fern der Bestimmungsgrund derselben in der Vernunftvorstellung eines Gesetzes derselben besteht, welches als Gesetz der Freiheit die Vernunft sich selbst giebt und dadurch sich a priori als praktisch beweiset." KpV, AA V, S. 65.
[552] KU, AA V, S. 181.

Das Wesentliche des metaphysischen Prinzips besteht also darin, dass es auf gegebene Objekte bezogen werden muss; die Definition des Transzendentalen bezieht sich hingegen auf die Bedingungen, unter denen das Objekt gegeben sein kann. Die Begriffe dieses transzendentalen Prinzips sind laut Kant durch „ontologische Prädikaten" gekennzeichnet. Während das Prinzip der Natur folglich als transzendental zu verstehen ist – da es mit der Möglichkeit einer Erfahrung überhaupt zu tun hat –, ist das Prinzip einer praktischen Zweckmäßigkeit dagegen als metaphysisch zu bezeichnen, „weil der Begriff eines Begehrungsvermögens als eines Willens doch empirisch gegeben werden muß (nicht zu den transcendentalen Prädicaten gehört). Beide Principien aber sind dennoch nicht empirisch, sondern Principien a priori."[553] Die ontologischen Prädikate drücken demnach die Bedingungen aus, unter denen die Bestimmung eines (nicht gegebenen) Gegenstandes möglich ist. Dieser Definition nach ist die Freiheit, sofern sie als ein Postulat verstanden wird, kein ontologisches Prädikat, das irgendeine Klasse von Objekten im eigentlichen Sinne ermöglicht bzw. bestimmt. Die Freiheit ist, indem sie durch die praktische Instanz des moralischen Gesetzes offenbart wird, die Bedingung für die Realisierung des Begriffs eines vorausgesetzten Objekts, nämlich des höchsten Guts.

Die in der *Kritik der Urteilskraft* genannten ontologischen Prädikate beziehen sich den vorigen Ausführungen zufolge also keineswegs auf das Übersinnliche und von daher bleibt die Möglichkeit ausgeschlossen, dass die metaphysische Erkenntnis transzendenter Natur sein könne. Dies lässt sich auch anhand der in der *Kritik der Urteilskraft* gemachten Unterscheidung zwischen den Gebieten der Philosophie bestätigen. Die reflektierende Urteilskraft, deren Funktion eine vermittelnde zwischen Natur und Freiheit ist, bestimmt demnach kein neues Gebiet der Metaphysik. Die beiden Gesetzgebungen, auf welche die Vernunft konstitutive Prinzipien anwenden kann, nämlich Natur und Freiheit, bleiben voneinander getrennt: „Unser gesamtes Erkenntnißvermögen hat zwei Gebiete, das der Naturbegriffe und das des Freiheitsbegriffs; denn durch beide ist es a priori gesetzgebend."[554] Nur hinsichtlich ihrer *Ausübung* – d. h. bezüglich ihrer *Wirkungen* – haben diese beiden Gesetzgebungen einen gemeinsamen Boden, aufgrund dessen eine einheitliche Bestimmung des Sinnlichen und des Übersinnlichen

---

[553] KU, AA V, S. 182. Dies würde auch erklären, warum Kant die Moralphilosophie in beiden Auflagen der *Kritik der reinen Vernunft* aus der Transzendentalphilosophie ausschließt. Denn diese ist auf Prinzipien a priori begründet und gehört von daher zur reinen Philosophie. Die im engeren Sinne verstandene Transzendentalphilosophie kann die Moralphilosophie naturgemäß also nicht miteinbeziehen.
[554] KU, AA V, S. 174.

vorzunehmen ist.[555] Die reflektierende Urteilskraft liefert in dieser Hinsicht ein Prinzip, das lediglich subjektive Geltung beanspruchen kann und aus dem sich folglich keine Doktrin (keine Gesetzgebung) ableiten lässt.[556]

Aus der Trennung der Gebiete der Metaphysik (Natur und Freiheit) folgt dann, dass die eigentliche Metaphysik eine Aufgabe der Vernunft ist, die in der Anerkennung der Unterscheidung ihrer Prinzipien besteht.[557] Diese sind, wie später in den *Fortschritten* herausgestellt wird, die Idealität des Raumes und der Zeit, wodurch die Erscheinungen (Sinnenwelt) begründet werden, und die Realität der Freiheit (Verstandeswelt), die durch das Faktum der Vernunft bewiesen wird.

Aus dem vorigen ergibt sich, dass es entwicklungsgeschichtlich ein Interpretationsfehler wäre, die kantische Einführung des Begriffs des Übersinnlichen nur in Anbetracht der *Kritik der Urteilskraft* zu analysieren. Die Tatsache, dass Kant den Begriff bereits um 1786 im Rahmen einer Auseinandersetzung mit Mendelssohn einführt, spricht vielmehr dafür, dass das Auftreten des Übersinnlichen in erster Linie als eine Reaktion auf unterschiedliche Kritiken der Gegner seiner Transzendentalphilosophie angesehen werden kann.[558] Im Gegensatz zu dieser Interpretation, die die Neuheit der kantischen Definition in den *Fortschritten* zu relativieren versucht, wird in der Forschungsliteratur mehrheitlich davon ausge-

---

555 „Die Philosophie theilt sich nun auch diesem gemäß in die theoretische und die praktische. Aber der Boden, auf welchem ihr Gebiet errichtet und ihre Gesetzgebung ausgeübt wird, ist immer doch nur der Inbegriff der Gegenstände aller möglichen Erfahrung. [...] Verstand und Vernunft haben also zwei verschiedene Gesetzgebungen auf einem und demselben Boden der Erfahrung." KU, AA V, S. 174 und 175. Zur kantischen Unterscheidung zwischen Boden (*territorium*) und Gebiet (*ditio*) siehe Jochen Bojanowski: „Kant über das Prinzip der Einheit von theoretischer und praktischer Philosophie (Einleitung I-V)". In: *Immanuel Kant. Kritik der Urteilskraft*. Hrsg. von Otfried Höffe. Berlin 2008, S. 23–39. Siehe dazu auch Heiner F. Klemme: „Einleitung" zu Immanuel Kant: *Kritik der Urteilskraft*. Hamburg 2009, S. XVII-CI.
556 Siehe dazu KU, AA V, S. 312.
557 Zur Metaphysik als Aufgabe der Vernunft siehe z.B. Refl. 6358, AA XVIII, S. 685.
558 Die hier vertretene These lässt sich auch anhand der Kontroversschrift gegen Eberhard belegen, die im Jahr 1790 publiziert wurde. Die Wortwahl weist eine gewisse Ähnlichkeit mit der Terminologie der *Fortschritte* auf. So wird in dieser Schrift z.B. ironischerweise der Ausdruck des „Nicht-Sinnlichen" verwendet. Die Metaphern des Angelns und Hinaussteigens, mit denen die Metaphysik in den *Fortschritten* beschrieben wird, werden auch in der Schrift gegen Eberhard gebraucht. Siehe ÜE, AA VIII, S. 195 und 216. Zum Begriff des Übersinnlichen siehe Anselm Model: „Zu Bedeutung und Ursprung von ‚übersinnlich' bei Immanuel Kant". In: *Archiv für Begriffsgeschichte* 30 (1986/87), S. 183–191. Model weist auf die mystischen Ursprünge des Begriffs des Übersinnlichen hin, dennoch macht er ersichtlich, wie sich das kantische Verständnis von dieser Tradition unterscheiden.

gangen, dass Kant in dieser Preisschrift eine neue Definition einführe, die mit der Tradition in engem Zusammenhang stehe.[559]

Gemäß der Unterscheidung zwischen einem sinnlichen und einem übersinnlichen Gebiet der Erkenntnis wird die Ontologie in den *Fortschritten* folgendermaßen definiert:

> Die Ontologie ist diejenige Wissenschaft (als Theil der Metaphysik), welche ein System aller Verstandesbegriffe und Grundsätze, aber nur so fern sie auf Gegenstände gehen, welche den Sinnen gegeben, und also durch Erfahrung belegt werden können, ausmacht. Sie berührt nicht das Übersinnliche.[560]

Die Ontologie befasst sich also in erster Linie mit der Einordnung der Verstandesbegriffe und Grundsätze, die in einem System dargelegt werden sollten, weshalb in Klammern darauf hingewiesen wird, dass sie einen Teil der Metaphysik ausmachen. Durch Kants Hinweis, dass die Transzendentalphilosophie (bzw. Ontologie) das Übersinnliche nicht berühre und trotzdem einen Teil des metaphysischen Systems ausmache, bestätigt sich wiederum, dass die Ontologie ausschließlich auf das Sinnliche bezogen wird. Folglich können ihre Begriffe auch nicht die allgemeinen Grundlagen (Architektonik) für den Aufbau einer Metaphysik im Sinne der Schulmetaphysik darstellen. Die Transzendentalphilosophie gehört zur Metaphysik, weil sie das Nicht-Sinnliche (d. h. die nicht empirisch bedingte Erkenntnis) in Form der reinen Anschauungen sowie der Kategorien zum Gegenstand hat. Daraus lässt sich folgern, dass sie als solche einen Teil der Metaphysik der Natur ausmacht. Es bestätigt sich also die Ausgangsthese, dass eine allgemeine Wissenschaft des Seienden, deren Begriffe sich auf alle möglichen Gegenstände erstrecken, nicht möglich ist.

Entscheidend ist dabei der bereits erwähnte Gedanke, dass die Prinzipien der Metaphysik unterschiedlicher Natur sind. Anhand dieser wesentlichen Besonderheiten der kantischen Bestimmung der Metaphysik lässt sich verdeutlichen,

---

[559] Die Besonderheit und Neuheit der kantischen Bestimmung der Metaphysik in den *Fortschritten* wird von Mario Caimi herausgestellt. Er zieht aber irrtümlicherweise die Konsequenz, dass Kant hier ein theoretisches Verständnis der Metaphysik entwickle, welches das Modell Baumgartens reproduziere und infolgedessen als *transzendent* zu bezeichnen sei. Kant habe sich also mit einer theoretisch verstandenen Metaphysik befasst, die sich gemäß der klassischen Konzeption aus Ontologie, Psychologie, Kosmologie und Theologie zusammensetze. Siehe Caimi: „Kants Metaphysik. Zu Kants Entwurf einer metaphysica specialis". In: Gerhard Funke (Hrsg.): *Akten des siebenten Internationalen Kant-Kongresses*. Bonn-Berlin. 1991, S. 103–126. Siehe ders.: *La metafísica de Kant. Reconstrucción de la argumentación del escrito de Kant „Los progresos de la metafísica desde la época de Leibniz y de Wolff"*. Buenos Aires 1989.
[560] FM, AA XX, S. 260.

dass sich Kants Ontologieverständnis an einer gänzlich anderen Richtung als der traditionellen orientiert, denn laut Kant könne es keine Prinzipien geben, die einen kontinuierlichen Übergang vom Sinnlichen zum Übersinnlichen ermöglichen. Ein derartiger Schritt komme daher einem *Überschritt* gleich:

> Die Transscendentalphilosophie, d.i. die Lehre von der Möglichkeit aller Erkenntniß a priori überhaupt, [..] hat zu ihrem Zweck die Gründung einer Metaphysik, deren Zweck wiederum als Endzweck der reinen Vernunft, dieser ihre Erweiterung von der Grenze des Sinnlichen zum Felde des Übersinnlichen beabsichtiget, welches ein Überschritt ist, der, damit er nicht ein gefährlicher Sprung sey, indessen daß er doch auch nicht ein continuirlicher Fortgang in derselben Ordnung der Prinzipien ist, eine den Fortschritt hemmende Bedenklichkeit an der Grenze beyder Gebiete nothwendig macht.[561]

Deshalb seien bei der Definition der Metaphysik zweierlei Blickwinkel einzunehmen, wodurch sowohl die Anschauungen von Raum und Zeit (*Idealität* der Anschauung) als auch die *Realität* der Freiheit berücksichtigt werden könne. Daraus folgt, dass Erkenntnis nicht nur in theoretischer, sondern auch in praktischer Hinsicht zu bestimmen ist.[562] Was die eigentliche Metaphysik zum Gegenstand hat, ist ausschließlich in Bezug auf das Übersinnliche zu bestimmen, dessen Bereich im Rahmen der Realität der Freiheit betrachtet und deswegen nicht in der Ontologie behandelt werden kann.[563]

---

561 FM, AA XX, S. 272–273. Auf der vermeintlichen Kontinuität der Prinzipien zwischen dem Sinnlichen und dem Übersinnlichen beruhe eben der Fehler der rationalistischen Philosophie. In der Schrift gegen Eberhard stellt Kant dies deutlich heraus: „Herr Eberhard sucht den Stoff zu aller Erkenntniß in den Sinnen, woran er auch nicht Unrecht thut. Er will aber doch auch diesen Stoff zum Erkenntniß des Übersinnlichen verarbeiten." AA VIII, S. 212. Auf die Tatsache, dass Kant von einem Überschritt spricht und infolgedessen die Kontinuität der Prinzipien leugnet, geht Ficara nicht ein. Daher zieht sie die falsche Konsequenz, dass Kants Ontologie in den *Fortschritten* eine ähnliche Funktion wie in der Tradition der Schulmetaphysik erhält, nämlich die, eine allgemeine Disziplin zu sein, die allen anderen Teilen der Metaphysik zugrunde liegt. „Das ganze metaphysische Gebiet – auch die Metaphysik als praktische Lehre – wird von Kant auf die Transzendentalphilosophie zurückgeführt, die als Begriffslehre interpretiert wird. Das bedeutet, dass die Transzendentalphilosophie Kants die Rolle der alten Ontologie als Grundlehre übernimmt." Ficara: *Die Ontologie* a.a.O., S 132–133.
562 „Das Übersinnliche, was gegeben ist, ist der Freyheitsbegriff; folglich ist kein synthetisch-theoretischer Satz, mithin der objectiv transscendent wäre, möglich." Refl. 6351, AA XVIII, S. 678. Datierung um 1796–1798. In derselben *Reflexion* fragt Kant nach der Möglichkeit von synthetischen Urteilen a priori im Hinblick auf das Übersinnliche und seine Antwort lautet: „Als regulative Principien des Practischen." Ebd. Siehe dazu auch: Refl. 6353, AA XVIII, S. 680–681. Datierung um 1796–1798.
563 Das Übersinnliche wird in den *Fortschritten* als das Übersinnliche in uns (Freiheit), über uns (Gott) und nach uns (Unsterblichkeit) charakterisiert. Es enthält eine praktische Absicht und

> Nun ist aber das Übersinnliche von dem sinnlich Erkennbaren, selbst der Species nach (*toto genere*), unterschieden, weil es über alle uns mögliche Erkenntniß hinaus liegt. Also giebt es gar keinen Weg, durch eben dieselbe Fortschritte zu ihm zu gelangen, wodurch wir im Felde des Sinnlichen zur Gewißheit zu kommen hoffen dürfen: also auch keine Annäherung zu dieser, mithin kein Fürwahrhalten, dessen logischer Werth Wahrscheinlichkeit könnte genannt werden.[564]

Die Fortschritte der Metaphysik sind Kant zufolge nur in Rücksicht auf die neue Ontologie bzw. Transzendentalphilosophie zu sehen. Sie bestehen grundsätzlich in den folgenden (kritischen) Aspekte: erstens in der Unterscheidung zwischen analytischen und synthetischen Urteilen; zweitens in der Frage nach der Möglichkeit der synthetischen Urteile a priori und drittens in der Frage, wie sich aus dieser Art von Urteilen Erkenntnis gewinnen lässt.[565] Naturgemäß werden diese Fortschritte durch die Ausführungen der *Kritik der reinen Vernunft* vollzogen. Die Unzulänglichkeit aller dogmatischen Metaphysik beruhe laut Kant darauf, dass es ihr sowohl an einer Kategorientafel als auch an der Anerkennung der Prinzipien der Sinnlichkeit als Bestandteile der Erkenntnis mangele.[566] Auf die Feststellung dieser Defizite gründet sich Kants Kritik an der allgemeinen Ontologie der Schulmetaphysik.[567]

Betrachtet man die Metaphysik der Natur, so wie sie im Architektonik-Kapitel verstanden wurde, nochmals im Lichte der Resultate der *Kritik der praktischen*

---

einen praktischen Glauben: „Daher hat der Glaube in moralisch-praktischer Rücksicht auch an sich einen moralischen Werth, weil er ein freyes Annehmen enthält. Das *Credo* in den drey Artikeln des Bekenntnisses der reinen praktischen Vernunft: Ich glaube an einen einigen Gott, als den Urquell alles Guten in der Welt, als seinen Endzweck; – ich glaube an die Möglichkeit, zu diesem Endzweck, dem höchsten Gut in der Welt, sofern es am Menschen liegt, zusammenzustimmen; – ich glaube an ein künftiges ewiges Leben, als der Bedingung einer immerwährenden Annäherung der Welt zum höchsten in ihr möglichen Gut; – dieses *Credo*, sage ich, ist ein f r e y e s Fürwahrhalten, ohne welches es auch keinen moralischen Werth haben würde. Es verstattet also keinen Imperativ (kein *crede*), und der Beweisgrund dieser seiner Richtigkeit ist kein Beweis von der Wahrheit dieser Sätze, als theoretischer betrachtet, mithin keine objective Belehrung von der Wirklichkeit der Gegenstände derselben, denn die ist in Ansehung des Übersinnlichen unmöglich, sondern nur eine subjectiv-, und zwar praktisch-gültige, und in dieser Absicht hinreichende Belehrung, so zu handeln, als ob wir wüßten, daß diese Gegenstände wirklich wären." FM, AA XX, S. 298.
564 FM, AA XX, S. 299.
565 FM, AA XX, S. 265–266.
566 FM, AA XX, S. 281–282.
567 Demnach stellt Kant die Gültigkeit der Leibnizschen Prinzipien der Ontologie bzw. Metaphysik, die im Wesentlichen auf den Sätzen des zureichenden Grundes, des Nichtszuunterscheidenden, der prästabilierten Harmonie und der Monadologie beruht, grundlegend in Frage. Vgl. FM, AA XX, S. 283–285.

Vernunft und der *Fortschritte* hinsichtlich des Übersinnlichen, so scheint es angebracht, das Verhältnis zwischen Transzendentalphilosophie und Physiologie der reinen Vernunft neu zu formulieren. Denn angesichts der Natur und Freiheit ist das System nunmehr so zu strukturieren, dass die Gesetze des Verstandes (des Sinnlichen überhaupt) und die Gesetze der Vernunft (des Übersinnlichen) deutlicher voneinander abgegrenzt werden können.

Die Metaphysik der Natur, die im Architektonik-Kapitel in Transzendentalphilosophie und Physiologie der reinen Vernunft eingeteilt wurde, lässt sich also mit dem folgenden Schema beschreiben: 1. *Metaphysik der Natur.* 1.1 *Transzendentalphilosophie.* Sie folgt dem Prinzip der Idealität der Anschauungen von Raum und Zeit und enthält ontologische Prädikate. 1.1.a *Kritik.* Sie ist der Definition der *Kritik der Urteilskraft* nach eigentlich eine „Kritik des Verstandes", insofern nur der Verstand konstitutive Prinzipien enthält.) 1.1.b *Ontologie.* 1.2 *Physiologie.* Die Objekte der im Architektonik-Kapitel dargelegten Physiologie kann der *Kritik der praktischen Vernunft* zufolge nur als Postulatenlehre konzipiert werden. Solche Postulate enthalten keine ontologischen Prädikate, sondern nur Begriffe a priori von übersinnlichen Objekten. Sie machen naturgemäß einen Teil der reinen Philosophie aus, sind aber keineswegs in die Transzendentalphilosophie (als Teil der Metaphysik der Natur) miteinzubeziehen. Eine Folge davon ist, dass diesen Disziplinen, die in der Tradition die *metaphysica specialis* ausmachten, eine andere Struktur zukommt und sie dementsprechend einer praktischen Bestimmung bedürfen. Psychologie, Kosmologie und Theologie werden im Zuge der *Kritik der praktischen Vernunft* also wie folgt dargelegt: 1.2.a *Kosmologie* reduziert sich auf das praktische Postulat der *Freiheit.* 1.2.b *Psychologie* und *Theologie* werden unter dem Begriff des *höchsten Guts* (Unsterblichkeit und Gott) vereinbart.

Die Naturlehre, insofern sie sich auf das Dasein bezieht, setzt eine Metaphysik der Natur voraus. Die Metaphysik der Natur enthält also die Begriffe a priori bzw. die Gesetze der Natur überhaupt.[568] Außerdem ist sie der Definition der *Metaphysischen Anfangsgründe der Naturwissenschaft* zufolge in einen transzendentalen und einen besonderen Teil zu untergliedern. Während der zweite Teil die spezifische Beschaffenheit der physikalischen und psychologischen Gegenstände behandelt und damit die empirischen Begriffe der Materie (Physik) und des denkenden Wesens (Psychologie) berücksichtigt, liefert der erste Teil die allgemeinen, transzendentalen Prinzipien, die auf diese beiden Gattungen von Gegenständen angewandt werden sollen. Dies ist allerdings nur bei der Physik

---

568 MAN, AA IV, S. 469.

möglich[569], sodass sich der Umfang der Metaphysik der Natur auf die Transzendentalphilosophie (Kritik und Ontologie) und die rationale Physik beschränkt.[570]

2. *Metaphysik der Sitten.* 2.1 *Rechtslehre* 2.2 *Tugendlehre.* Dazu kommt die auf empirischen Prinzipien beruhende 2.3 *Anthropologie.* Hierbei zeigt sich, dass Kants Versuche, die Ontologie zum Bestandteil seiner kritischen Transzendentalphilosophie zu machen, nicht in Widerspruch zueinander geraten, denn die Ontologie bezieht ihre Begriffe ausschließend auf das Gebiet des Sinnlichen. Die Ontologie als Teil der Metaphysik der Natur ist dabei eine notwendige Disziplin. Der kantischen Ontologie kommt sowohl eine allgemeine als auch eine besondere Bedeutung zu: Gemäß der ersten sind die „transzendentale Analytik" und Ontologie vollständig gleichzusetzen; gemäß der zweiten wird die Ontologie als Teil der Metaphysik der Natur verstanden und auf das Sinnliche überhaupt bezogen. In einer auf Freiheit basierenden, eigentlichen Metaphysik des Übersinnlichen hat die Ontologie – im Unterschied zu der herkömmlichen Tradition – also gar keine Bedeutung. Die Begriffe a priori der kritischen Ontologie erweisen sich demnach nur in Bezug auf die Materie (d. h. auf die Physik) als objektiv und stellen von daher einen wesentlichen Teil der Metaphysik der Natur dar.

---

569 MAN, AA IV, S. 469–470.
570 Darauf weist Kant später in den *Fortschritten* hin, wo er konsequenterweise das Folgende schreibt: „Die allgemeine Physik gehört zur Ontologie als Inbegrif der Bedingungen *a priori* unter denen jener ihren Begriffen objective Realität gegeben werden kann: So doch daß keine Erfahrungslehre der körperlichen u. denkenden Natur *physica* u. *psychologia empirica* darinn vorkommen muß." FM/Lose Blätter, AA XX, S. 337–338.

Schlusswort

Die hier dargelegte Auseinandersetzung mit dem Begriff der Ontologie hat gezeigt, dass Kant im Laufe seiner Denkentwicklung unterschiedliche Auffassungen bezüglich dieser Disziplin vertreten hat. Man kann von drei Phasen sprechen, in denen sich diese Entwicklung vollzog. Die erste kennzeichnet sich durch eine Kritik an den ontologischen Prinzipien der herkömmlichen Metaphysik, die Kants Denken bis Mitte der sechziger Jahre bestimmte. Die zweite Phase zeichnet sich durch eine radikale Kritik an Baumgartens Definition der Ontologie aus. Bemerkenswert ist dabei, dass Kant diese Kritik parallel zu der subjektiven Wende von 1769–1770 und dem daraus resultierenden Verständnis der Metaphysik als subjektiver Wissenschaft sowie auch des Gegenstandes überhaupt entwickelt. Demzufolge ist die Gleichsetzung von Ontologie und Transzendentalphilosophie als wesentliche Richtschnur des kantischen Denkens ab 1770 zu betrachten, anhand derer sich schließlich der Umfang, die Aufgabe und die Definition der kritischen Transzendentalphilosophie bestimmen ließen. In der dritten Phase (ab 1778–1780) wird die Transzendentalphilosophie in Kritik und Ontologie unterteilt, womit die kantische Konzeption der Ontologie eine weitere Präzisierung erfährt.

Diese Unterscheidung hat die weitreichende Folge, dass die Ontologie als eine Disziplin der Metaphysik konzipiert wird, die sich bloß auf das Sinnliche beziehen kann. Sie unterscheidet sich demzufolge von der eigentlichen Metaphysik, deren wesentliche Aufgabe darin besteht, das Übersinnliche zu bestimmen. Diese beiden Bereiche der metaphysischen Erkenntnis werden in Kants Ausführungen von 1786–1787 weiter differenziert, sodass der Umfang der Metaphysik der Natur, die im Architektonik-Kapitel in Transzendentalphilosophie und Physiologie der reinen Vernunft aufgeteilt wurde, auf Transzendentalphilosophie bzw. Ontologie (als Lehre von Begriffen und Grundsätzen, die sich lediglich auf sinnliche Gegenstände beziehen können) und rationale Physik beschränkt wird. Die Metaphysik der Natur hat also das Sinnliche überhaupt zum Gegenstand. Der andere Teil der Physiologie der reinen Vernunft hingegen, der im Architektonik-Kapitel noch einen Teil der Metaphysik der Natur ausmachte, ist nun auf den Begriff der Freiheit gegründet, sodass die eigentliche Metaphysik den Charakter einer praktisch-dogmatischen Metaphysik annimmt. Sie wird damit zu einer Metaphysik *aus* Freiheit. Eine wichtige Folge davon ist, dass die Trennung der Prinzipien der Metaphysik damit noch verschärft wird: Metaphysik ist deswegen auf die Idealität des Raums und der Zeit und auf die Realität der Freiheit zu begründen, wobei letztere nur indirekt erkannt werden kann. Denn die Freiheit ist nur unter der Bedingung des moralischen Gesetzes anzuerkennen und zu realisieren. Das besagt, es gibt keine theoretische Erkenntnis des Übersinnlichen im Sinne einer kategorialen Bestimmung und von daher auch keine Ontologie von intelligiblen Gegenständen. Die Ontologie wird in den *Briefen* und *Fortschritten* als Teil der Metaphysik der Natur konzipiert und erhält damit eine Bedeutung, die mit der traditionellen Konzeption wenig gemein hat.

Vergleicht man die metaphysischen Kant-Interpretationen Wundts oder Heimsoeths mit den hier gewonnenen Ergebnissen, lässt sich feststellen, dass sie keine ausdrückliche Unterscheidung zwischen Ontologie und Metaphysik getroffen und die beiden Bereiche daher irreführenderweise als identisch angesehen haben. Dies führte dazu, dass die Autoren die spezifisch kantische Bedeutung des Begriffs Ontologie übersahen und es von daher versäumten, wesentliche Unterschiede zwischen der Metaphysikkonzeption Kants und derjenigen der herkömmlichen Systeme herauszuarbeiten. Der Mangel einer historisch orientierten Herangehensweise führte auch bei den Untersuchungen Heideggers und Hartmanns zu einer unspezifischen Bestimmung der kantischen Ontologie, die sich kaum mit den Zielen einer kritischen Transzendentalphilosophie vereinbaren lässt. Die hier dargestellte Entwicklung des Begriffs zeigt, dass Kant von einer Konzeption der Ontologie ausging, deren Bedeutung sich mit der von Heidegger angenommenen keineswegs deckt.

Auch bei der neueren Forschung zur Ontologie und ihrer Beziehung zur Transzendentalphilosophie sind einige Thesen als kritisch anzusehen. Im Unterschied zu Ficaras Interpretationsansatz hat sich im Laufe unserer Argumentation etwa erwiesen, dass sich aus der bloßen Allgemeinheit der Kategorien keine stichhaltigen Argumente ableiten lassen, mit denen eine ontologische Interpretation der Transzendentalphilosophie zu rechtfertigen wäre. Hinsichtlich der bloßen Allgemeinheit sind die Begriffe des reinen Verstandes nur logische Funktionen. Da dieselben Kategorien aber später unter dem Begriff der Kausalität aus Freiheit den übersinnlichen Gegenständen objektive Realität verschaffen, ist dies kein weiteres Argument dafür, sie wie Ficara als ontologisch zu deuten. Die Kategorie der Freiheit gründet sich auf das Faktum des moralischen Gesetzes. Aus diesem ergibt sich eine klare Trennung zwischen der Idealität der reinen Anschauungen und der Realität der Freiheit, die Kant zur Grundlage seiner Metaphysikkonzeption macht und somit auf den Einwand Pistorius' reagiert. Die Kategorien sind infolgedessen keine allgemeineren Begriffe (Baumgarten), die wie in der schulmetaphysischen Tradition sowohl auf das Sinnliche als auch auf das Übersinnliche zu beziehen sind. Denn die Prinzipien, auf welchen die Metaphysik beruht, werden von Kant in unterschiedliche *Gebiete* (der spezifischen, in der *Kritik der Urteilskraft* gegebenen Bedeutung dieses Begriffs gemäß) eingeteilt. Nur die *Ausübung* derselben (d. h. des Sinnlichen und des Übersinnlichen) ist auf einen gemeinsamen Boden zurückzuführen; wohl aber lediglich unter Berücksichtigung der Prinzipien der reflektierenden Urteilskraft. Die Ontologie im kantischen Sinne berührt deswegen – wie Kant in den *Fortschritten* mit Nachdruck betont – nicht das Übersinnliche.

Davon ausgehend können diejenigen Interpretationen, die die Einführung des Übersinnlichen – und die entsprechende Definition der Metaphysik in den *Fortschritten* – als einen Rückgriff auf die Tradition Wolffs und Baumgartens ansehen, zurückgewiesen werden. Die Metaphysik wird als praktische Erkenntnis des Übersinnlichen aufgefasst und liefert daher keine theoretische Erkenntnis; die Ontologie, die diesem metaphysischen System angehört, ist hingegen nur auf das Sinnliche bezogen. Als solche ist sie ein Teil der Metaphysik der Natur. Sind die Begriffe der Ontologie nur auf ein Gebiet der Metaphysik zu beziehen, nämlich auf das Sinnliche, kann sie für den Aufbau der Architektonik des ganzen Systems nicht infrage kommen. Dies wurde im ersten Teil des vorliegenden Texts gezeigt. Aus demselben Grund haben die reinen Begriffe auch nicht das Intellektuelle (d. h. das bloß Mögliche) zum Gegenstand und können demzufolge nicht als *Mittelbegriffe* verstanden werden. Der Umfang der Ontologie lässt sich also auch in diesem Sinne nicht auf das Übersinnliche ausweiten und ein vermeintlicher Rückgriff auf die Tradition der überlieferten Metaphysik ist dementsprechend auszuschließen. Diese Einsicht verdankt sich den Resultaten des dritten Teils. Im zweiten Teil konnte gezeigt werden, dass die Gleichsetzung von Ontologie und Transzendentalphilosophie wertvolle Hinweise für eine genauere Bestimmung der entwicklungsgeschichtlichen Etappen des kritischen Systems und deren jeweiligen Ziele liefert. Die hier dargelegte Zweideutigkeit der Transzendentalphilosophie zeigt, dass die Identifizierung der Transzendentalphilosophie mit der Ontologie, die Kant an mehreren Stellen vornimmt, als entscheidend für die Entstehung der kritischen Philosophie anzusehen ist. Damit wurde eine entwicklungsgeschichtliche Deutung vorgeschlagen, die sich von den Interpretationsansätzen Hinskes oder Kreimendahls grundlegend unterscheidet.

Aus dem bisher Gesagten wurde ersichtlich, dass der Begriff der Ontologie für eine historisch orientierte Forschung zur kantischen Transzendentalphilosophie unerlässlich ist. Auch in systematischer Hinsicht erweist sich die Ontologie als relevant für das System der Metaphysik. Das Problem ihrer inhaltlichen Bestimmung bleibt allerdings ungelöst; denn – wie Manfred Baum herausgestellt hat – handelt es sich gewissermaßen um ein „ungeschriebenes Buch". Dass Kant aber ein systematisches Interesse an der Ontologie hatte und sie letztendlich als Teil seiner kritischen Transzendentalphilosophie vorgesehen hat, ist eine Tatsache, die die vorliegende Untersuchung gezeigt hat.

Literaturverzeichnis

Kants Schriften

Kant, Immanuel: *Gesammelte Schriften*. Hrsg. von der Preusschen Akademie der Wissenschaften. Berlin 1900 ff.
Kant, Immanuel: *Werke in sechs Bänden*. Bd. 3. Hrsg. von Wilhelm Weischedel. Darmstadt 1960.
Kant, Immanuel: *Kritik der reinen Vernunft*. Hrsg. von Raymund Schmidt. Hamburg 1952.

Andere Quellen

Baumeister, Friedrich Christian: *Philosophia Definitiva*. In: Christian Wolff: *Gesammelte Werke*. III. Abt., Bd. 7. Hrsg. von J. École, H.W. Arndt, J.E. Hofmann, M. Thomann und C.A. Corr. Hildesheim/New York (1775) 1978.
Baumeister, Friedrich Christian: *Institutiones Metaphysicae*. In: Christian Wolff: *Gesammelte Werke*. III. Abt., Bd. 25. Hrsg. von J. École u. a. Hildesheim/Zürich/New York (1749) 1988.
Baumgarten, Alexander: *Metaphysica/Metaphysik*. Historisch-kritische Ausgabe. Übers., eingel. und hrsg. von Günter Gawlick und Lothar Kreimendahl. Stuttgart – Bad Cannstatt ($_1$1739/$_4$1757) 2011.
Baumgarten, Alexander: *Philosophia generalis*. Hildesheim (1770) 1968.
Clauberg, Johann: *Opera omnia philosophica*. Bd 1. Hildesheim (1691) 1968.
Crusius, August: *Entwurf der notwendigen Vernunft = Wahrheiten, wiefern sie den zufälligen entgegen gesetzet werden*. In: Ders.: *Die philosophischen Hauptwerke*. Bd. 2. Hrsg. von Giorgio Tonelli. Hildesheim (1745) 1964.
Crusius, August: *Weg zur Gewißheit und Zuverlässigkeit der menschlichen Erkenntnis*. In: Ders.: *Die philosophischen Hauptwerke*. Bd. 3. Hrsg. von Giorgio Tonelli. Hildesheim (1747) 1965.
Eberhard, Johann August: *Vorbereitung zur natürlichen Theologie*. Reprint in: Immanuel Kant: AA XVIII.
Eberhard, Johann August: *Von dem Begriffe der Philosophie und ihren Theilen*. Berlin 1778.
Goclenius, Rudolf: *Isagoge. Einführung in die Metaphysik*. Würzburg (1598) 2005.
Hamann, Johann Georg: *Sämtliche Werke*. Historisch-kritische Ausgabe. Hrsg. von Josef Nadler. Bd 4. Wien 1952.
Herz, Marcus: *Betrachtungen aus der spekulativen Weltweisheit*. Hrsg. von Elfriede Conrad, Heinrich P. Delfosse und Birgit Nehren. Hamburg (1771) 1990.
Hume, David: *Philosophische Versuche über die menschliche Erkenntnis*. Hrsg. von Heiner F. Klemme. Bristol (1755) 2000.
Jakob, Ludwig Heinrich: *Prüfung der Mendelssohnschen Morgenstunden oder aller spekulativen Beweise für das Dasein Gottes*. In: *Aetas Kantiana*. Brüssel (1786) 1968.
Lambert, J. Heinrich: *Anlage zur Architectonic, oder Theorie des Einfachen und des Ersten in der philosophischen und mathematischen Erkenntnis*. In: Ders.: *Philosophische Schriften*. Bd. III, Teilband 1. Hrsg. von Hans-Werner Arndt. Hildesheim (1771) 1965.

Lambert, J. Heinrich: *Neues Organon oder Gedanken über die Erforschung und Bezeichnung des Wahren und dessen Unterscheidung vom Irrtum und Schein.* In: Ders.: *Philosophische Schriften.* Bd. I. Hrsg. von Hans-Werner Arndt. Hildesheim (1764) 1965.

Lambert, J. Heinrich: *Philosophische Schriften, Entwürfe und Rezensionen aus dem Nachlaß.* In: Ders.: *Philosophische Schriften.* Bd. X, Teilband 2. Hrsg. von Armin Emmel und Axel Spree. Hildesheim/Zürich/New York 2008.

Meier, Georg: *Auszug aus der Vernunftlehre.* Reprint in: Immanuel Kant: AA XVI.

Sulzer, Johann Georg: „Vorrede". In: David Hume: *Philosophische Versuche über die menschliche Erkenntnis.* Hrsg. von Heiner F. Klemme. Bristol (1755) 2000.

Tetens, Nicolaus: *Über die allgemeine speculativische Philosophie.* Berlin (1775) 1913.

Thomasius, Christian: *Ausübung der Vernunftlehre.* Hildesheim (1696) 1968.

Thümming, Ludwig Philipp: *Institutiones Philosophiae Wolfianae.* In: Christian Wolff: *Gesammelte Werke.* III. Abt., Bd. 19.1. Hildesheim/Zürich/New York (1725) 1982.

Walch, Johann Georg: *Philosophisches Lexicon, darinnen die in allen Theilen der Philosophie, als Logic, Metaphysic, Physic, Pneumatic, Ethic, natürlichen Theologie und Rechts-Gelehrsamkeit, wie auch Politik fürkommende Materie und Kunst-Wörter erkläret und aus der Historie erläutert; die Streitigkeit der ältern und neuern Philosophen erzehlet, die dahin gehörigen Bücher und Schrifften aufgeführet und alles nach Alphabetischer Ordnung vergestellet werden, nöthigen Registern versehen und herausgegeben.* Leipzig 1726.

Wolff, Christian: *Horae subsecivae marburgenses.* In: Ders.: *Gesammelte Werke.* II. Abt., Bd. 34.1. Hrsg. von J. École u. a. Hildesheim/Zürich/New York (1729) 1983.

Wolff, Christian: *Discursus praeliminaris de Philosophia in genere.* In: Ders.: *Gesammelte Werke.* II. Abt., Bd. 1.1. Hrsg. von J. École, H.W. Arndt, C.A. Corr, J.E. Hofmann und M. Thomann. Hildesheim/Zürich/New York ($_1$1728/$_3$1740) 1983. (Deutsche Übersetzung: *Einleitende Abhandlung über Philosophie im allgemeinen.* Übers., eingel. und hrsg. von Günter Gawlick und Lothar Kreimendahl. Stuttgart – Bad Cannstatt 1996.)

Wolff, Christian: *Vernünfftige Gedancken von Gott, der Welt und der Seele des Menschen, auch allen Dingen überhaupt.* In: Ders.: *Gesammelte Werke.* I. Abt., Bd. 2. Hrsg. von J. École, H.W. Arndt, C.A. Corr, J.E. Hofmann und M. Thomann. Hildesheim/Zürich/New York ($_1$1720/$_{11}$1751) 1983.

Wolff, Christian: *Der Vernunfftigen Gedancken von Gott, der Welt, und der Seele des Menschen, auch allen Dingen überhaupt, Anderer Theil, bestehend in ausführlichen Anmerckungen.* In: Ders.: *Gesammelte Werke.* I. Abt., Bd. 3. Hrsg. von J. École, H.W. Arndt, C.A. Corr, J.E. Hofmann und M. Thomann. Hildesheim/Zürich/New York ($_1$1724/$_4$1740) 1983.

Wolff, Christian: *Von dem Unterscheid des zusammenhangenden und nicht zusammenhangenden Verstandes.* In: Ders.: *Gesammelte Werke. Kleine philosophische Schriften.* I. Abt., Bd. 21.4. Hrsg. von J. École, H.W. Arndt, C.A. Corr, J.E. Hofmann und M. Thomann. Hildesheim/New York (1739) 1981.

Wolff, Christian: *Philosophia prima, sive Ontologia, methodo scientifica pertractata, qua omnis congnitionis humanae principia continentur.* In: Ders.: *Gesammelte Werke.* II. Abt., Bd 3. Hrsg. von Jean École. Hildesheim/New York ($_1$1730/$_2$1736) 1977. (Deutsche Übersetzung: *Erste Philosophie oder Ontologie nach wissenschaftlicher Methode behandelt, in der die Prinzipien der gesamten menschlichen Erkenntnis enthalten ist.* Übers. und hrsg. von Dirk Effertz. Hamburg 2005).

Wolff, Christian: *Ausführliche Nachricht von seinen eigenen Schriften, die er in deutscher Sprache von den verschiedenen Theilen der Weltweisheit herausgegeben.* In: Ders.: *Gesammelte Werke.* I. Abt., Bd 9. Hrsg. von J. École, J.E. Hofmann, M. Thomann und H.W. Arndt. Hildesheim/New York ($_1$1726/$_2$1733) 1973.

Wolff, Christian: *Vernünfftige Gedancken von den Kräften des menschlichen Verstandes und ihrem richtigen Gebrauche in Erkenntnis der Wahrheit.* In: Ders.: *Gesammelte Werke.* I. Abt., Bd 1. Hrsg. von J. École, J.E. Hofmann, M. Thomann und H.W. Arndt. Hildesheim ($_1$1713/$_{14}$1754) 1965.

Zedler, Johann Heinrich (Hrsg.): *Großes vollständiges Universallexicon aller Wissenschaften und Künste.* Halle/Leipzig 1732–1754.

Sekundärliteratur

Adickes, Erich: „Die bewegenden Kräfte in Kants philosophischer Entwicklung und die beiden Pole seines Systems". In: *Kant-Studien* 1 (1896/97), S. 9–59.

Aertsen, Jan A.: „Metaphysics as a Transcendental Science". In: Pasquale Porro (Hrsg.): *Quaestio 5.* Turnhout 2005, S 377–389.

Allison, Henry: *Kant's Transcendental Idealism. An Interpretation and Defense.* Yale 1983.

Allison, Henry: „Kant's concept of the transcendental object". In: *Kant-Studien* 59 (1968), S. 165–186.

Angelelli, Ignacio: „On the origins of Kant's ‚transcendental'". In: *Kant-Studien* 63 (1972), S. 117–122.

Arnaud, Thierry: „Où commence la ‚Métaphysique allemande' de Christian Wolff?". In: Oliver-Pierre Rudolph und Jean-François Goubet (Hrsg.): *Die Psychologie Christian Wolffs.* Tübingen 2004, S. 61–73.

Arnaud, Thierry: „Psychologie empirique et métaphysique. Le critère du métaphysique chez Wolff. Pourquoi une Psychologie empirique au sein de la métaphysique?". In: *Archives de Philosophie* 65 (2002), S. 35–46.

Arndt, Hans-Werner: „Einleitung" zu Johann H. Lambert: *Anlage zur Architectonic, Theorie des Einfachen und des Ersten in der philosophischen und mathematischen Erkenntnis.* Hrsg. von Hans-Werner Arndt. Hildesheim (1771) 1965, S. V-XXVI.

Baum, Manfred: „Transzendentalphilosophie und Ontologie bei Kant". In: Antonino Falduto, Caroline Kolisang und Gabriel Rivero (Hrsg.): *Metaphysik – Ästhetik – Ethik. Beiträge zur Interpretation der Philosophie Kants.* Würzburg 2012, S. 13–27.

Baum, Manfred: „Systemform und Selbsterkenntnis der Vernunft bei Kant". In: Hans Friedrich Fulda und Jürgen Stolzenberg (Hrsg.): *Architektonik und System in der Philosophie Kants.* Hamburg 2001, S. 25–40.

Beck, Lewis White: „Two ways of reading Kant's letter to Herz: Comments on Carl". In: Eckart Förster (Hrsg.): *Kants Transcendental Deductions. The Three Critiques and the Opus Postumum.* Standford 1989.

Beck, Lewis White: „Lambert and Hume in Kant's development from 1769 to 1772". In: Ders. (Hrsg.): *Essays on Kant and Hume.* New Haven/London 1978, S. 101–110.

Beck, Lewis White: *Early German Philosophy. Kant and His Predecessors.* Cambridge 1969, S. 463–467.

Beck, Lewis White: „Can Kant's synthetic judgments be made analytic?". In: *Kant-Studien* 47 (1955–56), S. 168–181.
Beiser, Frederick C.: „Kant's intellectual development: 1746–1781". In: Paul Guyer (Hrsg.): *The Cambridge Companion to Kant*. Cambridge 1992, S. 26–61.
Benoist, Jocelyn: „Sur une prétendue ontologie kantienne: Kant et la néo-scolastique". In: Charles Ramond (Hrsg.): *Kant et la pensée moderne: alternatives critiques*. Bordeaux 1996, S. 137–163.
Bertsch, Hanno Birken: *Subreption und Dialektik bei Kant. Der Begriff des Fehlers der Erschleichung in der Philosophie des 18. Jahrhunderts*. Stuttgart – Bad Cannstatt 2006.
Bickmann, Claudia: „Kants Ontologie als Gegenstandstheorie. Ist die Rede vom ‚Ding an sich' unvermeidlich?". In: Volker Gerhardt, Rolf-Peter Horstmann und Ralph Schumacher (Hrsg.): *Kant und die Berliner Aufklärung. Akten des IX. Internationalen Kant-Kongress*. Berlin 2001, S. 73–85.
Boer, Karin De: „Kant, Hegel and the system of pure reason". In: Elena Ficara (Hrsg.): *Die Begründung der Philosophie im deutschen Idealismus*. Würzburg 2011, S. 77–87.
Bojanowski, Jochen: „Kant über das Prinzip der Einheit von theoretischer und praktischer Philosophie (Einleitung I-V)". In: Otfried Höffe (Hrsg.): *Immanuel Kant. Kritik der Urteilskraft*. Berlin 2008, S. 23–39.
Brandt, Reinhard: „Rezension zu Lothar Kreimendahls ‚Kant – Der Durchbruch von 1769'". In: *Kant-Studien* 83 (1992), S. 100–111.
Brandt, Reinhard und Werner Stark: „Einleitung". In: Immanuel Kant: *Vorlesungen über die Anthropologie*, AA XXV, S. VII-CLI.
Brandt, Reinhard: „Kant als Metaphysiker". In: Volker Gerhardt (Hrsg.): *Der Begriff der Politik. Bedingungen und Gründe politischen Handelns*. Stuttgart/Weimar 1990, S. 57–94.
Brandt, Reinhard: „Materialien zur Entstehung der *Kritik der reinen Vernunft* (John Locke und Johann Schultz)". In: Ingeborg Heidemann und Wolfgang Ritzel (Hrsg.): *Beiträge zur Kritik der reinen Vernunft. 1781–1981*. Berlin/New York 1981, S. 37–68.
Caimi, Mario: „Kants Metaphysik. Zu Kants Entwurf einer metaphysica specialis". In: Gerhard Funke (Hrsg.): *Akten des Siebenten Internationalen Kant-Kongresses*. Bonn/Berlin 1991, S. 103–126.
Caimi, Mario: *La metafísica de Kant. Reconstrucción de la argumentación del escrito de Kant „Los progresos de la metafísica desde la época de Leibniz y de Wolff"*. Buenos Aires 1989.
Carboncini, Sonia: „L'ontologia di Wolff tra scolastica e cartesianismo". In: Sonia Carboncini und Luigi Cataldi Madonna (Hrsg.): *Nuovi studi sul pensiero di Christian Wolff*. Hildesheim/Zürich/New York 1992, S. 131–155.
Carl, Wolfgang: *Der schweigende Kant*. Göttingen 1989.
Carl, Wolfgang: „Kant's first drafts of the deduction of the categories". In: Eckart Förster (Hrsg.): *Kants Transcendental Deductions. The Three Critiques and the Opus Postumum*. Standford 1989.
Cassirer, Ernst: „Hermann Cohen und die Erneuerung der Kantischen Philosophie". In: *Kant-Studien* 17 (1912), S. 252–273.
Casula, Mario: *La metafisica di A.G. Baumgarten*. Mailand 1973.
Cicovacki, Predrag: „An aporia of a priori knowledge. On Carl's and Beck's interpretation of Kant's letter to Marcus Herz". In: *Kant-Studien* 82 (1991), S. 349–360.
Cohen, Hermann: *Kants Theorie der Erfahrung*. Hildesheim/Zürich/New York 1987.

Conrad, Elfriede: *Kants Logikvorlesungen als neuer Schlüssel zur Architektonik der Kritik der reinen Vernunft. Die Ausarbeitung der Gliederungsentwürfe in den Logikvorlesungen als Auseinandersetzung mit der Tradition.* Stuttgart – Bad Cannstatt 1994.

Courtine, Jean-François: *Suárez et le système de la métaphysique.* Paris 1990.

Cramer, Konrad: „Die Einleitung (A1/B1-A16/B30)". In: Georg Mohr und Marcus Willaschek (Hrsg.): *Immanuel Kant. Kritik der reinen Vernunft.* Berlin 1998, S. 53–79.

Duchesneau, François: „Kant et la ‚physiologie de l'entendement humain'". In: Gerhard Funke (Hrsg.): *Akten des 4. Internationalen Kant-Kongresses.* Berlin/New York 1774, S. 270–276.

Duque, Félix: *La fuerza de la razón. Invitación a la lectura de la „Crítica de la razón pura" de Kant.* Madrid 2002.

École, Jean: „Des rapports de la métaphysique de Christian Wolff avec celle des scolastique". In: Jean École (Hrsg.): *Autour de la philosophie Wolffiene.* Hildesheim/Zürich/New York 2001, S. 55–69.

École, Jean: „Une étape de l'histoire de la métaphysique: l'apparition de l'Ontologie comme discipline séparée". In: Jean École (Hrsg.): *Autour de la philosophie Wolffienne.* Hildesheim/Zürich/New York 2001, S. 95–116.

École, Jean: „La notion d'être selon Wolff ou la ‚désexistentialisation de l'essence'". In: Sonia Carboncini und Luigi Cataldi Madonna (Hrsg.): *Nuovi studi sul pensiero di Christian Wolff.* Hildesheim/Zürich/New York 1992, S. 157–173.

École, Jean: *La métaphysique de Christian Wolff.* Hildesheim/Zürich/New York 1990.

École, Jean: „Des différentes parties de la métaphysique selon Wolff". In: Werner Schneiders (Hrsg.): *Christian Wolff 1679–1754. Interpretationen zu seiner Philosophie und deren Wirkung.* Hamburg 1983, S. 121–128.

Engfer, Hans-Jürgen: „Zur Bedeutung Wolffs für die Methodendiskussion der deutschen Aufklärungsphilosophie: Analytische und synthetische Methode bei Wolff und beim vorkritischen Kant". In: Werner Schneiders (Hrsg.): *Christian Wolff 1679–1754. Interpretationen zur seiner Philosophie und deren Wirkung.* Hamburg 1983, S. 48–65.

Erdmann, Benno: „Die Entwicklungsperioden von Kants theoretischer Philosophie". In: Norbert Hinske (Hrsg.): *Reflexionen Kants zur kritischen Philosophie.* Stuttgart – Bad Cannstatt 1992, S. XIII-LX.

Fabbianelli, Faustino, Goubet, Jean François und Oliver-Pierre Rudolph (Hrsg.): *Zwischen Grundsätzen und Gegenständen. Untersuchungen zur Ontologie Christian Wolffs.* Hildesheim/Zürich/New York 2011.

Falduto, Antonino: *The Faculties of the Human Mind and the Case of Moral Feeling in Kant's Philosophy.* Berlin/Boston 2014.

Favaretti Camposampiero, Matteo: *Conoscenza simbolica: Pensiero e linguaggio in Christian Wolff e nella prima èta moderna.* In: Christian Wolff: *Gesammelte Werke.* III. Abt., Bd. 119. Hrsg. von J. École, H.W. Arndt, R. Theis, W. Schneiders und S. Carboncini-Gavanelli. Hildesheim/Zürich/New York 2009.

Ficara, Elena: *Die Ontologie in der „Kritik der reinen Vernunft".* Würzburg 2006.

Fischer, Kuno: *Immanuel Kant und seine Lehre. Entstehung und Grundlegung der kritischen Philosophie.* Heidelberg 1928.

Fischer, Klaus P.: „John Locke in the German Enlightenment: An Interpretation". In: *Journal of the History of Ideas* 36 (1975), S. 431–446.

Findlay, J.N.: *Kant and the Transcendental Object.* Oxford 1981.

Förster, Eckart: „Kants Metaphysikbegriff: vor-kritisch, kritisch, nach-kritisch". In: Dieter Henrich und Rolf-Peter Horstmann (Hrsg.): *Metaphysik nach Kant.* Stuttgart 1988, S. 123–136.
Fulda, Hans Friedrich: „Ontologie nach Kant und Hegel". In: Dieter Henrich und Rolf-Peter Horstmann (Hrsg.): *Metaphysik nach Kant.* Stuttgart 1988, S. 44–82.
Gagliardi, Francesco: *Kant e il problema dell'ontologia.* Gaeta 1998.
George, Rolf: „Transcendental object and thing in itself". In: Gerhard Funke (Hrsg.): *Akten des 4. Internationalen Kant-Kongresses.* Berlin/New York 1974, S. 186–195.
Gesang, Bernward: *Kants vergessener Rezensent. Die Kritik der theoretischen und praktischen Philosophie Kants in fünf frühen Rezensionen von Hermann Andreas Pistorius.* Hamburg 2007.
Gilson, Étienne: *L'être et l'essence.* Paris 1948.
Gotz, Gehard: „Kants ‚großes Licht' des Jahres 69". In: Volker Gerhardt, Rolf-Peter Horstmann und Ralph Schumacher (Hrsg.): *Kant und die Berliner Aufklärung. Akten des IX. Internationalen Kant-Kongress.* Bd. 2. Berlin/New York 2001, S. 19–26.
Gotz, Gerhard: *Letztbegründung und systematische Einheit. Kants Denken bis 1772.* Wien 1993.
Goubet, Jean-François: „In welchem Sinne ist die Wolffsche Psychologie als Fundament zu verstehen? Zum vermeintlichen Zirkel zwischen Psychologie und Logik". In: Oliver-Pierre Rudolph und Jean-François Goubet (Hrsg.): *Die Psychologie Christian Wolffs.* Tübingen 2004, S. 51–60.
Goubet, Jean-François: „Fondement, principes et utilité de la connaissance. Sur la notion wolffienne de système". In: *Archives de Philosophie* 65 (2002), S. 81–103.
Goy, Ina: *Architektonik oder die Kunst der Systeme.* Paderborn 2010.
Grapotte, Sophie: „Ontologie critique/Ontologie wolffienne: La réforme kantienne de l'ontologie". In: Sophie Grapotte und Tinca Prunea-Bretonnet (Hrsg.): *„Kant et Wolff. Héritages et ruptures.* Paris 2011, S. 131–146.
Gueroult, Martial: „La dissertation kantienne de 1770". In: *Archives de Philosophie* 41 (1978), S. 3–25.
Guyer, Paul: *Kant and the Claims of Knowledge.* Cambridge 1987.
Hartmann, Nicolai: „Diesseits von Idealismus und Realismus. Ein Beitrag zur Scheidung des Geschichtlichen und Übergeschichtlichen in der Kantischen Philosophie". In: *Kant-Studien* 29 (1924), S. 160–206.
Heidegger, Martin: *Sein und Zeit.* Tübingen 2001.
Heidegger, Martin: *Kant und das Problem der Metaphysik.* Frankfurt a. M. 1951.
Heimsoeth, Heinz: *Studien zur Philosophie Immanuel Kants: metaphysische Ursprünge und ontologische Grundlagen.* Bonn 1971.
Heimsoeth, Heinz: *Transzendentale Dialektik: Ein Kommentar zur Kants Kritik der reinen Vernunft.* Berlin 1966.
Herring, Herbert: *Das Problem der Affektion bei Kant: die Frage nach der Gegebenheitsweise des Gegenstandes in der Kritik der reinen Vernunft und die Kant-Interpretation.* Köln 1953.
Hinske, Norbert: „Die Rolle des Methodenproblems im Denken Kants. Zum Zusammenhang von dogmatischer, polemischer, skeptischer und kritischer Methode". In: Norbert Fischer (Hrsg.): *Kants Grundlegung einer kritischen Metaphysik.* Hamburg 2010, S. 343–354.
Hinske, Norbert: „Ontologie oder Analytik des Verstandes? Kants langer Abschied von der Ontologie". In: Constantino Esposito und Pasquale Porro (Hrsg.): *Quaestio* 9. Turnhout 2009, S. 303–309.

Hinske, Norbert: *Zwischen Aufklärung und Vernunftkritik. Studien zum Kantschen Logikcorpus.* Stuttgart – Bad Cannstatt 1998.
Hinske, Norbert: „Prolegomena zu einer Entwicklungsgeschichte des Kantischen Denkens. Erwiderung auf Lothar Kreimendahl". In: Robert Theis und Claude Weber (Hrsg.): *De Christian Wolff à Louis Lavalle. Métaphysique et histoire de la philosophie/Von Christian Wolff bis Louis Lavalle. Geschichte der Philosophie und Metaphysik.* Hildesheim/Zürich/New York 1995, S. 102–121.
Hinske, Norbert: „Einleitung". In: Benno Erdmann (Hrsg.): *Reflexionen Kants.* Stuttgart – Bad Cannstatt 1992, S. 7–19.
Hinske, Norbert: „Die Wissenschaften und ihre Zwecke. Kants Neuformulierung der Systemidee". In: Gerhard Funke (Hrsg.): *Akten des Siebenten Internationalen Kant-Kongresses.* Bonn/Berlin 1990, S. 157–177.
Hinske, Norbert: „Die Datierung der Reflexion 3716 und die generellen Datierungsprobleme des Kantschen Nachlasses". In: *Kant-Studien* 68 (1977), S. 321–340.
Hinske, Norbert: „Kants neue Terminologie und ihre alte Quellen. Möglichkeiten und Grenzen der elektronischen Datenverarbeitung im Felde der Begriffsgeschichte". In: *Kant-Studien* 65 (1974), S. 68–85.
Hinske, Norbert: „Kants Begriff des Transzendentalen und die Problematik seiner Begriffsgeschichte". In: *Kant-Studien* 64 (1973), S. 56–62.
Hinske, Norbert: *Kants Weg zur Transzendentalphilosophie. Der dreißigjährige Kant.* Stuttgart/Berlin/Köln/Mainz 1970.
Hinske, Norbert: „Die historischen Vorlagen der kantischen Transzendentalphilosophie". In: *Archiv für Begriffsgeschichte* 12 (1968), S. 86–113.
Hinske, Norbert: „Kants Idee der Anthropologie". In: Heinrich Rombach (Hrsg.): *Die Frage nach dem Menschen. Aufriss einer philosophischen Anthropologie.* München 1966, S. 410–427.
Hinske, Norbert: „Kants Begriff der Antinomie und die Etappen seiner Ausarbeitung". In: *Kant-Studien* 56 (1965), S. 485–496.
Höffe, Otfried: „Achitektonik und Geschichte der reinen Vernunft". In: Georg Mohr und Marcus Willaschek (Hrsg.): *Immanuel Kant. Kritik der reinen Vernunft.* Berlin 1998, S. 617–645.
Hoeppner, Till: „Kants Begriff der Funktion und die Vollständigkeit der Urteils- und Kategorientafel". In: *Zeitschrift für philosophische Forschung* 65 (2011), S. 193–216.
Holzhey, Helmut: *Kants Erfahrungsbegriff. Quellengeschichtliche und bedeutungsanalytische Untersuchungen.* Basel/Stuttgart 1970.
Honnefelder, Ludger: „Der zweite Anfang der Metaphysik. Voraussetzungen, Ansätze und Folgen der Wiederbegründung der Metaphysik im 13./14. Jahrhundert". In: Jan P. Beckmann, Ludger Honnefelder, Gangolf Schrimpf und Georg Wieland (Hrsg.): *Philosophie im Mittelalter. Entwicklungslinien und Paradigmen.* Hamburg 1996, S. 165–186.
Honnefelder, Ludger: „Die ‚Transzendentalphilosophie der Alten': Zur mittelalterlichen Vorgeschichte von Kants Begriff der Transzendentalphilosophie". In: Hoke Robinson (Hrsg.): *Proceedings of the 8th International Kant Congress.* Memphis 1995, S. 393–407.
Honnefelder, Ludger: *Scientia transcendens: die formale Bestimmung der Seiendheit und Realität in der Metaphysik des Mittelalters und der Neuzeit.* Hamburg 1990.
Hoppe, Hans-Georg: „Wandlungen in der Kant-Auffassung Heideggers". In: Peter Heintel und Ludwig Nagl (Hrsg.): *Zur Kantforschung der Gegenwart.* Darmstadt 1981, S. 369–404.
Kitcher, Patricia: „Kant on Self-Identity". In: *Philosophical Review* 91 (1982), S. 41–72.

Klemme, Heiner F.: „Die Aufhebung von ‚Humes Zweifel'. §§ 27 – 39". In: Holger Lyre und Oliver Schliemann (Hrsg.): *Kants Prolegomena. Ein kooperativer Kommentar.* Frankfurt a. M. 2012, S. 169 – 193.

Klemme, Heiner F.: „The origin and aim of Kant's Critique of Practical Reason". In: Andrews Reath und Jens Timmermann (Hrsg.): *Kant's Critique of Practical Reason. A Critical Guide.* Cambridge 2010, S. 11 – 30.

Klemme, Heiner F. „Einleitung". In: Immanuel Kant: *Kritik der Urteilskraft.* Hrsg. von Heiner F. Klemme. Hamburg 2009, S. XVII-CI.

Klemme, Heiner F.: „Introduction". In: David Hume: *Philosophische Versuche über die menschliche Erkenntnis.* Hrsg. von Heiner F. Klemme. Bristol (1755) 2000, S V-XII.

Klemme, Heiner F.: „Kants Wende zum Ich. Zum Einfluß von Herz und Mendelssohn auf die Entwicklung der kritischen Subjekttheorie". In: *Zeitschrift für philosophische Forschung* 53 (1999), S. 507 – 529.

Klemme, Heiner F.: *Kants Philosophie des Subjekts. Systematische und entwicklungsgeschichtliche Untersuchungen zum Verhältnis von Selbstbewußtsein und Selbsterkenntnis.* Hamburg 1996.

König, Peter: „Die Selbsterkenntnis der Vernunft und das wahre System der Philosophie bei Kant". In: Hans Friedrich Fulda und Jürgen Stolzenberg (Hrsg.): *Architektonik und System in der Philosophie Kants.* Hamburg 2001, S. 41 – 52.

Kreimendahl Lothar: „Empirische Elemente im Denken Wolffs". In: Jürgen Stolzenberg und Oliver-Pierre Rudolph (Hrsg.): *Christian Wolff und die europäische Aufklärung.* Hildesheim/Zürich/New York 2007, S. 95 – 112.

Kreimendahl, Lothar: *Kant. Der Durchbruch von 1769.* Köln 1990.

Kreimendahl, Lothar und Gawlick, Günther: *Hume in der deutschen Aufklärung. Umrisse einer Rezeptionsgeschichte.* Stuttgart – Bad Cannstatt 1987.

Krouglov, Alexei N.: „Die Ontologie von Tetens und seiner Zeit". In: Constantino Esposito und Pasquale Porro (Hrsg.): *Quaestio 9.* Turnhout 2009, S. 269 – 283.

Krouglov, Alexei N.: „Der Begriff ‚transzendental' bei J. N. Tetens. Historischer Kontext und Hintergründe". In: *Aufklärung* 16 (2004), S. 35 – 75.

Kuehn, Manfred: „Der Objektbegriff bei Christian Wolff und Immanuel Kant". In: Heiner F. Klemme, Bernd Ludwig, Michael Pauen und Werner Stark (Hrsg.): *Aufklärung und Interpretation.* Würzburg 1999, S. 39 – 56.

Kuehn, Manfred: „The moral dimension of Kant's Inaugural Dissertation: A new perspective on the ‚Great Light of 1769'?". In: Hoke Robinson (Hrsg.): *Proceedings of the 8th International Kant Congress.* Milwaukee 1995, S. 373 – 392.

Kuehn, Manfred: „Hume's Antinomies". In: *Hume Studies* 9 (1983), S. 25 – 45.

Kuehn, Manfred: „Kants Conception of ‚Hume's Problem'". In: *Journal of the History of Philosophy* 21 (1983), S. 175 – 193.

La Rocca, Claudio: *Esistenza e Giudizio. Linguaggio e Ontologia in Kant.* Pisa 1999.

Landau, Albert (Hrsg.): *Rezensionen zur Kantischen Philosophie 1781 – 1787.* Bebra 1991.

Laywine, Alison: „Kant's metaphysical reflections in the *Duisburg Nachlaß*". In: *Kant-Studien* 97 (2006), S. 79 – 113.

Laywine, Alison: „Kant in reply to Lambert on the ancestry of metaphysical concepts". In: *Kantian Review* 5 (2001), S. 1 – 48.

Laywine, Alison: *Kant's Early Metaphysics und the Origins of the Critical Philosophy.* Atascadero 1993.

Lehmann, Gerhard: „Kants Entwicklung im Spiegel der Vorlesungen". In: Heinz Heimsoeth, Dieter Henrich und Giorgio Tonelli (Hrsg.): *Studien zu Kants philosophischer Entwicklung.* Hildesheim 1967, S. 144–158.

Lehmann, Gerhard: „Kritizismus und kritisches Motiv in der Entwicklung der kantischen Philosophie". In: *Kant-Studien* 48 (1956/1957), S. 25–54.

Leisegang, Hans: „Über die Behandlung des scholastischen Satzes: ‚Quolibet ens est unum, verum, bonum seu perfectum' und seine Bedeutung in Kants Kritik der reinen Vernunft". In: *Kant-Studien* 20 (1915), S. 403–421.

Lewis Miles, Murray: *Logik und Metaphysik bei Kant.* Frankfurt a. M. 1978.

Ludwig, Bernd: „Die ‚consequente Denkungsart der speculativen Kritik'. Kants radikale Umgestaltung seiner Freiheitslehre im Jahre 1786 und die Folgen für die Kritische Philosophie als Ganze". In: *Deutsche Zeitschrift für Philosophie* 58 (2010), S. 595–628.

Manchester Paula: „Kant's conception of Architectonic in its historical context". In: *Journal of the History of Philosophy* 41,2 (2003), S. 187–207.

Manchester, Paula: „What Kant means by Architectonic". In: Volker Gerhardt, Rolf-Peter Horstmann und Ralph Schumacher (Hrsg.): *Kant und die Berliner Aufklärung, Akten des IX. Internationalen Kant-Kongresses.* Berlin/New York 2001, S. 622–630.

Mensch, Jennifer: „The key to all metaphysics: Kant's letter to Herz, 1772". In: *Kantian Review* 12 (2007), S. 109–127.

Mohr, Georg: *Kants Grundlegung der kritischen Philosophie. Werkkommentar und Stellenkommentar zur Kritik der reinen Vernunft, zu den Prolegomena und zu den Fortschritten der Metaphysik.* Frankfurt a. M. 2004.

Naeve, Nico: *Naturteleologie bei Aristoteles, Leibniz, Kant und Hegel. Eine historisch-systematische Untersuchung.* Freiburg/München 2013.

Natorp, Paul: „Kant und die Marburger Schule". In: *Kant-Studien* 17 (1912), S. 193–221.

Österreich, Konstantin: *Kant und die Metaphysik.* In: *Kant-Studien Ergänzungshefte* 2 (1906).

Paccioni, Jean Paul: *Cet esprit de profondeur. Christian Wolff. L'ontologie et la métaphysique.* Paris 2006.

Paulsen, Friedrich: *Immanuel Kant. Sein Leben und seine Lehre.* Stuttgart 1920.

Paulsen, Friedrich: „Kants Verhältnis zur Metaphysik". In: *Kant-Studien* 4 (1900), S. 413–447.

Pinder, Tillmann: „Kants Begriff der transzendentalen Erkenntnis. Zur Interpretation der Definition des Begriffs ‚transzendental' in der Einleitung zur Kritik der reinen Vernunft (A 11f./B 25)". In: *Kant-Studien* 77 (1986), S. 1–40.

Pozzo, Riccardo: *Georg Friedrich Meiers „Vernunftlehre". Eine historisch-systematische Untersuchung.* Stuttgart – Bad Cannstatt 2000.

Pozzo, Riccardo: *Kant und das Problem einer Einleitung in die Logik. Ein Beitrag zur Rekonstruktion der historischen Hintergründe von Kants Logik-Kolleg.* Frankfurt a. M./Bern/New York/Paris 1989.

Prauss, Gerold: *Kant und das Problem der Dinge an sich.* Bonn 1977.

Prunea-Bretonnet, Tinca: „De l'ontologie à la philosophie transcendentale: Dans quelle mesure Kant est-il wolffien?". In: Sophie Grapotte und Tinca Prunea-Bretonnet (Hrsg.): *„Kant et Wolff. Héritages et ruptures.* Paris 2011, S. 147–161.

Prunea-Bretonnet, Tinca: „La question de l'analyse et l'héritage wolffien dans la ‚Preisschrift' de 1762 (1764)". In: Luc *Langlois* (Hrsg.): *Années 1747–1781. Kant avant la Critique de la Raison Pure.* Paris 2009, S. 137–144.

Reich, Klaus: „Einleitung". In: Immanuel Kant: *De mundi sensibilis atque intelligibilis forma et principiis/ die Form und Prinzipien der Sinnen- und Geisteswelt.* Hrsg. von Klaus Reich. Hamburg 1958.
Reich, Klaus: „Vorwort und Einleitung" zu Immanuel Kants: *Träume eines Geistersehers. Der Unterschied der Gegenden im Raume.* In: *Gesammelte Schriften.* Hrsg. von Manfred Baum, Udo Rameil, Klaus Reisinger und Gertrud Scholz. Hamburg 2001.
Riehl, Alois: *Der philosophische Kritizismus. Geschichte und System.* Leipzig 1924.
Rompe, Elisabeth: *Die Trennung von Ontologie und Metaphysik. Der Ablösungsprozeß und seine Motivierung bei Benedictus Pererius und anderen Denkern des 16. und 17 Jahrhunderts.* Bonn 1968.
Rosales, Alberto: *Sein und Subjektivität bei Kant.* Berlin/New York 2000.
Rumore, Paola: *L'ordine delle idee. La genesi del concetto di ‚rappresentazione' in Kant attraverso le sue fonti wolffiane (1747–1787).* Florenz 2007.
Sala, Giovanni B.: „Der ‚reale Verstandesgebrauch' in der Inauguraldissertation Kants von 1770". In: *Kant-Studien* 69 (1978), S. 1–16.
Schmucker, Josef: „Kants kritischer Standpunkt zur Zeit der Träume eines Geistersehers im Verhältnis zu dem der Kritik der reinen Vernunft". In: Ingeborg Heidemann und Wolfgang Ritzel (Hrsg.): *Beiträge zur Kritik der reinen Vernunft.* Berlin/New York 1981.
Schmucker, Josef: „Zur Datierung der Reflexion 3716. Das Versagen der Wortstatistik in der Frage der Datierung der frühen Kantischen Reflexionen zur Metaphysik, aufgewiesen an einem exemplarischen Fall". In: *Kant-Studien* 67 (1976), S. 73–101.
Schmucker, Josef: „Was entzündete in Kant das große Licht von 1769?". In: *Archiv für Geschichte der Philosophie* 58 (1976), S. 393–434.
Schmucker, Josef: „Zur entwicklungsgeschichtlichen Bedeutung der Inauguraldissertation von 1770". In: Gerhard Funke und Joachim Kopper (Hrsg.): *Akten des 4. Internationalen Kant-Kongresses.* Berlin/New York 1974, S. 263–282.
Schulthess, Peter: *Relation und Funktion. Eine systematische und entwicklungsgeschichtliche Untersuchung zur theoretischen Philosophie Kants.* Berlin/New York 1981.
Schwaiger, Clemens: „Denken des ‚Übersinnlichen' bei Kant. Zu Herkunft und Verwendung einer Schlüsselkategorie seiner praktischen Metaphysik". In: Norbert Fischer (Hrsg.): *Kants Metaphysik und Religionsphilosophie.* Hamburg 2004, S. 331–345.
Schwaiger, Clemens: „Die Anfänge des Projekts einer ‚Metaphysik der Sitten'. Zu den wolffianischen Wurzeln einer kantischen Schlüsselidee". In: Volker Gerhard, Rolf-Peter Horstmann und Ralph Schumacher (Hrsg.): *Kant und die Berliner Aufklärung.* Berlin/New York 2001, S. 52–58.
Schwaiger, Clemens: *Kategorische und andere Imperative. Zur Entwicklung von Kants praktischer Philosophie bis 1785.* Stuttgart-Bad Cannstatt 1999
Sgarbi, Marco: *La Kritik der reinen Vernunft nel contesto della tradizione logica aristotélica.* Hildesheim/Zürich/New York 2010.
Sgarbi, Marco: „Kant's ethics as a part of metaphysics: the role of spontaneity". In: *Kant e-Prints* 2 (2008), S. 265–278.
Theis, Robert: „L'Ontothéologie Kantienne avant 1781". In: Luc *Langlois* (Hrsg.): *Années 1747–1781. Kant avant la Critique de la Raison Pure.* Paris 2009, S. 29–45.
Theis, Robert: „Après la *Dissertation*, avant la *Critique*. Remarques sur les lettres de Kant à Marcus Herz de Juin 1771 et de février 1772", In: Luc *Langlois* (Hrsg.): *Années 1747–1781. Kant avant la critique de la raison pure.* Paris 2009, S. 145–153.

Theis, Robert: „Le silence de Kant. Etude sur l'évolution de la pensée kantianne entre 1770 et 1781". In: *Revue de Métaphysique et Moral* 2 (1982), S. 209–239.
Tomasi, Francesco Valerio: *Philosophia transcendentalis. La questione antepredicativa e l'analogia tra la Scolastica e Kant.* Florenz 2008.
Tonelli, Giorgio: *Kant's Critique of Pure Reason within the Tradition of Modern Logic.* Hildesheim/Zürich/New York 1994.
Tonelli, Giorgio: „L'etica kantiana parte della metafisica: una possibile ispirazione newtoniana? Con alcune osservazioni su ,I sogni di un visionario'". In: Claudio Cesa (Hrsg.): *Da Leibniz a Kant. Saggi sul pensiero del* settecento. Neapel 1987, S. 257–275. (Originalfassung: „Kant's ethics as a part of metaphysics: a possible Newtonian suggestion? With some comments on Kant's ,dream of a seer'". In: Craig Walton und John Peter Anton (Hrsg.): *Philosophy and the Civilizing Arts.* Athen 1974, S. 236–263.)
Tonelli, Giorgio: „Kant's critique of pure reason within the tradition of modern logic". In: Gerhard Funke (Hrsg.): *Akten des 4. Internationalen Kant-Kongresses.* Bd. 3. Berlin/New York 1994, S. 186–191.
Tonelli, Giorgio: „Die Anfänge von Kants Kritik der Kausalbeziehungen und ihre Voraussetzungen im 18. Jahrhundert". In: *Kant-Studien* 57 (1966), S. 417–456.
Tonelli, Giorgio: „Die Umwälzung von 1769 bei Kant". In: *Kant-Studien* 54 (1963), S. 369–375.
Tonelli, Giorgio: „Das Wiederaufleben der deutsch-aristotelischen Terminologie in der Entstehung der ,Kritik der reinen Vernunft'". In: *Archiv für Begriffsgeschichte* 9 (1962), S. 233–242.
Tonelli, Giorgio: „Der Streit über die mathematische Methode in der Philosophie in der ersten Hälfte des 18. Jahrhunderts und die Entstehung von Kants Schrift über die ,Deutlichkeit'". In: *Archiv für Philosophie* 9 (1959), S. 37–66.
Vaihinger, Hans: *Kommentar zu Kants Kritik der reinen Vernunft.* Aalen 1970.
Vázquez Lobeiras, María Jesús: *Die Logik und ihr Spiegelbild. Das Verhältnis von formaler und transzendentaler Logik in Kants philosophischer Entwicklung.* Frankfurt a. M./Berlin/Bern/New York/Paris/Wien 1998.
Vleeschauwer, Herman de: „La Composition du ,Preisschrift' d'Immanuel Kant sur les progrès de la métaphysique". In: *Journal of the History of Philosophy* 17 (1979), S. 143–196.
Vleeschauwer, Herman de: *La déduction transcendentale dans l'œuvre de Kant.* Paris 1934.
Vollrath, Ernst: „Die Gliederung der Metaphysik in eine metaphysica generalis und eine metaphysica specialis". In: *Zeitschrift für philosophische Forschung* 16 (1962), S. 258–284.
von Herrmann, Friedrich-Wilhelm: „Die Kritik der reinen Vernunft als Transzendental-Metaphysik". In: Norbert Fischer (Hrsg.): *Kants Metaphysik und Religionsphilosophie.* Hamburg 2004, S. 1–20.
Zöller, Günter: „,Die Seele des Systems': Systembegriff und Begriffssystem in Kants Transzendentalphilosophie". In: Hans Friedrich Fulda und Jürgen Stolzenberg (Hrsg.): *Architektonik und System in der Philosophie Kants.* Hamburg 2001, S. 53–72.
Wilson, Holly L.: *Kant's Pragmatic Anthropology.* New York 2006.
Wundt, Max: *Kant als Metaphysiker.* Stuttgart 1924.
Zimmermann, Albert: *Ontologie oder Metaphysik. Die Diskussion über den Gegenstand der Metaphysik im 13. und 14. Jahrhundert.* Leiden/Köln 1965.

Personenregister

Adickes, Erich   49, 70, 97, 99 f, 115, 117, 121 ff., 130, 134, 169, 172, 189
Aertsen, Jan A.   83
Allison, Henry   181, 186 f.
Angelelli, Ignacio   82
Aristoteles   19, 36, 58 f., 83
Arnaud, Thierry   61
Arndt, Hans-Werner   14, 22

Baum, Manfred   23, 38, 208, 213, 231
Baumeister, Friedrich Christian   15, 126, 130, 131
Baumgarten, Alexander   6, 20–22, 24, 27, 29, 32, 34, 43–46, 48–52, 55, 57, 62, 74 f., 80, 83, 88, 98, 110, 121–130, 132 f., 137 f., 140, 144, 164, 167, 183, 189, 193, 205, 207 f., 210 f., 224, 229 ff.
Beck, Lewis White   98, 109, 139, 159 f., 174, 176
Beiser, Frederick C.   159
Benoist, Jocelyn   179
Bertsch, Hanno Birken   107 f., 119
Bickmann, Claudia   4
Boer, Karin de   12
Bojanowski, Jochen   223
Brandt, Reinhard   35 f., 49, 64 f., 95, 118

Caimi, Mario   224
Carboncini, Sonia   20, 114
Carl, Wolfgang   99, 159 f., 162, 171 ff., 177
Cassirer, Ernst   2
Casula, Mario   123
Cicovacki, Predrag   162
Clauberg, Johann   135, 179
Cohen, Hermann   2
Conrad, Elfriede   14–17, 110, 140
Courtine, Jean-François   84
Cramer, Konrad   204
Crusius, August   30, 81, 95, 99, 107, 123 f., 128, 193 f.

Duchesneau, François   56
Duque, Félix   21

Eberhard, Johann August   216, 223, 225
École, Jean   13, 20, 183
Erdmann, Benno   49, 93, 98, 111, 113

Fabbianelli, Faustino   20
Falduto, Antonino   143
Favaretti Camposampiero, Matteo   144
Ficara, Elena   3, 12, 43 f., 167, 179, 202, 204, 208, 211, 225, 230
Fischer, Kuno   98
Fischer, Klaus   35
Findlay, J.N.   168
Förster, Eckart   50, 60, 67
Fulda, Hans Friedrich   3, 23, 183, 193

Gagliardi, Francesco   3
George, Rolf   181
Gesang, Bernward   218
Gilson, Étienne   13, 20, 84
Goclenius, Rudolf   135
Gotz, Gerhard   98, 137
Goubet, Jean-François   20, 38, 50
Goy, Ina   7, 201 f., 204
Grapotte, Sophie   3
Gueroult, Martial   139, 143
Guyer, Paul   108, 159

Hamann, Johann Georg   94 f., 102
Hartmann, Nicolai   3, 230
Heidegger, Martin   3, 168, 230
Heimsoeth, Heinz   2 f., 36, 60, 143, 197, 230
Herring, Herbert   182
Herz, Marcus   36, 49, 72 f., 109 f., 116 f., 140, 146 ff., 153 f., 168, 171, 173 f., 177
Hinske, Norbert   4, 6, 11, 23, 25 ff., 49, 70, 74, 79–83, 85 f., 92, 98, 105, 110–116, 119, 121, 126, 130 ff., 167 f., 231
Höffe, Otfried   201 f., 223
Hoeppner, Till   171
Holzhey, Helmut   100
Honnefelder, Ludger   80, 83 ff., 168
Hoppe, Hans-Georg   3
Hume, David   74, 80, 85, 89, 94–105, 109 f., 116, 121, 126, 129, 139, 168

Jakob, Ludwig Heinrich 114, 193, 205–210, 212–216.

Kitcher, Patricia 99
Klemme, Heiner F. 4, 41, 98, 100f., 116, 134, 143, 155f., 177, 181, 218, 223
König, Peter 38
Kreimendahl, Lothar 6, 21, 24, 48, 80, 85, 89, 90, 93–100, 102, 110, 115–121, 139, 158, 231
Krouglov, Alexei 74, 194
Kuehn, Manfred 4, 98, 148

La Rocca, Claudio 4
Lambert, J. Heinrich 21f., 32–35, 59, 62f., 66f., 72, 74, 81, 90f., 95, 98, 106f., 109, 140ff., 145, 148–153, 157f., 162f., 193f., 199f.
Landau, Albert 221, 218
Laywine, Alison 86, 159, 179
Lehmann, Gerhard 2, 3, 60
Leibniz, Gottfried Wilhelm 107, 127, 139, 168
Leisegang, Hans 80, 82f., 132
Lewis Miles, Murray 4
Locke, John 35f., 56–59., 74, 94f., 97f., 129, 187
Ludwig, Bernd 4, 218f.

Manchester, Paula 19, 25, 27, 31ff.
Meier, Georg 15, 26, 29, 32, 42, 57
Mensch, Jennifer 159
Mohr, Georg 201, 204, 214

Naeve, Nico 38
Natorp, Paul 2

Österreich, Konstantin 2

Paccioni, Paul 20, 51
Paulsen, Friedrich 2, 97, 139
Pinder, Tillmann 113, 194
Pistorius, Hermann Andreas 217–221, 230
Platon 19, 143
Pozzo, Riccardo 15f., 34f., 47

Prauss, Gerold 167
Prunea-Bretonnet, Tinca 3

Reich, Klaus 97–100, 111, 117, 121, 129
Riehl, Alois 118
Rompe, Elisabeth 13, 20, 83, 86
Rosales, Alberto 3
Rumore, Paola 51, 87

Sala, Giovanni 142f.
Schmucker, Josef 6, 70, 88–90, 92f., 110f., 116ff., 121, 141
Schulthess, Peter 171, 175
Schwaiger, Clemens 66, 214, 216
Sgarbi, Marco 21, 32, 57ff., 64, 80
Sulzer, Johann Georg 100ff., 105, 148, 152

Tetens, Nicolaus 58f., 74, 81, 167, 193f.
Theis, Robert 24f., 39, 44, 116, 144, 159, 171
Thomasius, Christian 15
Thümming, Ludwig Philipp 14, 15
Tomasi, Francesco Valerio 80
Tonelli, Giorgio 16, 21, 30, 52, 60, 63f., 67, 80f., 83, 89, 99, 104, 128, 141, 197

Vaihinger, Hans 111, 113, 139
Vázquez Lobeiras, María Jesús 44
Vleeschauwer, Herman de 140, 159, 171, 214
Vollrath, Ernst 13, 86
Von Herrmann, Friedrich Wilhelm 4

Walch, Johann Georg 56
Wilson, Holly L. 49
Wolff, Christian 6, 12–15, 19–25, 27f., 33ff., 42, 44, 46ff., 50–55, 57, 60f., 63, 67f., 75, 81–83, 124, 130f., 135, 144, 155, 183, 198, 203, 224, 231
Wundt, Max 2, 3, 64, 230

Zöller, Günter 23
Zedler, Johann Heinrich 56f.
Zimmermann, Albert 13, 58, 83
Zöller, Günter 23

Sachregister

Allgemeinheit 23f., 24, 27, 42, 49, 54f., 84, 124, 132, 149, 187, 230
Anschauung 5, 107, 111, 136, 143f., 150, 174f., 180, 183ff., 209, 211, 213, 219, 225
- intellektuelle 148
- leere 182f., 187
- reine 73, 169, 178, 180, 188, 208, 211f., 224, 230
- sinnliche 181, 186
Anthropologie 6, 18, 29, 47, 49, 56f., 59, 65, 228
Antinomie/Antinomieproblematik 85, 95, 97–100, 103f., 106, 108–111, 115–121
Apperzeption 143, 177, 180, 219
Apprehension 177
Architektonik 6, 9, 11–14, 19–25, 27–40, 55, 60, 74, 79, 122, 196ff., 201f., 224, 231

Bedingung 1, 16, 106, 136, 144, 153, 162, 174ff., 178, 188, 220ff., 226, 228f.
- apriorische 2, 175
- formale 13, 17, 19, 185
- sinnliche 107f., 141, 150, 152, 156
- subjektive 108, 118, 137
- zeitliche 184, 195
- zufällige 18
Beweis, apriorischer 149f.

Deduktion 97ff., 111, 117, 155f., 160, 173, 177, 205
- metaphysische 73
- objektive 162, 174
- subjektive 99
Dialektik 18, 81, 111f., 192, 196
Ding an sich 175, 182, 218, 220f.
Dogmatismus 97, 99, 139, 142, 215

Einbildungskraft 18, 98, 101, 108, 119f.
Einfachheit 136, 156
Einheit 73, 83, 121, 128, 130f.
- der Erfahrung 132, 155, 177, 217

- der Vernunft/des Erkenntnisvermögens 38, 41
- des Systems 28f., 33, 35, 41
- distributive 132, 187
- kollektive 132, 187
Empirismus 80, 94f., 100, 106, 116, 120, 129
Endzweck 1, 38, 198, 214, 225f.
Erfahrung 2, 14, 25, 36, 44f., 48ff., 58, 60–63, 65, 69, 71f., 86–90, 93–98, 107, 120f., 126, 132, 135ff., 168, 171, 178–180, 184–189, 194ff., 205, 208, 211, 214, 221.
- überhaupt 1, 178, 183f., 186f., 193, 195ff., 212f., 222
Erkenntnis
- historische 61
- intellektuelle 73f., 143f., 152, 156, 160, 174
- menschliche 43–46, 50, 68, 86, 100, 120, 158, 219.
- metaphysische 24, 35, 42f., 45, 47ff., 53, 60, 90, 93f., 96, 101, 104, 113f., 204, 214, 222, 229
- philosophische 199
- praktische 216f., 231
- rationale 61, 67, 87, 89
- reine 41, 43f., 46, 68, 74, 157, 198
- sinnliche 45, 106, 144, 149
- symbolische 143, 145, 147, 174
- Vernunft- 18, 25, 36f., 42, 82, 156f.
Erkenntnisart 67f., 111–114, 149, 213
Erscheinung/Erscheinungen 1, 42, 49, 80, 113f., 134, 137, 151, 153, 169f., 175, 177f., 180ff., 184ff., 189, 195, 205, 207, 217f., 219f., 223
Etwas X/Etwas überhaupt 55, 74, 79, 122, 124, 126, 131–138, 164, 167, 170, 176, 179f., 182–188, 192

Faktum der Vernunft 219, 223

Form 1, 17, 26, 33 f., 46, 52, 60, 120 f., 124, 146 f., 150, 156, 162 f., 176, 181, 185, 187, 195 f., 198, 205
– der Anschauung/der Sinnlichkeit 171, 173, 175, 178, 209
– der Vernunft 46, 171 ff., 175, 178
Formalismus 33
Freiheit 64, 200, 219–223, 225, 227–230
Freiheitsdeduktion 219

Gedachte, das 136, 174, 178 f., 181, 183 f.
Gegenstand
– transzendentaler 85, 134, 168, 182 f., 187
– überhaupt 5 ff., 12, 55, 60, 74, 79, 85, 90, 133 ff., 138, 167, 169, 171, 174–180, 182–189, 193, 195 f., 201, 206, 213, 229
Gegenstandsbezug 159 ff., 163, 168, 171
Gemüt 156
Gesetzgeber 30, 38
Gesetzgebung 37, 222 f.
Grundwissenschaft 5, 22 f., 33, 194

Ich 48, 61, 136, 143, 155, 169, 177
Idealität 151, 223, 225, 227, 229 f.

Kategorien 1, 42, 57 f., 81 ff., 85, 97 f., 160, 169–177, 179, 181 ff, 185–189, 193, 195 f., 204 f., 207, 209, 211 ff., 220 f., 224, 230
– Relations- 170, 172, 176
Kategorientafel 185, 207, 226
Kausalität 101, 109, 126, 195, 219 ff., 230
Kausalitätsproblem 89, 98 ff., 103, 109 f.
Kosmologie 5, 11 f., 54, 62, 66, 81 f., 112, 132, 148, 179, 188, 201, 203, 207, 224, 227

Lehrbegriff 116 ff.
Logik 6, 15, 17 f., 34, 42, 47, 50, 52, 60, 67, 199, 208
– allgemeine 18 f., 41, 52 f, 59
– angewandte 18
– besondere 16
– künstliche 15, 19
– natürliche 59
– praktische 14–19, 32, 58
– reine 18 f.

– theoretische 14, 16, 19
– transzendentale 50, 53, 211

Metaphysica 44, 63, 72, 135, 147
– applicata 55
– generalis 13, 21, 54
– practica 55
– propria 70 f.
– pura 55, 190
– specialis 2 f., 13, 54, 80, 86, 111–114, 196, 227
– theoretica 55
– universalis 20
Metaphysik
– allgemeine 21, 55, 122, 168, 179, 190
– analytischer Teil der 210
– besondere/eigentliche 54, 112, 120, 203, 206, 223, 225, 229
– der Natur 2, 6 f., 63–66, 191, 200, 203 f., 206, 224, 226–231
– der Sitten 63–66, 191, 200, 202, 206, 228
– dogmatische 89
– subjektive 70, 202
– traditionelle 33, 65, 110, 125, 183, 195 f.
Mathematik 24 f., 27, 45, 113 f., 162, 176, 202, 204
Methode 14, 17, 23 ff., 27, 33, 61 ff., 66 ff., 80, 86, 88 f., 91, 93 f., 96, 99, 102, 140, 151, 159, 200, 207
– analytische 90
– empirische 2
– skeptische 85, 92, 95, 100 ff, 104 ff., 108–111, 115, 121

Nichts 125, 179, 182 f., 192
Noumenon 134, 144, 149, 181 ff., 186 f.

Phaenomenon 147, 149, 153, 156, 182
Physiologie 5, 35, 54–60, 69–72, 75, 138, 201 ff., 227, 229
Position 170 ff., 176 f., 185
Prädikabilien 73, 204–207, 212 f.
Psychologie 12, 16, 18, 47, 53 f., 58 f., 127, 147, 188, 201, 203, 207, 224, 227
– empirische 6, 29, 34, 47, 49 ff., 53, 58, 61 f., 72

– rationale 11, 48, 50, 145, 148, 177, 180

Raum und Zeitlehre 116, 118, 120, 141, 151, 154
Realität 69, 87, 89, 125f., 137f., 150, 152–155, 212, 219f., 223, 225, 228ff.
Reinheit 44, 55, 110, 142, 145

Schulmetaphysik 13, 15, 17, 56, 107, 189, 191, 193, 224ff.
Seiende, das 83f., 107, 122, 146, 179, 183, 192, 195, 224
Sinnliche, das 73, 106, 140, 157, 192, 195, 203, 206, 216, 224, 228–231
Skeptizismus 18, 80, 95, 97–100, 102f., 106, 120, 139
Stellenanweisungen 170f., 185
Subreption/Fehler der Erschleichung 106ff., 120, 140f.
Substanz 69, 73, 84, 107, 138, 146f., 150, 152, 155, 170ff. 185, 187, 209f., 215, 217f.
System der Metaphysik 5, 11ff., 20, 25, 41, 48f., 54, 60f., 63, 70, 75, 91, 95, 109, 145, 148, 189, 191, 195, 197ff, 201, 207, 212f., 231
– der Prinzipien 7, 190, 201
– der Wissenschaften 7, 201

Theologie 5, 11f., 48, 51, 54, 56, 62, 64, 66, 83f., 132, 148, 188, 201, 207, 224, 227

Totalität 171, 185ff.
transzendental 70f., 74, 80–85, 111, 113f., 131ff., 164, 180, 194
Transzendentalien/Transzendentalienlehre 82f., 100, 124, 126ff., 130f., 133, 138

Übersinnliche, das 1, 64, 143, 202f., 206f., 214–231
Unterordnung 41f., 68, 203

Vernunftkünstler 30, 46
Verstandesbegriff 1, 69, 99f., 155f., 173, 179, 208, 224
Vollkommenheit 16f., 24, 28ff., 38, 83, 123, 128ff., 145, 147f.
Vorstellung 6, 43, 51f., 67f., 87, 101, 135–139, 144, 147, 150, 153–156, 160–163, 168, 170–173, 176–180, 182–189, 218
– Vorstellungsart 87, 95, 143, 194
– Ungleichartigkeit der 87
– Ursprung der 45, 50–53

Widerstreit 115f., 118f., 121, 172

Zeit 69, 73, 107f., 111, 120f., 150–156, 175, 185
zetetisch 31f., 37
Zweck 25ff., 38, 40, 143, 145, 198, 209
Zweckmäßigkeit 22, 38, 222

www.ingramcontent.com/pod-product-compliance
Lightning Source LLC
Chambersburg PA
CBHW070609170426
43200CB00012B/2637